国家社科基金
后期资助项目

学业、革命与前程

——大转局中的清末浙江学生（1901—1911）

Study, Revolution and Future:
Zhejiang Students during the Transitional Period
of Late Qing Dynasty (1901-1911)

刘训华　著

中华书局
ZHONGHUA BOOK COMPANY

图书在版编目(CIP)数据

学业、革命与前程:大转局中的清末浙江学生:1901-1911/
刘训华著. —北京:中华书局,2018.5
(国家社科基金后期资助项目)
ISBN 978-7-101-13237-3

Ⅰ.学…　Ⅱ.刘…　Ⅲ.地方教育-教育史-研究-浙江-
1901~1911　Ⅳ.G527.55

中国版本图书馆 CIP 数据核字(2018)第 108106 号

书　　名	学业、革命与前程——大转局中的清末浙江学生(1901—1911)
著　　者	刘训华
丛 书 名	国家社科基金后期资助项目
责任编辑	高　天
出版发行	中华书局
	(北京市丰台区太平桥西里 38 号　100073)
	http://www.zhbc.com.cn
	E-mail:zhbc@zhbc.com.cn
印　　刷	北京市白帆印务有限公司
版　　次	2018 年 5 月北京第 1 版
	2018 年 5 月北京第 1 次印刷
规　　格	开本/710×1000 毫米　1/16
	印张 27　插页 2　字数 430 千字
印　　数	1-2000 册
国际书号	ISBN 978-7-101-13237-3
定　　价	88.00 元

国家社科基金后期资助项目出版说明

后期资助项目是国家社科基金设立的一类重要项目，旨在鼓励广大社科研究者潜心治学，支持基础研究多出优秀成果。它是经过严格评审，从接近完成的科研成果中遴选立项的。为扩大后期资助项目的影响，更好地推动学术发展，促进成果转化，全国哲学社会科学规划办公室按照"统一设计、统一标识、统一版式、形成系列"的总体要求，组织出版国家社科基金后期资助项目成果。

全国哲学社会科学规划办公室

目　录

图表目录

图

表

导　论

　　历史转局是洞察社会发展的理论方法,借助它从社会发展动力的视角来观察近代社会。不同的观察视角与探究方法,常能够引发新的话题,特别是对中国几千年历史有着重大影响的1901—1911年,这是中国社会发展变革的剧烈表现期。在这个清末十年里,中国皇帝制度寿终正寝,辐射到社会领域,教育体制也发生了重大转型。新式学生在中国崛起并逐渐形成影响力,并构成了近代中国社会发展的重要动力源。

　　本书选取此宏大历史背景下的中国浙江一隅,从学生的学业、思想与前程的视野,来探讨这段历史时期中国学生的学习、思想、行为与进入社会等问题。近代历史舞台上的风云人物,有许多成长于清末(1901—1911)时期,近代浙江学生是上述风云人物的重要组成部分。研究这段时期浙江学生及其背后的教育转型、社会环境并将之投诸历史长河中,具有典型性和启发意义,它从一个新的视角透视近代中国社会的发展。

　　近代中国在一定意义上是学生化的中国,学生群体的价值更多是以个体方式体现。对于蒋方震、蒋梦麟、蒋介石、周树人、马叙伦等学生个例研究,可以更好地溯源近代中国精英的成长。浙江精英学生的培养,主要是依靠外省与国外教育资源,这是人才培养的悖论,也具有一定的地方特点。清末学生在对社会大转局产生自己影响的同时,与政府的关系变得艰难。与传统教育不同,新式教育容易使大部分学生游离于主流社会之外,学生群体的价值更多体现在他们进入社会后的作为。本书借助154人样本库对清末浙江学生的社会进入进行职业、家庭、地域、教育背景等定量、定性分析,探讨了基于学生视角的近代中国的社会分层与社会流动等问题。

　　在史料上注重使用了研究对象的回忆录、访谈录、校史材料、文史资料、清末报刊档案等第一手资料;在方法上,借鉴社会学、计量分析学等学科方法,确立了154人浙江学生分析样本,以计量比较分析的方法,探讨清末浙江学生群体中的一些定量、定性的问题;在思维上,在借助社会大转局的理论框架的同时,从近代社会分析出发,突出视角,用翔实的材料、数据充分表述观点。

如何超越已有的学生史研究框架,跳出区域史、社会史乃至教育史的固有视野来看待学生发展问题,从一个历史长河视野,从学业、革命与前程的角度来看待近代学生的成长与发展问题,以及背后蕴含的历史规律和启示,前面没有成熟的范例,本书借助转局理论,通过探究清末浙江学生,尝试构建学生史研究的新框架。

一、清末学生与近代大转局动力源

中国社会的基本面的变革,自 1901 年清末新政开始。国运变迁带动社会变化,而作为社会发展晴雨表的学生,依附于教育变革而形成新的面孔。从传统的科举式的强烈依附于政权的传统学生,在西方文明的压力中,实现了被动转身。学生、社会与国家这三者关系值得探究,在 20 世纪初的最初三十年里,学生是撬动社会与国家的动力源,是近代中国变革的发动机之一。

(一)旋转的轴:寻找社会发展大转局的动力源

要了解历史变革的根源,可以借助历史转局和大转局的概念,从社会发展动力源的角度,探究社会变动的动因。在谈这些问题之前,首先要区分转局和大转局的概念。

什么是历史转局?历史转局是对已发生的历史进行一种动力学的形象解释,它是历史运作状态的一种抽象概括,是对深厚历史的内在质的一种理论分析,是围绕人和社会的生存与发展需要为核心的惯性转动。历史转局是以人和社会的内在需求为核心、以空间和时间为背景、以内外各种社会力综合交汇为动力的复合体,在不可逆转的时间机器中,完成社会的发展。转局是从动力学角度分析历史转动的原因,有助于人们更好地从这个角度看待人类所走过的脚步,那些纷纷扰扰的历史变革在大转局的机器下,其历史脉搏变得非常清晰可见,它是从人和社会需要的角度对历史发展规律作出的新诠释。

历史发展有徘徊型和上升型两个指向。中国古代王朝更迭属于徘徊型发展,改朝换代虽常动荡,但它的内核并没有太多变化。而近代由于科技文明的发展和政治格局的提升,历史发展已然演变成一种非常规的上升型的走向。

从历史转动的外部特征来看,转局可以分为平转、内转和外转三种效果模式,三种模式中,平转是常态,内转和外转都是非常态。在所谓的历史进步和倒退者的理论看来,历史转动的特征只是为他们提供了向不同价值取向进行表述的基础,而表述的关键则是另外的一套价值逻辑。

历史主要是一种平转的运行状态,在内部保持平衡或者内外部相对平衡的时空态中,它维持着一种平稳的发展步骤,由形而上和形而下的动态域情构成的社会结构处于相对稳定的阶段。外转则当然不同,在有可能的外部冲击但主要是内部平衡失重下,社会发生大幅度的剧烈变革,这种变革影响到动态域的基础,而这种改变是朝着解决矛盾的良性互动的角度出发,因而是生产力和生产关系的一种"进步"。内转与外转的外部特征相同,都是剧烈地影响到基础域结构,所不同的是它所形成的历史效果是一种对大多数人来说的价值领域的实际倒退,退缩到今不如昔的现实状态,是对人和社会发展需求满足欲的大倒退,是在社会失衡基础上的倒退。平转容易认识,内转和外转却较难识别。在人类的发展历史上,用一套新的革命理论来阐释其执政的合法性。因此在加速发展的历史转局中,究竟是"退步"的内转还是"进步"的外转,需要一套独立的、置于历史长河中的标准进行衡量。脱离了所涉及历史环境进行的价值评判,往往更有说服力。

历史大转局的概念,则是从历史转局的内转或者外转中延伸开来,是指转局发展的剧烈转动,社会的螺旋式上升型发展模式,以外转形式为主,指社会形态发生的剧烈变动。它在表现上多从政治变局、经济转型、社会改革、文化变迁等形式开始,但从实质而言,则是由于当时所处环境的内转推动力。历史大转局的发生,必然会有其内在转换的因素,这个因素变革的前提是思想,主体是人,落脚点是制度。受进化论的影响,总是认为今天比过去好,未来比今天好,进化论在一定程度上对近代处于欺凌压迫命运下的中国学习西方起到思维的启蒙,与此同时,它也有许多缺陷。以进化论的思维看待历史,很容易使人们进入误区,因为历史本身就是个循环往复的过程,即笔者所认为的大转局形态,它的进步,只是历史在转动过程中外转的加快和它在旋转轨道中所添加的成分。不是如此,就难以解释中国传统社会千余年来变化不甚显著,而只是在近世,有了突飞猛进的快速腾飞。

　　历史发展有一个轴,这个轴就是人类社会自我满足的物质与精神的基本需要,社会的演变正是在这个轴上展开。中国古代社会发展缓慢,也是由于这个轴的自身动力,它受传统社会中的内在制约太深,因此说没有外力的作用,中国还是一个较为稳定的社会结构。从效果来看,中国历史加速飞转的历史是始自于1860年而非1840年,因为1860年的战争对中国人的刺激更大,而1840年只是使林则徐、魏源等少数几个人有深刻的认识。1860年后中国进行的洋务运动,成绩是显著的,它大大地刺激了中国在器物文明方面的进步,中国各地较为普遍地出现了用于军事和民用的工厂,并使得中国国力大幅度提升。使中国人思想脱胎换骨的是从1894年的甲午海战开始,因为战败的原因,中国被迫割地,陷入了一个空前的灾难深渊,救亡成了当时的社会需要,如何进行救亡? 就是大规模地向西方学习从器物文明到精神文明。由器物文明向精神文明需求的转变,这是近代学生出现的原因。

　　在近代大转局中,1901年是一个重要的临界点,由于外转压迫,导致内转加速,由外转而内转导致了中国社会发生了深刻的变化。因此1901年后的十年,是近代中国变革剧烈而少有的十年。当时还是浙江绍兴府学堂学生的夏丏尊对清末十年有过一段很有代表性的回忆:"当时青年界激昂慷慨,充满着蓬勃的朝气,似乎都对于中国怀着相当的期待,不像现在的消沉幻灭。庚子事件经过不久,又当日俄战争,风云恶劣,大家都把一切罪恶归诸满人,以为只要把满人推倒,国事就有希望了。《新民丛报》《浙江潮》等杂志大受青年的欢迎,报纸上的社论也大被注意阅读。那时恋爱尚未成为青年间的问题,出路的关心也不如现在的急切,三四朋友聚谈,动辄就把话题移到革命上去,而所谓革命者,内容就只是排满。"①没有社会的共识,变革是难以想象的,而这种共识的形成,则是潜移默化于日常的思想启蒙当中。

　　历史转轴总是有它自然的气场,一般而言,它会循着已有的轨迹自然而行,在强大外力的刺激下,它才可能做出向内转或者向外转的状态。内

---

　　① 夏丏尊:《我的中学生时代》,载平屋子辑:《夏丏尊文集》,杭州:浙江人民出版社,1983年,第131—132页。

转和外转都是一种正常的发展模式,所不同的是人们对它的期待而已。向内是一种内缩型模式,传统的说法是保守或者退步,向外是一种外张型模式,传统的说法是开放或者进步。是什么动力驱动了清末十年的巨变?罗志田提出了这样的思考:清季十年间,朝廷正以前所未有的速度和广度推行全面改革,并无太多特别明显的暴戾苛政和"失道"作为,却爆发了革命,且能较为轻易地速成①。类似这样的表述在许多历史学者的论著中都有所体现。早在1941年,就有人说那场革命是"士变而非民变"②。在解释这个变化的根源时,罗志田用"近代权势结构的转变"一说来解释这种现象,他认为外力的入侵形成了既有权势结构的巨变,他所说的权势结构既是政治、军事、经济的,也包括社会、心理和文化,是一个合力的结果③。从实质而言,罗的关于社会结构演变的说法,正是历史转局的各个影响因子对于社会结构作用力的表现。

对于社会发展动力形成和运作的原因,可以运用大转局来说明。社会的发展需要动力的支撑,动力来源则是内部、外部综合张力的结果。近代中国变革的动力之一就是以学生为主体的新知识阶层,他们无论是走向文本或行为的革命,还是一般性地实践他们的新式生活,对于中国内部转局的飞速转动,都起到了极大的推动作用。

(二)近代大转局中的学生动力源

清末学生受教育于帝制社会,而后以独有的新群体属性对中国社会产生了重要的影响。桑兵说:"五四新文化运动的旗手主将乃至整个近代史的伟人名流,大多是辛亥时期的学生或留学生。"④

客观而言,推动近代大转局的动力源有多种。这个要从历史深处去挖掘。从社会属性来说,有政治层面、经济层面、社会层面、文化层面,但这个判断失之宽泛,有些接近文化史的内容。从人的变迁来论述,视野上更为灵活。从人的属性来说,在士、农、工、商、学五大阶层构成中,在社会变革时期对社会影响甚巨的主要是士和学。对于士而言,在巨大的社会新思想

①　见罗志田:《革命的形成:清季十年的转折》(上),载《近代史研究》2012年第3期。
②　周荫棠:《中国历史的一个看法》,载《斯文》1941年第15期。
③　见罗志田:《革命的形成:清季十年的转折》(上),载《近代史研究》2012年第3期。
④　桑兵:《晚清学堂学生与社会变迁》,桂林:广西师范大学出版社,2007年,第15页。

面前,常常难以完全转变,内部容易分化,并带有强烈的被动主义色彩,对新思想难以有主观性的融入,他们其中的一部分,甚或走向新世界的反面,成为阻碍社会向前发展的动力。而恰恰是学生,急于吸收新生事物,同时又带有对旧时代的天然不满,所以能够很快接受外界强加给中国的一系列新的变化举措,最终形成磅礴的社会推动力量。

在不同社会变革时期,学生所发生的作用是不一的。如果就学生对于时代的推动力来说,清末学生则是自秦始皇开创皇帝制度以来最有规律性和整体推力的社会动力源。学生的学习、思想、社会活动等,在社会大转局时期均能够有推动作用。他们的价值观念、思维方式和行为举动,对于社会新秩序的建立具有引领性作用。在实际历史效果上,清末学生占据了20世纪上半叶中国大多数的重要岗位。近代大转局有外来因素上升的作用,但真正决定历史转局的还是内部因素,是内部各种动力纵横捭阖的结果。

1901年之后,启蒙与救亡就成为近代中国大转局飞速转动的两个重要动力,推动这个轴飞速旋转的,是以清末学生为代表的新一代。由于历史的需要,特别是近代中国特殊的历史国情,救亡渐渐压过了启蒙。清末学生在这方面的作用明显,在救亡与启蒙的交替行进中。近代中国的另一个概念是因外力挤压所迸发的富强的念头,而实现富强的路径各有侧重和不同,这一重任落到了具有新知的学生身上。

在晚清两次大规模的社会改革中,知识分子特别是以时代理念培养起来的新式学生起到了重要的作用,从历史的倒叙来看,学生的出现及他们登上历史舞台,改变了中国社会前进的步伐,颠覆了传统的贵胄相传的权力格局,形成了一个新的权力组织系统。这个系统在知识上、话语上乃至社会权力上逐渐占据了中国社会的主流,形成了近代中国新的主导阶层。

由于"富强"之计的需要,权力和资源逐渐向政府集中,社会的自由空间变窄,资源寻租空间加大,这是学生阶层出现的一个社会基础。在中国古代,社会空间相对庞大,政府的权力受到有效的制约,社会管理成本不高,它更多的是类似于今天的小政府、大社会的模式。而近代以来,中国为了追赶西方,在专制体制下被迫实行"富强"之计,导致社会空间为政府所压缩。而废科举、兴学堂正是在政府积压社会空间的这一历史背景下拉开大幕的。学生出现的同时，也是政府挤压社会空间，社会功能日趋弱化的开始。

（三）历史动力源的学生力分析

学生力的构成，通常有学习力、思想力、生活力、政治力、文化力等要素。其中，学习力是学生力的主体，但在特定的历史条件下，思想力、生活力、政治力、文化力又起着重要的作用。清末社会就是这么一个学生多种力不断爆发的时期。

在转局的不同阶段，学生力的表现是不一样的。在转局平缓时期，学生力主要表现在它的学习力方面，其他几个领域表现较为一般。但是当进入大转局后，思想力、生活力、政治力、文化力的作用就显得比较突出，特别是近代大转局时代，学生在上述诸力方面体现了其特殊性的一面。

从学生力的总体影响而言，1901年学生大规模出现后，由于兴学堂等新政行为需要强有力的国家机器，征税、毁庙、没收公产等挤缩社会空间的行为日益得到合法化，官开始与民争利，一切走向新的发展方向，学生生活要么是在校园、家庭内静默，要么是走上街头表达诉求，自主社会活动参与意识显著增强。清末学生相继经历了清末、北洋、国民政府政权，短短的不到五十年的时间里，江山易手、物是人非，学生们在这样空前新鲜又空前残酷的年代里，表现出一幕幕现代学子对社会的理想与追求。若干年后的人们会发现，除了北洋军阀时期几个特例而外，近代的中国几乎是有学生背景的人在把持政权，并且这些学生的学位、学识之高，与民众普遍的文盲成了鲜明的反比，留洋学生成为了民国时期重要部门的部长。这些具有中西学背景的高层官员力图恢复一个东西方合璧的理想治国模式，但是他们并没有把握好稍纵即逝的历史机遇。

在学习力上，清末学生尽管与旧学有着剪不断的联系，但在教育体系上进行了重大革新。新式教育作为科举教育的继承与发展，它一方面承载了传承文明、培养人才的任务，同时其产出效果与以往也大不相同。由于学校教育成本过高，受到了越来越多的基层民众的诟病。即使是后来的文官考试制度，也已经没有了旧式金榜题名的荣耀。不过读书人依然希望从读书中寻找"学而优则仕"的荣光，蒋梦麟回忆说："我遥望着学台等一行换了船，学台踏上最华丽的一只，随后这只载着官吏和陋规礼金的小型舰队就扬帆顺着退潮驶往宁波去了。那种气派使我顿生'大丈夫当如是也'的感触。"①这是传统的官本位思想在一般学生中根深蒂固的表现,读书做官依然是新式学生人生追求的终极目标之一。

学生的生活力的影响也不容忽视。学生生活在洞穿传统社会神圣性的面纱时起到了知识先行、勇于实践的重要作用,他们以新文化运动等启蒙方式,打破了传统世界对于人们精神的桎梏。这些作用表现在学生的日常生活中,学生的学习生活、课外活动及日常的生活习惯,在当时都是一个较新的事物。在近代中国,超越世界的衰落和解体正是自新政以来皇权的终结、西学的传播而始,学生在这现代性的祛除神魅的进程中,不知不觉地成为实现现代性的得力群体之一。

学生的社会力对社会组织架构的重组,起到重要推动作用。社会空间、政府与学生生活又是紧密联系的。在中央收复地方的集权化运动中,在国家文化消弭地方文化的过程中,学生都起到了积极的推动作用。特别是近代的大中学校,学生常常来自五湖四海,一个地方的学生总会带有地方性特点,而学校秩序需要整齐划一,因此学校集体生活慢慢影响着有不同文化倾向的学生,学校变为社会。这些学生毕业后走上社会,所在意的必然是推行整齐统一的秩序。在学生生活所构成的世界里,还有四通八达的社会交往网络。在这种网络所形成的人际圈中,学生的社会参与作用也非常明显。

清末学生的文化力,则同政治力紧密相连。文化力和政治力是清末学生脱离学生身份走向社会后发力所致。清末是一个外观凌乱、内在丰富的大转局时代,学生是这个转局中的丰富多彩的元素,由其而向人们展示了飞速转动的动力和内核。在近代中国,历经社会发展大转局之后留下的痕迹比比皆是,现代性与传统特征深深地以不调和的姿态融合在一起。学生是构成社会关系网络的重要内容,近代是读书人政治地位下降、文化影响力上升的特殊时期,是有过短暂的知识贵族享受象牙塔宁静的时代,以至于高级知识人独特的难于容人的倔强脾气都受到今人羡慕般的回味。

以清末学生为基础的知识分子阶层,他们所造成的社会分割,对近代中国形成了深远的影响,以学生生活发轫知识分子的社会空间,是独立于

---

① 蒋梦麟:《蒋梦麟回忆录:西潮与新潮》,北京:东方出版社,2006年,第192页。

世俗社会的一个有效存在。学生力量在近代被各种社会力量所援引,学生的青春无畏和冲击力使得社会转局有了深刻的变化。

二、清末浙江学生的研究价值

清末十年(1901—1911)是历史大转局时期。新式教育所形成的新式学生群体普遍面临着学业、思想与前程的问题。该时段是皇帝制度最终崩溃的历史阶段,教育体制发生重大转型,新式学生在中国崛起并逐渐形成影响力,在近代中国大转局中具有重要意义。

本书题为《学业、革命与前程——大转局中的清末浙江学生(1901—1911)》,借助历史转局的理论框架,选取这一历史背景下的中国浙江学生作为研究对象,从一个特定视角探讨这段历史时期中国学生的学业、革命与前程等问题。在历史转局飞速旋转的时代里,学业依然是主流,革命是难以回避的社会选择,他们的目标是奔向前程。

(一)转局在中国近代社会的表现

用转局理论可以清晰地了解历史发展的动力,由它的平转、内转和外转可以洞悉人类社会漫长发展阶段的基本现象。历史转局在近代发生了剧烈的旋转,近代学生群体是引发这一现象的重要载体和因素。他们的生活对于近代大转局产生了重要的影响,学生的日常生活尤其是社会生活,构成了近代社会发展的重要推动力。如果将公元前 221 年,看作是中国帝制的起点,那么公元 1911 年则标志着帝制社会走向终结。清末经历了复杂深远的社会变革和令人眼花缭乱的人事变迁,清末学生对于推动 2000 余年的帝制走向瓦解起着不可替代的基础性作用。新兴的学生群体占据着国家未来栋梁及社会新知识掌控者的重要地位,因为他们具有的阶段性特征,所以在研究上受重视程度往往不够。

位于中国东南沿海的浙江,拥有深厚的人文环境、特殊的地理区位,清末浙江学生成绩卓著,进入社会后独领风骚。"综览浙江文史资料目录,有两类内容尤为引人注目:一类是民国时期浙江籍的国民党军政人物史料所占比重较大,这对于研究民国史是颇有用处的;又一类是近现代的浙江名人史料,主要是科技、学术、文化、艺术、医卫等方面的杰出人士介绍,展现了我省名人辈出的文化背景和人文精神,将会给予后人深远的启迪和激励。"①据统计,在1912—1949年期间,民国的军政高官蒋介石、陈诚、汤恩伯、蒋鼎文、陈仪、陈布雷等都是清末学生,文化教育界精英周树人、沈雁冰、沈钧儒都是清末学生,辛亥革命三杰陶成章、秋瑾、徐锡麟也是清末学生,这里面还不包括已经成为文化或革命界一方领袖的蔡元培、章太炎等人。可以毫不夸张地说,如果没有这批浙江籍学生在近代中国的精彩表现,整个近代中国史都会黯然失色。各界精英多在清末时期接受教育,因此研究清末浙江学生是从新的视角透视近代中国,具有重要的研究价值。

近代意义上学生的出现缘于晚清时期西学的传入。中国国门被西方列强的枪炮轰开后,传统的士子们被迫开始了适应性的现代化转型。第一代完整意义上的学生群体的产生,发生在1901年清政府实行新政推行学堂教育之际。历经1840—1842年的鸦片战争、1856—1860年的第二次鸦片战争、1894—1895年的甲午战争、1900年的八国联军侵华战争,每一次战争都是大清帝国命运的一次波折。由19世纪40年代个别精英人物的觉醒(如被誉为"睁眼看世界第一人"的林则徐、魏源),到清统治阶层部分精英人士的清醒(如奕䜣、文祥等中央官员,如曾国藩、李鸿章、左宗棠、张之洞等地方官员),清政府在经过30多年的"改革纳新"后,实力大增,相继在1876—1878年收复新疆、1983—1985年的中法战争中取得军事胜利。但清政府的改革道路却因1894—1895年甲午战争的惨败而断绝,割地赔款,中华民族遭遇到近代史上的命运逆转,天朝大国的威严一落千丈,民族自尊心与自豪感丧失殆尽。

甲午之役的惨败,唤醒了空前的民族意识与救亡心理。战后,大凡可以觉醒的中国人已全然清醒,中华民族努力探寻救国道路的心理共识初步形成。日本通过明治维新而能够一举战败中国,使得中国人尤其是知识分子阶层中关于"变法维新以图富国强兵"的清议遍于朝野。虽然1898年的维新变法失败了,但1900年庚子一役后清政府最高统治者慈禧主导了"新政",这是强敌压境的外在压力和自身求生存的内在动力相互作用的结果。新政的核心并对未来中国产生深远影响的举措之一就是废科举、兴学堂,

---

① 浙江省政协文史资料委员会编:《浙江文史资料目录1962～2002》前言,杭州:浙江人民出版社,2003年,第1页。

清末学生群体正是在这样一个宏大的具有民族悲情的历史进程中产生。

已成为时代发展潮流的"西学东渐",在社会自我调节要求下,需要寻求相应的承接载体。学生群体出现的必然性就在于这种时代需求。在西方列强瓜分中国的危亡关头而形成的学生群体,其思想发展自然与社会改造、国家振兴的需求紧紧相依。

清末学生群体作为在千年变局中接受西方新知识的中国完整意义上的第一代学生群体,随后引领中国进入现代社会。他们的发展道路与培育他们成长的政府的意图背道而驰。清政府本意通过培养具有新学背景的学生来拯救自身,却不曾想到培养出来的皆是自己的"掘墓人"。以科举制为特征的旧式教育的废除,彻底终结了传统的士农工商的四民社会结构。学生群体几乎集体反抗清政府,他们因时代而产生的集体左倾意识,糅杂了中国在现代化进程中所需要的一种反抗旧有秩序、恢复国家强权的政治理想信念。

近代转局的一个特点,就是学生从士这一阶层中剥离,成为一个具有独立意识和利益的群体,而不是如过去那般依附于知识分子阶层。

(二)研究的逻辑起点

本书的时间跨度从1901年清末新政开始到1911年辛亥革命爆发为止,一共10年时间。1901年,清政府宣布实行"新政",意图以强烈的改革来摆脱统治危机,并推动国家的发展。在1901年,清政府与列强签订《辛丑条约》,中国的独立主权进一步沦丧,改革成了最高统治者慈禧的当务之急。清政府宣布实行"新政",意图以强烈的改革来摆脱统治危机,推动国家发展,从此推行了迥异于洋务时期、维新时期的执政理念,所以将其视作清末的起点年份。

研究对象的主体为清末浙江学生群体,并以此来反观整个中国的学生。从局部出发开展对全局的研究,是对传统区域史研究的再发展。主体由国内学堂学生与留日学生两部分组成,还包括数量不是很多但影响较大的欧美留学生。

1901年9月4日,清政府命令各省城书院改成大学堂,各府及直隶州改设中学堂,各县改设小学堂,并多设蒙养学堂。中学堂和大学堂的学生及一些年龄较大具有独立思考能力的小学堂学生,在身体、心理发育上已经形成辨别是非、独立思考的能力,并具有一定的社会理想和政治理想。本书把他们称为国内学堂学生。

清末学生既是一个在中国近代史上产生深远影响的社会群体,同时又是由每个鲜活的学生个体组成。如何更好地表现这个群体的成长、发展、特点、内涵? 研究思路是在本研究之前必须要思考的问题。

本书以清末学生的产生、集聚、学潮、进入社会等为明线,以"学生——社会——国家"为暗线,分析这一新兴群体的动态行为,勾勒出清末学生与近代中国的历史互动。学生以进入社会为载体,对国家产生影响。学生进入社会后的成就越大,对国家的影响也就越深。

(三)研究的方法指向

清末浙江学生群体无论其本身还是对于近代中国的影响,都具有重要的学术研究价值。因此,在研究过程中,如何更好地把这一群体产生、发展的历史及其价值尽可能好地呈现,笔者试图通过以下几种手法:

借助史料,通过历史情境再现法,展示清末学生的学习、生活、思想等方面内容。在史料方面笔者重点使用了研究对象的回忆录、访谈录、校史材料、清末档案、学生期刊、文史资料等第一手资料。通过翔实的史料、数据充分表述观点。

借鉴了社会学、计量分析学等方法,确立了154名学生的分析样本,以计量分析的形式,探讨清末学生群体中的定量、定性的问题,展现清末学生的一些较有规律性的历史内容。注重从社会流动、社会分层的角度,分析清末学生在近代中国的成长规律。比如对于清末浙江学生中人才大规模涌现的原因分析、地理透视、成才模式、教育背景、进入社会后的职业选择等方面,进行定量、定性式的分析;

在结构中注重个体与整体结合,从微观走向宏观。将清末学生群体融入近代中国的宏观历史背景中考察。注重情感历史的写法,在不影响表现主体的情况下,加进笔者的历史感悟。以历史大转局的理论框架,从历史长河视野出发,从学业、思想与前程的角度来看待近代学生的成长与发展问题,以及背后蕴含的历史规律和启示。

(四)清末浙江学生

在"办学堂、兴西学"的历史大戏中,地处东南沿海的浙江,扮演了格外重要的角色。自唐宋以降,浙江被更多地赋予了浓重的诗书礼仪之乡的色彩。明清以来,浙儒辈出,科举制的废除对浙江的冲击力尤为显著。伴随着快速改革的强烈阵痛,新一代浙江学生群体夺目成长,成为清末社会一道独特的风景线。

浙江学堂学生与留日学生,是清末社会学生群体一个典型而又强烈的缩影。他们对近代中国的影响是空前的。从清末的学潮、光复会、辛亥革命,到民国政坛上的浙江军团,这些对近代中国命运产生过巨大影响的人物、事件,都可以在清末浙江学生群体中找到一些渊源。通过清末浙江学生群体这一视角来探究近代中国,还可以在近代中国多维度的社会改造与国家形态演变进程中获取一片独特的"历史切片"。

以近代中国的社会结构改造与国家机器运作为宏观背景,通过对清末浙江学生群体研究,厘清学生群体在清末的产生、集聚、学潮、革命以及他们的运作方式与社会影响,有助于认清近现代中国在社会结构变革、国家形态演变中的运行轨迹与内在规律。同时,研究清末浙江学生群体,对于理解近代浙江的崛起、浙江人在近代史上的巨大影响力起到很好的溯源作用。

近代中国在一定意义上是学生化的中国,几乎所有具有深远意义的社会变革都有学生的身影,学生通过文化知识的承载、传播及社会结构的改造,对近代中国一次又一次地施加影响。在其中尤以浙江籍的学生最为耀眼夺目,其内在原因与浙江的文化、地理、历史等因素相关。

浙江作为沿海富庶之地,历来人文荟萃。直至今日,浙籍院士占两院全部院士的比例大大领先于浙江占全国的人口比例。要厘清这些精英的教育渊源,就需要探讨影响日后历史走向的清末浙江教育及其学生群体。

近代的浙江学生群体,因特定的人文环境、地理位置及人脉关系,更是以灼目的光芒,独领风骚于整个中华大地。从成名较早的蒋方震、孙翼中、龚宝铨、许寿裳、陶成章、秋瑾,到当初还默默于群体中的周树人、蒋介石,都是这一时代学堂里的骄子。他们同属于第一代学生群体,在学堂中求学抑或东渡扶桑探寻救国道路。他们在吸收半西方化知识的同时,无意间肇起了一个迥异于2000多年传统社会的新式中国。

研究清末浙江学生群体,不仅有助于勾勒出清末、民国乃至中华人民共和国成立以来的浙江发展之源头,对于考察清末政府的学生培养策略、社会裂变状态下的学生运动、社会危机下的社会控制都具有重要的意义。"以史为鉴",对今天大、中学生群体的研究,具有一定的参考意义。

近现代学生史的研究是一个重要而长期被忽视的研究领域。对近现代学生群体的研究,可以使我们从多角度、多层面去了解近代中国的发展历程。通过研究清末浙江学生群体及其所反映的清末社会裂变时期学生群体的阶层特征、利益诉求、思想转向与进入社会后的表现,有助于厘清近代学生群体在国家发展历史中所应具有的地位与影响。本书的意义,即在于此。

三、学生史研究的回顾与展望(1978—2016)

学生是近代中国最为活跃的群体之一,同时也是近代中国社会不断裂变中的举足轻重的因子。学生因新知而启蒙,在重大历史关头,无论是辛亥、五四还是大革命等,国家的变革总是闪烁着学生的身影,他们的静默课堂、走上街头的形象,总是一页页地与历史转动的痕迹相联系,其对历史的巨大影响和冲击力贯穿了近代中国全程。对于学生史研究的关注,也随着学界对近代社会、学生地位与作用等不同的认知而发生着变化。总体来说,1978—2016年学界对于学生史的研究,可以用"转承璧合"来概括。"转承"是指这近四十年的学生史研究,是延续了前辈治学的经验;"璧合"则指新世纪以来的十多年来,学生史研究越来越注重跨学科、多视野的研究方法,注重西方史学、社会学等给予的启迪并进行适度的创新。

从学生群体的出现到1949年,谈论学生问题的期刊著作很多,专门研究学生史的学术论述很少。1949年后,对学生史的关注主要是受革命史观的影响,对学生的研究常置于单一的爱国情绪。改革开放最初的十多年,学生史的研究还属于比较冷僻的话题,学生史作为革命史的附庸,本身并没有太多的作为。进入20世纪90年代以来,学术界对学生史的研究有了一定的关注,这是中国历史研究从宏大历史叙事向中观和微观历史叙事转变的一个明证。从1978年以来的三十多年,学术界对学生界的关注一直不断,这个二十年可以分为两个时期:第一个阶段是1978—1999年,主要是在摆脱革命史的窠臼,从学生群体自身研究出发,关注学生主体本身,关注留学生等特殊群体,以桑兵、王奇生为代表;第二个阶段是2000—

2016年,最近的十多年是以教育学、社会学、人类学、政治学等多学科为牵引,将其置于一个更为具体而全面的立体历史之中。

(一)1978—1999:学生史研究摆脱革命史窠臼,注重研究对象本体

1978年至1999年的二十年,是学生史研究开始发力的二十年,在这个二十年里,桑兵和王奇生的研究,较好地表现了对学生本体的研究。而以留学生为主体的学生史研究,则表明研究还是局限于学生群体中的精英阶层。他们的研究,在传统的中国历史研究领域,以历史学特别是考据学的方法,以具体的史料来反映问题本身。

这个阶段学生史研究的特点主要是隐身在革命史的宏大叙事之中,具体的表现形式往往在教育史、学校史研究中时有体现。论文方面程斯辉《对"五四"时期教育的反思》〔《湖北大学学报》(哲学社会科学版),1989年第3期〕、易慧清《"五四"时期北京大学的教育改革》(《东北师大学报》,1989年第3期)、黄新宪《抗战时期的福建协和大学师生》〔《福建论坛》(文史哲版),1995年第4期〕等都是该类模式的体现。著作方面《北京青年运动史:1919—1949》(北京出版社,1989年)、《上海学生运动史》(学林出版社,1995年)、施惠群《中国学生运动史》(上海人民出版社,1992年)还是将学生史的研究作为革命史的一种范式,这期间的刘定一《一二·九—七·七在北京》(河南大学出版社,1988年)、《1945—1949上海学生运动史》(上海人民出版社,1983年)等著作尚不能脱离革命史范式的窠臼。(美)张灏《危机中的中国知识分子——寻找秩序与意义》(山西人民出版社,1988年)、(美)施瓦支《中国的启蒙运动——知识分子与五四遗产》(山西人民出版社,1989年),这些海外学者以及一些新生代的学者如张宝明《启蒙与革命——"五四"激进派的两难》(学林出版社,1998年)等人著作,在思想和体例上有很大的创新,对于之前的研究来说,往往能够散发出一些反思的新意。

在这二十年的学生史研究中,留学生群体成为学生史研究最受关注的热点,这与留学生在近代史上的作用和地位有关,也与史学研究的精英史观有关。论文方面如王奇生《留学与救国——30年代留学生的抗日救亡活动》(《民国档案》,1989年第3期)、何扬鸣《论浙江留日学生》(《浙江学刊》,1998年第3期)、张至皋《四川青年学生与留法勤工俭学》(《社会科学

研究》,1981 年第 4 期)、潘君祥《从爱国主义到探索马克思主义——我国近代留学生爱国思想的历史考察》(《社会科学》,1985 年第 2 期)、冯玉荣《留日学生运动与辛亥革命》(《重庆社会科学》,1986 年第 4 期)、徐行《中共第一代留欧生述论》(《中共党史研究》,1997 年第 1 期)等,这些论文都分别从不同角度表现不同时期、国别留学生的思想、行为及其生活状态。著作方面,李喜所《近代中国的留学生》(人民出版社,1987 年)和王奇生的《中国留学生的历史轨迹:1872－1949》(湖北教育出版社,1992 年)是留学生研究方面的代表作,近二十年以来常为学界提及和引用。田正平《留学生与中国教育近代化》(广东教育出版社,1996 年)、王奇生另一部著作《留学与救国——抗战时期海外学人群像》(广西师范大学出版社,1995 年)、孙石月《中国近代女子留学史》(中国和平出版社,1995 年)、靳明全《攻玉论:关于 20 世纪初期中国政界留日生的研究》(重庆出版社,1999 年)也对留学生的贡献与作用展开论述。

从阶层角度对学生史的探索。桑兵的《清末新知识界的社团与活动》(生活·读书·新知三联书店,1995 年)从社团的联系与活动开展角度,论述了新知识界的成长。《晚清学堂学生与社会变迁》(广西师范大学出版社,2007 年)则从文化分层与西学引进着手,详述学生参与一系列社会活动的历程。在这些著作中,桑兵的史料考据功力立显,学生的各个层面的内容分布全书。桑兵著作的特色,多是从细碎的史料着手,于历史的细枝末节处透露出学生的状态。萧功秦《儒家文化的困境——中国近代士大夫与西方挑战》(四川人民出版社,1986 年)、(美)史景迁《天安门:知识分子与中国革命》(中央编译出版社,1998 年)对于知识分子的解读,都是该时期研究中具有较高启发性的作品,与学生史研究也有一定的相关性。

(二)2000—2016:学生史研究被置于立体历史之中

从 2000 年至 2016 年的十多年,进入了多种学科参与学生史研究的新阶段。教育学、社会学以及西方新史学的传播,都大大触及了该时期学生史的研究。如果说前二十年还常常是学者单打独斗状态的话,后十年的研究则体现了学院派和学术门阀的特点。以丁钢、周洪宇等人为中心的学院派,他们所带的一批硕士、博士学术论文均以某一类型的教育史(学生史)为中心,进行团队研究。如丁钢的教育叙事研究、周洪宇的教育活动史研究,都有效地丰富和推动了学生史研究。学生史的研究从以往的革命史、思想史为代表的考据史学,逐步转向为关注普通学生、以生活为导向的呈现史学。

丁钢主编的《中国教育叙事研究丛书》五卷本,由教育科学出版社出版。该丛书是我国第一套以教育叙事研究中国教育与社会历史实践,具有方法论意义。在方法论方面,丁钢教授的《声音与经验:教育叙事探究》(教育科学出版社,2008 年)以教育叙事的方式,为学生史的研究提供方法论的支撑。该书通过对西方叙事理论和方法的梳理,提出把教育叙事的理论建立在教育叙事与日常教育实践关系的基础上,探究方法论意义,为教育叙事探究奠定了理论与方法论基础。许美德的《思想肖像:中国知名教育家的故事》(教育科学出版社,2008 年),以口述史的方式,展现了 11 位教育家的成长历程与社会生活。孙崇文的《学生生活图景:世俗内外的教育冲突》(教育科学出版社,2008 年)重点研究了基督教大学在中国的发展情况和基督教大学生的生活。王枬《教师印迹:课堂生活的叙事研究》(教育科学出版社,2008 年)通过现场观察和田野调查,以叙事的手法解读了教师在课堂生活之后所展现的文化内容。张素玲《文化、性别与教育:1900—1930 年代的中国女大学生》(教育科学出版社,2007 年)以 20 世纪初期中国第一代女大学生群体为研究对象,通过她们在不同的教育文化环境中的生活描述,展现那个时代女大学生的风采。可以看出,尽管研究主题各有侧重,但是在研究价值取向等环节上,都与学生史研究是不谋而合的。

教育活动史学派的奠基性理论著作是周洪宇的《学术新域与范式转换——教育活动史研究引论》(华中科技大学出版社,2011 年),该书在强调教育史研究范式转换的同时,在研究方式上注重以民众的教育生活为研究重点,以问题研究为导向的研究取向。在研究方法上,强调地上与地下、史学与文学、书面与口述三结合的大史料观。周洪宇、刘训华的《多样的世界:教育生活史研究引论》是国内第一部教育生活史的研究专著,系统阐述教育生活史研究的对象、理论、方法,在论述这一新的研究取向与叙述体系,力求理论与实际结合、人物与生活结合、整体与局部结合。

教师的生活状态和学生也是密不可分的,相对于学生群体研究的短暂性,学界多是对教师群体的研究更显兴趣。刘云杉《帝国权力实践下的教师生命形态:一个私塾教师的生活史研究》(丁钢主编:《中国教育:研究与评论》第 3 辑,教育科学出版社,2002 年)通过对清末转型之际山西塾师刘大鹏的个体研究,着力表现新旧时代一位普通塾师的生活状态与心路历程。蒋纯焦《一个阶层的消失——晚清以降塾师研究》(上海世纪出版集团,2007 年)关注了塾师这一中国传统式教师阶层的消失问题。

(三)他山之石可以攻玉:学生史研究的多维特征

多学科参与的特点,是近十多年来学生史研究的一个重要特点。学生史研究被置于一个立体的多视角历史研究之中。通过跨学科、跨领域的交叉研究,来推进学生史的研究。

思想史方面,瞿骏《"没有晚清,何来五四"之再思——以"转型时代"(1895—1925)学生生活史为例》(《学术月刊》,2009 年第 7 期)将学生活动与学生运动以生活史的方式进行了有效的串联,赋予学生史研究新的意义。《辛亥革命与日常生活——以学堂学生与城市民众为例》(《开放时代》,2009 年第 7 期)则从革命叙事的角度,比较了革命对于学生和市民日常生活的影响。而思想史对学生史具有最大影响力的则要数许纪霖,许纪霖作为国内知识分子研究的著名学者,研究内容大量与学生史相关。《中国知识分子十论》(复旦大学出版社,2003 年)、《大时代的知识人》(中华书局,2007 年)、《近代中国知识分子的公共交往》(合著)(上海人民出版社,2008 年)、《另一种理想主义》(复旦大学出版社,2010 年)、《读书人站起来》(中国人民大学出版社,2011 年)、《启蒙如何起死回生》(北京大学出版社,2011 年)等著作,都能够从中看到学生的追求理想的身影,以及在特定年代里学生的生存状态。其对近代知识分子的理解,都可以从学生的角色找到原型。

人类学方面,司洪昌的《嵌入村庄的学校:仁村教育的历史人类学探究》(教育科学出版社,2009 年)无疑是另一类型的代表,该著作总体感觉是小题能够大作,通过现实与历史的相互构境,将研究者"我"自然的带入到研究过程中。在采用大量乡土口述史材料的同时,又借用了西方社会学、人类学的理论方法,通过叙事的表现形式,表现了一个农村学子对于乡村教育变迁的宏大历史思考,这一点很值得学习。

生活史方面,刘训华的《困厄的美丽——大转局中的近代学生生活(1901—1949)》是学生史"大转局"三部曲的第一部,作为宏观角度论述近代学生生活史的学术著作,在学术界首次提出了"大转局"的概念,并将学生生活置于近代历史大转局的宏大背景下进行考察。以 1901—1949 年的近代学生生活作为研究对象,借助学生的口述与回忆资料,展示了近代大转局时期学生生活的生动图景,分析了近代学生在社会变革中的参与作用,考察了近代学生群体的学校生活、政治生活、精神生活与时代观感,为我国近代学生研究提供了翔实的历史文本。刘京京的博士论文《民国时期中学生生活研究(1912—1937)》全方面、多层次、多视角呈现民国中学生的生活样态,力图实现以小见大,管窥整体教育状况的效果。

　　教育史方面,施扣柱《青春飞扬——近代上海学生生活》(上海辞书出版社,2009 年)是一本明确以"学生生活"为标题的著作。该书以 1843 年上海开埠至 1950 年代 100 多年间上海城市社会中的学生群体生活为研究对象,叙述了以高、中等学校为主体的近代新式学堂学生的常态生活,包括以学为主的学业生活、从强迫到比较自觉的体育生活、富于情趣的日常生活等,同时探讨了乱世背景下平民子弟、外来子弟在上海学校中的生存状态。该书采取以事记人与以人记事相结合的叙事方式,力图在人、事交织的历史经纬中寻求近代上海学生生活的历史图景。

　　事件史方面,近代社会是个政治的社会,研究者对于近代学生的政治事件关注颇多。学生校外政治事件,学潮是一个中心。研究者多从事件史叙述的角度,对政府控制、引导、处理、效果进行分析。严海建《1946—1948年北平学潮:国民政府中央与地方处置的歧异》(《民国档案》,2008 年第 1期)研究了北平当局与国民政府在处理国统区学潮上的态度与分歧,杨奎松《国民党人在处置昆明学潮问题上的分歧》(《近代史研究》,2004 年第 5期)同样将着眼点放在国统区的学潮上,认为对学潮的处理显现出国民党人心涣散、离心离德的景象。贺江枫《疏导与制裁的困境——国民党北平当局的"五·二〇"学潮对策研究》(《史林》,2010 年第 3 期)从政府不同利益主体的对策主张出发,意在说明学潮处理受到派系政治的掣肘,在现实执行中逐步异化。

　　学生与政府的关系成为新近的关注点。于杨、孔繁岭《留日学生在南京政府中的地位及对中日政策的影响》〔《徐州师范大学学报》(哲学社会科学版),2006 年第 6 期〕主要分析了留日学生在南京国民政府中所占的重要分量,及在对日关系方面的政治参与、决策与影响。学生对于社会的改造也是学界关注的一个方面,尚季芳的《民国时期的陕西旅京学生与陕西社会——以〈秦钟〉、〈共进〉杂志为例》(《社会科学战线》,2006 年第 2 期)探讨学生以期刊为阵地,向家乡输入新思想,力图唤起民众自觉意识,改善社会落后面貌和推动社会风气开化,研究对象就是学生校外政治参与的一个独特方式。

心理史方面。刘云杉《从启蒙者到专业人:中国现代化历程中教师角色演变》(北京师范大学出版社,2006 年)在对教师角色变迁的叙述中,善于从研究对象本身的视角出发,能够从较为单一的史料来源中挖掘出多样色彩,如对《退想斋日记》史料的把握,以一个读书人的生命实践来表达一个时代读书人的落魄人生。对于学在民间、乡村教育等叙述,明显加入了对于政治和现实教育的评判。还将一些问题的论述放在了注释部分,将现实问题与历史相联系,使得充满论述性的篇幅超大的注释成了行文的一大亮点。刘云杉的另一部著作《学校生活社会学》在语言表现形式、研究技巧方面均有一定的创新,她对日常生活的史料处理,也表现了学生史研究的某种特点。

教师史、教科书等方面对学生史的启发。蒋纯焦的《一个阶层的消失:晚清以降塾师研究》(上海书店出版社,2007 年)紧扣塾师这一研究对象,以纵向的历史段落表现不同时期塾师的生存面貌。在史料及表现形式上,对文学、史学、研究成果等兼容并蓄。在群体中抽取了部分知名的塾师进行描写,其中不乏对教师活动史的表述,增强了所述对象学术生动性,同时也在寻求用社会学、心理学等方法对研究问题进行诠释。吴小鸥《中国近代教科书的启蒙价值》(福建教育出版社,2011 年)从微观视角表现了以教科书作为新式学生教学内容的现代启蒙,在科学理性、民主政治、现代伦理等方面给予学生的巨大启蒙,并以其巨大的社会辐射力,塑造近代国民新式世界观的努力。这些同样对学生史的研究是一种有益的补充。

(四)国内外学界相关研究对学生史的启发与借鉴

国内学者的多部著作对学生史研究方式、方法具有重要的启发价值。在写作方式上,王笛的《茶馆:成都的公共生活和微观世界 1900～1950》(社会科学文献出版社,2010 年)具有很好的借鉴价值,尤其是《引子——早茶》更是市民生活史的生动写照,它的表现效果更接近理想中的生活史情境再现，对于学生史、学生生活史的细节表述，具有很好的借鉴意义。另外许纪霖主编的《世俗时代与超越精神》《公共空间中的知识分子》、古斯塔夫·勒庞的《乌合之众》（新世界出版社，2010 年）、刘小枫的《沉重的肉身》（华夏出版社，2007 年）、萨义德的《知识分子论》（生活·读书·新知三联书店，2002 年）、艾恺的《最后的儒家》（江苏人民出版社，2011 年）等著作所体现出来的史学感悟，包括对"现代性""超越世界""知识人社会""群体意识""叙事伦理学"等概念的阐释，都会对学生史的研究产生触类旁通的效果。

　　国外学术界对于学生史研究的借鉴与启发。叶文心的《民国时期大学校园文化（1919—1937）》（中国人民大学出版社，2012 年）涉及上海圣约翰大学、交通大学等学生的生活状况。（日）实藤惠秀《中国人留学日本史》（生活·读书·新知三联书店，1983 年）则给予留学生研究一个全新的视野，包括对留学生生活方面的描述。这两部著作给人非常细腻的学术感觉。（美）魏定熙的《北京大学与中国政治文化（1898—1920）》（北京大学出版社，1998 年）将北大的建立和发展放在中国政治文化尤其是 20 世纪早期北京政治文化冲突的背景中进行考察。（法）埃马纽埃尔·勒华拉杜里《蒙塔尤：1294—1324 年奥克西坦尼的一个山村》（商务印书馆，1997 年）是微观史学的代表作，它的体例可以为学生史研究向微观发展提供借鉴。

　　将自己的主体性放进史料中，通过活动场景进行深入分析，并力求以一种雅俗共赏的语言表现出学生生活的"现代性"与历史分析的深度。由此想到《1911》（人民文学出版社，2011 年）在运用史料和前人历史观点的同时，能够将自己对历史的独特感悟犀利地带进历史现场，从而形成了一种浓厚的历史感，并且它的分析有更接近历史的说服力和自信心，这是学生史值得借鉴的内容之一。要注重把握学生生活中独具时代特征的内容，同时放在近代中国乃至世界的视野中去分析它的生存与理想。李泽厚的《中国现代思想史论》（生活·读书·新知三联书店，2008 年）关于启蒙与救亡双重变奏的争论、中国现代三次学术论战等篇幅，对于从思想意义的高度研究学生史，具有重大的借鉴意义。王奇生的社会文化学著作《革命与反革命：社会文化视野下的民国政治》（社会科学文献出版社，2010 年）在论述新文化运动之"动"，五四前后的个人与国家、社会关系，大学校园政治等内容中，以社会文化学的视角展现学生生活的重要侧面。

综观近年来学术作品对于学生史研究的启发和冲击,可以发现学生史研究在未来的空间里,会在以下方面着重发展:一是注重微观和个体的研究。随着心理史、口述史在教育史学领域的运用,关注学生个体、注重教育的实践性研究,成为学生史研究的一个趋势;二是注重多学科的研究视野,学生史研究涉及教育学、历史学、政治学、社会学、心理学、管理学等多学科,运用多学科方法来研究学生的生活史,会形成新的学生史研究格局;三是事件研究的范式趋向生活化、平常化,由过去的精英研究走向大众研究,关注普通学生的生存现象,学生叙事也将倾向于微观史学和普通学生个体的身心感受;四是跨区域、跨时段的比较研究成为新的方向,学生史研究具有非常广泛的研究空间,对于学生各种生存空间的时空比较研究,对于探寻已逝的学生世界,具有重要的启发价值。

四、学生生活史研究的三个维度①

学生生活史是教育生活史研究的主要内容之一,教育生活叙事是学生生活史研究的重要实现形态。学生生活史在叙事文本撰写方面,以生活叙事创建为中心,通过全景式、微观化的情境建构,以文学化语言形式,重回研究对象的历史真实。在学生生活史的实证研究中,重视叙事视角与文学表达形式,注重表达效果的历史真实感。学生生活史研究强调的不是去寻找规律、解释生活,而是呈现生活,并让读者更好地从阅读中实现自我体验。

如何展现业已存在的学生教育生活轨迹?传统的教育思想和教育制度的表现形式容易缺少活力、缺乏个性观照。将学生所经历的教育生活真实而生动地呈现,并且使这种呈现具有史料性、文采性,是对今天研究提出的新思考。学生是教育实施的对象,开展对学生生活史的研究,在今天教育史研究的语境中更具有方法论上的拓展意义,是教育史学研究的双回归:回归到学生本源、回归到受众接受。本书探讨生活叙事、文学形式与重回现场三个研究维度,希望对学生生活史的进一步深入研究提供思考。

---

① 本节内容以《生活叙事、文学形式与重回现场——学生生活史研究的三个维度》为题,刊载于《教育研究》2015 年第 11 期。

(一)教育生活叙事是学生生活史研究的重要实现形态

学生生活史从属于教育生活史,是教育生活史研究的主要内容之一,教育生活史的理论直接作用于学生生活史。教育生活叙事作为教育生活史的重要表现手法,同时也是学生生活史研究的重要实现状态。教育生活叙事发轫于叙事学、教育叙事、教育活动史,直接成为教育生活史的一种理性存在形态,并受西方的微观史学、生活史学、年鉴学派等理论流派的启发。教育生活叙事的产生源于教育研究表达方式的"焦虑",是教育研究重回大众视野的努力。

如何使得教育研究的表现文本更具有文采性和活力,需要借鉴古往今来优秀文本的表现形式与写作技巧,特别是中国古代的叙事文本,对于创造生动有趣的教育生活叙事文本,具有重要的方法引领意义。这些优秀叙事文本的特点常在于它与历史的生动融合,具有历史感和历史价值的文本,能够流传长远。

教育生活叙事的理论构建,既有来自古今中外优秀文本的启发,也与当下教育语言表达相关。以理论创新和文本撰写作为出发点的教育生活叙事研究,在我国学界还是首倡。它的理论源泉既有周洪宇的教育活动史、丁钢的教育叙事等理论源头,也有西方年鉴学派、新史学的若干影子,同时更可看出中外叙事史学文本表现力的存在。作为国内以理论研究为基础,以实践为先导的教育生活叙事,迈向了回归生动叙事的第一步。

作为范型体系的教育生活叙事研究,可以分为理论研究、文本撰写和实证研究三个方面。理论研究是基础,是对建立在诸多学术思想基础上的教育生活叙事进行理论建构,属于形而上的内容;文本撰写是实践,是对亲历者现有的教育生活的如实呈现,这种呈现应该是以叙事为基础的、带有一定的文采的、力图重回历史现场的状态,是可读性与真实感、史料价值的高度融合;实证研究是对已有教育生活叙事文本的解读,是以问题为导向的学术研究。

文本撰写和实证研究属于两个不同的类型,对于史料价值的保存来说,更需要通过文本撰写来保存人类的教育生活内涵,为后人留下生动的文本。正因为如此,在体现学生生活史题材的文本撰写中,教育生活叙事的精要主要体现在有章法和真情实感的呈现,这也是它的主要价值依归。

教育生活叙事虽然是新提出的概念,但是它的表现内涵古已有之。近代著名学者胡适认为,教育史研究不仅要叙述制度的沿革变迁,"还要描写某种制度之下的'学生'生活状态。这才是活的制度史"①。他还比较了不同历史时期中国太学的例子,认为宋朝的太学生生活,被当时的研究者通过文集、笔记等形式比较完整地记载了下来。"有发头陀寺,无官御史台",十字写尽宋太学生的地位与生活②。回归生活常态,是对教育规律的最准确的表现。

学生生活史的研究,还需要选择贴切的研究方法。运用叙事和口述相结合的形式,已经成为教育史学研究的新的发展方向。周洪宇指出,叙事与口述史料的"在场性""生活性""精神性"特征,可以更好地发挥"存史"与"释史"功能;贴近生活,并与官方史料形成互补,为教育政策制定提供民间声音,更好地服务于现实;融教育于生活之中,极富现实性和鲜活性,读来通俗易懂,具有大众教育的功能③。可以运用教育生活叙事的撰写方法来实现这样的表达效果。学生生活史的研究与西方史学中倾向实践、注重微观、视野下移、平民史学的理念趋向一致。丁钢认为,在对中国教育史的研究中,研究者应该将"研究对象真正转向中国教育空间内的各种人物、机构与事件上,实验现实主义的教育叙事"④。当然,随着对教育生活叙事研究的不断深入,学生生活史研究产品所呈现出来的状态,必然会更为丰富多彩。

学生是受教育的对象,研究教育首要的是研究学生。运用教育生活叙事的方法进行学生生活史研究,特别需要在研究过程中能够形成真情实感的、有史料价值的叙事文本。教育生活叙事基于学生生活史的研究,更多的是在记录学生生活文本方面,起到方法论作用,同时对于实证研究中的口述材料再加工等,也有很好的帮助。学生生活史的系统研究,也可以分为理论研究、文本撰写和实证研究的三方面内容。在内容上则内分为日常生活、学习生活、课外生活、社会生活、情感生活等。生活叙事、文学形式、

---

① 胡适:《与陈世棻书》,见《胡适文集》(4),北京:北京大学出版社,1998年,第540页。
② 胡适:《与陈世棻书》,见《胡适文集》(4),北京:北京大学出版社,1998年,第540页。
③ 周洪宇:《学术新域与范式转换——教育活动史研究引论》,武汉:华中科技大学出版社,2011年,第15—17页。
④ 丁钢:《教育研究的叙事转向》,载《现代大学教育》2008年第1期。

重回现场作为学生生活史研究的三个维度,是迈向学生生活史学术产品的理想存在状态。

(二)生活叙事:学生生活史研究的方法维度

学生生活史的研究,首先要善于对学生生活进行叙事描写。学生生活史注重实践行为的历史叙述,马克思在《费尔巴哈的提纲》中就谈到对于实践性的认识:"人应该在实践中证明自己思维的真理性,及自己思维的现实性和力量,亦即自己思维的此岸性。"①实践性的认识是一种理性的思维,学生生活史的研究,需要从理性回归到感性,生活叙事就需要感性力量的回归。

长期以来,历史研究的语言主要是分析语言,而其向叙事语言风格的转向发生在 20 世纪 60、70 年代,美国历史哲学家海登·怀特促成了这种语言方式的转变。历史是以叙事散文话语为形式的语言结构,历史著作中都存在着理想的共同叙事结构②。海登·怀特将叙事的故事形式分为传奇、悲剧、戏剧和讽刺四个形式,并对这四种情节编排模式进行了认识论和意识形态的分析③。叙事与分析不同,它将特定的事情按照逻辑顺序纳入被阅读者理解和接受的语言结构中,这样的叙事方式,等同于"讲故事"④。"叙事既是一种推理模式,也是一种表达模式。人们可以通过叙事'理解'世界,也以叙事'讲述'世界。"⑤丁钢认为,叙事代替分析,缓和了理论与事实之间的叙述紧张⑥。叙事进入教育史后,逐步实现表达方式由宏大叙事向个体叙事、整体史学向微观史学的重大转变。克罗齐曾经断言:"没有叙事,就没有历史学。"⑦此后,诸多叙事特别是生活叙事,渐成为历史研究的显学。法国年鉴学派的勒华拉杜里的《蒙塔尤:1294—1324 年奥克西坦尼

---

① (德)马克思:《关于费尔巴哈的提纲》,见《马克思恩格斯文集》,北京:人民出版社,2009年,第 500 页。

② 丁钢:《声音与经验:教育叙事探究》,北京:教育科学出版社,2008 年,第 24 页。

③ 丁钢:《声音与经验:教育叙事探究》,北京:教育科学出版社,2008 年,第 25—26 页。

④ 彭刚:《叙事的转向:当代西方史学理论的考察》,北京:北京大学出版社,2009 年,第 2 页。

⑤ Richardson L."Narrative and Sociology". *Journal of Contemporary Ethnography*, 1990, (19)。

⑥ 丁钢:《声音与经验:教育叙事探究》,北京:教育科学出版社,2008 年,第 3 页。

⑦ Hayden White. *The Content of the Form*. Baltimore: The Johns Hopkins University Press, 1987.4.

的一个山村》、金兹伯格的《乳酪与虫豸》、娜塔莉·戴维斯的《马丹·盖赫返乡记》等一批以叙事方式为中心的作品表明,个人生活、个体经验、小地方、小人物的叙事研究正在取代传统的宏大叙事模式。这和学生生活史所追求的微观史学方式是一致的。对学生个体特别是普通学生的经验和体验,是能够形成尊重普通个体、观照微观角落的研究取向,也能够再现普通学生的真实生活。

在生活叙事的实践过程中,注意处理好生活叙事目的、对象、方式和效果。在具体的实践过程中,学生的生活叙事可以从以下三方面展开:一是通过对学生"活的"实践活动的追溯,包括那些合理性的想象。二是在描述对象上,充分尊重学生的生活,在实践中处理好这种关系。"社会生活在本质上是实践的。凡是把理论导致神秘主义方面去的神秘东西,都能在人的实践中以及对这个实践的理解中得到合理的解决。"①三是在史料的运用上,注重对学生生活史料的辨析、遴选。

在具体的生活叙事过程中,不仅注意考察研究对象的生活体验、研究者的主体意识,还要注意研究受众即读者的接受和认可。"知识与技能虽然在教育历史研究中依然占有相当地位,但读者的状态或态度却成为研究者所应重点关注的。我们必须深入到社会的文化历史中去寻找作为教育历史思考和实践的源泉。"②关注研究对象、研究者和读者的三种不同身份的同时,要处理好学生生活史研究的理性认识和感性认识,宏观的学生生活与微观的学生生活之间的关系。从研究的主体上来说,对学生生活的研究,是具有宏观的、普适性质的,但具体的生活叙事,必然是微观的,学生生活史的叙事场景最终要落脚于个体和微观的学生生活视野。在个体的选择上,既要注意其代表性的问题,也要不惟代表性,从众多的个性中,让读者从中体会众多个体身上所体现出来的宏观共性。

生活叙事是一个主观化的产物,情感跌宕起伏的把握,叙事模式和方法的选取,史料的生硬与叙事所需生活化之间冲突的处理,人的心理活动变化,环境与心情对人的主观感受,微观叙事如何隐性表现主题等,都是生

---

① 马克思:《关于费尔巴哈的提纲》,见《马克思恩格斯文集》,北京:人民出版社,2009年,第500页。

② 丁钢:《叙事范式与历史感知:教育史研究的一种方法维度》,载《教育研究》2009年第5期。

活叙事在具体实践中不断要面对和解决的问题。刘良华认为,典型的教育叙事就是"讲故事","有情节的故事"是所有教育叙事的核心精神①。从史料本身寻求学生生活的历史情感,用通俗的语言进行形象化、故事化的叙事,这是学术作品得以形成立体、生动的文字效果的重要保障。

受学术规范性的影响,教育生活叙事的文本撰写和实证研究,尚需不断突破固有程式。在这方面,《嵌入村庄的学校:仁村教育的历史人类学探究》则有不俗的教育生活叙事描写,如《引子》中对于事件及现场的描述,既以人与事件为中心,又充分设置悬念,体现叙事艺术②。《困厄的美丽——大转局中的近代学生生活(1901—1949)》在理论研究和实证研究之间寻求逻辑平衡,并通过引子《一个老旗兵和他老儿子的遭遇》的叙事表现力展现生活叙事魅力和重回历史现场③。这种理论导论、引子叙事、正文实证式的逻辑框架,在近几年的一些著作中,得到了不断加强。

(三)文学形式:学生生活史研究的表现维度

中国传统的叙事形式,常在经典的文学作品中体现。由优秀的历史叙事文本体现出的文学性,叙事中以人与事件情节为中心的表述,是文学形式的回归。所谓学术研究的文学形式,不是把史学研究论文完全写成文学作品,与文学作品无异,而是借鉴文学形式增强生动性、形象性,更好地表达研究意图和学术观点。史学研究与文学作品还是存在本质不同,在某种程度上,这种新的探讨或许称之为"非虚构历史纪实作品"可能更妥,它虽多采用文学形式,写法生动并富于人情味,但"无一字无出处",如当代作家王树增在作品《1901》中的尝试。在教育生活的实践中,王枬提出的教育叙事从文学世界走向教育视野,可以看作是对这一理念的回应④。

具体到学生活动史的研究中主要是史料多元化、细节文学化、注释学术化、考证注释化,在文字效果上行文要有文采。要达到上述状态,首要解决的是史料问题。学生生活史在史料上,存在着零碎而庞杂的特点,"史料

---

① 刘良华:《叙事教育学》,上海:华东师范大学出版社,2011年,第3—4页。
② 司洪昌:《嵌入村庄的学校:仁村教育的历史人类学探究》,北京:教育科学出版社,2009年,第43—55页。
③ 刘训华:《困厄的美丽——大转局中的近代学生生活(1901—1949)》,武汉:华中科技大学出版社,2014年,第26—28页。
④ 王枬:《教师印迹:课堂生活的叙事研究》,北京:教育科学出版社,2008年,第11—26页。

的相对性"①问题尤显突出。学生生活史的史料来源广泛,从期刊、档案材料、日记、自传到回忆录等,都是它的组成形式。"史家当下的问题意识所产生的对史料的聚焦作用,史料本身的暧昧性和复杂性,都使得史料与事实之间的关系,呈现出比之人们通常所以为的更加复杂的情形。"②关于史料来源的价值标准,胡适提了个很好的办法,他说"史料的来源不拘一格,搜采要博、辨别要精,大要以'无意于伪造史料'一语为标准。杂记与小说皆无意于造史料,故其言最有史料的价值,远胜于官书"③。这一判断似乎能够有效地引导研究者正确看待和处理庞杂的史料。

对于学生生活史研究而言,如何选择史料至关重要。注重史料的多面性,从文学、民间艺术等各个方面渠道,寻求学生生活史研究的史料。避免单一的官方式、一元化的史料语境。"历史文本与文学文本都是选取'事件'进行编织的结果,两者之间有相似性。小说里的教育叙事,是文学叙事的一种,'虚构'是其重要特征之一。但小说是真实生活升华为艺术境界的结晶,是现实世界的艺术语言表现形式。"④从文学作品提取学生生活史料,是很不错的一种选择取向。对于学生生活史料的处理,应在尊重客观叙事的基础上,体现出它的文学性。文学性和叙事化的史料处理,是对静态的史料进行动态处理的关键。中国自古以来,历史都是以文学的形式出现的,在文学的主观性的构架里,历史的事实隐含其中。

笔者认为,学生生活史学术研究的文字成果,应该具有以下一些特征。一是文学的语言、生动活泼的方式,将史料和作者自身的分析融合其中。这其中牵扯到叙事的要素,叙事要不着痕迹,它的文学化形式,可以《史记》《资治通鉴》、唐宋笔记小说等作为生活史研究者的语言范本。二是在对个体与群体、大中小学生层次以及具有不同区域特点的学生处理上,不能站在宏观的研究高度,而应该着眼于具体的细节方面。需要写到哪一方面,就在哪一方面落笔,撇开地点、人物、时间的差异,只落下学生的生活情境。三是要摆正学术研究者的姿态,要善于向中国传统文学、中国传统史学学

---

① 桑兵:《傅斯年"史学只是史料学"再析》,载《近代史研究》2007 年第 5 期。
② 彭刚:《叙事的转向:当代西方史学理论的考察》,北京:北京大学出版社,2009 年,第 127 页。
③ 胡适:《与陈世菜书》,见《胡适文集》(4),北京:北京大学出版社,1998 年,第 541 页。
④ 田正平、陈桃兰:《观念世界的教育变革——现代小说中的教育叙事研究刍议》,载《华东师范大学学报》(教育科学版)2008 年第 3 期。

习。在那些能够流传上千年的历史作品中寻求治史者的学术营养，不断向中国传统历史著作、向文史相连的中国传统学术文风学习。

记录学生生活史的文本及学术研究成果，在构思与表现力上要有电影导演的谋篇布局，突出表现力和镜头感。胡适认为，明代小学的情形，最详细的描写是小说《醒世姻缘》，个中章节将教学活动的场景详加叙述①。历史文本在中国传统社会中，本就是带有主观性的产物，历史与文学的接近，原因在于历史作品是以文学化的形式进行传播。学术研究和文学创作一样，带有研究者的主观性，尽管这种作品经常会标榜研究者的中立立场和客观性。学生生活史研究的崭新出路在于，只有将语言表达文学化和故事化，才能更好地落实生活叙事和重回现场的方法论内涵。"历史学不是以物质世界为主要研究对象的追求通则或规律的实证科学，而是一门旨在把握或通向人的不确定的心灵世界的诠释学。"②或许这样一种富有文采的表现形式，更接近学生生活史所需体现的理想状态。

（四）重回现场：学生生活史研究的效果维度

重回现场是学生教育生活叙事的表现效果，学生生活叙事的文本要有现场感。学生生活史研究不仅是对特定历史时期学生生活的追忆，也是对该时期社会全方位扫视的重要途径。"社会生活就是叙事。社会生活通常由行动和事件组成，二者的不同通常在于行动的意向性。"③重回现场是研究效果的主要表现，它展现给研究者的是恢弘社会历史画卷下的真实、生动的生活场景。对学生生活史的研究，体现了学术界从宏大历史叙事向微观生活状态的位移，是对普通个体生活状态的情感守望。学生生活史的作品境界，应体现富有语言感染力的重回现场感，其实质是要求呈现一部鲜活的个体生活史。

在形式上，重回现场的学生生活史研究维度，以微观史学为标志，学生生活史开始了视角下移的学术追问。通过微观、通俗的语言，展现研究对象的社会画卷。文采与叙述并重，注重生活史研究中语言表述的生动、活

---

① 胡适：《与陈世棻书》，见《胡适文集》（4），北京：北京大学出版社，1998 年，第 541 页。

② 王学典：《史学引论》，北京：北京大学出版社，2008 年，封面。

③ （瑞典）芭芭拉·查尔尼亚维斯卡：《社会科学研究中的叙事》，北京：北京师范大学出版社，2010 年，第 4 页。

泼。在逻辑处理上,学生生活史研究注意思维训练,从逻辑思维的角度,注重缜密的内在逻辑秩序、原生态的场景描述以及理性的语言归纳。"任何一个框架并不能完全去解释实际上的经验实践,所以我们必须有一个恰当的呈现方式,这个呈现方式就是叙事,尤其是让社会上的各方面人自己去叙述,因为通过这样的方式可以接近我们的社会生活,真正地揭示我们社会生活的真相。"①框架结构具有非对称性,微观本就遍布于研究的全局。杜成宪谈到中国教育史的三种存在形态:客观的中国教育史、记录的中国教育史、中国教育史学科②。研究者要达到的,正是第一种存在形式,同时也是最难施行的方面,"它需要在充分发掘已有历史文献的基础上,运用文化学、人类学、社会学等多学科的方法进行综合研究"③。

学生生活史要关注学生生活的主体、客体与社会的结构。重回现场的效果,客观上要求生活叙事既有历史的真实,又具有一种艺术的效果。伯格认为,日常生活是真实的,人们在日常生活中经常看到的顺序和叙事因素,与他们所说的叙事不是一回事。叙事有开头、中间和结尾,而日常生活没有叙事这样的闭合因素,人们只是在中间生活而已。叙事具有冲突性,而生活则相对平淡。日常生活是不断上演,而每个叙事都不相同④。生活叙事的目的,是逻辑真实和次序完整基础上的重回现场。历史真实和叙事真实本不是一个概念。生活叙事的语言在理性与感性之间,应该突出感性,以个体的情感表现,表达同时期"沉默的大多数"的生活特点。为了表现出重回现场的生活叙事效果,在叙事的过程中应注重历史材料与文学手法并重的方式,文学化的叙事技巧巧妙体现在行文风格中。

笔者比较赞成通过多元方法达到生活叙事的重回现场效果,这些方法可以跨学科甚至是跨领域,如借鉴小说、散文、戏剧、电影等写法,运用社会学、人类学、心理学、经济学等学科方法,形式要为内容服务,重要的是研究要展现出来的内容,形式的丰富多样是为了展现内容的清晰程度;反之,如

---

① 丁钢:《教育研究的叙事转向》,载《现代大学教育》2008 年第 1 期。

② 杜成宪:《对"中国教育史"的几层涵义及其相互关系的辨析》,见中国地方教育史志研究会、《教育史研究》编辑部编:《纪念〈教育史研究〉创刊二十周年论文集(1)——教育史学理论及史学史研究》,2009 年。

③ 于述胜:《中国教育史研究中的一个方法论问题》,载《教育史研究》1997 年第 2 期。

④ (美)伯格:《通俗文化、媒介和日常生活中的叙事》,南京:南京大学出版社,2000 年,第 179－180 页。

果是单调枯燥的表现形式,就不能够引发读者的共鸣,缺少了研究者和读者之间的有效互动。中国有文史不分家的治学传统,学术研究在展现历史现场的同时,应给予读者较为清晰的历史图景再现效果,并在生活叙事中得到体现,以研究者本身对历史的感悟为读者对历史的理解提供学术支撑。

那么,如何使生活叙事文本具备强大的表现力?《教育生活叙事的产生》一文根据对众多优秀文本的分析,认为在具体的撰写过程中,一篇优秀的教育生活叙事文本的生发,应该具备电影导演的谋篇布局、由小及大的逻辑意义、情境交融的场景再现、文笔多元的语言表达、文读互动的灵魂撞击、重回现场的史料价值等六大特征①。这些表现特征,都可以在学生生活叙事的文本撰写和实证研究中加以体现。文学化的教育生活叙事所达到的境界,正如刘小枫所说,"叙事改变了人的存在时间和空间的感觉。当人们感觉自己的生命若有若无时,当一个人觉得自己的生活变得破碎不堪时,当我们的生活想象遭到挫伤时,叙事让人重新找回自己的生命感觉,重返自己的生活想象的空间,甚至重新拾回被生活中的无常抹去的自我"②。能够传世的史学作品,一定有它的情感蕴含其中,并且有强烈的重回现场之感。

有必要指出的是,一篇优秀的学生生活史研究作品,生活叙事是基础,文学形式是手段,重回现场是目标。学生生活史从史料的寻求和处理上,能够形成对业已定型的学术研究模式的突破,走出一条体现微言大义、生动活泼、通俗易懂和趣味性强诸多要素于一身的学生生活史研究的学术道路。学生生活史研究强调的不是去寻找规律、解释生活,而是描述生活,并更好地让读者从阅读中实现自我体验。

---

① 周洪宇、刘训华:《多样的世界:教育生活史研究引论》,福州:福建教育出版社,2014年,第38—79页。

② 刘小枫:《沉重的肉身》,北京:华夏出版社,2007年,第3页。

第一章　历史大转局下的地方教育秩序

历史发展有其自身的规律性，它如同上苍的眼睛，时刻俯视着居住在大地上的人们。社会发展在时间的轴线上滚滚前行，它的转动时快时慢，有时还陷于停滞，不过在 19 世纪的上半叶，无论是世界还是中国，都明显感受到转局变动的加速。

1840 年一般认为是改变中国历史的年份，"千年未有之大变局"将中国人推向了学习西方文明同时又饱受西方侵略的历史进程。由于落后，而导致民族自信心缺失，往往善于肯定西方而不善于肯定自己。中国传统社会的解体进程就是中国人"被近代化"的进程[①]。但历史往往又很嘲弄中国人，一些研究表明，在中国的传统社会里，东方的中国是西方世界的楷模。而这一往昔的普遍论断在近代由于我们的不自信给丢掉了。

浙江在近代中国是一个特殊的省份，由于地理关系、文化环境等一系列因素，浙江走在了中国近代化的前面。因此，浙江的学生群体较之其他省份往往更具有它的特点与光芒。尽管在历史学研究里，以结果来寻找过程的方法往往令历史研究者们感到不屑，但却又不得不为浙江学生群体中的为数众多的影响中国近代历史的精英们感到震惊以至于产生探究他们成长的兴趣。

"浙江"一词在地理学上具有多种含义。在自然地理上，浙江是水域之名，浙江即钱塘江；作为行政区名，唐代在境内设有浙江东道、浙江西道。"浙江东道领有越、衢、婺、温、台、明、处 7 州，浙江西道辖境相当于今江苏

---

① 朱维铮认为：直到 19 世纪中叶以前，中国由于封建社会内的商品经济的发展也将自行缓慢地发展到资本主义社会的说法，始终只是一种假设、一种可能性。可能性不等于现实性，大胆假设、小心求证也早被宣称为反马克思主义的方法。唯物史观的起码要求，就是尊重客观存在的历史事实。既然表示尊重历史事实，却又认定只有英国的大炮才将中国从中世纪的荒野打入近代文明的大门，那就无论如何不能不令人沮丧地推出下一个结论，便是中国人没有能力自己迈进近代化，只可能"被近代化"。见朱维铮：《走出中世纪》（增订本），上海：复旦大学出版社，2007 年，第 6 页。

长江以南、茅山以东及浙江新安江以北地区。"①公元 1366 年，朱元璋攻占杭州并设置浙江行中书省，自此以后，浙江作为一个省级政区，辖境大致稳定下来，一直持续至今。浙江省东临东海，南接福建，西接安徽、江西，北通上海、江苏，全省陆地面积 10 万多平方公里，占全国陆地总面积的 1.04%左右。河姆渡文化、良渚文化的发现，表明浙江是中国古代文明的发祥地之一。由于隋唐时期大运河与浙东运河的开凿及唐宋以来经济重心的南移，浙江逐渐成为全国最繁华富庶的地区之一和历代政府财粮赋税的主要来源地。

悠悠历史长河中，学生群体作为近代中国一朵灿烂的浪花，引领民族行进的步伐。在东南一隅的浙江，由新学堂及留学潮而激荡出来的新生一代，因历史机缘开启了一个新时代的辉煌。

第一节　大转局的开始：西学东进与浙江的开埠

浙江自古就是中华文化重镇，文物古迹、学塾书院遍布各地，宗师泰斗、文化巨擘代有人出，是古代一个文化符号与精神堡垒。浙江文化，源远流长，上古时期即有吴越文化。越与吴相连，"吴越，古称东南僻远之邦，然当其盛强，往往抗衡上国。黄池之会，夫差欲尊天子，自去其僭号，称子以告令诸侯。及越既有吴，勾践大盟四国，以共辅王室"②。越地人自古民风彪悍，雄心四起。自有史以来，浙江产生了为数众多的文化名人。

近代浙江灿烂夺目的名人群体，可以从明清两代找到它的源头。湖州人潘季驯治黄河。余姚人朱舜水在明亡后东渡日本，传播中国儒学。谈迁《商榷》、黄宗羲《明夷待访录》、章学诚《文史通义》都是名噪一时的大作。西方传教士进入中国后，杭州人李之藻、杨廷筠等人率先接触西方近代文明，在浙江传播西学。

海禁开放之后，浙江省首先接触到近代物质文明和西方的思想，在整个中国来讲，可说是得风气之先，对于中国的革命和中国的思想

---

① 林华东：《浙江通史》（史前卷），杭州：浙江人民出版社，2005 年，第 2 页。

② 赵晔：《吴越春秋》序，南京：江苏古籍出版社，1999 年，第 1 页。

界有着很大的影响,占着很重要的地位。①

世界之间,总是相互影响又相互依存的。近代中国的落后导致了文化由西向东的输入。西学东来是近代中国重要的历史事件,它延续时间长,对沿海的浙江首先产生了巨大的影响。

一、中世纪的终结:西人东来

对于中世纪,笔者认为可以对它进行中国式界定。"中国有过漫长的中世纪"②,即中国式历史分期上的中世纪。中国历史分期长期以来难有定论,如果从历史效果及中国人所习惯的王朝更迭的角度来说,以公元前221年秦王嬴政一统天下的年份作为中国中世纪的起点,无疑是最恰当的选择。以1840年作为它的下限,可以作为逻辑上合理的解释。

历史不总是进步的,历史的进步与倒退,既有同时代的横向比较,也有历史上的纵向比较,所谓进步是一种相对的概念。

> 在十七、十八世纪,在中西欧的思想界和政治界,那些热衷于改变自身的中世纪的精神状态和政治制度的知名人物,那些启蒙思想家、理性主义者、重农主义者,那些反君主独裁、反教廷专制的人们,大都从不同角度从不同程度对中国发生过兴趣。这种兴趣,正好与下个世纪总想"教训"中国的那班殖民主义者的取向相反,主流集中在用中国的"美善"来反对欧洲的"丑陋"。③

中国传统的儒家治世思想,保证中国人在自己固有的轨道里运行。本来是比较产生了进步与落后,但18世纪末19世纪初的世界已经在东西方的对比下发生了深刻变化。在工业革命中,原来落后的欧洲国家在资本主义生产方式的作用下,一跃而成为世界强国。由资本产生的元素使各大新兴帝国的对外扩张成为必然。尽管欧洲新贵在最初对中国还有些投鼠忌器的心理障碍,但大清帝国落后机制下的腐朽,不会被表面的浮华隐藏得太久。

浙江是中国东南财富之地与人文荟萃之地,历来为清政府所高度关

---

① 李毓澍访问,周道瞻纪录:《蒋鼎文先生访问纪录》,台北:内部发行,1964年,第1页。
② 朱维铮:《走出中世纪》(增订本),上海:复旦大学出版社,2007年,第1页。
③ 朱维铮:《走出中世纪》(增订本),上海:复旦大学出版社,2007年,第11页。

注。在 19 世纪初,浙江省耕地约 4650 万亩,人口约 2800 万①。人均耕地不足 1.7 亩,低于全国人均耕地数,这也就注定浙江人必须要精工细作。而南方的富庶也说明了南方人在农业耕作上的精明,在某种意义上是形势使然。清朝在开国初期,在浙江便遇到激烈的抵抗,许多文人拼死维护朱明汉人文化传统,因此更加重了清政府对该地区挥之不去的戒备心理。

大清帝国在地方上实行的是督抚制,总督管几个省的军政,巡抚主掌一省之民政。浙江的军政首脑是闽浙总督,驻地在福州。浙江巡抚驻地在杭州。巡抚之下的官员主要有布政使和按察使。布政使为藩司,掌行政、赋税;按察使为臬司,掌刑名、按劾。布政使、按察使之下设道员分管地方,浙江其时划为四道,即杭嘉湖、宁绍台、金衢严、温处。同时省内又有专职道员,如粮储、盐运等,负责一省专项运作。省之下的行政单位为府,浙江共有 11 府,府下为县、州、厅等。浙江省的军队为八旗及绿营,八旗由杭州将军统率,绿营由提督统率。一般而言,朝廷的重要官员多委任满人,这主要体现了帝国统治者的民族统治思维。

在 19 世纪初,康雍乾三代形成的高度集权专制由于时间的漫长渐露出它的腐朽与衰败。官场内由于贪赃枉法、贿赂公行,而导致整个统治阶层上下沆瀣一气,骄横跋扈,民生艰苦不堪。

"早在 16、17 世纪,处于资本原始积累时期的葡萄牙、西班牙、荷兰和英国等国商人,先后来到中国东南沿海活动,从软诈硬抢到攻城夺地,无所不为。"②在此国内外环境下,大清帝国宛若一艘破败不堪的航船,跌跌撞撞地驶进了已经全球相连的中世纪终结年代。

> 1685 年,清政府开海禁,在江、浙、闽、粤四省各设海关一处。浙海关设于宁波镇海南薰门外(10 年后设海关署于宁波)。1689 年在定海城外道头街西建红毛馆,供外商往来住宿,又在宁波、定海各设浙海关分关。1700 年,英国东印度公司派出监督暂住定海,管理来浙英商的贸易事务。1753 年,英国政府向在华英商发出"务必开始在宁波通

---

① 李文治编:《中国近代农业史资料》(第 1 辑),北京:生活·读书·新知三联书店,1957 年,第 9、60 页。

② 赵世培、郑云山:《浙江通史》(清代卷中),杭州:浙江人民出版社,2005 年,第 16 页。

商"的命令。[①]

　　1793 年历史上著名的马戛尔尼（George Macartney）访华，满怀期待地向帝国最高统治者乾隆皇帝提出了六项要求：增开舟山、宁波、天津为通商口岸；英国在北京设立货站，买卖货物；将舟山群岛的一个岛拨给英国，以便英人居住和存放货物；将广州附近一处地方拨给英国；英船在澳门、广州之间运载货物免纳过境税；英商只按清廷公布的税则纳税，不另纳税。以传统的儒家治国及祖宗家法，这些条件被乾隆断然回绝。在过了 23 年后的 1816 年，这一年是嘉庆二十一年，英国的又一位特使阿美士德（William Pitt Amherst）访华，同样的要求被乾隆的继任者嘉庆予以拒绝。但从英人对大清提出的这些要求可以看出，英国人对浙江的觊觎之心已是跃然纸上。

　　英国在如何进攻中国问题上进行了长期周密的考虑，收集首先要进攻区域的情报。1832 年，英国东印度公司派遣船长礼士（Capt. Ress）、公司职员林德赛（H. Hamilton Lindsay）、德籍传教士兼翻译郭士立（Charles Gützlaff）等人以贸易为名，乘坐罗尔·阿美士德号船装载洋布等物件，沿途对中国的海岸、港口、河道详加查察，绘制海图，在 5 月 26 日闯入镇海口意图进入宁波的时候，被当地守军截回。但是中国守军的拦截并无多大效果，英船不仅直入甬江，而且林德赛、郭士立等还详察了镇海炮台并且在宁波停留多日，收集不少情报资料。郭士立自称："本地全体海军船只，不能阻止一只商船进口，真是怪事。"[②]在考察中，他们认为镇海炮台是他们在中国所见的最大的炮台，但同样年久失修，既无炮架又无人。这从另一方面反映了帝国军备的松弛。在战争爆发前夕的 1840 年 5 月 28 日，《澳门新闻报》上的一篇文章说："此岛（舟山）乃系在中国之中，临近之地皆系富厚省份，又与产茶叶、丝发之省份相近。即在其内地之港口亦系甚好，可为外国贸易之大市镇。我等若由中国人手中夺得此岛，即定必令此岛比广州

---

　　①　赵世培、郑云山：《浙江通史》（清代卷中），杭州：浙江人民出版社，2005 年，第 16 页。
　　②　南木：《鸦片战争前英船阿美士德号在中国沿海的侦查活动》，见列岛编：《鸦片战争史论文专集》，北京：人民出版社，1990 年，第 109 页。

省城更为重要……此岛之样子正与新加坡相同，大抵比新加坡更宽大。"①
舟山②在英人眼中的重要性由此可见一斑。

　　大清帝国这艘巨大无比却又破损不堪的巨轮在停滞中驶进了1840
年。这年的2月20日，英国政府决定发动对华战争，英国外相巴麦尊训令
全权代表兼总司令懿律率军封锁广州、占领舟山③。7月5日，英国海军炮
击浙江定海，总兵张朝发奋勇还击，重伤殉国；中军游击罗建功临阵逃脱，
致使英军第一次在中国领土登陆，标志着战争正式爆发④。7月6日晨，定
海陷落，知县姚怀祥在北门投梵宫池死。英军在侵华的战略部署中，首先
决定征服浙江沿海，并将夺取舟山作为其军事目标的第一步。鸦片战争期
间英军的第一仗就是定海之战。

　　战争的进程更是实力的印证，英国人很快实现其预定目标。1842年8
月29日清廷全权代表耆英与英国全权代表璞鼎查在南京江面上的英舰
"汉华丽"号上签订《中英南京条约》，浙江的宁波列为五口通商口岸之一，
鸦片战争结束。宁波由此成为浙江近代史上第一个对外开放的通商口岸。
"1843年12月19日，英国驻宁波领事罗伯聃率兵舰和大小轮船各一艘到
达宁波，与清朝官员会商开埠事宜。"⑤1844年1月1日（道光二十三年十
一月十二日）正式开埠，指定江北岸为外人通商居住之地，并取得领事裁判
权。法、美等国亦随之在宁波开领事馆，并设置海关。

　　宁波成为西人进入浙江的第一站，同时也是他们进行走私贸易、偷逃
关税的天堂。

---

　　①　《护理浙江巡抚宋其沅奏呈英人新闻纸》，见宁波市社会科学界联合会、中国第一历史档
案馆编：《浙江鸦片战争史料》（上册），宁波：宁波出版社，1997年，第85—86页。

　　②　在1846年4月4日的广州虎门，大清帝国代表皇帝的钦差大臣、两广总督耆英和英国驻
华公使、香港总督德庇时签订《英军退还舟山条约》，在7月25日退出舟山。但在《英军退还舟山
条约》中有："英军退还舟山后，大清大皇帝永不以舟山等岛给他国；舟山等岛若受他国侵伐，大英
主上应为保护无虞，仍归中国据守……大清大皇帝以右所议朱笔批准，即刻将舟山全岛交还中国
官宪，大英主上亲笔准如会议，则两国宜当照议永守此约"等条款，虽将舟山归还中国，但强行将其
作为自己的势力范围。强权下的条约，不平等及强霸之心昭然若揭。

　　③　赵世培、郑云山：《浙江通史》（清代卷中），杭州：浙江人民出版社，2005年，第365页。

　　④　有不同说法，"1840年7月2日：侵华英舰26艘驶进舟山洋面，图犯定海，6月28日正式
爆发的第一次鸦片战争扩及浙江。"见浙江省政协文史资料委员会编：《新编浙江百年大事记
1840—1949》（《浙江文史资料选辑》第42辑），杭州：浙江人民出版社，1990年，第1页。

　　⑤　徐和雍、郑云山、赵世培：《浙江近代史》，杭州：浙江人民出版社，1982年，第28—29页。

二、大转局开始的路径：西学传播、学校建立与公共事业发展

转局的平转格局，因外力的入侵而被打破。接下来的，就是新格局的建立。1840 年英国敲开中国的国门后，位于沿海的浙江首当其冲，直接面对西方列强的影响。西方的耶稣会传教士自明朝中叶以后，逐渐来到中国。其西学伴随着独特的天文地理等知识慢慢受到中国高层知识分子的重视。鸦片战争敲开了中国的大门，也大规模地加速了浙江开放的步伐。宁波开埠后，西方宗教文化加速了在浙江的传播。宁波设主教，吸收中国人为教徒，进行传教活动。

在宁波购地建造教堂的有英美浸礼会、长老会、圣公会、中国布道会等宗教团体。英国东方女子教会在宁波创办女校，招收学生数十人，免费入学，供给伙食。英国圣公会、美国浸礼会也先后在宁波设立小学、养老院、育幼院、医院等。美国长老会在宁波开设美华书馆，此为外人在中国经营印刷业之始。①

随着传教士传教的深入，西方"上帝的事业"在浙江开始蓬勃发展。西学开始传入中国的同时，各式学校也开始建立起来。

基督教与教育就它们本身来说是截然不同的，但是它们之间有着自然而强烈的亲和力，使得它们总是紧密联系在一起的。必要的智力训练包含着道德的训练。所有真理都是相互联系的，无论是历史还是科学都与宗教有着许多方面的联系……青年时期正是性格和思想的形成时期，因此青年教育一直是教会工作的一个重要部分。教会已充分认识到这一点，它不能把教育这项伟大的工作留给世俗社会去办。②

基督教的扩张与西学的传播。1846 年 2 月，"清廷再申前旨，令各省

---

① 浙江省政协文史资料委员会编：《新编浙江百年大事记（1840—1949）》《浙江文史资料选辑》第 42 辑），杭州：浙江人民出版社，1990 年，第 14 页。

② （美）狄考文：《基督教会与教育的关系》，曾矩生译自 Calvin W. mateer："The Relation of Protestant Missions to Education"。见《基督教在华传教士大会记录》，上海，1877 年。"Records of the General. Conference of the Protestant missionaries of China held at Shanghai，May 10－24，1877"，转引自《中国教育大系·历代教育制度考（二）》，武汉：湖北教育出版社，2004 年，第 2080 页。

不必查禁天主教,浙江各地教徒教堂均骤行增加"①。1846 年 4 月 11 日,
天主教浙江代牧区成立,首任代牧主教石伯禄设主教堂于定海。1847 年
10 月,美国浸礼会教士玛高温与罗尔梯夫妇在宁波建立浸礼会教会。
1854 年 5 月,玛高温在宁波创办《中外新报》②,这是在浙江出现的第一家
近代报刊。海宁人李善兰与英国传教士伟烈亚力合译的《几何原本》后 9
卷(卷 7 至卷 15)刊行,这一名著首次有了完整的中文译本。同年,李善兰
与英国传教士艾约瑟共同翻译的《重学》20 卷刊行,这是最早介绍西方理
学理论的著作。同年,李善兰与英国传教士韦廉臣、艾约瑟合译的《植物
学》刊行,这是最早传入中国的植物学译作③。1859 年李善兰与他人合译
的《代数学》13 卷、《代微积拾级》18 卷、《谈天》18 卷出版,这些都是最早传
播到中国的西方科学。

表 1—1　1644—1900 年浙江各新教教会建设之总堂数

教会名＼时期	1644—1860 年	1861—1880 年	1881—1890 年	1891—1900 年	合计
圣公宗英圣公会	1	2		2	5
浸礼宗浸礼会	1		3		5
监理宗监理会				1	1
圣道公会		2			2
长老会北长老会	2				2
南长老会		1		1	2
内地宗内地会	1	11		5	18
德华盟会		1		4	5
其他　基督徒会				1	1
恩典会				1	1
合计	5	18	4	15	42

资料来源:中华续行委办会调查特委会编:《中华归主》(上册),北京:中国社会科
学出版社,1980 年,第 127 页。转引自赵世培、郑云山:《浙江通史》(清代卷中),杭州:
浙江人民出版社,2005 年,第 257 页。

---

①　浙江省政协文史资料委员会编:《新编浙江百年大事记 1840—1949》(《浙江文史资料选
辑》第 42 辑),杭州:浙江人民出版社,1990 年,第 15 页。
②　赵世培、郑云山:《浙江通史》(清代卷中)附录,杭州:浙江人民出版社,2005 年。
③　参阅《浙江通史》(清代卷下)大事记,杭州:浙江人民出版社,2005 年。

表 1—2　1644—1900 年浙江各新教教会所设之外国传教士驻在地数

1644—1860 年	1861—1880 年	1881—1890 年	1891—1900 年	合计
2	11	2	11	26

注：外国传教士驻在地为：1843（宁波）、1859（杭州）、1866（奉化、绍兴）、1867（台州、温州）、1868（宁海）、1870（新昌）、1872（衢州）、1874（平阳）、1875（处州、金华）、1878（常山）、1882（永康）、1888（湖州）、1892（诸暨）、1894（兰溪、龙泉）、1895（嘉兴、云和）、1896（黄岩、松阳）、1898（缙云、天台）、1899（塘栖、仙居）。

资料来源：中华续行委办会调查特委会编：《中华归主》（中册），中国社会科学出版社，1980 年，第 571 页；《中华归主》（下册），1980 年，第 1155 页。转引自赵世培、郑云山：《浙江通史》（清代卷中），杭州：浙江人民出版社，2005 年，第 257 页。

浙江近代学校的发展。西方传教士（主要是新教传教士）在以军事优势而取得政治优势后，在浙江各地开设多所学堂。这些学堂大多为小学层次，后期有几所中学，高等学校仅一所。浙江省第一所学堂，是 1844 年由英国的循道公会女教士爱尔德赛在宁波创立的女塾，该学堂也是中国第一所女子学堂[①]。1845 年美国基督教北长老会传教士、医生麦嘉缔、炜理哲在宁波创设崇信义塾，程度相当于小学，学生 30 余人，是浙江第一所男子学堂，是杭州之江大学之前身。浙江省第一所中等学堂则是绍兴地方士绅徐树兰在 1897 年春创办的绍兴中西学堂。1897 年 3 月，浙江巡抚廖寿丰在杭州蒲场巷设立浙江武备学堂，这是浙江最早的军事类学校。浙江省第一所高等学堂是 1897 年 5 月由浙江巡抚廖寿丰、杭州知府林启在杭州蒲场巷创办的浙江求是书院。林启为总办，美国人王令赓为总教习。

浙江乃至中国最早的学生，主要是教会学校的学生。"基督教（新教）在华的传教事业始于 1807 年的英国伦敦会的马礼逊。早期的新教传教士与天主教传教士一样，目标主要是实现'中华归主'，从事的主要是直接的传教活动。"[②]

浙江早期的学生和留学生。1872 年，清政府开始分批选派幼童赴美国留学，每批各 30 人。其中有来自浙江省的学生 8 人，这是浙江最早的官派出国留学生。1873 年 7 月 27 日，"浙江省首批出国留学生王凤喈、陈乾生等 8 人，分别于本年及后两年出国留学"[③]。1881 年鄞县人金雅妹跟随

---

① 《浙江通史》（清代卷下）大事记，杭州：浙江人民出版社，2005 年。

② 徐以骅：《基督教在华高等教育初探》，载《复旦学报》（社会科学版）1986 年第 5 期。

③ 浙江省政协文史资料委员会编：《新编浙江百年大事记（1840—1949）》（《浙江文史资料选辑》第 42 辑），杭州：浙江人民出版社，1990 年，第 65 页。

传教士麦嘉缔赴美国留学,是浙江的第一位女留学生。1885 年 6 月,她以第一名的成绩毕业于纽约医院附属女子医科大学,成为我国第一位获得大学毕业书的女留学生①,并于 1888 年回国,成为中国最早的女西医。1897 年 1 月,筹建中的杭州蚕学馆派嵇卫、汪有龄二人留学日本,学习蚕桑。1898 年 5 月,浙江巡抚廖寿丰选派 4 名学生东渡日本学习法科、工科、商科,同时还选派 4 名学生赴日学习军事。

浙江较早的公共社会事业。1878 年海关试办邮政,在宁波设海关书信馆,这是浙江近代邮政业务的开始。1884 年,宁绍台道薛福成在宁波建起揽秀堂藏书楼,购买书籍,供士人阅读,首创浙江具有公共图书馆性质的藏书楼。1885 年,陈虬在瑞安创办的利济医院是中国第一所中医医院,附设的利济医学堂是中国第一所中医学校。

浙江早期的出版文化工作。1897 年 7 月,黄庆橙在温州创刊的《算学报》,是中国创刊最早的数学刊物。1900 年,绍兴人杜亚泉在上海创办亚泉学馆,并创办中国第一本科学期刊《亚泉杂志》,刊载理化类研究论文。传教士在浙江办的报刊及出版事业为数不多、影响不大。1870 年传教士福特莱尔创办的《宁波日报》、1881 年传教士阚斐迪创办的《甬报》、1898 年白鼐斯主办的《德商甬报》都很快停刊。其原因有:"一是此类事业在资金、设备、技术、稿源和销路等方面较为复杂,与一般传教、施医和办学不同;二是上海各教会在这方面的条件优越得多,报刊、书籍均可从上海迅速运来;三是当地官民所办近代报刊和出版机构陆续出现,各种条件也比教会有利。"②

三、西学东来与转局加速

在 1840 年后,西方的传教及经商活动,得到了在过去"天朝"前所未有的宽容,迅速发展起来。以战争为手段,胜利者的姿态盖过了中国人固有的自大与固执,儒家的一统文化遭到前所未有的挑战。作为文化大省的浙江,在彷徨、不安中迎来了新旧文明的激烈冲突。

传教士的传教及办学活动,受到了讲求"夷夏之辨"的中国士绅的强大

---

① 浙江省政协文史资料委员会编:《新编浙江百年大事记(1840—1949)》(《浙江文史资料选辑》第 42 辑),杭州:浙江人民出版社,1990 年,第 76 页。

② 赵世培、郑云山:《浙江通史》(清代卷中),杭州:浙江人民出版社,2005 年,第 264 页。

阻力,与日本中上层对传教的热烈回应相比,中国知识分子们最好的态度
也就是不反对而已。西方传教士在中国的传教活动很明显受到了中国本
土势力的有力干涉,为了使他们"主"的事业能够在古老的东方得以传播,
他们不得不调整在中国传教的策略与方法。影响大清帝国的中上层并尽
可能使他们皈依上帝,是西方传教士在经历了一系列的挫折之后所得出的
结论。于是,如何发展教会教育,以教育的形式影响中国人的行为模式,成
了他们要为之行动的一个重要目标。

在 1877 年和 1890 年召开的两次"在华基督教传教士代表大会"上,完
成了新教在华传教策略的转向,新教传教士对教会教育的认识发生了根本
变化,传教事业从此跨入了组织严密、目的明确的发展阶段。1877 年,在
上海成立了基督教各教派参与的学校教科书编纂委员会,1890 年又改组
为中华教育会。这一时期,教会的教育层次也进行了提升,在原先的初等
教育的基础上逐渐发展起了中等教育与高等教育。这些教会教育机构成
为后来教会大学的雏形。

在西方传教士所办的教会学校的影响下,中国的教育制度也在发生着
深刻的变革。1862 年新成立的总理各国事务衙门奏设京师同文馆,新式
学堂从此在全国各地开始涌现。在中国办教育的传教士们认为,中国人总
有一天会掌握西方科学,如果教会能够抢先中国一步培养亲西方的中国知
识分子,就有利于控制中国未来发展方向。

尽管西方传教事业及其教会教育的目的是为了培养上帝的子民,培养
亲西方的中国未来精英,但其实在的效果,是促进了中国科技的进步,推动
了中国教育事业的近代化进程。

19 世纪后半期,传教士掌控下的教会教育,占据着中国新式教育的主
导地位,而在新式高等教育中更是独占鳌头。其时教会大学的经费主要来
自于国外,校长由外籍人担任并受外国差会的遥控。校内普遍强制实行宗
教仪式,重视宗教课程和英文课程,轻视中文。整个教会学校与中国社会
几乎隔绝,学生主要来自基督家庭,教会学校自成体系,与外界不互通信
息。"不合作、默许和漠视是中国社会对当时教会大学的一般态度。"①教
会大学多由某一差会独办,他们很多名不副实,不能提供完整的大学课程,

---

① 常道直:《对于教会大会问题之管见》,载《中华教育界》1925 年第 8 期。

相互之间没有形成协调机制。

　　从晚清新教差会教务政策调整的过程来看,教会大学的产生和发展在某种程度上是西方传教士对处于新陈代谢时期的中国社会认识深化的产物。西方传教士在中国传教,经历了中国传统文化对外来宗教、特别是和殖民侵略联系在一起的基督教的排斥反应,体验了中国社会正在发生的变革,从而改变了传教策略。①

把宗教事业也推广到文化、慈善事业上。西方传教士宗教事业在中国传教宗旨的转向,也预示着对中国开始采用一种新类型的科学文化的影响——那就是西学。

第二节　转局的裂变与清末浙江阶层调整

　　1901 年前后,由于连连的战败,向资本主义学习已经渐成国人之共识,并且在全国包括浙江形成了强大的社会前进动力。在因战败而形成的社会强动力影响下,大清帝国也开始了轰轰烈烈的自救运动——新政,进行了其力所能及的在政治、经济、军事、教育等方面的深层次改革。

　　清末(1901—1911 年)新政是平转格局的大裂变,呈现出许多迥然于传统社会变革时期的不同特征:一是由于"新政"而导致的社会动荡的加剧;二是中国传统的思想、文化受到普遍的质疑;三是出现了许多新兴的阶层,比如学生群体。

一、帝国的自救运动与民变的加剧

　　1901 年开始的"新政",是在内忧外患局势下采取的帝国自救措施。新政是一种激烈的改革,改革是把双刃剑,有一定的副作用。改革实质是社会利益的再分配,往往要触及既得利益者自身权益,同时,在改革中往往又会涌现出一些新贵。一些改革执行者以改革的名义,以自己和部门利益最大化为目标,使改革在推进的过程中往往背离了改革设计者的意愿,结局常常处于改革者的意料之外。而乱世之中推行新政,无益于重

---

　　①　徐以骅:《基督教在华高等教育初探》,载《复旦学报》(社会科学版)1986 年第 5 期。

症用猛药，尽管可能适应形势的需要，起到一定的作用，但很容易将施政者最不愿意看到的副作用推上极致，从而加速帝国崩溃的进程。

在经历了甲午惨败、庚子之变后，浙江地区的开明官僚、士绅以及各类知识分子首先预感到改革的迫切。他们期望政府能有切实、有效的政治改革措施，挽救内外困局。他们真诚地希望通过帝国自救来缓和日益尖锐的社会矛盾，通过强势政府与一流军队造就在国际上的一席之地，并用中国人主导的新学主动去抵制日益西化带来的巨大挑战。

清末改革，亦或称为"新政"，是以最高统治者慈禧为代表的中央领导阶层为主导，以地方开明督抚张之洞等为中坚力量而形成的一个社会运动。1901 年 1 月 29 日清廷发布了变法诏令，确立以"变法"为帝国今后的自救与施政方针。1901 年 4 月，朝廷设立了督办政务处，作为主持和推行新政的办事机构。

早在新政之前，浙江就有了一系列的变革举措。浙江巡抚廖寿丰及杭州知府林启起到了积极的带头作用，这最为明显地体现在教育方面。主张变革的廖寿丰等积极创造条件，鼓励新学。杭州在林启的具体操作下，兴学方面做得尤为出色。中国自古以来官员的选任，对地方的发展至关重要①。

在朝廷拉开完全意义上变法图强的改革大幕时，时任浙江巡抚的余联沅（？—1901 年，湖北孝感人，1901 年 1 月至 5 月任浙江巡抚）响应朝廷号令，在 1901 年 4 月上《条陈变法折》表示拥护朝廷变法，余认为："改律例则用人行政耳目自可一新；变科举则设学专科人才自能日出；设巡捕则即可多裁防营以裕饷；行印税则更可筹集巨款以练兵。"②浙江新政事业，尽管循环往复不断更迭，但甲午以后，热衷新政并颇有建树的巡抚只有廖寿丰（1836—1901，字谷似，江苏嘉定人，1894—1898 年间任浙江巡抚），继任者刘树棠（1898.11—1900.11 在任）、恽祖翼（1900.11—1901.5 在任）、任道熔（1901.5—1902.10 在任）三人任期过短，不可能有什么作为。聂辑规

---

① 一个地区发展情况，与地方行政长官的思维、能力是密不可分的，同时也与政府的选官制度有关，选官制度是促进地区发展的重要因素。一个地区的行政长官如何上来，是决定了他权为何处使的关键。

② 余联沅：《条陈变法折》，见毛配之编：《变法自强奏议汇编》卷 19，上海：上海书局，1901 年（光绪二十七年），石印本。

(1902.10—1905.10 在任)、任内以捕杀秋瑾而闻名的张曾敭(1905.10—1907.9 在任)、冯汝骙(1907.9—1908.4 在任)思想比较保守,最后一任巡抚增韫(字子固,蒙古镶黄旗人,1908.4—1911.11 在任)思想较为开明,新政事业陆续得到一些发展。

推行新政时,由于利益分配而导致的改革壁垒被不断加大,从而成为清末浙江群体性事件的导火索。中国是一个从统治文化上高度重视民本的民族。从公元前 221 年奠立帝制开始,历代王朝的祖训就充斥着民生、民本的高调。而中国有限的汉字也不断堆叠出不同表达意思的词汇,"民变"就是这样一个词汇。在清末浙江的民变事件中,尽管其诱因都是些传统的内容,但是民众往往把发泄的目标放在了在新政中出现的新生事物上。源于朴素的情感,民众认为他们的利益损失是因为学堂、警署等事物的出现。比如 1907 年浙江"定海乡民因官胥加征粮耗,忿不可遏,复经莠民煽诱,遂聚众入城,拆毁厅署;并疑所征粮耗为学堂经费,即将学堂捣毁"①。就是将官胥增加的粮耗归罪于学堂的例证。浙江会党在清末活跃度高,他们常以一些现实问题作为诱因,引导民众对抗政府。

> 新昌县属开口岩地方,匪徒聚众,希图谋乱。经奉、新两县密禀,浙提吕军门即派防练兵勇驰往查办,匪党遂即逃散。②

> 嵊县乌带党匪首裘文高、陈道位,近因米价翔贵,突于五月初旬,纠率党羽拦入西乡二十八都村内,恣意抢劫。③

> 嘉兴府属秀水县之塘汇镇,亦于正月二十三日,有盗匪十余人,抢劫某家;其乡间某姓,亦于二十六日,被盗抢劫。石门县属十九都五河泾地方,亦于二十七夜,被盗连劫六家;桐乡南日晖桥村地方,亦于二月初四日,连劫五家,失赃二万余金。④

在总结诸多群体性事件的原因时,《东方杂志》1909 年第 8 期有着精辟的论述:"乡民非乐于闹荒也,其卒至于闹荒者,则有数故:一、官与绅平

---

① 《定海民乱》,载《东方杂志》1907 年第 7 期。
② 《新昌民变》,载《东方杂志》1905 年第 3 期。
③ 《嵊县起事》,载《东方杂志》1907 年第 7 期。
④ 《浙西匪扰近情》,载《东方杂志》1909 年第 3 期。

日之举动实有使乡人不能满意之处;二、乡民猝遇巨灾,惶惑无措,即受新苦,复触积忿,遂一发而不可遏;三、遇事生风之匪徒,从而加以煽惑,冀遂其乘机劫掠之愿。于是一人倡之,千人和之,屋瓦震动,群情疑骇,而闹灾之事成矣!"①

在历次群体性事件中,乡民的心理是一个重要的原因,这样的记载在清末浙江文献中时有所见。

> (1910 年 1 月 11 日,农历十二月初一)浙江乌程、归安乡民以书吏之匿灾勒征,欲得之而甘心,于本日抗完漕粮,并欲入城滋事,旋因闻警即解散。当十一月间,乌程、归安二县开仓收漕时,即有乡民鸣锣纠众,阻纳漕粮,并张贴传单,约期聚集入城,捣毁漕仓官署。由是各乡粮船咸惧而开回,其在中途者,或被阻拦,或被夺而售诸米肆,其众聚至数百人,一闻某乡将载米至城交纳,即率众至其乡坐食,乡民亦遂相率观望,不复入城纳粮。间有一二富户,违众而行,即被乡民毁掠,不堪其扰。府县官闻报,急致电省台,请兵弹压。至本日夜,忽人声喧杂,传有乡民千余人,将分路至城,焚仓毁署,府城实时戒严,复电省告急,并请发格杀勿论之告示以威众。
>
> 按:乌程、归安二县乡民抗漕滋事,至初四日,省兵至城,乡民渐散,民心稍安。府县官复大张文告,劝民完粮安分,二县令又令绅董编查被灾之户,准其免征,其余应征之户,许以七成交纳,事始大定。②

"破窗效应"显示,群体事件具有一定的传染性,当第一起事件不能及时处理时,其他民变就会接二连三地发生。1910 年 2 月 6 日,浙江台州因盐商横暴,激起民变:

> 浙江台州仙居县,因盐商不允将盐零售,与乡民结怨已久,本日晚,乃发生纵火焚烧盐号事件。捕兵误以救火之人为匪,放枪纵击,遂激起众怒,与兵丁反抗。台州府宪闻仙居县民变后,饬领兵勇到仙,乡民愈怒,竭力备战;官民大肆残杀,至翌年正月二日,乡民被杀者达三

---

① 《浙西乡民闹荒汇志》,载《东方杂志》1909 年第 8 期。
② 《记载第一》,载《东方杂志》1910 年第 1 期。

十四人。①

1910 年 4 月 10 日,浙江武康县乡民因反对抽收警捐,发生暴动:

> 武康县因办理警察,抽收捐款,贩户不从,即请官惩办,民间积怨
> 已久。本日又因细故激动公愤,聚集多人,拥入县署,将大堂捣毁;知
> 县洪某,被众拖出门外,欲投诸河,经众夺回,被众人戳伤数处,洪某即
> 乘船至省请救;把总陈全松令勇丁开空枪示威,被众人殴伤;一巡官被
> 竹刀刺伤面部。众乡民又将城内警察总局三桥埠警局及巡董邱益三
> 房屋拆毁,损失颇巨;邱益三及绅董顾某,并被众拔去攒殴,受伤甚重;
> 簟头镇英溪学堂门面亦被毁坏,堂内所有教科书,均被扯碎,又毁布店
> 一家。②

1910 年 4 月 21 日,浙江慈溪、上虞、遂安、景宁等县乡民捣毁学堂。

> 浙江慈溪县人民因仇视西学,自十日起,聚众焚毁学堂,至本日
> 始止。上虞、遂安、景宁等县继之,陆续有捣毁学堂之事发生,其经
> 过情形如下:慈溪旧俗,每年三月初至十五日止,各乡民分日分社入
> 城,迎赛东岳会,适去冬县署各庄书为渔利计,声言明年学堂将会田
> 充公,赶早推收过户,尚可为计。乡民仇学思想,至此深印脑筋,二
> 月下旬,既有毁学之谣。城中各校,本有戒心,然仍照常上课,官亦
> 不之顾。初十日下午一时,突有南太平会入城,至永明寺,即率众向
> 正始第二所,毁门而入,聚至千余人,意图将全校教员悉行烧毙,幸
> 各教员及学生,越墙而出,得未罹祸,而全校已焚毁无遗。十三日,
> 复焚毁讴浦进修龙西三校。十五日,又焚毁鸡山无择两校。十六
> 日,又捣毁龙东凤山两校,教员及执事人等,颇被殴伤,城乡各校,大
> 为震恐。学界中人颇归咎知县吴喜孙纵匪仇学,吴知县亦电禀上
> 台,自请治罪。

> 慈溪毁学之消息,传至绍兴,由是十五日,上虞县之县学堂,及统
> 计处、教育会、劝学所、研究所,亦被众捣毁。闻其起衅之由,一缘有黄
> 勤初者,平日颇不理于人口,近在乡间倡设小学,设立种种筹捐名目,

---

① 《记载第三》,载《东方杂志》1910 年第 2 期。
② 《记载第一》,载《东方杂志》1910 年第 4 期。

并以王某等出言谤毁,请官派差拘治,王某纠众拘捕,捣毁各绅房屋十余家。一由有王梅卿、王鹤生、张芹香等,擅筹捐款,预备独设自治公所之用,三人声望本劣,适为众人所借口,以此二故,遂聚集二千余人入城,将办理学务各处,一律毁坏,复将黄清渠旧宅拆为平地,其余办学数家,亦皆被毁云。

严州遂安县,当十三日,亦有聚众毁学之事,初八九日,即散布揭帖,定期入城闹事,届期,果有乡民千余人,携带枪刀,拥至县学堂,将校舍捣毁,又打毁巡警局,复又毁劫商店二家,知县钟某,令军队放枪,击毙十数人,伤五十余人,众始解散。

处州景宁县沙溪小学堂,亦被众毁抢。[①]

1910年5月9日,浙江德清县新市镇人民捣毁警察局:

德清新市镇警局巡官吴某,秉性刚愎,遇事偏执,舆情素不合洽,加以经费支绌,又借官绅压力,勒派警捐,因此民怨沸腾。适本日有孩童三四人,在市上赌钱,被巡士将稍长之二人拘至局中,其父兄闻信赶至,求将二童释放,以便带回管束。吴巡官不允,必欲照章罚办,众情不服,咸与吴巡官为难,吴巡官抽出佩刀,向众示威,遂致戳伤多人。民情愈愤,匪徒乘机溷入,遂将警局捣毁,吴巡官亦被殴伤。又波及明溪小学堂,书籍器具,全被焚毁,各店均一律罢市。(事后,商会公议先由绅商会衔电禀省台,请将巡官撤换。又谓地方设立警察,原以保卫治安,今反殃民,不如一律停捐,仍照旧章,自办团练,以资保卫,各店均于初五日照常开市,听候查办。)[②]

1910年7月19日,浙江余姚县乡民暴动,捣毁学堂:

浙江绍兴府属余姚县,距城西乡五十里吟山卫,于五月间,有相离七八里之倪家路,举行神会,夜间行至吟山时,忽借端滋事,向各店骚扰,并将某鞋店中熊姓抢去重殴,遍体鳞伤。该镇绅民大愤,请县官拘拏为首之人严办,并永禁迎神赛会。本日,县差至乡提人,该会中人鸣锣聚众,多至千余人,殴辱县差,并将神像抬至吟山城,拥至马绅荣阶

① 《记载第一》,载《东方杂志》1910年第4期。
② 《记载第一》,载《东方杂志》1910年第5期。

家,将房屋器具捣毁一空,衣饰细软,损失不赀。复到该镇凤山初等学堂,捣毁校舍,并毁及附设之简易学塾,又新组织之毓庆女校,校具什物,捣毁净尽。十四日,知县汤某至乡,拟将滋事之首犯带去惩办,讵该犯等竟又鸣锣聚众,欲与汤知县为难,汤见声势汹汹,急将衣冠卸去,始得免。①

表1—3　清末时期浙江各地民变分析表

年份＼民变类别	抗捐税	反教会	反抗官府欺压	饥民灾民暴动	会党起事	商人罢市	工人罢市	学生罢课	毁学等	总计
1901年		2			4					6
1902年	4	2		3		1				10
1903年	3	2	1				3	1		10
1904年		6			1		3			10
1905年	1	7	4		1	4	2		1	20
1906年	5	5	3	18	1	3	3	2	3	43
1907年	20	3	6	24	5	1		2	3	64
1908年	1		2	3	7	3	2	3	1	22
1909年	7		4	11	1			1	6	30
1910年	20		5	8	2	2	1		20	58
1911年10月前	9		2	9	2				3	25
总计	70	27	27	76	22	16	14	9	37	298

资料来源:根据《辛亥革命前十年民变档案史料》《中国近代农业史资料》《近代史资料》第49、50号和《东方杂志》各期等有关记载,选自赵世培、郑云山:《浙江通史》(清代卷中),杭州:浙江人民出版社,2005年,第138页。

————————

① 《记载第一》,载《东方杂志》1910年第7期。

　　浩瀚的民变声浪,严重地动摇浙江基层社会基础与当政者的执政自信。清末浙江有统计的民变有 298 起。1907 年、1910 年两年发生次数最多,这又与新政推行的阶段及程度紧密相连。抗捐税、饥民灾民暴动是这些民变的最主要的形式,这反映了新政动摇了基层社会的民本。

　　清末新政常常成为民变的种子,下表为邵晓芙《清末乡村民变的新政"激素"——以浙江农村为例》一文的统计材料:

表 1—4　1910 年 4 月浙江反新政事件表

时间	事件
4.8—4.9	武康县征收笋捐、警捐,农民积怨已久,聚众二三千人,将查办捐款知县洪某从坐舆中拖出,加以凌辱。4 月 9 日,又有 3000 人进城,涌入县署,捣毁大堂公案等物。
4.9—4.15	宁海县农民反抗知县铲除烟苗,南乡横涂、铁场等村,联合 20 多个村庄,搜集军械,预备与官兵开仗,与巡防队对峙了一个多星期。
4.17—4.22	遂安县乡民 1000 多人,"携带枪刀,拥至县学堂,将校舍捣毁,又打毁巡警局,复又毁劫商店二家"。
4.19	景宁县沙溪地方乡民反对加抽盐竹两捐办学,群起捣毁沙溪学堂。
4.19—4.25	慈溪县有太平会群众 1000 多人入城,4 月 19 日焚毁正始学校,4 月 22 日,"复焚毁讴浦、进修、龙西三校",4 月 24 日,又"焚毁鸡山、无择两校"。4 月 25 日又捣毁龙东、凤山两校,"教员及执事等,颇被殴伤"。
4.21	长兴县官吏勒索柴、炭、船费,农民聚众,捣毁厘局、巡船、警局、商会,殴伤巡丁、巡士。
4.24	上虞县有劣绅借办学堂筹捐。劣绅王梅卿、王鹤生等又擅筹捐款开办自治公所,2000 多名农民入城,"将办理学务各处,一律毁坏",还将办学的黄清渠等家捣毁。

　　资料来源:《东方杂志》1910 年第 4—6 期;《申报》1910 年 4 月 24 日、5 月 5 日;《大公报》1910 年 5 月 4 日。选自邵晓芙:《辛亥革命前十年间浙江民变问题研究》,北京:中国社会科学出版社,2011 年,第 270 页。

　　民变的直接原因并不仅仅是政治腐败与社会矛盾加剧,它更深层次地反映了社会基层对于社会现状的不满。也许在民变最剧烈的时候,也是各项苛政严令最松缓的时候,但这并不能阻碍民变的继续发展。

　　关于清末民变的成因,殷俊玲认为:"清末新政因未考虑到民众的心理承受力和实际利益从而引发了各类民变。因税种增多,乱增税率而引发了抗捐税斗争;为建学堂而废除庙宇、将公田充作经费既冲撞了民间传统信仰,又触动了民众利益,民众听信谣传而引发了毁学风潮;清廷在全国实行户口调查以为立宪之基础,然民间传说此举是为了抽取丁税之预备故而引发了反户口调查风潮;清廷颁布利国利民的《禁烟章程十条》,此举却引发了反禁烟斗争。"①马自毅则从新政的角度论述了民变是新政的结果。"从社会转型的角度来看,历时十一年的清末新政是力度、规模、影响相当大的改革,也的确取得了一定的成果。在此期间,城市与经济的发展、社会结构分化、社会动员、各阶层政治参与水平、社会流动性、思想多元化……都是空前的。与此同时,在内外交困的大环境下,改革力度的加大又引发了一系列前所未有的社会问题与社会矛盾:变革引起的权利再分配,地方督抚的离心倾向,官僚集团的腐败,城乡民众对改革加重捐税负担的抱怨,统治者的合法性在知识阶层、绅商阶层乃至民众中进一步动摇;加之新旧价值观念冲突、社会整合危机,各种形式的民变此起彼伏,违法犯罪激增等等。"②

在论述清末民变高发的原因时,马自毅认为除了王朝末年的固有危机外,因近代社会转型而引发的新问题,也是重要因素。马自毅认为,社会转型的基本动力在于经济变革,工业革命是推动转型的主要力量,农业劳动力转移时社会发展与转型的主要标志之一③。民变的问题可以从多角度进行对待,不全是革命等时代的因素。比如清末发生在城市、城乡结合部的群体性事件,这些相当部分为无业游民、帮会成员、盐枭、匪盗之类,这些人能量很大,很多时候是群体性事件的核心人物,但与国家前途命运等神圣使命无关,是一种绝对于传统形式上的旧式民变。

是清末新政而不是政治腐败等直接导致了1911年的革命④,更为强烈的变革因社会承受力的薄弱与民心思变的社会效应,使得1911年革命在更广泛的意义上推翻大清帝国。人们在推翻这个庞大帝国时,所争议的问题绝少有对于崩溃帝国的哀号,而集中于帝国解体后的利益分割。

---

①　殷俊玲:《清末新政时期民变的心理成因及其特点》,载《山西师大学报》(社会科学版)2005年第5期。

②　马自毅:《新旧杂糅的清末民变》,载《华东师范大学学报》(哲学社会科学版)2004年第1期。

③　参见马自毅:《新旧杂糅的清末民变》,载《华东师范大学学报》(哲学社会科学版)2004年第1期。

④　历史常常以悖论的形式发生。马自毅在《新旧杂糅的清末民变》一文中认为,托克维尔认为是改革,而不是顽固引发法国大革命的论断,在一定程度上也适用于中国。这种因果联系与人们想象的那种"压迫愈重、反抗愈烈"的方式恰恰相反,是以悖论的方式发生的。

二、浙江社会结构的异化、调整与新阶层的产生

春秋战国以降,士农工商四种职业构成稳定的社会基础。这种超稳定的四民社会模式由于西方的入侵而开始发生变化。古代的朝代更迭就不乏流民的身影,到了清末愈发多见。同时,社会利益不公导致基层民众要求利益调整的呼声越来越高。由于民主思想的启蒙,绝对的皇权渐渐失去存在的理论依据。

由于改革而导致的社会利益分配,必然要求社会结构的重新调整。中国旧有的士民工商社会模式,开始发生动摇。关于四民社会,很多学者都有精辟的论述。"士"即知识分子,是中国传统社会的精英基础与文化基础。张玉法在《清季的革命团体》中论述到:

> 士是知识分子,为历代官僚的主要来源。所谓"学而优则仕",一方面是指知识分子的出路,另一方面则代表官僚的出身。传统中国社会,从纵的方面观察,有三重结构,即统治阶层利用知识分子统治人民。中国知识分子,除道家或遗民对抗统治阶层采取反抗或逃避的态度外,大体希望托庇于统治阶层,为统治阶层尽力;统治阶层也希望知识分子替他们料理政治事务,维持社会秩序。因此,知识分子的素质,对社会的良窳,政治的隆污,具有决定性的影响力。[①]

汉朝之后,儒家地位被提升。从汉至清末,中国的知识分子主要受儒家教育,传统的功名利禄都与他们所受的儒学教育相关,因此,清末知识分子在起初都有捍卫传统的倾向。"知识与功名,赋予他们财富与地位,衡量个人利害,自以固守现状为宜。"[②]守护住当时功名选拔制度的现状,是他们以自身利益为依归的最好选择。在当时强调变的,除了那些主张变革的大吏外,主要是一批受过新教育、具有新思想的知识分子。

> 他们的知识与抱负,在原有的官僚结构中,没有多少售用的机会,然而他们不断呼吁,奔走于朝野间;于是同情他们的人愈来愈多,他们又获得其他行业的赞助,终于代替了维系旧社会的知识分子,成为社

---

① 张玉法:《清季的革命团体》,台北:中研院近代史研究所,1982 年,第 34 页。
② 张玉法:《清季的革命团体》,台北:中研院近代史研究所,1982 年,第 34 页。

会和政治运动的领导人。①

农民历来为统治者所关注，在传统社会里，社会生产力不高，社会经济相当部分体现在农业中，而且农民是构成历代中国人口的主体——约占全人口的80％，这个比例一直持续到1978年左右。农民的大部分时间从事农业生产，"日出而作，日落而息"是他们的生活规律。农民是被统治阶层中最温顺、最孱弱的群体，他们只要有温饱，很少作他想，是政权安危之所在。但是农民一旦因饥饿、不公被组织发动起来，其能量也是摧枯拉朽式，它将横扫一切现有秩序，直到新秩序的产生。"耕读传家"的农耕社会秩序，使得为数众多的贫寒农民子弟通过努力变成了知识分子。"但在未成为知识分子（通常以是否得有功名为断）以前，他们通常不会积极参与社会或政治运动。从中国历史看来，农民对改革无所帮助，却为暴力革命的主要兵源。"②历来农民受地主和商人的盘剥，生计容易发生问题，也就酿成了暴乱的种子。清末由于商业的发展，和外国商品的侵入，传统小农经济惨遭破坏，农民旧有的经济运作模式已经无法运行下去。这个时候，对现行社会秩序强烈不满的暴乱情绪容易在农村生根。这是一把熊熊烈火，可惜在清末的革命中被舍弃了。

> 除部分隶属于秘密社会的农民或投入新军的农民外，广大的农村民众，几乎完全没有在革命运动中发生作用。③

工业在中国传统社会中历来不受重视。中国的工业，在宋明时期一度快速发展，但中国真正意义上的工业，则是在洋务运动中发展起来的。

> 清季的工人，常汇集力量反抗厂主或反抗政府，这一方面因为大都市和大工厂的工人容易聚集，另一方面，因为工资较低，备受虐待，容易受煽动。1894年，上海织布工人的工资每月为银洋6至10元，1905年前后，上海纺织女工每月工资为3至12元。据1910年统计，中国工资比外国工资约差5至55倍，中国织造职工工资不及美国织造职工工资的1/15，约等于日本的2/3，而且工作时间长（约12至18

① 张玉法：《清季的革命团体》，台北：中研院近代史研究所，1982年，第35页。
② 张玉法：《清季的革命团体》，台北：中研院近代史研究所，1982年，第35页。
③ 张玉法：《清季的革命团体》，台北：中研院近代史研究所，1982年，第35－36页。

小时),工作环境恶劣,意外伤亡甚多,工头和监工任意鞭打工人,因此常常发生罢工事件。据统计,1870 年至 1895 年有罢工 16 次,1895 年至 1905 年有罢工 36 次,1905 年至 1911 年有罢工 55 次。据另一统计,在 1895 年至 1910 年间规模较大的 48 次罢工中,因反对例假工作、反对笞责工人、反对厂主及工头克扣工资、反对拖欠工资、反对延长工作时间、反对工头盘剥压迫、反对拘押及开除工人、反对外籍厂主和工程师欺凌而罢工者,共 31 次,占全部罢工次数的 66%。①

> 清季的工人,是不安分的社会阶层之一,亦为活跃的社会阶层之一。……1907 年,江浙绅民展开拒款运动,反对向英国借款建筑宁波至苏州的铁路,杭州有不少工人参加。②

重农轻商,是中国传统社会一以贯之的思维。尽管商人的生活一般较农民、工人优越,但是因为商人是逐"什一之利",认为他们不生产,因此商人在中国历史多受抑制。

> 商人在清季的立宪和排外运动中,占有重要地位;不少商人,亦与革命运动发生密切关系,特别是海外的华商。他们不仅捐助革命军费,同时也参与武装暴动。与兴中会有关的革命志士,据统计得 325人,商人出身者达 124 人,占 1/3 以上。广州"三二九"之役,殉难者 86人,其中至少有 5 位商人。武昌革命爆发后,上海商人五六千人参加了上海光复之役。成都的商人则与士绅联合,请求都督设立省议会。③

在中国传统社会里,士农工商的界限有时并不分明。耕读传家、农工、官商、绅商、工商等等称谓说明,它们在社会结构中纵横交错。

清末社会是个裂变的社会,由于裂变而导致对传统秩序的整合,在帝国自救运动——新政中得到了充分的体现。传统的以士民工商为基础的四民社会,首先是"士"的基础和内涵在发生变化。因兴学堂而导致的科举制的废除,很快就断绝了传统"士"产生的土壤。以科举制为纽带的官绅产生基础发生微妙而又有影响的变化。

迟云飞对于清末社会阶层的分化的分析,是比较贴切的:

①　张玉法:《清季的革命团体》,台北:中研院近代史研究所,1982 年,第 36—37 页。
②　张玉法:《清季的革命团体》,台北:中研院近代史研究所,1982 年,第 37—38 页。
③　张玉法:《清季的革命团体》,台北:中研院近代史研究所,1982 年,第 40 页。

　　随着新政的开展,产生了新知识分子、从旧绅士阶层分化出来的新绅士以及从统治阶层中分化出来的以袁世凯为首的北洋政治军事利益集团。传统社会结构发生巨大裂变,士农工商的旧格局不复存在。在这个新的社会结构里,每一个阶层都有着自己的利益和政治要求。新绅士希望参与政权;地方督抚希望保持甚至扩大已经获得的权力;商人阶层在政治上紧随着新绅士,对清政府造成一定的压力;新知识分子公开反满;而下层民众则反对新政进而反对清政府。①

　　在浙江的1901年到1911年的10年时间里,省内民变四起,帝国的统治基础发生动摇。因为新政而导致的对民众利益的伤害,使得帝国比以往任何时候都很快地失掉了人心。商人由于官府的腐败及压制政策,也日益表示出对国家机器的不满。在一系列的社会结构调整中,具有新学背景的新式知识分子开始产生。

第三节　西学认知与阶层、文化秩序的转局重构

　　落后有可能挨打,由挨打产生的自卑情绪又容易转化为对传统知识、文化的不自信。新学的产生实际上源于对旧学的质疑。甲午战后,浙江的杭州、绍兴、宁波、温州等地就产生了第一批含有西学背景的新式知识分子。1901年新政实施后,清廷要求各地从省到府再到各州县,普遍设新学堂。到1905年,浙江省共创办各级学堂306所,共有学生13175人。到1909年,学堂增加到1990所,学生增至77530人②。新学的出现本身就是对中国旧学的怀疑。很多人也都是从那时候开始了思想上的转变。

　　清末社会的近代转型,导致了社会秩序的内在重构。这不仅体现在阶层的调整,更有深层次文化认知的转换方面的考量。

一、旧学的终结与西学认知的深入

　　文化的转变首先表现于思想的转变,什么样的社会文化心理决定了什

---

　　①　迟云飞:《清末社会的裂变与各阶层分析——兼论清王朝的覆亡》,载《史学集刊》2003年第4期。

　　②　相关数据根据《浙江教育简志》(第二编)各章数字整理,杭州:浙江人民出版社,1988年。

么样的社会思想。浙江人抛弃旧学而入新学，大体有三类型模式：一是适龄青年抛弃传统的书院模式，走进了新式学堂；二是东渡日本留学成为救国的新时尚；三是旧式知识分子的自我转变。由进学堂到留学，也呈现了量上的变化。1901 年浙江留日学生有 39 人，1904 年达到 191 人，1905 年由浙江省学务处派赴日本学习师范的官费留学生就有 100 人①。此外还有大量的自费留学生。

历史的变动常常蕴涵于细微的个体心理中。社会文化的转换又常以普通者的感受为记录。新旧交替是那个时候比较明显的特征，马叙伦回忆说：

> 我五岁（实际不足四岁）那年的春天，有一天，我的父亲在内客堂中间摆了一张四方桌子，靠外一边缚上一幅红呢桌帷，桌子上摆了一幅香炉烛台，为着给我"破蒙"，要拜孔夫子。给我破蒙的老师是头年（前清光绪十四年）浙江乡试第一名举人、俗叫解元的山阴王会澧先生，这就可以晓得父亲对我的期望了。②

维新变革的大幕在京城拉开，浙江的乡村立即有所反映：

> 头一年秋季，一夜，明月在天，我从外面回家，遇到有人慌张得很，担了泥菩萨搬家。我很奇怪，听人家说，原来康有为学了外国人，要开学堂，清朝皇帝听了康有为的话，要废佛教，拿天下庙宇来办学堂，所以那些尼姑先着了急，趁夜里这样赶来带菩萨逃难。我在那时，耳里早经听着"康梁变法"的话，晓得变法是为什么。③

那个时期的信息也不是完全隔绝的。地方上的小人物，在朦胧中也可以感受着改革带来的变化。

主导新政的大臣，极力向朝廷奏请变革之法。当时的新政设计，不仅有目标，并且也考虑到了旧式学子的出路安排：

> 先是，直隶总督袁世凯、署两江总督张之洞奏，时艰需才，科举阻碍学校，拟变通办法，请俟万寿恩科举行后，将各项考试取中之额，按

---

① 根据《东方杂志》1905 年第 6 期的《各省游学汇志》统计。
② 马叙伦：《我在六十岁以前》，北京：生活·读书·新知三联书店，1983 年，第 1—2 页。
③ 马叙伦：《我在六十岁以前》，北京：生活·读书·新知三联书店，1983 年，第 8 页。

年递减。学改岁科试,分两科减尽;乡会试三科减尽,即以科场递减之额,移作学堂取中之额,俾天下士子,舍学堂别无进身之路。至旧日举贡生员,三十岁以下者,可入学堂;三十至五十,可入仕学师范速成两途;五十至六十,与夫三十以上,不能入速成科者,为宽筹出路,如再科大挑或拣发一次,或岁贡倍增其额,或多挑誊录,令其入馆可得议叙,或举人比照孝廉方正,生员比照已满吏,准其考职,三年一次,分别用为知县佐贰杂职;六十以上,酌给职衔,其有经生宿儒,文行并美,而不能改习新学者,为学堂经书词章师。务期科举减废,学校林立,上以革数百年相沿弊政,下以培亿兆辈有用人才。本日,清廷命政务处会同礼部妥议。[①]

袁世凯、张之洞深知:

国无强弱,得人则兴;时无安危,有才斯理。诚以人才者国家之元气,治道之根本,譬犹饥渴之需食欲,水陆之资舟车,而不可须臾离者也。中国今日贫弱极矣,大难日乘,外侮日逼,振兴奋发,正在此时。然而诸务未遑,求才为亟,无人才则救贫救弱,徒涉空谈;有人才则图富图强,易于反掌。[②]

同时,向中央建议:

凡国民自七八岁以逮十二三岁,谓之学龄,有不学者罚其父母,几于无人而不入诸学。其学有官立者,由公家为之筹经费。有民立者,由民间为之酿赀财。举国上下,人人皆以兴学为务,而其造士也于此,其选士也亦必于此。因其所习而试之以事,考其所能,而授之以职,事无不治,职无不举,以故贤智辈出,而国家日进于富强。由是观之,致治必赖乎人才,人才必出于学校,古今中外,莫不皆然。……是科举一日不废,即学校一日不能大兴,学校不能大兴,将士子永远无实在之学问,国家永远无救时之人才,中国永远不能进于富强,即拥有不能争衡于各国。臣等诚私心痛之,在臣等亦非不知科目取士,垂数百年,一旦废之,士子必多觖望。然时艰至此,稍有人心者,皆当顾念大局,与其

---

① 《清实录》(第58册),北京:中华书局,1987年,第759—760页。
② 袁世凯、张之洞:《奏请递减科举以兴学校折》,见朱寿朋、张静庐等:《光绪朝东华录》,北京:中华书局,1958年,第4979—4982页。

迁就庸滥空疏之士子,何如造就明体达用之人才。……今宜略师乾隆时减裁中额之法,拟请俟万寿恩科举行后,将各项考试取中之额,预计均分,按年递减,学政岁科试,分两科减尽,乡会试分三科减尽,即以科场递减之额,酌量移作学堂取中之额,俾天下士子,舍学堂一途,别无进身之阶,则学堂指顾而可以普兴,人才接踵而不可胜用。①

新政的主导者废科举,直接出发点是培养时代所需要之人才,以共克时艰。而早在新政的实施者们规划教育改革的蓝图时,地方上的人们,已经容易感受到这一改革带来的深刻变化。"这年夏天,才听说杭州办了一个'养正书塾',是外国学堂的样子。还晓得我父亲的一位盟友宋澄之先生(也是俞曲园先生的学生)在这里面教书,我就向母亲说明了,要进这个书塾,母亲自然没有不答应的。"②只有十三四岁的马叙伦已经蹦蹦跳跳地去接受新学的教育了。

二、社会转型期的学生认知

晚清时期,帝国的思想往往只是在少数人的脑子里转动,大多数公民习惯于沿着执政者所安排的轨迹行进。正因为大清帝国民众的这种谦虚而谨慎的态度,使得当时国外的观察员也持有这样的认知:

> 如果让清国人民自己来决定应该做哪些事情的话,那么他们毫无疑问会把这个难题又打回到那些必须处理这些难题的人们手中。也许他们并不认为自己是无能的,毕竟任何程度上的谦虚都绝不是人们与生俱来的品质,然而,什么事情都依靠当权者来决定的习惯几乎已成了这个民族的本性。③

改革的成功实施,往往不在于它具有多少的真理性,而更在于它的主导者。康梁维新变法的失败,根源也归结于此:

> 当社会改革露出端倪时,改革的拥护者并非那些无知的或不分是

---

① 袁世凯、张之洞:《奏请递减科举以兴学校折》,见朱寿朋、张静庐等:《光绪朝东华录》,北京:中华书局,1958年,第4979—4982页。

② 马叙伦:《我在六十岁以前》,北京:生活·读书·新知三联书店,1983年,第8页。

③ 《缺乏民意支持导致维新运动失败》,载《纽约时报》1900年12月23日,见郑曦原编,李方惠等译:《帝国的回忆》,北京:生活·读书·新知三联书店,2001年,第359页。

非的人,而是属于这样的人,即他们敢于独立思考,并能从商业的观点预测到大清国未来除非融入世界其他民族的发展行列,否则可能发生巨大的政治灾难。①

此可说明一般国民思想内在独立性的缺乏。而与人的思维变革相伴随的,则是旧式科场遗事。压抑久了就有了荒诞,科场运作了千年,逐步走向衰落:

> 科场中,世每艳称鬼神事,以彰果报。余自道光戊子科起,至咸丰乙卯科止,共乡试十五次,前后居矮屋中计一百三十五日,可谓久矣,然鬼神之变幻,不特目未之见,即耳亦未之闻。惟外舅闻蓝樵先生言:嘉庆丁卯科乡试,头场三艺脱稿,已三鼓矣,内逼如厕,比还,见烛卧于卷面,已横爇寸许,不特卷不焦灼,并油亦不溢出,惊为奇异。是科遂中式,容是鬼神之力。②

新学在中国的推广与学生的出现,部分改变了旧式教育带给学生的空前压力与无端幻象:

> 集万余人于考场,偶有神经错乱,于试卷上乱写情诗或漫画杂事,甚而至于自杀的。闻者每附会事因,认为报应,并且说点名将毕时,有官役举一黑旗,大呼"有冤报冤"云云,皆无稽之谈,但那时候常常听人道及的。③

旧的知识,已经不能适应日益变化的社会形势的需要。当时的学生蒋梦麟认为:

> 中国的传统教育似乎很偏狭,但是在这种教育的范围之内也包罗万象。有如百科全书,这种表面偏狭的教育,事实上恰是广泛知识的基础。我对知识的兴趣很广泛,可能就是传统思想训练的结果。中国古书包括各方面的知识,例如历史、哲学、文学、政治经济、政府制度、军事、外交等等。事实上绝不偏狭。古书之外,学生们还接受农业、灌

---

① 《缺乏民意支持导致维新运动失败》,载《纽约时报》1900年12月23日,见郑曦原编,李方惠等译:《帝国的回忆》,北京:生活·读书·新知三联书店,2001年,第360页。

② 陈其元:《庸闲斋笔记》,北京:中华书局,1989年,第29页。

③ 高平叔撰著:《蔡元培年谱长编》(第1卷),北京:人民教育出版社,1999年,第33页。

溉、天文、数学等实用科学的知识。可见中国的传统学者绝非偏狭的专家，相反地，他具备学问的广泛基础。除此之外，虚心追求真理是儒家学者的一贯目标，不过，他们的知识只限于书本上的学问，这也许是他们欠缺的地方。①

清末的变革是巨大的，科举也并不是完全地腐朽。清末学生后来的回忆，有的也并不反对当时的教育。据丁治磐②叙述：

> 前清的科举制度并不埋没人材，当时是四月在县城考秀才，八月在府里考举人，明年二月在京师院会试。如果学子才具高且运气好，十个月即可中进士，因此小说中年轻的状元被招为驸马，不是没有可能。前清的考试取法很好，教育有一定宗旨，要教你守本分，有正途出身的秀才、举人、进士、翰林等。拿钱买的捐官，作官也要考试，且最高也不能作二品官。③

关于清末新政中的军事改革，也有它的可圈可点之处：

> 前清的军事改革颇有成绩，如在虎牢关的巩县兵工厂以及汉阳兵工厂，选择的地点都很好。后来我接收第二十师的炮都是德国克虏伯原厂的野战炮，质量甚佳，以后则有国内的仿造品。清廷若能顺利地再多练几年兵，军队可达日本军队的水平，如此则辛亥革命就很难成功。那时各省都有一所陆军小学，每县考选一名学生，陆军中学全国则有四所，其养成教育极为认真，当时陆军小学，名为小学，但实际上是高等学校的毕业生才备选，所以陆小的外文是分科的，到了中央预备学校(按：即陆军中学)，就要学高等微积分，课程严格，按部就班，服装、规矩的训练都很严，我在南京念高等学堂时，看到陆小学生外出均佩戴刺刀，衣着整洁，门口检查服装仪容很严格。④

---

① 蒋梦麟：《蒋梦麟回忆录：西潮与新潮》，北京：东方出版社，2006年，第95页。

② 丁治磐(1894—1988)，江苏东海人，在清末曾受过完整古文教育。民国初年毕业于江苏讲武堂、江苏军官教育团、陆军大学第十二期。国民党时期高级将领，1948年曾任江苏省主席，1949年10月前夕去台湾。

③ 刘凤翰、张力访问，毛金陵纪录：《丁治磐先生访问纪录》，台北：中研院近代史研究所，1991年，第6页。

④ 刘凤翰、张力访问，毛金陵纪录：《丁治磐先生访问纪录》，台北：中研院近代史研究所，1991年，第9页。

应该说清末的灭亡,不能仅归结于军事的失败,还有着更为深刻的社会因素与时代特征。

三、阶层与秩序的社会冲击

秩序重构是帝国解体前的社会权利分割。大变革在许多学生心中烙下了挥之不去的巨大烙印。清末学生对社会转型的感知,使得愈来愈多的社会未来精英抛弃了传统的诗书传家模式,以前所未有的变革心态去承担一个动荡不安的千年转型期。

> 这个世界的确是个疯狂的世界,难道我也真的发了疯吗? 至少有一个问题在脑子里还是很清楚的:那就是如何拯救祖国,免受列强的瓜分。革命正迅速地在全国青年学生群中生根发展。投身革命运动的青年学生愈多,孙中山先生的影响也愈来愈广。清室覆亡已经近在旦夕了。[1]

蒋梦麟还在童年的时候,就知道读书的好处。这部分是来自县太爷衣锦还乡的排场与威严的启示,给了幼小的蒋梦麟极深的印象与思考,让蒋明白了官员的权势是来自于读书:

> 于是我知道了读书人的地位,也知道做一名读书人的好处。他可以一级一级的往上爬,甚至有一天当了大官,还可以在北京皇宫里饮御赐香茗呢! 像我这样的一位乡下孩子,足步向未逾越临近的村镇,他希望读书做官应是很自然的事。我幼稚的心灵里,幻想着自己一天比一天神气,功名步步高升,中了秀才再中举人,中了举人再中进士,终于有一天当了很大很大的官,比那位县知事要大得好多好多,身穿蟒袍,腰悬玉带,红缨帽上缀着大红顶子,胸前挂着长长的朝珠,显显赫赫地回到故乡,使村子里的人看得目瞪口呆。这些美丽的憧憬,在我眼前一幕一幕展开,我的前程多么光明呀! 只要我能用心熟读经书就行了。我的童年教育虽然枯燥乏味,却也在我的思想里模模糊糊地留下学问重于一切的印象。政府官吏都是经过科举选拔的。但是只有有学问的人才有希望金榜题名。官吏受人敬重,是因为学问本身在

---

① 蒋梦麟:《蒋梦麟回忆录:西潮与新潮》,北京:东方出版社,2006年,第76页。

中国普遍受人敬重的关系。因此我最后决定努力向学。①

在清末转型中,中国应该如何向西方学习,在当时学生中的见解与看法是不尽相同的。"我是主张直接向西方学习的,虽然许多留学日本的朋友来信辩难,我却始终坚持自己的看法。进了南洋公学,就是想给自己打点基础,以便到美国留学。这里一切西洋学科的课本都是英文的,刚好合了我的心意。"②

许多有见识的人,开始纷纷从变革的世界中,寻求未来发展的方向。而经济基础较好的家庭,则纷纷把孩子送出去,学习新学的始祖——西学,或许他们并不知道这些知识对于近代中国内在的涵义,但有一点是清楚的,不同于传统的西学或新学的出现,必将对现存的以旧学为基础的社会秩序进行重构。而在外来的秩序重建中,具有长远眼光的人能够占有领先地位的最好办法,就是把子女送出去。

> 我的祖父虽然和教士来往,但是他自己并不信教,也没有把子弟送到教会学校去,而是一次就把三个儿子——我伯父、父亲和三叔——一齐送去英国。先伯绍城公学政治、经济,回国之后曾任上海会审公廨襄谳委员及大理院推事,宣统二年奉派赴美,担任"万国监狱改良会议"的中国代表,并考察欧洲各国司法及监狱审判制度,著有《十八国游历日记》等书,民国成立后当过参议院议员和国务院秘书。③

那个时候,很多学生被送出去之后,学些崭新的学问,这些知识在国内都是基本没有见过的。"先父绍堂公在英国学的是机械,回国后当过买办,自己也开过贸易行。先三叔绍基公学电机,他跟两位兄长出国的时候只有十七岁,还算小孩子,因为年纪小,英文也讲得最好。他回国之后没有事情做,就到上海南洋公学(交通大学的前身)教化学,后来也和英国方面做买卖。"④

在知识结构重组的同时,也是家族关系、社会资源的强强联合。中国

----

① 蒋梦麟:《蒋梦麟回忆录:西潮与新潮》,北京:东方出版社,2006年,第55页。
② 蒋梦麟:《蒋梦麟回忆录:西潮与新潮》,北京:东方出版社,2006年,第77页。
③ 陆宝千访问,黄铭明纪录:《金开英先生访问纪录》,台北:中研院近代史研究所,1996年,第4页。
④ 陆宝千访问,黄铭明纪录:《金开英先生访问纪录》,台北:中研院近代史研究所,1996年,第5页。

传统的姻缘联系在近代转型中,得到了延续。

> 我们家人都有四海一家的观念,先祖父更可以说有点洋化得厉害:他有七子(四位正出,三位庶出)六女,他不只是一口气把三个年纪较大的儿子送去英国留学,而且两个女儿也嫁得很远,这在那个时代都是很特别的事。我的二姑姑嫁到湖南,二姑丈的父亲是当过上海道台、山东巡抚和两广总督的袁树勋,我表弟袁荣法的字叫"帅南",就是因为他祖父当过两广总督。袁树勋的奏章写得真好,在当时颇能超越一般人的见解,我二姑丈的几位兄弟也都很有文才,所以我表弟编了一套《湘潭袁氏家集》。袁家和谭延闿家是亲戚,谭延闿的父亲也当过两广总督,他的大女儿(擅长书法,梅花也画得很好)嫁给袁树勋的第六个儿子,另外一个女儿谭祥则嫁给陈诚。我的二姑姑婚后也曾赴英留学。三姑姑年轻的时候曾经被先祖父送往英国游历,后来嫁给了福建状元王可庄的侄子王述勤,三姑丈后来当过驻墨西哥公使和留法学生监督。①

在乱世的年代,如何实现家族的继续繁荣,是很多富有家族掌门人深思熟虑的问题。而在清末社会秩序比较混乱的时期,有的地方官员,甚至成了比较危险的职业。钱塘县知县沈剑芙就浙江西安县知县吴筱村被匪徒杀害一案有云:

> 近十数年来积习相沿,风气日薄,城乡各处,以敲诈为生者,名曰辣腿,随在皆有。家主嫉恶如仇,密派拿获,从严惩处,虽于地方有裨,而无赖棍徒无不忿恨。西邑民间好讼,实由胥役从中舞弄,借端需索,以至积案甚多。家主力除积弊,随到随审随结,使胥役无可施其伎俩,偶有需索,立予严惩,胥役亦不无怨怼。余如劝办积谷,讲求农务,创兴樗茧,稽查保甲等事,无不实心实力,认真举办,初不料以此贾祸也。②

从上段文字中,可知做好一任地方官任务之艰。

---

① 陆宝千访问,黄铭明纪录:《金开英先生访问纪录》,台北:中研院近代史研究所,1996年,第5—6页。
② 汪诒年纂辑:《汪穰卿先生传记》,北京:中华书局,2007年,第103页。

四、思想文化的启蒙与兴学思潮的开端

社会秩序混乱的同时,文化秩序的重构也在积极进行。外在的形势,既给浙江以强大的压力,也给以强大的刺激。

> 甲午中日战后,浙江风气大开,杭城诸士子日受外来思想所刺激,渐知以办学设报为务,自余杭章炳麟迭主《时务》《昌言》《亚东》各报笔政,省中士绅以章氏邃于国学,多为感动,由是提倡设立学校研究中西科学者,颇不乏人。庚子拳祸既息,浙人以官私费赴日本留学者,相望于道,时支那亡国纪念会青年会军国民教育会诸爱国团体缤纷并起,留学界主张革命者日见其盛。湖北湖南江苏数省学生各用本省名义发刊杂志,咸以民族主义相号召。同时浙籍学生孙翼中、王嘉榘、蒋智由、陈榥、蒋方震等,亦有《浙江潮》月刊之组织,持论激昂,不让他省,而主持上海爱国学校者复多浙人,及章氏《驳康有为政见书》出,《苏报》案随之,革命言论轰动一世,民族思潮亦大膨胀于浙省各府县,言新学者遂多倾向革命一途。①

在文化秩序重构的同时,具有新学背景的知识分子,思想也开始活跃起来,而那时新旧交替之下的年轻人,在时代新潮气氛的鼓荡下,思想日益前卫。马叙伦回忆说:

> 我是二十岁(前清光绪三十年)结婚的,那时,胆子却不算小,自己做了一副新房联对,现在也记不起来了,末了大概是"卿桴独立鼓,我揭自由旗"。明年,汤尔和结婚,我送他一副新房联对,记得上联的末了是:"快播革命种",都在杭州裱画店裱出来,却没有遭到危险,因为当时没有特务。②

没有因言获罪,说明当时的社会控制还是比较宽松的。清末的社会风气在文化重构的风潮中,也渐渐露出新鲜的空气来。沈雁冰回忆:

> 乌镇办起了第一所初级小学——立志小学,我就成为这个小学的

---

① 冯自由:《浙江之文字狱·文学鼓吹与革命思潮》,见《革命逸史》(下),北京:新星出版社,2009年,第842页。

② 马叙伦:《我在六十岁以前》,北京:生活·读书·新知三联书店,1983年,第22页。

第一班学生。立志小学校址在镇中心原立志书院旧址,大门两旁刻着一副大字对联:"先立乎其大,有志者竟成",嵌着立志二字。这立志书院是表叔卢鉴泉的祖父卢小菊创办的。……卢表叔那年和我父亲结伴去杭州参加乡试,中了举人,第二年到北京会试落第,就回乡当绅缙。因为他在绅缙中年纪最小,又好动,喜欢管事,办小学的事就推到了他身上。①

落第文人也是创办新学的重要力量。

以后,我在杭州、江山、诸暨、广州做了几年教员,在江山县立中学堂,遇到一件有关革命的案子,原来,江山是浙江边上的一个县份,在宋明的时候,文化水准还不错,到了清朝,乾隆以前,就科举考试的还不多,据说是因为"故家遗族"反对清朝的缘故,在《江山县志》上记载乾隆时候有一位姓郑的还为"清风不识字,翻我案头书"两句诗几乎灭族。这种历史的教育,到了这时,还有人接受他。②

地方的兴学行为,也开始在基层知识分子中流行。但新旧总不免在秩序重构的过程中发生冲突。下面毛先生的例子,就比较典型:

一位毛云鹏先生,是江山数一数二的读书人,他热心要办一个县立中学堂,和知县李锺岳商妥,把旧有的"涵香书院"来改造一下,这样,就得罪了地方上旧派里靠书院膏火(就是现在的奖金)补助生活的人。毛先生是有革命思想的,他在省城里买了些清朝皇太后那拉氏(就是西太后)皇帝载湉和什么什么妃子的相片回去,他偶尔在那拉氏的相片上写了《西厢记》里一句:"我见了也销魂",给他们设法拿走了,就告到县里,说毛先生是革命党,在皇太后相片上写这样的东西,便是大逆不道。③

此事一直惊动到道台,经过了一番周折,动用了各方面的人际关系,最终叫毛先生出了一百担谷,了却此事。办学的打算也至此落空。

尽管有许多人对废科举有不满意之处,但是废科举毕竟在清末变成了

---

① 茅盾:《我的学生时代》,天津:新蕾出版社,1982年,第32页。
② 马叙伦:《我在六十岁以前》,北京:生活·读书·新知三联书店,1983年,第22—23页。
③ 马叙伦:《我在六十岁以前》,北京:生活·读书·新知三联书店,1983年,第22—23页。

现实：

> 废科举设学堂之策,清议持之二十年矣。而今果见诸施行,不得不谓为朝廷之圣明、国家之厚幸也。虽然,此等之事,关系于社会者至深。社会行科举之法千有余年,其他之事,无不与科举相连。今一日举而废之,则社会必有大不便之缘。①

据资料记载,各地兴学都有着地方上的利益冲动,毕竟教育是地方的发展大事。在杭州成立了浙江教育会：

> 杭绅孙君智敏等近就省城下城头巷原有之杭州教育会,量加扩充,更名浙江教育会。凡各学堂管理员及教员热心教育者咸入会,研究管理、教授各法。已拟章呈请聂中丞批饬、学务处立案,保护开办。②

湖州南浔则有地方大户出资办学：

> 乌程县属之南浔镇,近有曹君等邀集同志组织女学一所,并由庞君清臣以房屋一所捐为斋舍,且有余地栽植花木,殊形宽敞。邱君冰壶则担任学费之半,余皆分认义务,拟仿杭绍二处女学定章办理。③

> 南浔虞君亚青等创办女学一所,其课程注重国文、国史、女工。④

绍兴的兴学举动则有地方公共参与的要素：

> 山阴叶君雅谷与公众商妥,将该处赛会演剧无益之费拨作正用,设一鉴湖小学堂。又恐经费不足,以该处产菱,议按亩收捐以资津贴,当向学务处禀准,饬山阴县核办。⑤

> 萧山施君崇恩等近在县境办一普通学堂,以中文为主,而辅以英日语言文字。分为普通、高等、专门三科,约须六年卒业。闻高等学生卒业后,择其优者,由堂给资照送日本游历,或愿留学日本,或随时保送为他学堂教习,均经该堂担任义务云。⑥

---

① 《论废科举后补救之法》,载《东方杂志》1905 年第 11 期。
② 《各省教育汇志》,载《东方杂志》1905 年第 9 期。
③ 《各省教育汇志》,载《东方杂志》1905 年第 9 期。
④ 《各省教育汇志》,载《东方杂志》1905 年第 11 期。
⑤ 《各省教育汇志》,载《东方杂志》1905 年第 9 期。
⑥ 《各省教育汇志》,载《东方杂志》1905 年第 9 期。

宁波各地也在积极办学：

> 宁波武职会议倡办武备学堂，以备在任各员并候补人员督练洋操。经费由在任人员捐助，并将各营常年余款拨充。[①]
>
> 慈溪西乡丈亭镇下陈地方陈姓聚族而居，烧窑为业。近闻该族长陈齐春与窑户陈锦怀等十余家会议兴办学堂，以课本族子弟。议在砖瓦项下每元加捐三分，以充经费，一切章程悉遵。奏定蒙学堂办理。[②]
>
> 嘉兴郡城初等小学堂仅有三处，学生不过百人，而蒙馆则多至数百。兹有某君欲谋教育普及，拟设立师范传习所，以改良私塾云。[③]

兴学资金的来源则是方法不一。"运司信怀民都转，拟仿课吏馆规则，创设盐务仕学馆。即以盐志局改作馆舍，经费即就各场盐课平余项下抽提"[④]，"浙省官私各学堂陆续创办，渐有成效。兹有丁绅等议立城南和衷蒙学堂，禀请抚藩二宪，于铜元新厂余利项下提拨常年及开办经费，以资启迪。复又呈报学务处，立案遵行"[⑤]。

阶层、秩序、文化、思想受到广泛的冲击与重构，表示着清末社会将迥异于它的前期形态，在形式上产生异化，在内容上形成质变，并以聚变的形式重组了社会结构，为学生群体的形成与发展，奠定了重要的基础。

---

① 《各省教育汇志》，载《东方杂志》1905 年第 11 期。
② 《各省教育汇志》，载《东方杂志》1905 年第 11 期。
③ 《各省教育汇志》，载《东方杂志》1905 年第 11 期。
④ 《各省教育汇志》，载《东方杂志》1905 年第 11 期。
⑤ 《各省教育汇志》，载《东方杂志》1905 年第 11 期。

第二章　教育转型与转局中的新式学生产生

　　近代浙江教育体系的形成是浙江大转局形成的重要标志,近代浙江学生群体的出现则是浙江转局迅速运转的产物。清末浙江与国内其他省份相比,具有较好的经济与文化基础,加之一批开明官绅的大力推动,浙江近代教育的创建取得了较好的效果。

　　浙江近代教育的雏形缘起于 19 世纪 50、60 年代的教会教育,但真正在全省推广开来,则是在 1897 年后开明官绅大力创办的新学堂。随着新学的创办,学生群体这一新兴的社会群随之产生,由于其具有的知识性与思想性,对区域乃至国家都产生了重要的影响①。

第一节　清末浙江教育体系的形成

　　戊戌政变失败后,戊戌期间新创办的学堂处于停滞状态,浙江只有在杭州、宁波、绍兴、温州等经济较发达地区初有规模。在压抑了 3 年后,由于庚子事变而导致八国联军入侵北京,最高统治者改革强国的神经被空前调动起来。1901 年 9 月上谕:

　　　　除京师已设大学堂应行切实整顿外,着各省所有书院,于省城均改设大学堂,各府及直隶州均改设中学堂,各州、县均改设小学堂,并多设蒙养学堂。其教法当以"四书""五经"纲常大义为主,以历代史鉴及中外政治、艺学为辅。②

　　史载中国在夏商周三代已有学校,春秋战国之后不同时期学校教育存在官学与私学并存的状况。官学系统包括中央官学和地方官学两个部分,

---

　　①　本章所列浙江学生群体的数据,主要是指在浙江学堂的国内学生及国外的浙江籍留学生。

　　②　璩鑫圭、唐良炎编:《中国近代教育史资料汇编·学制演变》,上海:上海教育出版社,1991年,第5—6页。

主要为培养各级官员服务。"学而优则仕"是科举时代读书人的最终目标。省级教育系统在不同历史时期的表现形式不一。清代主要有府、州、县学。私学的主要形式有书院、经馆、家塾、私塾、社学等，尤以书院盛行，私塾遍布各地。

新学的兴起是以国内学堂的普设为标志。1897 年 5 月 21 日，杭州知府林启创办的浙江求是书院正式开学，林启兼该院总办，聘请美国人王令赓为总教习，此为浙江创办高等教育之开始，亦即浙江大学之前身，院址在蒲场巷原普济寺①旧址。本月，孙诒让与同乡创办瑞安方言馆，讲授英文、日文及外国史地。这年的 11 月，绍兴徐树兰捐款创办绍兴中西学堂（1899 年改为绍兴府学堂）②。

1897 年 1 月，清廷派遣日本留学生，浙江籍人有嵇卫、汪有龄二人，学习蚕桑，他们是浙江第一次派出学习蚕桑的官费留学生③。1898 年 4 月，浙江求是书院选派高材生何燏时（1877—1961，字燮侯，诸暨人）、钱承志（念慈）、陈榥（乐书）、陆世芬（仲芬）赴日留学。他们是浙江省官费派出的第一批留学生④。

一、清末浙江教育体系概述

清末浙江教育体系，主要由小学教育、中等教育、实业教育、师范教育、高等教育、社会教育等部分组成⑤。

小学教育。小学教育的触角可以接近基层，在维新思潮的影响下，光绪年间浙江各地的官绅陆续将义塾、书院改办成小学堂，有些则利用祠、庙、庵、观等公产创设小学堂。

至宣统元年（1909），全省已有小学堂 1822 所。以等级分，包括初

---

① 大多数文献中写作普慈寺，这里可能是笔误。

② 浙江省政协文史资料委员会编：《新编浙江百年大事记（1840—1949）》（《浙江文史资料选辑》第 42 辑），杭州：浙江人民出版社，1990 年，第 86 页。

③ 浙江省政协文史资料委员会编：《新编浙江百年大事记（1840—1949）》（《浙江文史资料选辑》第 42 辑），杭州：浙江人民出版社，1990 年，第 85 页。

④ 浙江省政协文史资料委员会编：《新编浙江百年大事记（1840—1949）》（《浙江文史资料选辑》第 42 辑），杭州：浙江人民出版社，1990 年，第 88 页。

⑤ 该部分参照浙江省教育志编纂委员会编的《浙江教育志》第一篇第二章清末学制相关内容。

等小学堂 1288 所,两等小学堂 418 所,高等小学堂 116 所;以立别分,包括官立小学 172 所,公立小学 1443 所,私立小学 207 所。各类小学堂中,有女子小学堂 52 所。①

这些学堂的修业年限,一般遵照癸卯学制规定,但在屋场、图书、器具等硬件设施方面,大多达不到章程的要求。受师资、文化等方面因素影响,所授课程中旧学的影响较重。清末浙江小学堂,有初等小学堂、两级小学堂和高等小学堂三种类型。

中等教育。清末浙江中等教育分为普通教育与职业教育两种。普通中学堂每个府达到一所。而中等实业学堂,则因地而异,没有规律性,主要集中在杭州、宁波、绍兴、温州等地。

> (1897 年)山阴乡绅、维新人士徐树兰(仲凡)捐银 1000 两,并筹得山阴县沙租及绍郡茶业公司捐款 4000 余元,仿盛宣怀所创天津中西学堂,以二等学堂(相当于中学)规制创办绍郡中西学堂,并由浙江巡抚廖寿丰奏明清廷备案,领绍兴乃至浙江近代教育之先。②

浙江省第一所中学堂是成立于 1897 年的绍郡中西学堂,校址在绍兴府城古贡院之山(阴)会(稽)豫仓址(今越城区胜利西路 563 号)为校舍,定于二月初一日(公历 3 月 3 日)正式开学。定学额 40 名,习国文、外国文、算学三科;另有附课生 20 名,专习外国文和算学。修业年限为五年。首任监督(校长)何琪(浪仙),徐树兰自任督办(校董)③。1898 年冬,戊戌变法失败后,在北京任翰林院编修的蔡元培认为清廷政治改良无望,于是弃官回绍,应聘出任绍郡中西学堂总理(校长)。"在蔡元培的主持下,绍兴府学堂经革新而成为清末国内新是学堂的佼佼者之一,在中国近代教育史上占有一席之地。"④

1899 年杭州知府林启创办了养正书墅。以"端童蒙之趣向,植人才之

---

① 浙江省教育志编纂委员会编:《浙江省教育志》,杭州:浙江大学出版社,2004 年,第 101 页。

② 章玉安:《绍兴一中建校百年史略》,见绍兴市政协文史资料委员会编:《绍兴文史资料》(第十二辑),绍兴:内部发行,1998 年,第 147 页。

③ 章玉安:《绍兴一中建校百年史略》,见绍兴市政协文史资料委员会编:《绍兴文史资料》(第十二辑),绍兴:内部发行,1998 年,第 147 页。

④ 章玉安:《绍兴一中建校百年史略》,见绍兴市政协文史资料委员会编:《绍兴文史资料》(第十二辑),绍兴:内部发行,1998 年,第 147—148 页。

始基"为宗旨。学制 4 年,光绪三十年改为 5 年。初为小学程度,以后逐渐添设格致、体操、英文、音乐等课程,提高到中学程度。1902 年胡乃麟捐资创办了杭州私立安定学堂,学制初为 3 年,次年改为 5 年。

在 1898 年至 1903 年的几年里,宁波、绍兴、处州、衢州、金华、温州、台州、嘉兴、湖州、杭州等府及其属县,先后办有学堂 10 多所,皆相互参照,自定章程。癸卯学制颁行后,各中学堂遵照章程端正规制、调整课程,办学模式趋于统一。

> 清浙江提学使支恒荣派员在对杭州宗文中学堂进行分科考查后,发文立案,允准杭州宗文中学堂定名为杭州公立宗文中学堂,朱煜任堂长。后,学校以此日为校庆纪念日。①

由宗文义塾改制而成的宗文中学,于 1907 年 9 月 18 日成立。到了 1910 年,"宗文中学堂奉令先办文科两个班、普通科三个班,共学堂生 210 人。首届学堂生 22 人毕业"②。

国教会在杭州举办的育英书院预科、蕙兰中学堂、蕙兰女子学堂,初创时学制为 5 年,后也减为 4 年。

到 1909 年,全省有中学堂 23 所,其中官立 15 所,公立 5 所,私立 3 所,并且全省 11 府都有府级中学堂,学生数 2430 人③。

实业教育。浙江的实业教育,大都是初、中等的层次。1885 年瑞安县人陈虬在瑞安县城创办利济中医学堂,招收年满 14 岁有志学医者为学徒,自定章程,规定课程 5 年,医院实习 1 年。1896 年瑞安县人孙诒让在瑞安创办了学计馆,翌年在永嘉县创办温州蚕学馆,讲授养蚕技艺。1897 年林启奏准浙抚廖寿丰,拨银 3.6 万两,建设校舍,并于次年 3 月开学,创办了浙江蚕学馆。1906 年浙江蚕学馆学制由 2 年改为 3 年,1906 年创办的杭州私立富华工艺学堂,织绸科学制为 1 年。1910、1911 年杭州还先后创办浙江官中等农业学堂、浙江官立中等商业学堂和浙江官立中等工业

---

①　浙江省杭州第十中学编:《浙江省杭州第十(宗文)中学两百周年校庆(1806－2006)》,杭州:内部发行,2006 年,第 80 页。

②　浙江省杭州第十中学编:《浙江省杭州第十(宗文)中学两百周年校庆(1806－2006)》,杭州:内部发行,2006 年,第 80 页。

③　相关数据来源于浙江省教育志编纂委员会编:《浙江省教育志》,杭州:浙江大学出版社,2004 年,第 101、271 页。

学堂。

　　浙江的实业教育,既具有了开拓性的特点,同时也有由于灵活性而产生的不规范性特点。在实业教育中,以浙江蚕学馆的创办最具代表性。在清政府正式出台学制前,浙江省创设的实业学堂一般自定章程,不具有统一性。

　　1898年4月1日杭州知府林启创办的浙江蚕学馆在杭州金沙港开学,招生30余名,所取学生以秀才为多。课程设有理化、动植物、蚕体生理、病理、解剖、气候、土壤、饲育、植桑、缫丝、采种等科,学程二年,林启自兼总办,并派人赴日本留学专习蚕桑。此馆为全国最早的农业专科学校①。

　　师范教育。师范有初级师范、优级师范、两级师范之分。初级师范培养小学师资,优级师范培养中学师资,两级师范则兼而有之。

　　养正书塾办有师范班。养正书塾在1901年改为杭州府中学堂时曾规定头、二班师范生课充"帮教"。绍郡中西学堂附设算学科师范生2名,次年又增设物理、化学、测绘、体操等科师范生若干名,择毕业生中成绩优异者充任助教,并于1903年在府城的蒙泉学堂址附设师范学堂,定学额20名,培养初等小学堂的教习。

　　1905年徐锡麟、陶成章在绍兴开办大通师范学堂,设体操专修科,训练会党成员。1908年春浙江官立两等师范学堂开学,其初级部有简易科学生328名,学制2年,培养小学师资。1909年在绍兴府城会稽高等小学堂旧址创办山会两县初级师范学堂,萧山县在劝学所内附设公立师范讲习所,天台县在劝学所内附设官立师范讲习所,淳安县在县城的两等小学堂内附设初级师范简易科,省城杭州在福圣庵巷创设公立全浙初级师范学堂,分设简易科和传习科。是年,全省的初级师范学堂、传习所、讲习所等共计40余处。

　　可以看出,随着兴学的深入,对于师范生及师范学堂的需求也越来越多。

　　高等教育。浙江高等教育主要源于求是书院,这在以后的章节中会详细讲述,这里不作赘述。

----

　　① 浙江省政协文史资料委员会:《新编浙江百年大事记1840—1949》(《浙江文史资料选辑》第42辑),杭州:浙江人民出版社,1990年,第88页。

法政学堂。1905 年清廷宣布预备立宪，通咨各省在已办之课吏馆内添设讲堂，专设仕学速成科，令年在四十岁以内的候补道府及佐杂人等均入学肄业，本地的士绅亦准附学听讲，参照大学堂法律门的课程授课，以六个月为一学期，三学期毕业，并参照直隶议设法政学堂的章程，结合地方情形认真办理。1906 年春，宁波知府边葆诚创立宁波官立法政学堂，招收本府举贡生监及中学堂和师范学堂毕业生入学。1907 年浙江巡抚张曾敭在杭州创办浙江官立法政学堂。1909 年会稽举人陶浚宣将其在绍兴东湖捐资创办的通艺学堂改办为绍兴私立法政学堂。

社会教育。清末社会教育的主要形式有简易识字学塾、半日学堂、实业补习普通学堂和艺徒学堂等。其中简易识字学塾、半日学堂的对象都是专收贫寒子弟。简易识字学塾开设修身、国文、珠算三门课程，为他日能够入学堂及谋生打下基础。1909 年初，仁和、钱塘二县以寺庙为基础筹办社学，并制定《仁钱社学简章》，此做法得到省提学使的认可。1909 年底，学部颁发《简易识字学塾章程》，规定识字学塾的入学对象是年长失学及贫寒子弟无力入学者。

> 至 1911 年 6 月底，全省简易识字学塾有 1665 所，入学民众有 4.73 万人，在全国各省中居于前列。[①]

半日学堂是半日读书，半日谋食，专收贫寒子弟，不拘年岁，不收学费，以求入学者得以略通道理，渐能养成人格。据学部统计，"全省所设半日学堂光绪三十三年有 47 处，宣统元年增至 65 处，分布于 32 个县，半日学堂数和学生数在全国各省市中均居第四位"[②]。

> 1909 年，嵊县儒生高云帆等率先在县城文昌阁举办夜课学堂。1910 年 1 月，清政府颁布《简易识字学塾章程》，并订定推行识字学塾步骤，绍兴府各县遵章陆续办理一批成人识字教育机构，给常年失学民众及无力求学的贫寒子弟以文化补习教育。宣统二年（1910 年），浙江省提学使司规定绍兴府各县应设简易识字学塾 50 所（不含萧山、余姚二县），实际开办 57 所，有学生 2289 人；宣统三年，府内简易识字

---

① 浙江省教育志编纂委员会编：《浙江省教育志》，杭州：浙江大学出版社，2004 年，第 104 页。
② 浙江省教育志编纂委员会编：《浙江省教育志》，杭州：浙江大学出版社，2004 年，第 104 页。

学塾发展到 78 所,有学生 2998 人。[①]

通过上述数据可以看出,当时政府对于社会教育投入还是比较大,而且能够因时制宜,在发展上已经具有一定的规模。

实业补习普通学堂和艺徒学堂这两类学堂分别是为初等小学堂毕业自愿从事各种实业及年龄较大未能接受初等教育者所设立。授课时间一般安排在晚上或者假日,也有在雨雪天和农闲时候,兼具有实业教育和社会教育的功能。

表 2—1 是 1903—1909 年浙江历年各类学堂统计表,通过此表,可以清晰地看出清末浙江兴学期间学堂快速发展的总体特征。

表 2—1　1903—1909 年浙江历年各类学堂统计表

学堂类别 \ 学生数 \ 年度		1903 年	1904 年	1905 年	1906 年	1907 年	1908 年	1909 年
专门学堂	学堂数	1	1	3	2	4	4	4C
	学生数	82	88	112	291	586	762	666
实业学堂	学堂数	1	2	4	7	8	13	14
	学生数	64	62	213	384	594	968	665
师范学堂	学堂数		1	3	9	33	26	13
	学生数		20	204	540	1364	1834	1219
中学堂	学堂数	10	10	12	22	32	30	23
	学生数	587	618	963	1583	2025	2256	2430
小学堂	学堂数	109	161	274	686	1040	1451	1822
	学生数	3093	4984	11378	23641	35726	50533	68897
蒙养院	学堂数						1	1
	学生数						20	18
半日学堂	学堂数				4	16	59	65
	学生数				128	523	1598	2219

① 章玉安:《绍兴教育史》,北京:中华书局,2004 年,第 121 页。

续表

学堂类别＼学堂学生数＼年度		1903 年	1904 年	1905 年	1906 年	1907 年	1908 年	1909 年
女子学堂	学堂数		4	10	24	35A	46	48
	学生数		119	305	791	1093B	1331	1416
总计	学堂数	121	179	306	754	1168	1630	1990
	学生数	3826	5891	13175	27358	41911	59302	77530

资料来源：《浙江通史》（清代卷下），杭州：浙江人民出版社，2005 年，第 235—236 页，据《浙江教育官报》第 16 期《光绪二十九年迄三十四年浙江省学堂增减比较表》和《浙江教育简志》（浙江人民出版社，1988 年）第二编各章资料整理。其中：A.包括蒙养院；B.包括蒙养院学生数；C.3 年的"专门学堂"包括高等、文科、法科 3 种，有高等学堂 1 所，文科学堂 1 所，法科学堂 2 所。

二、求是书院的创立及其运作机制

求是书院是今天浙江大学的前身，由浙江开明士绅在教育救国的维新思潮下于 1897 年创建。在之后的 17 年中，求是书院经历了一系列的校名变迁。

1901 年 11 月，求是书院改为浙江求是大学堂，1902 年又改为浙江大学堂。1904 年 1 月，浙江大学堂更名为浙江高等学堂。1912 年 1 月改名为浙江高等学校。1914 年 6 月浙江高等学校停止招生。①

关于求是书院的创立背景，相关校史有明确记载：

中国自清季甲午战役签订丧权辱国的《马关条约》后，外患日亟，国势日衰，朝野有识之士欲挽此危局，以为"非变法不足以图存；而启发民智、培养人才，实为根本要图"。浙江也受兴学图强思想的影响，遂于 19 世纪末创立求是书院。1897 年，杭州知府林启在浙江巡抚廖寿丰的支持下，利用受命查办杭州蒲场巷普慈寺案件，籍没寺屋兴建学校，林启为总办，陆懋勋为监院，陈汉第任文牍斋务，聘请美国人王令赓为总教习，4 月 20 日正式开学上课。为避免保守势力的阻挠，故

① 李军编：《国有成均》，杭州：浙江大学党委宣传部，内部发行，2008 年，第 1 页。

不称学堂,而袭用"书院"旧称,名之为求是书院。初招收举贡生监30名,后扩充学额,分设内、外两院,学制为5年。课程分为必修课和选读课两种,必修课有国文、英文、算学、历史、地理、物理、化学、体操等,选读课有日文等。当时没有现成教科书,算学选材于《笔算数学》《代数备旨》《形学备旨》《八线备旨》,英文则取材于《英文初阶》《英文进阶》,理化教材多译自美国课本。①

关于创设求是书院的缘由,1897年浙江巡抚廖寿丰在奏请设立求是书院以及实施新学的奏折中认为,旧有的书院已经不能够满足社会发展的需要,应该学习西方的技术工艺,培养社会可用之才。

> 查浙江杭州省城,旧有敷文、崇文、紫阳、学海、诂经、东城书院六所,今方以制艺取士,势难骤为更张,另设则无此经费,惟有酌筹改并,因势倡导,择庠序有志之士,奖进而培植之,庶趋向端而成就易。②

> 泰西各学,门径甚多,每以兵农工商化验制造诸务为切于时用,而算学则其阶梯,语言文字乃从入之门。循序以进,渐有心得,非博通格致不得谓之学成。屏一切模糊影响之谈而课其实事,庶他日分布,传习愈精而成材亦愈众。③

关于求是书院的选址,"臣迭与司道筹议,并饬杭州府知府会商绅董,就普慈寺后现有群屋量加修治,专设一院,名曰求是书院"④。

求是书院的教职人员,"即委该府知府林启为总办,延一西人为正教习,教授各种西学,华教习二人副之,一授西文,一授算学,委监院一人,管

---

① 《浙江大学》,根据校史整理,载浙江省政协文史资料委员会编:《浙江近代著名学校和教育家》(《浙江文史资料选辑》第45辑),杭州:浙江人民出版社,1991年,第40—42页。

② 廖寿丰:《浙江巡抚廖寿丰请专设书院兼课中西实学折》(光绪二十三年七月),见《杭州府志》卷十七,学校四,转引自《中国教育大系·历代教育制度考(二)》,武汉:湖北教育出版社,2004年,第2020页。

③ 廖寿丰:《浙江巡抚廖寿丰请专设书院兼课中西实学折》(光绪二十三年七月),见《杭州府志》卷十七,学校四,转引自《中国教育大系·历代教育制度考(二)》,武汉:湖北教育出版社,2004年,第2020页。

④ 廖寿丰:《浙江巡抚廖寿丰请专设书院兼课中西实学折》(光绪二十三年七月),见《杭州府志》卷十七,学校四,转引自《中国教育大系·历代教育制度考(二)》,武汉:湖北教育出版社,2004年,第2020页。

理院中一切事宜，一面购置仪器图籍"①。

学生入学的年龄、资格，"由地方绅士保送年二十以内之举贡生监，饬据该总办考取复试，接见询问，择其行谊笃实、文理优长、并平日究心时务而无嗜好习气者，于本年四月二十日送院肄业，但予奖赏，不给膏火，学以五年为限"②。

在教学管理的过程中，"明令规约，妥立课程，每日肄业之暇，令泛览经史、国朝掌故及中外报纸，务期明体达用，以孔孟程朱为宗旨，将有得之处撰为日记，按句汇送查考。每月教习以朔日课西学，总办以望日课中学，年终由臣通校各艺，分别等第，勤者奖、惰者罚，不率教者斥，优异者存记。另选翻译之人译述各种有用之书，为振兴学校之助"③。

从浙江巡抚廖寿丰的奏折中，可以看出当时浙江省主要官员对于新学的重视与人才的渴求。之所以创办求是书院是时代所需，西方强盛，西人东来迫使中国人不得不向西方学习。求是书院的办学经费主要仰仗朝廷拨给。

曾经是求是书院学生的蒋梦麟回忆说：

> 这个学堂既然办在省城，同时又由政府负担经费，它自然而然地成为全省文化运动的中心。它的课程和中西学堂很相似，不过功课比较深，科目比较多，先生教得比较好，全凭记忆的工作比较少。它已粗具现代学校的规模。①

求是书院不仅在国内较早地创办新式高等学校，而且还是派遣出国留学生较早、较多的学校。1898 年 4 月，选派何燏时、陈榥、陆世芬、钱承志 4 人赴日留学。1901 年春，又派蒋尊簋、王维忱等 18 人赴日留学。1902 年，

---

① 廖寿丰：《浙江巡抚廖寿丰请专设书院兼课中西实学折》（光绪二十三年七月），见《杭州府志》卷十七，学校四，转引自《中国教育大系·历代教育制度考（二）》，武汉：湖北教育出版社，2004年，第 2020 页。

② 廖寿丰：《浙江巡抚廖寿丰请专设书院兼课中西实学折》（光绪二十三年七月），见《杭州府志》卷十七，学校四，转引自《中国教育大系·历代教育制度考（二）》，武汉：湖北教育出版社，2004年，第 2020 页。

③ 廖寿丰：《浙江巡抚廖寿丰请专设书院兼课中西实学折》（光绪二十三年七月），见《杭州府志》卷十七，学校四，转引自《中国教育大系·历代教育制度考（二）》，武汉：湖北教育出版社，2004年，第 2020 页。

④ 蒋梦麟：《蒋梦麟回忆录：西潮与新潮》，北京：东方出版社，2006年，第 66 页。

选派许寿裳、钱家治、周承菼、厉家福、沈启芳、寿昌言、韩永康、施霖、陈其善、李祖虞等 10 人赴日留学。他们这些人都是当时的青年俊彦。

求是书院为国家培养了大批人才。中国共产党创始人之一陈独秀是 1898 年入学的学生,后因参与反政府活动,1901 年被当局追捕而离校。求是书院的留学生也是非常优秀的,陆世芬等首批留日学生在东京创办《译书汇编》杂志,介绍外国的哲学、社会科学著作,以后又设立教科书译辑社,编译中学课本,为国内教育的发展做出了贡献。求是书院留日学生史寿白、周承菼、王维忱等投身革命,蒋尊簋、蒋方震更是被誉为"浙江两蒋、倾国倾城"(章太炎语)。

其他在学术、教育及社会活动方面有一定知名度的,有"夏元瑮、陈榥、何燏时、许寿裳、汤兆丰、李厚身、赵乃传、朱其辉、邵振青、邵元冲、许祖谦、诸福洗、黄学龙、陈训恩、张行简、程万里、邹铨、何敬煌、徐永祚、何炳松、徐守桢、杨景桢、朱起蛰、郑宗海、祝文白、冯贻箴、潘渊、马公愚、陈仲陶、蒋纲裳、赵廷炳等人"①。

三、杭州蚕学馆与浙江实业教育的开端

杭州蚕学馆是近代中国最早的三所蚕桑专门学校之一。浙江自古就是养蚕业较为发达的地区,宋室南迁后浙江蚕丝更趋兴盛,在养蚕、缫丝、织绸等方面,积累了不少先进的生产技术经验。历代以来,丝绸主要是供宫廷贵族、官僚享用。"遍身罗绮者,不是养蚕人。"蚕丝业在过去是属于典型的官僚服务型行业。

江浙一带盛产蚕丝,是在杭州设立蚕学馆的一个重要原因。19 世纪末蚕瘟横行,蚕病造成中国养蚕区大范围的产量下降、质量降低。而日本人通过学习西方技术,有效地控制了蚕病的传播。所以在国际市场上中国蚕丝的出口份额为日本所占。当时部分开明的政府官员能够敏锐地捕捉到这一要点,杭州知府林启曾说过:

> 就时局而言,为中国之权利;就王政而言,为百姓之生计;就新法

---

① 《浙江大学》,根据校史整理,载浙江省政协文史资料委员会编:《浙江近代著名学校和教育家》(《浙江文史资料选辑》第 45 辑),杭州:浙江人民出版社,1991 年,第 42 页。

而言,为本源之本源;就浙省而言,为切要中之切要。①

如何重振中国蚕业之雄风? 开堂办学推广养蚕新技术被认为是很好的途径。当时宁波海关税务司康发达曾著一书,书中言及中国若不对蚕瘟加以重视,倘遇年岁不好,蚕子将有灭绝之一日。它认为倘若设学堂以资改进,只需 3 年就可以见成效,每年经费以银 3 万余两计算,3 年只需 10 万两,即可挽回蚕丝之利②。这样办学堂对浙江人来说就是非常利好的事情。

杭州蚕学馆创设于 1897 年,地址设在杭州西湖金沙港。它是中国最早培养蚕桑专业技术人才的专门学校之一。林启是浙江近代教育事业积极的推动者与最重要的实践者,1896 年春起担任杭州知府,积极推行新政,力主创办各类新式学堂,并认为振兴浙江实业,应以蚕业为要。他目睹民间养蚕连年歉收之现状,在次年夏禀请浙江巡抚廖寿丰筹款创设养蚕学堂,先请试办 3 年,经费拟照康发达所拟 10 万之数,后减之又减,以 3 万元为额,划分 3 年。同年 7 月浙抚总署批准开办,林启亲任蚕学馆总办③。

蚕学馆设置的目的在于"除蚕病,制良种"。通过"精求饲育,兼讲植桑、缫丝"来传授学生养蚕技能并进而推广社会。"先请试办 3 年,经费由布政司拨银 36000 两;并请准拨西湖金沙港怡贤亲王祠和关帝庙旧址建馆舍,附近 30 余亩栽培桑园。9 月动工,用银 10300 两。又购办仪器设备用银 3000 两。"④定于 1898 年 3 月开学。课程设有"理化、动植物、蚕体生理、病理、解剖、气象、土壤、养蚕、栽桑、制丝、显微镜检查等,连同实习,2 年毕业"⑤。

蚕学馆总办由林启自兼,"馆正"初委邵章,1898 年改委车书,1901 年 9 月改委沈铭。总教习初聘江生金,后为日人轰木长。其后一段时间,曾改聘日人前岛次郎为总教习,西原德太郎为副教习。

在招生方面,蚕学馆所取学生以贡监生为多,但也顾及来自蚕区、粗具养蚕知识的人。同时强调视力要合格,因为当时显微镜等科技已经应用到

---

① 《杭州林太守请筹款创设养蚕学堂禀》,载《集成报》1897 年第 19 卷。
② 《杭州林太守请筹款创设养蚕学堂禀》,载《集成报》1897 年第 19 卷。
③ 《浙江蚕学馆表》,载《农学报》1898 年第 41 卷。
④ 朱新予、求良儒:《浙江蚕学馆》,载浙江省政协文史资料委员会编:《浙江近代著名学校和教育家》(《浙江文史资料选辑》第 45 辑),杭州:浙江人民出版社,1991 年,第 7 页。
⑤ 朱新予、求良儒:《浙江蚕学馆》,载浙江省政协文史资料委员会编:《浙江近代著名学校和教育家》(《浙江文史资料选辑》第 45 辑),杭州:浙江人民出版社,1991 年,第 7 页。

养蚕方面。蚕学馆定学额 30 名,实到 25 名,省籍不限。伙食由学校提供,还另发生活费 3 元,类似当代的公费生。此外有额外生 8 名,伙食自备,属于今天的自费生性质。第一届实际毕业 18 名,第二届 11 名,第三届 6 名。

1902 年浙抚任道熔听信流言,认为蚕学馆没有多大实际作用,打算停办。幸亏求是书院讲师高啸桐,商请浙人劳乃宣、杨文莹、樊恭煦、陈豪等人据理力争,并在杭城长庆寺设立试验场,招募湖州熟悉蚕事农民,以土法饲育和蚕学馆新法饲育比较,结果新法远优于土法,以实际效果表明蚕学馆所设教新法远胜旧法,蚕学馆才逃过一劫,始得拨款续办。到了 1906 年,浙抚冯汝骙又借口经费紧张,打算改蚕学馆为初等农业学堂,此事后因冯的去职而不了了之。

> 1908 年蚕学馆改名为浙江中等蚕桑学堂,1910 年因学额扩增,原有校舍不敷分配,借西湖跨虹桥下的崇文书院设分部。辛亥革命后,改名为浙江公立蚕桑学校。1913 年又改名浙江省立甲种蚕桑学校。[①]

蚕学馆的发展,一波三折,这也正是近代实业教育发展的写照。蚕学馆是今天浙江理工大学的前身,该校正在为建设成为一所高水平教学研究型大学而努力。

四、清末时期教会大学的发展

一般而言,清末的教会学校游离于中国的教育系统之外,各种统计资料也都没有将其概括进去。以浙江为例,1909 年由浙江学务处主导的教育统计材料,都没有涉及浙江境内的教会学校。

之江大学是浙江境内著名的教会大学之一,由美国教会创立。它的前身是美国基督教北长老会差会于 1897 年创立的育英书院,而育英书院的源头又可以追溯到该差会 1845 年于宁波创设的崇信义塾。崇信义塾创办之初实施小学教育,自 1880 年后就开始中等教育,1897 年创办高等教育。

1897 年育英书院开办时设有正科、预科。正科是大学层次,学制为 6 年。预科是中学层次,学制为 5 年。美国长老会传教士裴德生(Reb.J.H.

---

① 朱新予、求良儒:《浙江蚕学馆》,载浙江省政协文史资料委员会编:《浙江近代著名学校和教育家》(《浙江文史资料选辑》第 45 辑),杭州:浙江人民出版社,1991 年,第 7—8 页。

Judson)为校长,中国人萧芝禧为教务长。1900 年教务长由周懋功续任,教职员工不到 10 人。育英书院设有国文、英语、圣经、代数、算术、物理、化学、生理、经济、历史等课程。

1902 年育英书院正科的学制由 6 年改为 5 年,预科则改为其附属中学,学制缩为 4 年。这样的变动,更加符合了近代教育关于大学、中学设计的理念。经过几年的发展,育英书院在校学生增至 85 人。1905 年秋,裴德生从美国度假回杭,带回了不少实验仪器和设备,其中包括无线电报机、X 光机、发电机引擎、气压表、显微镜等。这些在当时中国还极为少见的西方科技文明,大大拓宽了学生的视野。加之学校平时大力宣传科学知识,进行科学实验,举办通俗科学知识讲座,教学质量有了很大的提升。在教学成效明显的同时,在校学生数也逐年增多,到了 1905 年,书院部(即大学部)有大学生 35 人,中学部有中学生 80 人。逐渐摆脱了初办时人数稀少的状态。

> 育英书院每年毕业生只有 4 至 7 人,自 1902 年至 1906 年 7 年中,毕业生总共不过三四十人。学生毕业后的就业分布除教会部门外,还有医药、教育、商业、税务、洋行、海关、邮政等部门。[①]

蒋梦麟回忆他经历过的教会教育,言语中颇有不敬和无奈,这是其时教会学校良莠不齐的缘故:

> 在这所教会学校里,学生们每天早晨必须参加礼拜……校长不高兴学生走进他的住宅,不速之客常常被撵出来。有一次,一位强悍的学生说什么也不肯走开,结果与一位路过的教员发生冲突。围观的人渐聚渐多。那位学生说先生捆他的耳光,同时放声大哭,希望引起群众的同情。这次纷扰遂即像野火一样波及全校。学生会多数决议,要求校长立即开革那位打人的教员。校长断然拒绝学生的要求,群众的情绪愈涨愈高。校长冷然告诉学生说:如果他们不喜欢这个学校,就请他们卷铺盖。不到两个小时,全体学生都跑光了……或许有人要问:为什么这样的事会突然发生呢? 其实这不只

---

① 吕树本:《之江大学》,选自《浙江教育史志资料》第 3 辑,1989 年,有删节。载浙江省政协文史资料委员会编:《浙江近代著名学校和教育家》(《浙江文史资料选辑》第 45 辑),杭州:浙江人民出版社,1991 年,第 75—90 页。

是学生桀骜难驯的表现而已,那耳光不过是导火线。这类事件也绝不局限于这所小小的教会学校,学生反抗学校当局已经成为全国的普遍风气。①

当时的舆论,对教会教育的评价,也颇多微词,一般认为教会学校主要目的是培养教徒,培养亲近洋人的工具。

> 温州官办学校,本有府县中小学堂二区。府学堂中西并授,县学堂则只课中文,程度均甚低,而管理尤不能热心办事。英监督会苏教士,在温已三十余年,究心中国时事,于华人教育,尤为注意。特向海外募集巨资,在温北门内火神庙前,建造西式大厦,设立艺文大学堂,已于今春开校。内学生一百余名。爰于暑假时,函托上海广学会李提摩太,代聘其会内翻译王君至温,襄理学务,兼任英文副总教习。夫中国近年以来,外邦人士,多在中国兴学,而以教会为尤甚,然观其所造人才,大抵以教徒为最众,即有一二稍有智识者,亦大抵濡染西人风习,日以媚外为事,不知爱国为何物,则所造人才亦仅供外人使用而已,于我国果何益乎?②

五、清末浙江小学堂的办学活动
——以绍兴县立同仁小学为例

小学教育是清末新政"废科举,兴学堂"的基础。清末小学教育分为初等和高等两个层次。对应的,清末实施小学教育的一般有初等小学堂、高等小学堂、两级小学堂三种主要形式。此外,半日学堂、补习班等为寒门子弟补习的教学组织形式,也是小学教育的有效补充。

清末小学堂的普设,立足于社会基层,能够直接对社会产生影响。大部分小学堂设于县城及大的村镇,也是受新政副作用比较多的场所。清末兴学以来,各地毁学堂之举就不绝于史,这其中,被毁的大部分为小学堂。

从《绍兴县立同仁小学校廿周年纪念刊》中,可以依稀看到小学教育对当时人们的影响。

---

① 蒋梦麟:《蒋梦麟回忆录:西潮与新潮》,北京:东方出版社,2006年,第63—65页。
② 《教会兴学》,载《东方杂志》1904年第9期。

有国庆焉，有家庆焉，皆以纪念成立或出生之日为庆；学校之成立日，校庆日也，乌可以无纪念？矧同仁校之创立，有艰难于他校倍蓰者；当时风气未开，民间狃于旧习，以乐户丐民为不齿，阻力横生，官绅同靳，经费出自陋规，胥吏更为中梗，首事毅力，得庆成功，今且二十年矣……①

这段言语同时表明，其时民气未开、办学艰难。

本校（同仁小学）于清光绪三十一年十一月初一日成立，定名为私立同仁农工小学堂。至民国元年改为两等小学校，于民国七年收归县立，为县立同仁初等高等小学校。民国九年县立同仁高等小学校改组县立乙种商业学校，仅办县立同仁国民学校。民国十二年实行新学制改为县立同仁初级小学校，民国十三年仍设完全小学校。②

李士铭认为：

办学匪易事，办学而至二十年，更非易事，同仁学校亦竟能举行二十周纪念典礼，则尤难之难者也。何以故？同仁学校与他校有别者，厥有二端：一，创办之不易；创办时之经费，取于吏役之陋规，而陋规出于乐户，感化乐户，抵御官吏，固已艰苦备至；更加以顽固者之反抗，秋案之波及，濒于殆者屡矣，而竟能保持生命至二十岁，设非创办者有百二十分之热心与毅力，焉能至此？二，训育之困难；经费既出之乐户，则负笈担簦而来者，自多乐籍；因是而华胄子弟，蔽于数千年之阶级观念，咸裹足不前！今者二百数十学子中，在乐籍者不及十之一二，则其间感化训育之苦心孤诣，有非言语所可形容者矣……并以告现在之学生，将来学成以后，本其平时所熏陶之平等博爱之观念，演成主义，以挽救扰乱之时局，与垂危之国家；区区私衷，余日夕馨香祷祝

---

①　马斯藏：《绍兴县立同仁小学校廿周年纪念刊》发刊词，陈津门手书，该书藏于绍兴图书馆地方文献室，1925 年。

②　《绍兴县立同仁小学校廿周年纪念刊》沿革，陈津门手书，该书藏于绍兴图书馆地方文献室，1925 年。

之焉！①

在同仁小学毕业纪念册中，这样记述同仁小学的创办人黄补臣的创办经历。落款为民国乙丑年八月黄之淼、黄稗贤、黄之森。此三人盖为补臣之后。

　　　　清光绪三十一年夏，先大人补臣公奉命考察南洋官书，轺车回里宁，友卢洪昶、高振霄诸君殷殷以化导绍郡乐户子弟为请，遂通函大府，惨淡经营同仁学堂于焉。成立迄来二十有一年矣，爰述数言以志纪念云。②

六、浙江两级师范学堂
——浙江教育新时代的开端

浙江两级师范学堂是在 1906 年由浙江巡抚张曾敭奏请，在省城贡院旧址基础上改建而成。建筑校舍花费 13 万两，书院生息存本 6 万元，抚署公费银 1 万两，裁并三书院常年费银 9974 两，钱 200 千，卖闹场旧料 10000多元，革守文锦罚款银 4 万两。

1906 年筹建，1907 年招收幼初两级及体操专修科学生 600 名，1908年春天校舍落成，4 月 15 日开学。学校在筹备期间，派王廷扬两度赴日本考察学务，并在日本拜访了东京高等师范的浙江籍学生经亨颐、许寿裳、钱家治、张邦华等人，咨询学校建筑及办学方法等事。王廷扬还聘请经亨颐为教务长，让他提前回国，参加学校建设。据说，浙江两级师范学堂的校舍是仿东京高等师范式样而建的。

　　　　1905 年，清政府下诏废止科举，浙江两级师范学堂于翌年在贡院旧址兴建，这是教育史上的一大转折。因此，当时掌管该校的人员，大多数能够接受新鲜事物，再加上该校教员，也都是一时俊彦，有很多人是日本留学生，思想一般比较解放，所以在短短几年中，就培养出大量人材。不但为浙江省的中、小学输送了大批师资和教育干部，而且许

---

① 李士铭:《绍兴县立同仁小学校廿周年纪念刊》序，陈津门手书，该书藏于绍兴图书馆地方文献室，1925 年。
② 《绍兴县立同仁小学校廿周年纪念刊》，创办人黄补臣太史像，陈津门手书，该书藏于绍兴图书馆地方文献室，1925 年。

多毕业生经过继续深造和实际锻炼之后,成为社会上知名的有影响的人物。如著名数学家陈建功、画家潘天寿、丰子恺,文学家冯雪峰、柔石、曹聚仁、魏金枝等都是该校学生。[①]

浙江两级师范学堂对清末浙江的发展做出了重要的贡献,"为全浙师资培养基地,其时浙省中小学教员均出于此"[②]。两级师范学堂开办之时,各地中学、小学堂急缺大量的士子人才。

　　两级师范初办时,正是浙江各旧府属兴办中学师范的时候;当时深感中学师范师资,殊不易得,优级毕业生两班二百六十人,正适合其需要。毕业学生中确有改行的,但也有终身任教育工作的,如海盐的祝颖(史地)、吴兴的吴剑飞(史地)、黄岩的吴克刚(博物),其后图画手工专科如绍兴的李鸿梁,均是好例。其他如王更三、陈纯人等大半生是从事教育工作的。[③]

表 2－2　浙江两级师范学堂、浙江一师年表

	年份	组织、班级设置	重大事件	监督、校长	教师略举	学生略举
筹备	1906	浙江巡抚奏请成立		邵　章 喻长霖 王廷扬 沈钧儒 夏震武 袁嘉毂 孙智敏 徐定超	经亨颐 许寿裳 张邦华 钱家治 中桐确太郎 铃木龟寿 杨乃康 夏丏尊 张宗祥 马叙伦 沈尹默 周树人	王更三 吴剑飞 何　菁 何绍韩 吴克刚 郑以真 陈纯人 黄学龙 袁新粲 邵瑞彭 蔡孟谋 廖家驹
	1907	冬招生 600 名	派王廷扬赴日考察			
开学	1908		四月十五日开学			
浙江两级师范学堂(1912年改称学校)	1909	复又招优级选科 60 名				
	1910	优级改招分类补习班一班,不再招选科	教员与新监督夏震武的"木瓜之役"			
	1911	优级招分类公共科一班				

　　① 徐鹏绪:《浙江两级师范学堂简介》,见薛绥之主编:《鲁迅生平史料汇编》(第二辑),天津:天津人民出版社,1982 年,第 460 页。

　　② 杭州高级中学:《百年杭高 1899－1999》,杭州:内部发行,1999 年,第 12 页。

　　③ 郑晓沧:《浙江两级师范和第一师范校史志要》,见中国人民政治协商会议浙江省委员会文史资料研究委员会编:《浙江文史资料选辑》(第 4 辑),杭州:内部发行,1962 年,第 67 页。

续表

	年份	组织、班级设置	重大事件	监督、校长	教师略举	学生略举
浙江第一师范学校	1912			经亨颐		
	1913					

资料来源：郑晓沧：《浙江两级师范和第一师范校史志要》，见中国人民政治协商会议浙江省委员会文史资料研究委员会编：《浙江文史资料选辑》（第 4 辑），杭州：内部发行，1962 年，第 71 页。

很多毕业生选择了升学或者继续升学的道路。"如丰子恺、朱兆萃、王兆全等均留学日本，邱祖铭留学英国，李宗武留学日本与英国，沈溯明留学美国，周其勋先升学武昌高师，毕业后服务数年又赴美学习七年，得哲学博士学位。"[①]

1923 年浙江省第一师范学校与 1899 年发端于养正书塾的浙江省立第一中学校合并，成为今天浙江省杭州高级中学的前身。

七、杭州女学校

杭州女学校是浙江较早从事女子教育的专门学校，1904 年春由杭州教育会发起，"当时在维新思想的影响下，为冲破封建礼教，部分留日的杭州学生倡导兴办女学以争取妇女受教育权利"[②]。在新的社会思潮推动下，"由邵章、陈敬第、孙智敏、胡焕、锺濂、郑在常、袁毓麟等维新人士禀请抚院聂缉规立案开办"[③]。

杭州女学校"租积善巷民房为校舍，学生 45 名，分编三级，为小学程度。聘锺濂的母亲顾文郁为首任校长。她办学严洁规范、内外肃穆，由包子壮夫人和郑在常分任内外总理，以为辅佐"[④]。一所学校发展如何，最主

---

① 郑晓沧：《浙江两级师范和第一师范校史志要》，见中国人民政治协商会议浙江省委员会文史资料研究委员会编：《浙江文史资料选辑》（第 4 辑），杭州：内部发行，1962 年，第 67—68 页。

② 杭十四中百年校庆办公室编：《百年回首·桃李芬芳——浙江省杭十四中百年校庆校友名录》，杭州：内部发行，2004 年，第 29 页。

③ 杭十四中百年校庆办公室编：《百年回首·桃李芬芳——浙江省杭十四中百年校庆校友名录》，杭州：内部发行，2004 年，第 29 页。

④ 杭十四中百年校庆办公室编：《百年回首·桃李芬芳——浙江省杭十四中百年校庆校友名录》，杭州：内部发行，2004 年，第 29 页。

要在于校长的作为。顾文郁校长管理学校井然有序，从而形成了良性循环。

> 女生竞相入学，不久就达数百人，为女校兴盛奠定了基础。顾校长又创立"天足会"，革除妇女缠足恶习。民国后，顾文郁校长获徐世昌大总统特颁"巾帼完人"褒匾一方。①

1904 年 5 月的杭州女学校，1907 年改为杭州女子师范学堂，1911 年改为浙江官立女子师范学堂，1912 年改为浙江省立女子师范学校，1923 年改为浙江省立女子中学。

杭州女学校培养了一批杰出的人才，比如著名教育家、社会活动家吴贻芳是杭州女学校首批学生。

> 1928 年吴贻芳在美国获生物学博士学位后回国，任金陵女子大学校长，成为中国教育史上第一位担任大学校长的女性。②

在清末浙江社会，兴办女学的还有惠兴女校③。杭州女学校是近代浙江兴办女学的成功实践。

八、清末学生的国耻心结与清末学堂的军事教育

清末的中国，由于战败而致国运屡弱，国耻情结深深地印记在每一个学堂学生的心中。清末政府实施军国民教育：

> 为宣扬雪耻图强精神，墙壁上都挂着历次外患失败的图画，每逢鸦片战争、中法战争、八国联军之役等失败战争及签订不平等条约之日，都举行国耻纪念日。④

---

①　杭十四中百年校庆办公室编：《百年回首·桃李芬芳——浙江省杭十四中百年校庆校友名录》，杭州：内部发行，2004 年，第 29 页。

②　杭十四中百年校庆办公室编：《百年回首·桃李芬芳——浙江省杭十四中百年校庆校友名录》，杭州：内部发行，2004 年，第 29 页。

③　1904 年杭州满族人氏瓜尔佳·惠兴女士立志教育，在梅清书院旧址募捐办"贞文女子学堂"，并当众挽臂割肉，以示决心。后因学校缺乏经费，惠兴女士奔走无效，愤而服毒自尽，引起社会极大震动。为纪念惠兴女士舍身办学的精神，后人改校名为惠兴女校。学校门前的街道和弄堂也改名为惠兴路和惠兴里。

④　蒋复璁等口述，黄克武编撰：《蒋复璁口述回忆录》，台北：中研院近代史研究所，2000 年，第 22 页。

　　在国家进行军国民教育的同时,具有爱国心的教师,常常给学生讲解,让学生牢记国耻。有些时候校长甚至亲自给学生讲述,"堂长汪老师更亲自讲演,引发讲义,叙述国耻情形"①,这就更加增添了学生特别是年龄小的学生对国耻的认识以及报仇雪耻的渴望。而因国耻情结而产生的对于国耻缘由的追寻,则最终落实到了清政府的头上。历次对外战争的失败,被归结为种族问题与国家问题,于是也就产生了革命的动力。

　　　　当时大家都认为革命是大势所趋,因为外患的兴起、不平等条约的签订,无非是满清官僚腐败无能,昧于外事所致,要国家富强,非先革命不可。

　　　　学生这样想,朝廷练的新军也都这样想。新军军官的来源与留学生关系密切,高级军官多为留学生出身,低级军官则来自陆军小学、陆军中学或者速成军官学堂等学生,都是留学生训练的。②

　　而这种革命的动力,最为实际而贴切的,则是产生在新军当中,这是一种具有相当能量的可怕与执政信心摧枯拉朽式的崩溃。

　　在一边倒的国耻情结而产生的复仇信念中,报考军校成了学生共同的学习取向。清末学生包括军事院校,包括留学日本进入日本成城学校,都是清末学生国耻心理的具体体现。"当时我们钱塘小学三年级同学邱伟以及钱久孚(原名钱寿恒)便考取了陆军小学,同学们都羡慕得很。"③

　　军事教育是清末教育体系中的一个重要组成部分。从晚清历次战争的失败教训来说,重视军事教育是形势发展的必然。清末军事教育,包括纯粹以军校为系统的军事正规教育以及一般大中小学堂所开设的军事形式教育两个方面。清末军事,如果从纯粹军事角度来说,有它的可取的一面。于达回忆到:

　　　　前清末年,朝廷不是没有人,政治不谈,光谈军事方面,他们未尝没有远大的计划。当初北京政府管军事的有两个部门,一为陆军部,

―――――――――――

　　①　蒋复璁等口述,黄克武编撰:《蒋复璁口述回忆录》,台北:中研院近代史研究所,2000年,第22页。

　　②　蒋复璁等口述,黄克武编撰:《蒋复璁口述回忆录》,台北:中研院近代史研究所,2000年,第22页。

　　③　蒋复璁等口述,黄克武编撰:《蒋复璁口述回忆录》,台北:中研院近代史研究所,2000年,第22―23页。

一为军咨处（相当于参谋本部），当然最后是由军机大臣总其成。当初在军事上他们准备成立三十六镇，不像革命军一下子成立三十几个师，而是很有计划地在建军。他们了解要建军最重要的是军官，没有好的军官不会有好的部队，所谓"强将手下无弱兵"，将是极重要的①。

清末的军事建设，其战略意图是比较长远的。清末在建设新军的时候，首要的是培训新军将领。其先在各省成立陆军小学，并招收高等小学毕业生（受教育程度类似于初中一、二年），三年学制，数学学到二次方，物理化学达到普通程度。在专业的军事教育方面，每天出操二次，起居一律军事管理，穿着也军事化。同时政府还进行一定的补贴，每月可拿三百七十钱，考得好的学生还可以拿奖学金。陆军小学也实行淘汰，只是比例不大。

陆军小学堂毕业后，可以升入陆军中学堂。当时全国共有四所陆军中学堂，分别在直隶清河、西安、武昌和南京。陆军中学堂两年毕业，主干课程有大代数、解析几何和物理化学等。学生毕业后将直接送各师团见习。

　　通常先送回各省当入伍生，从二等兵起，经一等兵到上等兵共当六个月，之后才送到保定军官学校。当时保定主要的教授都是军校出身，数学念到微积分，两年毕业后即分发部队，六个月后升任少尉排长。这整套军官造就方式乃模仿日德而来。②

通过这些程序训练出来的学生军事素养高、科学根基深。严格按照这样的训练办法，直到宣统末年也才成立六个镇，完成了预定计划的六分之一。尽管只有六分之一，但其战斗力却不可小觑③。1909年浙江才训练出一个混成旅。尽管浙江的武装力量不是太多，即使这样，也是严格按照发展程序，一步一个脚印建立起来的。

　　当时的军制，镇之下叫协，混成旅实即混成协，其下两标（相当于团），标下三营，营之下四队（相当于连），队之下三排，与今制大致相

---

① 张朋园访问，林泉、张俊宏纪录：《于达先生访问纪录》，台北：中研院近代史研究所，1989年，第5—6页。

② 张朋园访问，林泉、张俊宏纪录：《于达先生访问纪录》，台北：中研院近代史研究所，1989年，第5—6页。

③ 至于辛亥革命的战事，已经不完全是军事的问题，涉及清廷政治势力较量、民心沦丧、将领不肯出力等诸多因素。

同。兵种有骑兵、炮兵、工兵、辎重兵。浙江当时有骑兵一团,炮兵一团,工兵一营,辎重兵一营,构成一个混成协。①

大清帝国在其统治末期,军事教育的开展还是有条不紊的。它的灭亡与其军事教育无特别关联,并不纯粹是军事失败的原因,更主要则是人心向背的结果。从面的层面上说,则是清末军队思想政治教育的失败。

清末军事教育,有其严格的培训方法及一系列的条例制度。根据1905年4月22日清廷练兵处奏定的《陆军小学堂章程》可以看出:

> 陆军小学堂为养成陆军将官之初阶,专教普通课及军事初级学,三年毕业,各省照章举办,由练兵处、兵部随时考查一切。②

军事教育的宗旨,则是很明确:

> 教育以忠君爱国为本原,智育、体育为作用,振尚武之精神,植军人之资格。③

军事学堂招生的计划性很强,学额是按照事先军事将领的规划有的放矢地进行安排。兵部经过考定后认为:

> 查全国兵额约需三十六镇(按新定军制每镇官长四百二十二员),始足分布,学生额数即按三十六镇官长十分之一,以为定衡。约自开办三年之后,每年小学堂毕业学生须有一千八百名,方敷升补中学堂之用(嗣后倘须增减再随时酌改)。④

京师设立陆军小学堂一所,由练兵处直辖。学生定额三百名主要选收宗室满蒙汉八旗子弟,并直接从八旗高等小学堂挑取。其次是顺天本籍学生。在前两项不足的条件下,“各省京官子弟亦可续行招考,以足原定额数”⑤。从这也可以看出陆军学堂招生的政策性是很强的。所有这些学员,均由练兵处军学司派员会同本学堂总办按格考选,照章收入,并取具甘结、保结、印结等然后加以考验。

---

① 张朋园访问,林泉、张俊宏纪录:《于达先生访问纪录》,台北:中研院近代史研究所,1989年,第5—6页。
② 《陆军小学堂章程》,载《东方杂志》1905年第6期。
③ 《陆军小学堂章程》,载《东方杂志》1905年第6期。
④ 《陆军小学堂章程》,载《东方杂志》1905年第6期。
⑤ 《陆军小学堂章程》,载《东方杂志》1905年第6期。

同时，陆军学堂还设有自费生。"官幕商人流寓子弟负陆军志愿者，准每年认缴膳食及学费银四十八两（武官子弟减半缴费），备具甘结、保结，取具同乡官印结报名，听候考验，合格者附入现住省分陆军以资学习。"①军事学堂的招生定在每年正月下旬招考学生，开考三个月前出示晓谕。考收学生按定额数的110%招录。招收的条件是：

> 年岁限十五以上十八以下（由各省原有武备学堂内挑选者在二十岁内皆准考收）；品行须性情诚朴，素无过犯；出身须确系良家子弟；志趣须诚心向学，别无嗜好；学业须曾经读书，能作浅近论说；身长十五岁者限一密达四十六生的以上，十六岁者限一密达五十生的以上，十七岁者限一密达五十四生的以上，十八岁者限一密达五十八生的以上（一密达准工部尺三尺一寸五分，因各处尺度不同，故以密达取准）；胸围须有身长之四成二以上（如身长一密达五十生的，胸围须六十三生的以上，量时用皮带尺或缩涨较小之绳，绕胸之周围，以齐乳下前后适平为度）。②

一般情况，学堂不合格者随时剔退，毕业的人数也就相当于原来定额数的90%左右。军事学堂的考验还是比较严格的，每班学生收足后，只有随时剔退，缺额不能增补。几年时间，原定额的20%将会被淘汰出学堂。在考察过程中，一有发现行止不端或疾病愚鲁不堪造就者，立即剔退。军事学堂的规矩甚多，要求也是比较严格。凡是因为学生不遵堂规、不服管教、滋生事端要被退学的，即由学堂总办知会驻防佐领。

> 行知地方官勒令该家属赔缴学费，如佐领及地方官追究不力，则详由督抚或咨行将军都统勒赔（原系缴费附学生不在此例）。如学生私自逃逸，则迳详督抚或咨行将军都统勒令佐领及地方官拘办。③

因为是培养国家未来军官的缘故，军事学堂对学生的物质待遇还是比较不错。学生的伙食以及书籍课本、笔墨纸张、军衣靴帽等，都由学堂统一配备。

---

① 《陆军小学堂章程》，载《东方杂志》1905年第6期。
② 《陆军小学堂章程》，载《东方杂志》1905年第6期。
③ 《陆军小学堂章程》，载《东方杂志》1905年第6期。

学堂内应有礼堂一所,为庆祝行礼之用,其余应设讲堂、室内外操场、饭厅、会议厅、藏书楼。总办以下各员司及学生之会客厅、库房、教员值日房、学长值日房,总办以及各员司住室、自习室、养病室、厨房、浴室、厕所皆须完备,另绘图式通行各直省,照式建造,以昭一律。①

清末社会强烈的国耻情结,与国内军事学堂的"忠君爱国"教育,使得一些具有"革命本心"的学生,选择到日本去学习军事。一方面是由于日本军事力量经过几十年的发展,确实是今非昔比;另一方面,也是由于日本与中国文化有相似之处。

1905年12月29日,清廷练兵处奏定:

> 窃照臣处前准政务处咨开,具奏嗣后出洋毕业学生,均令咨送来京,各项专门之学,由学务大臣考验,武备一门,由练兵处王大臣考验,如果确有心得,再行拟定等第,交部带领引见,请旨录用。各省武备学堂毕业学生,应照此办理等因。②

而对于留学生中接受军事教育者,朝廷格外予以重视,并给予相应的出身。

> 此次出洋毕业学生金邦平等,业经学务处考验,奉旨予以出身,分别录用,旁求之盛,中外同钦。至于武备一门,与文学并重,自陆军改订官制,薄海观听,耳目一新,尚武之风捷于影响,有志之士,或赴各国就学,或入学堂肄业,咸能刻励勤劬,力求深造,他日干城之选,无不由此取材,应如何分级考试,按等授官,亟宜明定章程,以广登进而资遵守。惟出洋学生,在臣处上年奏定游学章程以前,及各省武备学堂学生在政务处具奏文武学生送考以前毕业已充军职者,均经效职多年,阅历有素,但核其办事之成绩,即可定其所造之学程,应于现订章程内另设专条分别办理,其在前次定章以后毕业各学生,均照现拟章程内所开各项一律考试,以示限制。

> 又上年十一月间,臣等会同拟定新军官制,声明嗣后凡学堂出身或游学毕业,均以此三等九级军官分别除授等因。③

---

①　《陆军小学堂章程》,载《东方杂志》1905年第6期。
②　《教育》,载《东方杂志》1906年第1期。
③　《教育》,载《东方杂志》1906年第1期。

　　由此可知,朝廷对于留学生中学习军事者,是给予一定的职务并可以委以重用的。

图 2—1　浙江省 1908 年的教育系统

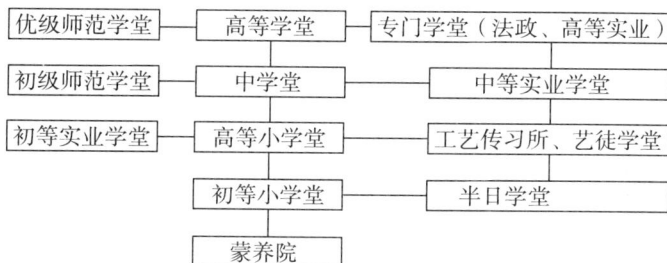

```
┌──────────┐  ┌──────────┐  ┌────────────────────────┐
│优级师范学堂├──┤ 高等学堂 ├──┤专门学堂(法政、高等实业)│
└──────────┘  └──────────┘  └────────────────────────┘
┌──────────┐  ┌──────────┐  ┌──────────────┐
│初级师范学堂├──┤ 中学堂   ├──┤ 中等实业学堂 │
└──────────┘  └──────────┘  └──────────────┘
┌──────────┐  ┌──────────┐  ┌──────────────────┐
│初等实业学堂├──┤高等小学堂├──┤工艺传习所、艺徒学堂│
└──────────┘  └──────────┘  └──────────────────┘
              ┌──────────┐  ┌──────────┐
              │初等小学堂├──┤ 半日学堂 │
              └──────────┘  └──────────┘
              ┌──────────┐
              │ 蒙养院   │
              └──────────┘
```

九、浙江近代教育体系的建立

　　浙江近代教育建立的首功之人,当推时任杭州知府的福建闽侯人林启。在他的大力倡导下,浙江的高等教育、事业教育、中等教育都有了良好的起步。新学的兴盛是在 1901 年新政之后,但在 1901 年之前,浙江已经有许多地方新设学堂。在浙江官府及民间的大力推动下,到 1908 年,近代教育体系在浙江基本建立。

　　在近代浙江教育体系形成的同时,浙江新式教育的行政人员也发挥着重要的作用。1906 年中央设立了学部之后,浙江省与其他省份一样设立了提学使司,在各府、州、县相应设立了劝学所,各司其责,主管所辖区域的教育行政事务。同时,学部颁布《教育会章程》,规定各省以及府厅州县均可以设立教育会,作为地方教育行政的辅助机构。下表为清末民初浙江省教育行政负责人及教育会长一览:

表 2—3　清末民初浙江省教育行政负责人一览表

职　务	姓　名	到职年月
提学使司提学使	支恒荣	光绪三十二年四月
	袁嘉毂	宣统元年十月
教育司司长	夏曾祐	民国元年一月
	沈钧儒	民国元年二月
	沈钧业	民国二年一月
教育科科长	冯学壹	民国三年

职　　务	姓　　名	到职年月
教育厅厅长	伍崇学	民国六年九月
	夏敬观	民国八年二月
	马叙伦	民国十一年六月
	张宗祥	民国十二年九月
	计宗型	民国十三年十二月

资料来源:吕顺长:《清末浙江与日本》,上海:上海古籍出版社,2001 年,第 126—127 页。

表 2—4　清末民初浙江省教育会长一览表

姓　　名	任职年月
张元济	光绪三十三年八月至十一月
孙诒让	光绪三十三年十二月至三十四年六月
项崧	光绪三十四年七月至宣统元年
夏震武	宣统元年至宣统二年初
孙延瀚	宣统二年至宣统三年
章炳麟	民国元年至民国二年
经亨颐	民国二年至民国八年

资料来源:吕顺长:《清末浙江与日本》,上海:上海古籍出版社,2001 年,第 127 页。

值得注意的是,清末浙江省的教育行政及教育会负责人,浙江学生还没有涌现出来,但到了民国,就比较多些,包括国内学堂学生与留日学生,比如马叙伦、沈钧儒、沈钧业、王廷扬、经亨颐等人。

政府对于兴学有功人员,也多方予以请奖。1911 年,浙江巡抚增韫上奏折《奏为杭州府中学堂教员职员已届三年及五年以上援案恳请给袭恭折缮单仰祈》说:

　　　　常劳绩择尤请奖以资激励。惟该堂系由养正书塾改设,与浙江高等学堂系由求是书院改设事实相符。员绅陆懋勋办学先后综计共逾五年以上,既准照异常劳绩给奖。该堂图文经训教员陈敬第、算学教员赵东良、办事员诸以履、虞仰南四名均先于光绪二十五年五月在该堂未改今名之养正书塾热心任事。教员陈敬第核计在堂逾三年以上,教员赵东良、职员诸以履、虞仰南核计在堂均逾五年以上,似应追录前劳,援照陆懋勋奖例,综算年限,与该堂应奖各员分别请奖,并将各员在堂年限、请保何项开具清折,暨各员履历三代办学日期造册呈司转请。①

通过该奏折可以看出,浙抚为杭州府中学堂办学时间长、业绩突出的5名教职员请奖,以表彰他们所作之贡献。从侧面说明政府对于办学业绩突出人员之重视。单从办学3年、5年即请奖来看,也说明了办学之艰辛、办学人员流动性大。受各种因素影响,一些教职员难以坚持下来,抑或坚持下来也难以被承认,比如养正书塾总教习陈黻宸、教员陈叔通、林獬等②。

第二节　教育之变与清末浙江学生群体的形成

科举是维系中国千余年来社会发展的基石,社会的秩序稳定与它紧密相关。而从书院走进学堂,是中国教育史上划时代的一件大事。清末学子弃书院读学堂,是清末整个时代变革的一个缩影。

在与英国交战失败后,中国人强烈的"天朝大国"意识就开始坍塌。但仍有着从19世纪60年代初到90年代初的30年兴办洋务积累而来的美好自我感觉,但从中国签订《马关条约》时起,中国人千年的"天朝大国"心理彻底崩溃了。"穷则变,变则通",由此而引发知识分子的思想变革浪潮,这就是维新变法运动的社会基础。

中国人其时求富图强,彻底希望改变中国传统,就将兴学放在了第一位。浙江作为历来的文化重镇,在兴学方面,也有自己的一套思路。陈可畏认为:

> 清末浙江兴学运动的发生和发展,一方面取决于当时社会形势的迫切需要,另一方面在于浙江的官绅们的积极努力和较好的经济和文化教育基础。兴学运动所取得的成果,使浙江近代教育得以初具规模

① 增韫:《奏为杭州府中学堂教员职员已届三年及五年以上援案恳请给奖恭折缮单仰祈》(影印件),见杭州高级中学编:《百年杭高 1899－1999》,杭州:内部发行,1999年,第9页。

② 相关材料见杭州高级中学编:《百年杭高 1899－1999》,杭州:内部发行,1999年,第11页。

并为浙江近代教育的进一步发展创造了良好条件。①

一、江楚会奏与中国兴学的开端

八国联军侵入北京,是中国的奇耻大辱。1901 年 1 月 29 日(光绪二十六年十二月初十日),清廷发布上谕:

> 事有万古不易之长经,无一成不变之治法,穷通变久,见于大易,损益可知,著于论语:盖不易者,三纲五常,昭然如日星之照世,而可变者,令甲令乙,不妨如琴瑟之改弦。……大抵法积则蔽,法蔽则更,要归于强国利民而已。……法令不更,锢习不破,欲求振作,当议更张。②

不改革是遵循祖制,改革则是托古改制。改革总是要从圣贤那里寻找话语权,为自己奠立神圣的正统衣钵。上谕接着说:

> 着军机大臣,大学士,六部九卿,出使各国大臣,各省督抚,各就现在情形,参酌中西政要,举凡朝章、国故、吏治、民生、学校、科举、军政、财政,当因当革,当省当并,或取诸人,或求诸己;如何而国势始兴? 如何而人才始出? 如何而度支始裕? 如何而武备始修? 各举所知,各抒所见,通限两个月详悉条议以闻……③

这样迫切地要求大臣各抒己见,实际上也是帝国岌岌可危、谋求自救的不得已手段。尽管如此,比之三年前激进的维新派人士,改革的主导权落到了朝廷中枢稳健派官员手中。

在各地交相揣摩圣意的过程中,各地的督抚们将眼光投向素有战略宏图的两江总督刘坤一、湖广总督张之洞。1901 年 7 月 12 日,刘张会衔上奏《变通政治人才为先遵旨筹议折》,提出变通政治要端四项,即设文武学堂,酌改文科,停罢武科,奖励游学。这个后来基本被原封采用的主张,就是整个新政时期教育改革的蓝本。

在关于设文武学堂一条中,江楚会奏给人们描绘了一幅井然有序的新

---

① 陈可畏:《略论清末浙江的兴学运动》,载《浙江师范大学学报》(社会科学版)2000 年第 2 期。

② 《清实录》(第 58 册),北京:中华书局,1987 年,第 273—274 页。

③ 《清实录》(第 58 册),北京:中华书局,1987 年,第 274 页。

学堂建设图景。一层一级地考选，循序渐进，这是中国近代教育的雏形。

> 拟令州县设小学校及高等小学校。童子八岁以上入蒙学……十二岁以上入小学校……三年而毕业……十五岁以上入高等小学校……三年而毕业……府设中学校，十八岁高等小学校毕业取为附生者，入中学校……三年而毕业……省城应设高等学校一区……非由中学校普通学毕业者不能收入……分为七专门：经学……史学……格致学……政治学……兵学……农学……工学……各认习一门。惟人人皆须兼习一国语言文字……文、武各门均四年学成。先由督抚、学政考之，再由主考考之。取中者，除送入京师大学校外，或即授以官职，令其效用。①

在酌改文科方面，以"变通科举，参酌古今，求实崇正"为宗旨，主要在考试方式上进行改变，考试有三场，"头场取博学，二场取通才，三场归纯正，以期由粗入精。头场试中国政治、史事。二场试各国政治、地理、武备、农、工、算法之类。三场试四书、五经经义"②。去掉八股等繁缛的内容，加入了紧贴现实的实用之学。为了保证官员队伍的纯洁性，还"停捐纳之制"。

清末武科已经失去了清入关之初骏马弯刀的锐气。几次大规模对外战争的惨败，兵器落伍是一个很重要的原因。因此，江楚会奏中认为，武举徒具害人的名头，在今天于事无补。所以，很明确地提出要"停罢武举"。

> 硬弓刀石之拙，固无益于战征，弧矢之利，亦远逊于火器……以故军兴以来，以武科立功者，概乎未有所闻。凡武生、武举、武进士之流，不过恃符豪霸，健讼佐门，抗官扰民，既于国家无益，实于治理有害。③

江楚会奏的另一个重心则在于"奖励游学"。因为西方列强包括日本，国力比我们强盛，理所当然成为我们求学的榜样。相对于中国传统式的教

---

① 选自赵德馨主编，吴剑杰、周秀鸾等点校：《张之洞全集》（第四册），武汉：武汉出版社，2008年，第9—10页。

② 赵德馨主编，吴剑杰、周秀鸾等点校：《张之洞全集》（第四册），武汉：武汉出版社，2008年，第12页。

③ 赵德馨主编，吴剑杰、周秀鸾等点校：《张之洞全集》（第四册），武汉：武汉出版社，2008年，第13页。

学方法,"查外国学堂,法整肃而不苦,教知要而有序。为教师者,类皆实有专长,其教人亦有专书定法……故成效最确,学生亦愿受教"①。将国外的科技强盛归结为教育得法方面,虽然未免隔靴搔痒,但总算也是有他的道理。这里面,尤为推崇日本。认为"教法尤以日本为最善,文字较近,课程较速,其盼望学生成就之心至为恳切,传习易,经费省,回华速,较之学于欧洲各国者,其经费可省三分之二。其学成及往返日期,可速一倍"②。之前作为日本老师的中国,这一次再也没有过去天朝上国的架势,而是综合文化、地域、经费的考虑,认为留学日本对中国学生更为适合。

所谓此一时彼一时也,刘坤一、张之洞在奏折中说得很明白,"概非育才不能图存,非兴学不能育才,非变通文、武两科不能兴学,非游学不能助兴学之所不足"。要想图存,改变落后挨打现状,就必须培养人才;而要培养人才必须要发展新学;发展新学必须要改变传统的文武科考试形式;同时鼓励游学可以补充国内兴学之不足。三年前以光绪为首,以康有为、梁启超为发动机的维新运动,所提的教育改革,还远没有此次走得更远、改变得更彻底。所以两人也担心帝国最高决策者的意图,"揆之今日时势,倖无可倖,缓无可缓。仰恳宸衷独断,决意施行"。希望最高统治者能够乾纲独断,要实施的是这些总的条目,"其间条目章程,自须详议,而大纲要旨,无可游移"③。至于一些细节,是可以进行商榷的。同时提醒朝廷,他们这样做,肯定会遇到阻力,会有"其有为因循迁就之说者",只有"惟赖朝廷坚持,勿为其所摇夺"④。之后,清廷的教育改革,也是基本按照这样的步骤实施。江楚会奏为帝国树立了教育改革的蓝本,也为后来壬寅学制、癸卯学制的出台奠立了基础。

1900年农历六月诏开经济特科,八月废除八股文程式,九月诏令各省设立学堂;1902年命张百熙为管学大臣,办理京师大学堂,拟定学堂章程。

① 赵德馨主编,吴剑杰、周秀鸾等点校:《张之洞全集》(第四册),武汉:武汉出版社,2008年,第13—14页。
② 赵德馨主编,吴剑杰、周秀鸾等点校:《张之洞全集》(第四册),武汉:武汉出版社,2008年,第14页。
③ 赵德馨主编,吴剑杰、周秀鸾等点校:《张之洞全集》(第四册),武汉:武汉出版社,2008年,第14页。
④ 赵德馨主编,吴剑杰、周秀鸾等点校:《张之洞全集》(第四册),武汉:武汉出版社,2008年,第14页。

1902 年张百熙所拟的《钦定学堂章程》中分京师大学堂章程、考选入学章程、高等学堂章程、中等学堂章程、小学堂章程及蒙学堂章程等。章程从形式上看已经是比较完备的教育体系,因其公布的日期是光绪二十八年壬寅年,所以称为壬寅学制。壬寅学制虽然公布,但是没有施行,1903 年张百熙、张之洞、荣庆重新拟定《奏定学堂章程》,新章程对学校系统、课程设置、学校管理都做了具体规定,这个学制自 1903 年公布起,一直沿用到 1911 年清朝覆灭。中国以后的学校制度,实际上都是在这个学制的基础上发展而来。这就是 1903 年癸卯年颁布的"癸卯学制"。

1904 年 1 月 14 日,清廷改"管学大臣为学务大臣,添派大学士孙家鼐充学务大臣"①,总管全国教育。

1905 年直隶总督袁世凯、盛京将军赵尔巽、两广总督张之洞、两江总督周馥、两广总督岑春煊、湖南巡抚端方等奏请停止科举、兴办学堂。这些手握重权的封疆大吏认为"科举一日不停,士人皆有侥幸得第之心,以分其砥砺实修之志……学堂决无大兴之望"②,而且他们认为,设立学堂"并非专为储才,乃以开通民智为主,使人人获有普及之教育,且又普通之知能,上知效忠于国,下得自谋其生。其才高者,固足以佐治理,次者亦不失为合格之国民"③。在这些朝廷重臣的建议下,同时也是迫于兴学的形势需要,光绪三十一年八月,清廷谕令"着自丙午科为始,所有乡会试一律停止,各省岁科考试亦即停止"④。在封疆大吏乃至一般中上层知识分子眼中认为兴盛新学的障碍——科举,从此被废除了。新学的发展自此进入了坦途阶段。

二、1897 年:浙江教育的变与未变之间

早在全国兴学之前,浙江已经开始了兴学的努力。1896 年 2 月,在年前京城会试失利后回到家乡的孙诒让,创办了"学计馆",专治算学⑤。同时还设物理、化学等课程,这是浙江南部有新式学校的开始。1897 年 3

---

① 《清实录》(第 58 册),北京:中华书局,1987 年,第 928 页。
② 舒新城编:《中国近代教育史资料》(上册),北京:人民教育出版社,1981 年,第 63 页。
③ 舒新城编:《中国近代教育史资料》(上册),北京:人民教育出版社,1981 年,第 63 页。
④ 舒新城编:《中国近代教育史资料》(上册),北京:人民教育出版社,1981 年,第 66 页。
⑤ 《浙江百年大事记》,杭州:浙江人民出版社,1986 年,第 73 页。

月,浙江武备学堂在杭州开办,同年会稽徐树兰捐资创办了"绍郡中西学堂"。孙诒让与同乡创办"瑞安方言馆",讲授英文、日文及外国史地①。宁波知府程稻村等创建"储才学堂",课程设经学、史学、文学、算学、舆地、译学等②。

　　在1885年到1899年间的浙江早期兴学运动中,陆续创办了一批新式学堂,奠定了浙江近代教育的基本框架。

表 2—5　1885—1899 年间浙江各地新式学堂表

创办时间	学堂名称	创办人
1885 年	瑞安利济医学堂	陈虬
1893 年	萧山蒙养学堂	原正性义塾改
1896 年 4 月	浙江武备学堂	廖寿丰
1896 年	瑞安学计馆	孙诒让、黄绍箕
1896 年 11 月	永嘉县学堂	
1897 年 5 月	浙江求是书院	林启、廖寿丰
1897 年春	绍兴中西学堂	徐树兰
1897 年	瑞安方言馆	孙诒让
1897 年	温州蚕学馆	孙诒让
1898 年 4 月	杭州蚕学馆	林启
1898 年	宁波储才学堂	严信厚(奉知府命)
1898 年	新昌知新学堂	当地士绅
1898 年	诸暨毓秀学堂	原书院改
1898 年	湖州中西学堂	陆树藩
1898 年	上虞算学馆	王佐等
1898 年	温州中西时务学堂	郭外峰(奉道台命)
1898 年	衢州求益书院	原书院改
1898 年	海宁崇正讲舍	张正名

---

① 张彬:《从浙江看中国教育近代化》,广州:广东教育出版社,1996年,第329页。
② 浙江省政协文史资料委员会编:《浙江近代著名学校和教育家》(《浙江文史资料选辑》第45辑),杭州:浙江人民出版社,1991年,第146页。

续表

创办时间	学堂名称	创办人
1899 年	杭州养正书塾	林启
1899 年	瑞平化学学堂	孙诒让
1899 年	乐清算学馆	

资料来源:汪林茂:《浙江通史》(清代卷下),杭州:浙江人民出版社,2005 年,第229—230 页。据《中国近代教育史资料汇编》洋务时期教育、戊戌时期教育两分册,各有关府、县方志和当时报刊等有关记载整理。

从上表可以看出,1897 年是浙江近代教育发展的关键之年。在此之前,所谓的新学处于零散的、不成规模的状态。而自 1897 年开始新式教育正式走进官方提倡的正式渠道。尽管此后的浙江兴学刚刚起步,重重阻力在所难免,但毕竟真正叩开了发展新学的大门,也为学生群体的形成创造了重要的条件。

近代浙江的教育之变,是以杭州为中心,绍兴、宁波、温州等为重要发展区域的分布格局。杭州在近代浙江教育变革中因政治地缘的优势,而成为教育变革的领跑者。

　　19 世纪末的中国,民族危机加剧,变法呼声日甚。具有维新思想的杭州知府林启相继开办求是书院、蚕学馆、养正书塾三所新式学堂。1899 年 6 月 29 日,养正书塾(时值戊戌变法流产,故袭用"书塾"旧称,而行新学之实),开浙江公立普通中学之先河。①

三、书院革命:学堂与地方权力的博弈

"废科举、兴学堂"是近代中国影响深远的一件大事,关于这件事情的争论,至今还未见平息。它改变了中国人传统的文化结构、社会权力基础,颠覆了官员的选拔条例,分割了农村与城市原有的耕读关系,在废科举被大多数人赞美的同时,它的负面性也是显而易见的。至今,科举体制的一些优点,比如较为低廉的读书成本、贫寒子弟较为宽敞的求学入仕途径、"学而优则仕"的文化传统、农村所应该享有的社会精英资源,直到今天还是渐行渐远。

---

①　杭州高级中学编:《百年杭高 1899—1999》,杭州:内部发行,1999 年,第 10 页。

废科举了,那么原有的书院、私塾怎么办? 只能革命或者被革命掉。当时有许多书院革命①的例子,比如众多的书院、义塾、私塾等纷纷被改造成初等小学堂、高等小学堂、两级小学堂、中学堂甚或大学堂。书院被革命,是书院由于时代的需要,被请出了历史的进程。

其时的杭州宗文义塾,所走的道路,具有一定的代表性。

> 科举明令禁止,杭州宗文义塾应"兴新学"潮流,自称"杭州宗文学堂",聘请清光绪二年举人朱煜为学监、堂长。②

宗文义塾在时代变革面前,主动适应形势,进行自我变革,同时对旧体制下的人事及新旧学生,也实行了因地制宜的安置与分流:

> 义塾最后一任绅董、塾正高念曾、高保康被聘为学堂顾问。 此时,义塾旧生 60 人为"内班生",新招学堂生 110 人为"外班生"。③

废科举使得宗文义塾④的新旧体制发生变化。"因义塾改学堂,原先杭州六大世家,即横河桥许家、岳官巷吴家、头发巷丁家、柴木巷万家、斗富桥樊家、双城衙高家对义塾的经济资助即告段落。"⑤由此看来,废科举使一批原有民间大力资助的教育机构走向终结。同时,改制后的宗文中学"得杭州名绅吴雷川巨金资助,筑五开间两弄之走马楼"⑥。但可以看出,吴的资助与前者相比,尽管具有数量的优势,但是没有制度的保障,废科举

---

① 此处所指书院革命,是一个泛化的概念,形象指称书院、私塾、义塾等旧学向新学转换之过程。

② 浙江省杭州第十中学编:《浙江省杭州第十(宗文)中学两百周年校庆(1806－2006)》,杭州:内部发行,2006 年,第 80 页。

③ 浙江省杭州第十中学编:《浙江省杭州第十(宗文)中学两百周年校庆(1806－2006)》,杭州:内部发行,2006 年,第 80 页。

④ 宗文义塾由浙江嘉兴新丰镇义士周士涟于 1806 年创设于杭州三桥址定安巷。周士涟历尽艰辛之办学义举,为时人所感,林则徐曾作《宗文义塾记》以彰其迹。 义塾培养了冯培元、周伯苏等科举闻人。1898 年任求是书院总理、浙江高等学堂监督的陆懋勋,就是宗文义塾的塾生。宗文义塾在创立与发展的过程中,得到了许多名绅巨商的大力资助,其中王文韶、胡雪岩等都曾长期捐资助学。相关内容见浙江省杭州第十中学编:《浙江省杭州第十(宗文)中学两百周年校庆(1806－2006)》,杭州:内部发行,2006 年。

⑤ 浙江省杭州第十中学编:《浙江省杭州第十(宗文)中学两百周年校庆(1806－2006)》,杭州:内部发行,2006 年,第 80 页。

⑥ 浙江省杭州第十中学编:《浙江省杭州第十(宗文)中学两百周年校庆(1806－2006)》,杭州:内部发行,2006 年,第 80 页。

断绝了许多原来制度设计上对于义塾等教育形式的定期资助。

书院革命的发生,有其直接的时代因素。他们皆源于自觉与不自觉的社会运作方式与时代冲动。走进学堂是两种类型:一是适龄学生到期入学,他们没有旧的学业羁绊,能够很好地从一个新的领域开始。另一个则是具有旧学背景的传统士子,为了适应社会发展的需要,主动地融入学堂中,接受学堂的教育。

> 清光绪廿八年(1902年)正月改莲城书院为崇正学堂,招收十邑附生研究时务。清光绪三十一年正月聘请教员教授科学,总理为汤萧熹、赵漪哉、谭献诸人,均由郡守聘充。[①]

崇正学堂是在莲城书院的基础上建立起来的。从文献中可以看出在当时由书院变革为学堂的过程中,政府是占有着主导的地位。1905年科举正式废除后,崇正学堂采取分班授课的举措,并更名为处州中学堂,从形式到内容上基本完成由旧学到新学的转变。

添招新生、甄别旧生是书院革命的一个重要环节,崇正学堂的例子,就是很好的证明:

> 清光绪三十二年(1906年)正月添招新生、甄别旧生,分二班教授。改崇正学堂为处州中学堂。三月招收师范速成科生一班,附设莲城南斋。十二月速成科生毕业,计五十六名。[②]

同时,政府在政策方面也废除了堕民等歧视政策。1904年11月28日,清廷下旨,同意浙江除去堕民籍,入学堂毕业者给予出身。谕曰:

> 商部奏,浙绅捐建农工小学堂,收教堕民,恳恩除籍一折,浙江堕民,雍正年间已准除籍自新。乾隆年间议准本身改业,下逮四世清白自守者,准其报捐应试等语。现在该绅议设农工小学堂,俾营实业,以广造就,着照所请行。至毕业后,应如何一体给予出身之处,着学务大臣查照成案办理。[③]

---

① 浙江省丽水中学校庆办公室编:《浙江省丽水中学百年校庆文史资料》,丽水:内部发行,2002年,第4页。

② 浙江省丽水中学校庆办公室编:《浙江省丽水中学百年校庆文史资料》,丽水:内部发行,2002年,第4页。

③ 朱寿朋、张静庐等:《光绪朝东华录》,北京:中华书局,1958年,第5234页。

清末学生后来的回忆录,保留着新旧交替时代的印记。沈雁冰[①]在回忆这段新旧交替的过程时,带有着较为浓厚的感情色彩:

> 进植材的第二年上半年有所谓童生会考。前清末年废科举办学校时,普遍流传,中学毕业算是秀才,高等学校毕业算是举人,京师大学堂毕业算是进士,还钦赐翰林,所以高等小学学生自然是童生了。我记不起植材同什么高等小学会考,只记得植材这次会考是由卢鉴泉表叔主持,出的题目是《试论富国强兵之道》。我把父亲与母亲议论国家大事那些话凑成四百多字,而终之以父亲生前曾反复解释的"大丈夫当以天下为己任"。卢表叔对这句加了密圈,并作批语:"十二岁小儿,能作此语,莫谓祖国无人也。"卢表叔特地把这卷子给我的祖父看,又对祖母赞扬我。祖母把卷子给我母亲看后,仍把卷子还给卢表叔。母亲笑着对我说:"你这篇论文是拾人牙慧的。卢表叔自然不知道,给你个好批语,还特地给祖父看。祖母和二姑妈常常说你该到我家的纸店做学徒了,我料想卢表叔也知道。他不便反对,所以用这方法。"又说:去年祖母不许你四叔再去县立小学,卢表叔特地来对祖父说:"这是袍料改成马褂了!"原来我母亲为了让我继续念书受到了很大的压力。卢表叔把我童生会考的成绩到处宣扬,也是为了帮助我母亲减轻一点压力,使母亲能按照我父亲的遗嘱去做。[②]

此处可见新学维系之难,即使家境殷实,社会观念及传统的家庭责任仍使得一心支持儿子上学堂的陈爱珠承受巨大的压力。沈雁冰对于母亲的回忆,百年之后追忆起来,还是那么深情、那么清晰。

而与新式教育发展相伴随的,是旧式教育的缓慢衰落。

> 我们大家庭里有个家塾,已经办了好多年了。我的三个小叔子和二叔祖家的几个孩子都在家塾里念书。老师就是祖父。但是我没有进家塾,父亲不让我去。父亲不赞成祖父教的内容和教学方法。祖父教的是《三字经》《千家诗》这类老书,而且教学不认真,经常丢下学生不管,自顾出门听说书或打小麻将去了。因此,父亲就自选了一些新

---

① 沈雁冰即茅盾(1896—1981),原名沈德鸿,字雁冰,浙江嘉兴桐乡人,中国现代著名作家、文学评论家和文化活动家以及社会活动家。

② 茅盾:《我的学生时代》,天津:新蕾出版社,1982年,第37—38页。

教材如《字课图说》《天文歌略》《地理歌略》等，让母亲来教我。所以，我的第一个启蒙老师是我母亲。①

与旧式教育进行对比，新式教育具有蓬勃的活力。马叙伦②对于蒙学一事，也有类似的记载：

> 中华民国前二十七年（前清光绪十一年公元一八八五年）四月廿七日，我生在杭州府下羊市街金刚寺巷口一所朝西的、还是太平天国战争后仅留下来的古老宅子中。我的家庭历史是这样的：我家原在浙江绍兴府会稽县东胜武乡车家弄。高祖是一位农夫，名叫应凤。曾祖双名秀明，从绍兴到杭州，学做鞋子，是个工人，后来自己开起店来了，又是商人，才算入了杭州府仁和县籍。祖父呢，名文华，"三考出身"，正路功名，在前清做京官二十多年就过世了。我的父亲字献臣，名叫琛书；当然承继书香，但只做得一个县学生员。③

在清末浙江，中学教育基本是一府一所，并且报考也是各校自主招生，具有一定的灵活性。

> 1909年夏季，我从植材学校毕业了，时年十三周岁。母亲准备让我进中学。那时中学只有府里有，也就是杭州、嘉兴、湖州、宁波、绍兴等地才有。杭州除了中学还有一所初级师范，有人劝我母亲让我考这个师范。师范学校当时有优越的条件：不收食宿学费，一年还发两套制服，但毕业后必得当教员。母亲认为父亲遗嘱是要我和弟弟搞实业，当教员与此不符，因此没有让我去。杭州我目前还嫌远，嘉兴最近，但最后决定让我去考湖州中学（其实湖州与杭州的远近一样），因为本镇有一个亲戚姓费的已在湖中读书，可以有照顾。④

总体说来，清末接受新学的学生，大多经历过旧学的熏陶或者教育，他

---

① 茅盾：《我的学生时代》，天津：新蕾出版社，1982年，第31页。

② 马叙伦（1885—1970），现代学者、书法家，浙江杭县人。1902年入杭州养正书塾师从陈介石，读《黄书》《民约论》等。后因主持正义，一次学潮后被校方除名。出校后刻苦自学，致力于六法训诂、经史、韵文兼治新学，曾任商务印书馆《东方杂志》编辑、《新世界学报》主编、《政光通报》主笔，后又执教于广州方言学堂、浙江第一师范、北京大学等。1949年后任政务院文化教育委员会副主任、中央人民政府教育部部长、高等教育部部长等职。

③ 马叙伦：《我在六十岁以前》，北京：生活·读书·新知三联书店，1983年，第1页。

④ 茅盾：《我的学生时代》，天津：新蕾出版社，1982年，第39页。

们旧学的功底,还是具一定的基础。各府稳定了中学程度的教育之后,浙江基层的教育格局也基本确定下来。

四、学生群体的形成

浙江第一代近代意义上学生群体的出现,是现代教育传入的必然产物。现代意义上的学生群体大规模出现,是在清末时期。中国第一代具有影响意义上的学生群体的出现,是国内外影响力作用下的产物。归纳学生群体出现的要素,可以有以下几个方面:

一是时代背景的作用。20 世纪初的世界,是一个以英美为主的西方工业国主导的世界。弱肉强食这一规律在由国家为单位组成的世界中体现出它的一贯冷血的规律性。中国懵懂地被列强们拖进了一个崭新的世纪,尽管把握帝国航向的舵手们还是以传统的农历来计算时日,但这不影响世界以强者为标准的逻辑思维。

二是帝国基层的动力与帝国高层的压力。"位卑未敢忘忧国",中国基层的"士"总是在民族危难的时候表现了它的可爱性。经过甲午及庚子的战事冲击,帝国统治中枢的执政能力受到全面的挑战。传统的治国思维在绵绵不绝的内外压力下,开始走向自省。

1905 年 4 月,张之洞致电学务大臣张百熙,请缓修贡院。清廷于本日从之。原电如下:

> 闻近有修复京师贡院之议,忧焦万状。如此则天下学堂不必办矣,自强永无望矣……公主持学务,深悉时艰,务望切商止斋诸公力筹阻止,天下幸甚。祈速裁复。齐。[①]

此电中张之洞对于走教育回头路之事深感焦虑,并请主管全国教育的张百熙能够坚决制止,以利于新式学堂的进一步发展,从而达到国家自强的目的。

在遭遇大变局的中国,传统的科举取士,肯定不能适应形势的变化。"读书无用论"第一次出现在中国的近代史上。无用的只是过时的内容,而教育本身则是不受怀疑的。汪一驹认为:

---

① 赵德馨主编,吴剑杰、周秀鸾等点校:《张之洞全集》(第十一册),武汉:武汉出版社,2008年,第 200－201 页。

中国社会受道义剧烈影响了两千多年,有些具有支配性的观念,深刻地影响"士"的行为,并由"士"而影响社会;士大夫形成名流,因为他们一个人身份,在各界皆居于主导地位,较其他阶级更具权利;观念、人和制度必须由总体上观察。若无儒教,即不会有"士"这个阶级,而中国社会结构或许又是另一个样子。就士大夫在社会中所负的任务而言,其功能之改变反应了整个社会结构之变更,士大夫乃现代中国知识分子之先辈,了解士大夫将有助于当代中国之研究。[①]

对传统的反感一旦强烈,就容易走向极端,章太炎对此有清醒的认识:

这科举原是最恶劣的,不消说了,但为甚隋、唐以后,只用科举,不用学校?因为隋、唐以后,书籍渐多,必不能像两汉的简单。若要入学购置书籍,必得要无数金钱。又且功课繁多,那做工营农的事,只可搁起一边,不能像两汉的人,可以带经而锄的。惟有律赋诗文,只要花费一二两的纹银,就把程墨可以统统买到,随口呻语,就像唱曲一般,这做工营农的事,也还可以并行不悖,必得如此,贫人才有做官的希望。若不如此,求学入官,不能不专让富人,贫民是沉沦海底,永无参预政权的日子。[②]

但这样的言论曲高和寡,在当时基本没有市场。国家的落后总要有一定的理由作出解释,而科举的无用是开明官僚与士绅阶层所一致认同的缘由。要想求国强必废科举而兴学堂,浙江学生群体也正是在这样的一种举国要求变革的情形下形成。

第三节　开明官绅与近代浙江教育体系的构建

大清帝国在经历过两次鸦片战争之后,统治阶级中的部分有识人士开始认识到学习西方知识的重要性。从 1861 年京师同文馆开始,中国有目的有计划学习西方教育的方略开始展开。庞大而又破旧的国家机器,又使

----

① 汪一驹:《传统中国的观念及中国人》,见《中国知识分子与西方》,台北:久大文化股份有限公司,1991 年,第 3 页。

② 章太炎:《东京留学生欢迎会演说辞》,《民报》第 6 号,1906 年 7 月 25 日,转引自马勇:《章太炎讲演录》,石家庄:河北人民出版社,2004 年,第 9 页。

这种行为变得迟缓而又呆滞。

历史飞速发展的动力常常来自于外部。1894 年中日甲午战争戛然中止了"同治中兴"时期的美好远景,残酷而又血淋淋的事实摆在了中国人的面前。如何摆脱"时局为艰"的局面,当时的中国人,尤其是具有一定社会地位与知识话语权的官绅①,成了急于摆脱困境、实行区域自救的先驱。开明官绅成为当时推动社会变革的动力,他们把眼光不约而同地投入到教育方面。

为了进一步应对新学带来的管理变化,各省纷纷成立了学务处。

> 浙省学务处久未兴办,顷聂抚以此事未可久延,已有照会至各学堂总理,惟办法如何尚未提及,只云伤藩臬运各司会同办理云。②

浙江当局在筹办学务处方面,也是走了一个渐进的路线。受整体形势的影响,开始逐步培养武学人才,并派遣学生赴日学习武备。

> 省垣所设高等武备二学堂,派赴日本肄业官费生,本属寥寥。近因屡奉都中学务处,责令添派,自今夏首派预备科三十名,既派练兵处,所调之武备生五名。近又考选政法速成科官绅二十名,分别给凭咨送赴日,所需学费,较前骤增,不敷甚巨。因由学务督办惠树滋都转会同藩司翁筱珊方伯设法筹集,闻须五万金之谱。③

近代浙江教育体系的初步建立与发展,除了前述的廖寿丰、林启而外,汪康年、蔡元培的作用是非常重要的。

一、近代浙江兴学的积极推动者——汪康年

在浙江的教育体系中,居于教育金字塔最顶端的是求是书院。浙江的高等教育发展,自求是书院始。求是书院的创立,有其内外因素。外部因素在于甲午惨败。

> 甲午一役,刺激人心甚深,日本为蕞尔小国,中国向抱轻视态度,自经此役后,朝野有识人士,深知国势日拙,国难严重,欲谋振兴

---

① 这里面的"官绅",不仅包括功名、官位,也包括具有一定社会威望的知识分子,如汪康年、蔡元培其实也如是也。

② 《国闻选纂类·纪事·学界志闻》,载《东浙杂志》1904 年第 1 期。

③ 《筹备游学生经费》,载《东浙杂志》1904 年第 1 期。

中国非从兴学与储才两方面着手不可。林迪臣来守杭州以后,推行新政,约有三端可举,一为策论试士,二为兴办学堂,三为派遣留学。①

求是书院真是在此背景上应运而生。内部因素则是教案,官府没收了普慈寺。杭州普慈寺是位于杭州蒲场巷的一座寺庙,1897 年,普慈寺被杭州知府收归官府。在没收的庙产基础上创建了求是书院,也就是今天浙江大学的前身。浙江高等教育的开端,竟是从一件涉及宗教的案件发端,从另一个维度说明兴办学堂在当时所受阻力之大,而要通过方外之地来兴办学堂,与当时的社会办学环境也是相一致的。

1895 年 8 月,曾任张之洞幕僚的汪康年由京回杭,倡议在浙江创设新式学堂。此即创办求是书院之最初动议②,浙江大学校史也有类似的记载。

> 1895 年 8 月,维新人士汪康年、陈汉第打算在杭州兴建新式学堂,取名"崇实学堂",拟定了学堂章程,并且对各方进行游说,但是因为保守官绅的阻扰而没有实现……1897 年初,林启在汪康年、陈汉第和浙籍朝廷官员朱智的大力协助下,决定建立新式学堂,经浙江巡抚廖寿丰同意,定名为求是书院。③

同时在具体办学举措上,"1897 年,杭州知府林启在浙江巡抚廖寿丰的支持下,利用受命查办杭州蒲场巷普慈寺案件,籍没寺屋兴建学校,林启为总办,陆懋勋为监院,陈汉第任文牍斋务,聘请美国人王令赓为总教习,4 月 20 日正式开学上课。为避免保守势力的阻挠,故不称学堂,而袭用'书院'旧称,名之为求是书院"④。"求是"一词源出于《汉书·河间献王传》:"修学好古,实事求是。"颜师古注:"务得事实,每求真是也。"意在以务求实学,存是去非,培养"切于时用"人才为办学宗旨。浙江求是书院名称议定

---

① 钱均夫:《求是书院之创设与其学风及学生生活情形》,载浙江省政协文史资料委员会编:《浙江近代著名学校和教育家》(《浙江文史资料选辑》第 45 辑),杭州:浙江人民出版社,1991 年,第 1 页。

② 浙江省政协文史资料委员会:《新编浙江百年大事记 1840—1949》(《浙江文史资料选辑》第 42 辑),杭州:浙江人民出版社,第 83 页。

③ 李军编:《国有成均》,杭州:浙江大学党委宣传部,内部发行,2008 年,第 1—2 页。

④ 《浙江大学》,根据校史整理,载浙江省政协文史资料委员会编:《浙江近代著名学校和教育家》(《浙江文史资料选辑》第 45 辑),杭州:浙江人民出版社,1991 年,第 40—42 页。

后，浙抚廖寿丰于 1897 年 5 月 21 日（即光绪二十三年四月二十日）[①]奏准在杭州创设求是书院[②]。

汪康年是设立求是书院最早的动议者。汪康年的胞弟汪诒年也说：

> 是年先生又以故乡尚无讲求实学之校舍，会闻某僧寺以事没入官，乃冒暑回杭，亲谒各绅，议改某寺为学堂，命名"崇实"，草拟章程，事为某某二绅所尼，不果行。然先生不为所阻，仍时时游说于官绅间。其后巡抚廖毅似中丞寿丰、杭府林迪臣太守启题其议，二十三年丁酉，遂有求是书院之设，延聘英文、算术诸名流为教习，杭州有讲习实学之所，盖自此时始。当局之意，欲以管理之事相属，先生力辞不就，荐某君以自代，其功成不居如此。是院设立未久，二十七年更名求是大学堂，后又改为浙江高等学堂，数年之间，人材之出于此中者，颇不少。及民国成立，部令废除省立高等学校，此校遂裁去，校舍亦改为官署，人咸惜之。[③]

廖寿丰在给汪康年的书信中，也谈到了汪效法日本，设立小学堂的观念：

> 尊论小学堂各节，具审一一。东瀛学制，原本西洋，伦理、汉文独仍旧贯，历史舆地，本国为先，得要从宜，可谓善变。综其大指，不外由浅而深，由近而远二语，与古人循序前进之旨吻合。今拟广设小学，为振起人才始基，首当遵奉。此次明发以四书五经为范围。日本地属同州，其课程课书大可以备参考，所示代译一层，自较核实，容即饬筹议，乞将译书章程，先寄一观。[④]

汪康年不仅积极倡导支持设立求是书院，对于杭州蚕学馆发展，也积极出谋划策，对蚕学人才的培养也提了许多建设性的意见。高啸桐曾附书

---

① 瞿立鹤：《清末教育西潮：中国教育现代化之萌芽》，台北："国立编译馆"，2002 年，第 679 页注：关于浙江求是书院创办及开学时间，各种文献并不一致，大都为光绪二十三年（1897）。但依当时该校监院陆懋勋在其所著《浙江高等学堂缘起》一文中之记载，廖抚是于光绪二十二年（丙申）奏请核准，次年正月修建普慈寺。再查阅郭廷以所编《近代中国史事日志》。求是书院是于光绪二十三年四月廿日成立。自陆、郭二氏所记推算，该院开办之年月日较为合理，故笔者从陆、郭之记。

② 瞿立鹤：《清末教育西潮：中国教育现代化之萌芽》，台北："国立编译馆"，2002 年，第 679 页。

③ 汪诒年纂辑：《汪穰卿先生传记》，北京：中华书局，2007 年，第 46 页。

④ 汪诒年纂辑：《汪穰卿先生传记》，北京：中华书局，2007 年，第 47—48 页。

汪康年说：

> 吾乡迪臣太守在此极以蚕学为念，此间议论以为外国新法不如中国老法，华丝柔而能韧，决非洋丝所及。浙中守旧之病，已成痼疾；编户饲蚕，种种忌讳，即创学堂，万万难以转移。太守以考究蚕瘟、蚕子，东西洋显有成效，此事不可以已。续得二十三册，贵报有日员来华讲求育蚕制丝云云，众口以此益哗，未知日本系广咨博采以济其新法否，或报内节译其辞辞不尽意否，此中有无别义，究竟中日蚕业优劣如何，乞详察详举以告闻。张季迪修撰创有蚕务学堂，已有农学会抄取章程到沪。穰公兼综会事，可否转抄一份以来，想先生素以中国为己任，必不怒其琐琐也。太守遇事必求精实，于新法尤不肯孟浪，此亦不为无见。各省之号为洋务，皆以兴会一时，一遇洋人或出洋学生之佞于口者，不问其人之好歹，学之虚实，一为所动，即属以大事，其究则败坏无成，反为新法之累。今之浙中学堂，又其一事耳。①

此信件，高是希望汪康年能够积极帮助他们查照日人研究蚕学的资料、蚕务学堂的章程等。是否办妥不得可知，但起码可以推测，汪对这方面是热心的、积极的，不然不会提此看法。

在筹办蚕学馆，商议派员赴日学习蚕业的事情上，林启也颇为尊重汪康年的意见。

> 派生往东洋学蚕，前孙实翁淦云，三人一起，只费千元。弟仍托其到时再查。兹尊函云，每名须五百，弟本拟只派两人，半则经费为难，半则外间之论蚕学，均云法胜于日本。今农会第十四册东洋论蚕，亦自言不如意、法、支那，此虽精益求精之意，要其不如法国则西人公言之，故只拟添派一人与嵇生同学。弟同乡亲友及浙垣门生，求去者多，均不敢假借，暗中觅得德清沈秀才锡爵，养蚕甚熟，人似明静，但相知未久，正在斟酌间，得尊函举有一人。汤蛰翁谓汤寿潜，字蛰仙，亦拟为代觅一人，蛰翁贤名，弟早闻诸何太守与足下，皆深顾大局者，实为信佩。但鄙意只添派一人，烦足下与蛰翁商酌，谁为可派之人，即行派往

---

①　汪诒年纂辑：《汪穰卿先生传记》，北京：中华书局，2007年，第49—50页。

东洋。冶游之地,须择聪明而笃静者方好。已否学蚕,尚为不拘。二君均为蚕学觅人,非为人觅入蚕学也。添派一人,择定后,尽可前发,不必函商迟滞。①

此处,林启将寻觅蚕学人选全权委托于汪康年与汤寿潜,并表现了君子之交中高度的信任感与责任心:二君均为蚕学觅人,非为人觅入蚕学也。寥寥数语,三人间忧心为国、一心新学之情溢于言表。

二、浙江新学实践的重要奠基者——林启

关于林启对于浙江新学的奠基性作用,其时评价就相当高。林启在死后,杭州人感念其恩情,特在西湖边上建一林社②以纪念之。以为官四年而政名显赫者,并被后人敬仰而专立社宇以表敬念,当真少见。

　　林氏为讲求实学,以储人才,自到任后,推行新政,不遗余力。尤其受到甲午中日战役之刺激。堂堂中华,竟败于卓尔岛国,朝野有识之士,深知国势日衰,非振兴实学、培养人才,不足以救亡图存。林知府除于杭州创办蚕学馆,以振兴蚕业外,复与当地讲求新政之士绅,筹议兴办学堂之事。当时乡里汪康年与陈仲恕等人于甲午后,有意于杭州创办学堂,讲求实学。时适杭州普慈因教案被封,没入官有。康年闻悉后,冒暑自鄂返杭,会同陈仲恕谋诸乡绅,议改该寺为学堂,命名"崇实"。事为某某二绅所尼而不果。惟其不为所阻,再三游说于官绅之间,此事复为浙抚廖寿丰与知府林启知悉,渠俩深韪其议,惟虑杭绅再阻,乃易名为"求是书院",以间执其抵制之口,是为浙江求是书院之由来。③

从这一段记录来看,求是书院的创立,汪康年、陈仲恕等地方绅士所起

---

① 汪诒年纂辑:《汪穰卿先生传记》,北京:中华书局,2007年,第48—49页。

② 林社位于西湖区后孤山路1号,坐落在放鹤亭东面,这是一座中西结合、飞檐翘角的小楼。林启(1839—1900),字迪臣,福建侯官(今闽侯)人。清光绪二年(1876)进士,以编修督陕西学政,任满,迁陕西御史。因处事严正,直言敢谏,为时人称道。十九年,出任浙江衢州知府。二十三年,调任杭州知府,守杭四年,刚正不阿,政通人和。曾做过四年的杭州太守。为杭州近代教育之开拓者,浙江大学前身求是学院、浙江丝绸工学院前身浙江蚕学馆、养正书塾的创始人,培养出邵飘萍、陈独秀、许寿裳等杰出人才。1900年林启病逝后,杭人邵章、陈敬第、何燮侯等为永志思念,谕准以孤山民产四分之厘为社基,倡议建林社设祭。

③ 瞿立鹤:《清末教育西潮:中国教育现代化之萌芽》,台北:"国立编译馆",2002年,第678页。

的引领作用是巨大的,而作为杭州地方官的林启则直接推动了学堂的成立。

但是,关于高等学堂是否就相当于高等教育,则存有不同的看法。有人认为,其时中国的高等学堂,也就相当于大学预科,还远未到专科层次①。辩证地看,高等学堂是当时中等学堂的更高阶段。尽管高等学堂在课程设置等方面,还存在粗浅等问题,但它与中等学堂还是有着本质区别。因此,认为高等学堂的设立就是高等教育的开端,有一定道理。

关于学堂成立的原因,钱均夫认为,"盖因鉴于八股束缚文教,影响学子智能发展,故就所掌管之东城讲舍,首先以策论试士。当时原有敷文、紫阳、崇文、诂经精舍之东城讲舍五书院,惟所学均属八股文。并创办蚕学馆,以振兴蚕业。林太守复请当时讲行新政之士绅,筹谋兴办学堂,适普慈禅寺因案被封,遂以此为校舍,成立求是书院"②。而且在学堂创立之初的定位,也已经比较明确。"一面并为今树范中学原为浙江省立一中之旧址,设立养正书塾,其设施程度,则仿佛中小学兼而有之;求是书院仿佛中学,日后为大学预科之高等学堂相等,而蚕学馆则仿佛今日之职业学校也。"③

对于林启在近代浙江兴学过程中的作用,郑晓沧曾经作出很客观的评价:

> 蚕学馆的设立,完全出于林启自动积极的主张。养正也在他的直接管辖权限之内。求是书院规程体制较大,当时是禀承了浙江巡抚廖寿丰建立起来的;但实际上,林是最重要的筹办人,成立以后,他还是一直寄以精神上的支持的。④

张宗祥在 1948 年曾经撰写《重建林社碑记》刻石,对于林启兴学,有更

---

① 参见罗福惠:《辛亥时期的精英文化研究》,武汉:华中师范大学出版社,2001 年。
② 钱均夫:《求是书院之创设与其学风及学生生活情形》,载浙江省政协文史资料委员会编:《浙江近代著名学校和教育家》(《浙江文史资料选辑》第 45 辑),杭州:浙江人民出版社,1991 年,第1 页。
③ 钱均夫:《求是书院之创设与其学风及学生生活情形》,载浙江省政协文史资料委员会编:《浙江近代著名学校和教育家》(《浙江文史资料选辑》第 45 辑),杭州:浙江人民出版社,1991 年,第1 页。
④ 郑晓沧:《戊戌前后浙江兴学纪要与林启对教育的贡献》,见中国人民政治协商会议浙江省委员会文史资料研究委员会编:《浙江文史资料选辑》(第 1 辑),杭州:内部发行,1962 年,第 95—96 页。

深刻的了解。

> 清光绪二十三年丙申,浙江衢州府知府林公启调知杭州……丙申,驱普慈寺不法僧众,设求是书院于蒲场巷,厥后递嬗为浙江大学堂、浙江高等学堂,即今浙江大学之始基也。设蚕学馆于金沙港,省立蚕丝职业学校,实由此馆演变以成。戊戌驱圆通寺不法僧众,设养正书墅于大方伯,后改杭州府中学堂,又改省立第一中学,今校址,为树范中学,而省立高级中学,初级中学两校,实权舆于养正。其创求是书院,养正书墅也,普慈寺僧,结浙省京官,欲以阻之,公不为动……其创蚕馆也,公以为蚕丝为浙大利而蚕种缫制均不知法,出口日减,乃聘日本专家任教师,讲授研讨,又分俸厚其膏火,以助诸生。不一二年,苏皖赣闽争购新种,相与效法。[①]

林启对于近代浙江教育事业的开创事业,作出了重要贡献,并对后世官员,产生了重要影响。

> 1910年夏,浙江提学使袁嘉毂请假三月回云南石屏县省亲,由温处道福建闽侯人郭则沄代理。郭以闽侯林启在杭州知府任内殁后,杭人与其家属争柩,留葬孤山,并在墓侧建立林社供奉神像和神主,每年四月二十日(林的死日)全城学校师生追念林办学功绩,均往孤山祭奠,弥切羡慕;乃商之学务公所(提学司的办公机构)的专门科长兼实业科长徐炳堃,冀在代理期间亦为自身办一永留纪念之事。商讨结果,遂办一杭州前所未有的工业学堂。[②]

兴学的热情与壮举,如果能够不断薪火相传,对于地方的教育发展,将会具有更加深刻的意义。

三、浙江新学的早期实践者——蔡元培

蔡元培是近代著名的教育家、革命家,革命以教育之名,教育为革命之事。蔡元培关于教育对于近代中国、民众作用的论述,其观点之精辟,近代

---

① 张宗祥:《重建林舍记》,见中国人民政治协商会议浙江省委员会文史资料研究委员会编:《浙江文史资料选辑》(第1辑),杭州:内部发行,1962年,第118—119页。

② 徐炳堃:《浙江省立中等工业学堂创办经过及其影响》,见中国人民政治协商会议浙江省委员会文史资料研究委员会编:《浙江文史资料选辑》(第1辑),杭州:内部发行,第120页。

中国无人出其左右。

罗家伦在《从蔡孑民先生致吴稚晖先生函看辛亥武昌起义时留欧革命党人动态》中曾有这样一番追忆的话：

> 蔡先生在青年时期，才华焕发，于二十六岁点翰林，更是声闻当代，朝野争相结纳。戊戌政变时，杨锐等主持变法运动者曾极力拉拢蔡先生，他拒绝了，可是他的同榜翰林张菊生先生被拉去了。（这正是蔡先生与张先生进退不同之处。）我有一次请问蔡先生当时为什么拒绝维新派的邀请？先生从容地对我说："我认为中国这样大，积弊这样深，不在根本上从培养人才着手，他们要想靠下几道上谕，来从事改革，把这全部腐败的局面转变过来，是不可能的。我并且觉得他们的态度也未免太轻率。听说有几位年轻气盛的新贵们在办公室里彼此通条子时，不写西太后，而称"老淫妇"，这种态度，我认为不足以当大事，还是回家乡去办学堂罢。①

在士人都想金榜题名、都想做官的"学而优则仕"的时代里，能很明确看清流行的维新思潮的弊端，并认为回家乡兴办教育更有意义，这在读书人纷纷向往京城的年代里，是极少见的。

蔡元培后来辞官回老家担任绍兴中西学堂监督。作为学生的蒋梦麟回忆蔡元培的一个细节：

> 他在绍兴中西学堂当校长时，有一天晚上，参加一个宴会，酒过三巡之后，他推杯而起，高声批评康有为、梁启超维新运动不彻底，因为他们主张保存满清皇室来领导维新。说到激烈时，他高举右臂大喊道："我蔡元培可不这样。除非你推翻满清，任何改革都不可能。"②

其时，新政才刚刚开始，蔡能够看清政府改革必然会失败，只有推翻清朝是唯一的出路，这在人们还普遍寄希望于政府改革自强的时候，是很少见的。

---

① 罗家伦：《历史的先见——罗家伦文化随笔选》。关于这段话的论述，也被不同的版本收入，又见罗家伦：《逝者如斯集》，台北：传记文学出版社，1967年，第80—81页，该段收入蔡的年谱当中，见高平叔撰著《蔡元培年谱长编》（第1卷），北京：人民教育出版社，1999年，第133页。

② 蒋梦麟：《蒋梦麟回忆录：西潮与新潮》，北京：东方出版社，2006年，第142页。

而蔡元培回家接手的,正是创立于 1897 年的浙江省第一所真正意义上的中学——绍郡中西学堂。1898 年冬,戊戌变法失败后,在北京任翰林院编修的蔡元培认为清廷政治改良无望,于是弃官回绍,应聘出任绍郡中西学堂总理(校长)。蔡元培来校之初,即规划创立"养新书藏"图书室,手订借书略例 15 条。在当时尚无学制可循的情况下,蔡元培注重因材施教,按学生年龄及国学程度分级授课。

1899 年 3 月 12 日,绍郡中西学堂开学,学生到者有 23 人,附课生 3人,算学师范生 1 人。蔡元培说:"北京大学蒋梦麟君与北大地质学教授王烈君,都是那时第一斋的小学生","中央研究院秘书马禩光君,浙江省教育厅科员沈光烈君,都是那时第三斋的高材生"。除上述 4 人外,有记载的学生,"尚有杜煐孙、胡孟乐、张梁、张桢、寿昌田、骆思曾、诸福诜、张云樵、蒋梦桃,以及师范生李雪身、张德骧等人"[①]。

蔡元培办学重视师资的选配、教材的编写与课程改革:

> 1899 年 7 月,学堂更名为绍兴府学堂。蔡元培招揽"极一时之选"的教员,力排守旧势力的阻扰和干扰,积极推进新式教育:购置科学仪器,改革课程设置,自编教材课本,先后增设日文、体操、测绘、物理化学等课,并率先引进外籍教员。在蔡元培的主持下,绍兴府学堂经革新而成为清末国内新式学堂的佼佼者之一,在中国近代教育史上占有一席之地。[②]

其时绍郡中西学堂,分为三斋:最高为第三斋亦称理学斋,略等于今天的高一;其次是第二斋,亦称词学斋,略等于今天的初一;再次是第一斋,亦称蒙学斋,略如高小一年级。此外,还设有国学、专习算学等附课生、师范生班[③]。

蒋梦麟曾就读于第一斋,他若干年后深情回忆,对这段懵懂的初学岁月,给予了很高的评价。

---

① 《自写年谱》《绍兴府学堂学友第一期摄影记》《绍兴中学五十周年史稿》,载高平叔撰著:《蔡元培年谱长编》(第 1 卷),北京:人民教育出版社,1998 年,第 146 页。

② 章玉安:《绍兴一中建校百年史略》,见绍兴市政协文史资料委员会编:《绍兴文史资料》(第 12 辑),绍兴:内部发行,1998 年,第 147—148 页。

③ 参见高平叔撰著:《蔡元培年谱长编》(第 1 卷),北京:人民教育出版社,1998 年,第 146—147 页。

校中外国语分为英文、日文、法文三组,我先选修英文,后来又加选日文。我的日文教师是中川先生,我从他那里学到了正确的日文发音。英文是一位中国老师教的,他的英语发音错得一塌糊涂,后来我千辛万苦才算改正过来。他一开始就把我们导入歧途,连字母发音都咬不准。最可笑的是他竟把字母 Z 念成"乌才"。①

从蒋梦麟的回忆中,可以看出,在蔡元培执掌下的绍郡中西学堂,不仅对于西学予以启蒙式的教育,同时对于外国语方面,也有很好的教育。"1900 年秋,蔡元培因不满于守旧派的反对和校董的干涉,愤而辞职,学堂为之停办一年。"②

1901 年夏,蔡元培 34 岁到上海代理澄衷学堂校长,同年 9 月,被聘为南洋公学经济特科班总教习。1902 年,蔡元培同蒋智由等在上海创办中国教育会并任会长,创立爱国学社、爱国女学,开始他以教育促革命的实践。

四、民间力量的兴学行为

清末浙江教育的发展,政府的力量是起主导作用,但同时不可忽略民间广泛的捐资助学行为。张彬、吕苹认为"清末浙江新教育兴起之时,官办学堂的数量并不多,私人兴办或集资兴办的学堂占据大多数"③,并且对清末学堂类型进行了分类,"当时所办的学堂,根据不同的创办者分为三类:由官府出资兴办的称官立学堂;由私人募钱创办并负责管理的称私立学堂;由某村、某族、某乡集体创办,经费从庙产、公田、祖祠等公共收入中提取的称公立学堂。公立和私立两类,均属民间自办学堂"④。以此为标准,对浙江学堂类型进行划分,可以看出,民间所办学堂是占大多数比例的。

---

① 蒋梦麟:《蒋梦麟回忆录:西潮与新潮》,北京:东方出版社,2006 年,第 56 页。

② 章玉安:《绍兴一中建校百年史略》,见绍兴市政协文史资料委员会编:《绍兴文史资料》(第十二辑),绍兴:内部发行,1998 年,第 148 页。

③ 张彬、吕苹:《清末浙江的民办教育热潮》,载《杭州师范学院学报》2000 年第 4 期。

① 张彬、吕苹:《清末浙江的民办教育热潮》,载《杭州师范学院学报》2000 年第 4 期。

表 2-6　1903—1908 年浙江历年所设小学堂统计

小学堂类型 / 年份	高等小学			两等小学			初等小学		
	官立	公立	私立	官立	公立	私立	官立	公立	私立
1903 年	24	9	1	6	13	4	15	31	6
1904 年	6	4		1	15		1	21	4
1905 年	9	8		4	26	10	18	35	3
1906 年	10	22	4	9	160	18	15	167	52
1907 年	2	9		4	76	7	13	285	51
1908 年	1	6		2	48	4	29	213	24
合计	52	58	5	26	338	43	91	752	140

资料来源:张彬:《从浙江看中国教育近代化》,广州:广东教育出版社,1996 年,第 115 页。

表 2-6 将 1903 至 1908 年浙江所设各类型小学堂进行统计,如果把官立、公立、私立 6 年的设校数简单相加的话,他们的数据分别是 169、1148、188,他们所占的比例分别是 11%、77%、12%,纯粹由官方主导只占总数的 11%,而民间的占到 88%。

但在考察数量的同时,质量的要求更为重要。清末的民间办学,主要集中在各种类型小学堂,越是初等小学堂,民间力量越是容易介入。而中学堂、专门学堂和高等学堂,因为科目设置难度大、师资素质要求高,费用开销巨,则主要是以政府为主导力量办学。

清末浙江的民间捐资助学的金额数,位居全国各省之首。《第一次中国教育年鉴》对清末时期全国捐资千元以上的兴学者作过统计,按省区分,处在前五位的是:江苏 38 人,浙江 19 人,辽宁 15 人,河北 10 人,湖南 8 人。浙江人数占第二位,但所捐资金总数达 21.94 万元,比占总数第二位的江苏高出近 5 万元,位居第一位①。

与之同时,政府部门对于民间办学捐资行为比较关注。《浙江教育官报》仅第一期就有 4 份地方官府为捐资兴学者请奖折与请奖片,他们都是以浙江巡抚冯汝骙名义报请中央嘉奖,这 4 份分别是《浙抚冯奏乐清县增

---

① 具体数据参阅张彬、吕苹:《清末浙江的民办教育热潮》,载《杭州师范学院学报》2000 年第 4 期。

生洪国垣同知衔监生徐干各捐学费巨万请奖折》《浙抚冯附奏衢州府经历刘景焯报效学堂经费请奖片》《浙抚冯附奏奉化县封职王昌满等捐助学费请分别给奖片》《浙抚冯附奏平湖县监生黄河清捐助学费请奖同知衔片》[①]，可知浙江地方士绅办学之热情，也说明地方兴学，十分依仗于地方士绅的大力支持。

同时，作为主管一省教育的浙江提学使司，在其学务情形汇报时，对浙江民间的兴学也有提及：

> 浙省教育经费不充，由官款拨给者尤居少数，其各属设立大小各校得以岁有增加者，每由绅民热心捐助，尝有一校经费或一人独任或数人分认，又或一人慨捐巨资分饷数校，以及捐助田亩房屋之类亦所在多有。[②]

同时，浙江提学使司派员到各地，调查所办学堂状况，并在提学使司机关报《浙江教育官报》作连续报道。今天，通过翻阅各期《浙江教育官报》，更能深刻体会到浙江民间办学的艰辛。

---

① 《目录》，载《浙江教育官报》，1908 年第 1 期。
② 《本署司袁呈学部详报宣统元二两年浙省学务大概情形请示遵文》，载《浙江教育官报》第60 期，1911 年 3 月刊行。

第三章　新式学生的学堂生活

　　浙江学生群体主要由学堂学生与留日学生组成,另外还有教会学校、留欧美学生,但以前两者影响为最。教会学校与留学欧美的学生偏向于技术,在政治及其他综合活跃度上不高,再加上人数有限,影响力较低。

　　浙江学堂在开设之初,已经积淀了一定的实力。浙江普通学堂、师范学堂及实业学堂等类型学堂,为浙江以至全国培养了各类型人才。学堂教育与留学教育紧密相连,留学教育基本上都是以国内学堂教育为基础。"首进学堂,优则留学"成为当时规范留学的一个基本规律。当然,由于近代特定的历史环境,特别是留日方面,各种渠道留学的都有。但一般而言,清末浙江留学欧美的大多是属于"优则留学"的范畴。留学从出现开始,已属于顶层的精英教育。

　　清末学堂,走出了一小半民国政要,政治军事、人文科学及自然科学等方面的人才数不胜数。这其中既有学生自身努力拼搏的因素,同时也与教师的引导是密不可分的。学生不仅要与老师处理好关系,还要处理好其他的社会关系。新式学生的人际交往与社会生活,是学生学业发展的重要方向,是社会化的学业内容。

第一节　清末浙江学堂的发展规模与师资经费

　　学堂学生的来源,主要有这样几个途径:一是适龄儿童的加入,二是旧学人员的加入。浙江各地中学堂入学的要求不一,一般要求,须有高等小学卒业文凭,如果报名符合条件人数多,会进行选拔性考试。如果未取得高等小学卒业文凭的学生,"其程度足与高度小学卒业生相埒者,经本学堂考试,核其各种功课俱能及格,亦准其一体肄业"[①]。这种未有学历而能达到学力者,类似于今日的同等学力。

----

① 《绍兴府中学堂章程》,见薛绥之主编:《鲁迅生平史料汇编》(第一辑),天津:天津人民出版社,1981年,第216页。

一、清末浙江学堂与学生数的区域分布

1.普通学堂

清末时期,浙江各府普通中小学堂均有一定的发展,但发展的情况不一。下面是关于1907年浙江普通学堂的学堂数、学生数分地区统计分类。该分类统计以学部总务司编:《第一次教育统计图表》的数据为标准,进行定量分析。

图 3—1　1907 年浙江分地区中小学堂数①

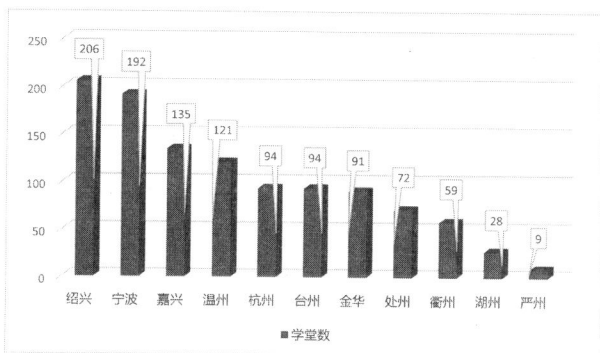

资料来源:学部总务司编:《第一次教育统计图表》,光绪三十三年(下),见沈云龙主编:《近代中国史料丛刊三编》(第十辑),台北:文海出版社有限公司,1986 年,第548—554 页。

图 3—2　1907 年浙江分地区中小学堂学生数②

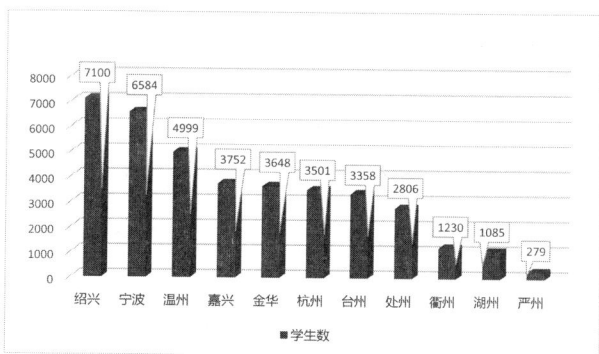

资料来源:学部总务司编:《第一次教育统计图表》,光绪三十三年(下),见沈云龙主编:《近代中国史料丛刊三编》(第十辑),台北:文海出版社有限公司,1986 年,第548—554 页。

---

① 该统计数据含半日学堂数。
② 该统计数据含半日学堂学生数。

从图3-1、图3-2可以看出,从学堂数来说,绍兴的学堂数为最多,其次为宁波。而学生数也是绍兴与宁波稳居前二位,说明同比例的学堂与学生数是基本对应的。而差异性比较大的则是区域间的不平衡,这也体现了浙江各地区对于兴学热情及力度的区域差异性。根据统计表明,教育发展的不同差异性也造成地区社会经济发展的不平衡性。

普通学堂数排名前四的地区分别为绍兴206所、宁波192所、嘉兴135所、温州121所。学堂人数最多的依次为绍兴7100人,占18%;宁波6584人,占17%;温州4999人,占13%;嘉兴3752人,占10%。近代浙江绍兴、宁波人才众多,从这个方面来看,也是一个重要的证明。

学堂与学生分布的不平衡性,也直接决定了地区教育发展的不均衡。

2.师范学堂、专门学堂与实业学堂学生统计

师范学堂是清末浙江教育发展的重要组成部分,师范学堂为普通中小学堂输送师资,其中相当部分的优秀学生会选择出国求学。并且师范生相当多数是免费性质,也形成了后世师范教育免费的源头。

各地区的师范教育发展也不尽一致。总体来说,省城的师范学堂较全较多,而其他地区则比较零散。具体情况见表3-1。

表3-1　1907年浙江师范学堂学生统计表

学堂 地方 / 学生	优级师范						初级师范				传习所、讲习科等		合计	
	完全科		选科		专修科		完全科		简易科					
	学堂	学生	学堂	学生	学堂	学生	学堂	学生	学堂	学生	学堂	学生	学堂	学生
阖省公共学堂							1	39					1	39
两府以上公共学堂									1	20			1	20
杭州府公共学堂							1	29	1	90			2	119
余杭县									1	12			1	12
临安县									1	32			1	32
宁波府公共学堂							1	44	1	51			2	95

续表

学堂地方＼学生	优级师范						初级师范				传习所、讲习科等		合计	
	完全科		选科		专修科		完全科		简易科					
	学堂	学生	学堂	学生	学堂	学生	学堂	学生	学堂	学生	学堂	学生	学堂	学生
绍兴府萧山县									2	28			2	28
余姚县											1	24	1	24
嵊县									1	40			1	40
台州府公共学堂									1	81			1	81
台州府太平县							1	16	1	22			2	38
金华府公共学堂							1	116	1	84			2	200
金华府金华县											1	37	1	37
兰溪县									1	23			1	23
永康县											1	62	1	62
衢州府公共学堂									1	43			1	43
龙游县									1	12			1	12
常山县									1	46			1	46
严州府公共学堂							1	20	1	11			2	31
淳安县									1	31			1	31
桐庐县									1	12			1	12
温州府公共学堂											1	49	1	49
乐清县											1	27	1	27

续表

学堂 学生 地方	优级师范						初级师范				传习所、讲习科等		合计	
	完全科		选科		专修科		完全科		简易科					
	学堂	学生	学堂	学生	学堂	学生	学堂	学生	学堂	学生	学堂	学生	学堂	学生
处州府公共学堂							1	55	1	61			2	116
缙云县											1	33	1	33
遂昌县											1	14	1	14
总计							7	319	18	753	8	292	33	1364

原表声明：一初级师范学堂附设于高等学堂中学堂高等小学堂两等小学堂者凡13所；一初级师范学堂完全简易两科并设一处者凡5所；一师范传习所附设于高等小学两等小学堂者凡3所。

资料来源：学部总务司编：《第一次教育统计图表》，光绪三十三年（下），见沈云龙主编：《近代中国史料丛刊三编》（第十辑），台北：文海出版社有限公司，1986年，第546—548页。

专门学堂则具有了高等教育雏形的性质。截止1907年，浙江省共有专门学堂4所，其中高等学堂1所，文科1所，法科2所，主要分布在杭州、宁波地区，见表3—2。

表3—2 1907年浙江专门学堂学生统计表

学堂 学生 地方	高等		文科		法科		合计	
	学堂	学生	学堂	学生	学堂	学生	学堂	学生
阖省公共学堂	1	268			1	231	2	499
杭州府公共学堂			1	40			1	40
宁波府公共学堂						47		47
合计	1	268	1	40	2	278	4	586

资料来源：学部总务司编：《第一次教育统计图表》，光绪三十三年（下），见沈云龙主编：《近代中国史料丛刊三编》（第十辑），台北：文海出版社有限公司，1986年，第544—545页。

实业学堂类似于今日的职业教育，清末在实业救国的口号下，对于实

业腾飞的渴盼表现在对于实业学堂的重视上。截止 1907 年有实业学堂 6
所,学生 334 人。具体见表 3—3。

表 3—3　1907 年浙江实业学堂学生统计表

学堂\ 地方\ 学生	农业						实业预料		合计	
	高等		中等		初等					
	学堂	学生	学堂	学生	学堂	学生	学堂	学生	学堂	学生
阖省公共学堂			2	125					2	125
宁波府公共学堂							1	101	1	101
绍兴府公共学堂					1	46			1	46
衢州府公共学堂					1	22			1	22
处州府公共学堂							1	40	1	40
合　计			2	125	2	68	2	141	6	334

原表声明:一杭州府驻防官立清文学堂其学科程度虽与定章专门文科学堂不符,
但此项学堂各类皆无可汇并,故暂归人文科统计;一省城蚕学馆汇入农业中等学堂一
类统计。

原表声明:一杭州府驻防官立清文学资料来源:学部总务司编《第一次教育统计
图表》,光绪三十三年(下),见沈云龙主编《近代中国史料丛刊三编》(第十辑),台北:
文海出版社有限公司,1986 年,第 545 页。

3.清末浙江教育的发展

　　根据数据表明,浙江省学生人数历年呈现上升趋势。表现在毕业生与
在校生的迅速增加。如表 3—4 所示。1902 年是包括了以前的学生。以
1903 年为例:1903 年有毕业生 12 人,到了 1907 年毕业生达到了 1284 人,
增长了 107 倍;在校生 1903 年有 3404 人,1907 年有 41569 人,增长了 120
多倍。由此可见清末浙江教育的迅速发展。

表3－4　1902—1907年浙江在读生与毕业生人数比较表

学堂	年期	1902年		1903年		1904年		1905年		1906年		1907年	
		毕业	在堂	毕业	在堂	毕业	在堂	毕业	在堂	毕业	在堂	毕业	在堂
专门学堂	大学堂												
	高等学堂		93		82		88		112		179		268
	文科												40
	理科												
	法科										52		278
	医科												
	艺术												
实业学堂	农业	32	60	12	64	12	62	12	113	19	154	15	193
	工业												
	商业												
	实业预科								100		130		141
师范	优级												
	初级						20		204	182	566	476	1072
	传习所等									16	16	170	292
中学堂			316		578	10	766	8	1088	31	1657	3	2025
小学	高等		524		1041	12	1264	14	1984	63	3671	174	4106
	两等		202		539		1421	44	2858	115	8291	137	12571
	初等		717		1100	2	1987	63	3349	153	9729	125	19049
蒙养院													16
半日学堂										153	523		
女子学堂							74		256	49	753	31	995
合计		32	1912	12	3404	36	5682	141	10064	628	25198	1284	41569

　　原表声明：各学堂一览表于逐年毕业学生名数条下，有填某年升送某校学生几名或某年咨送出洋游学学生几名，不注毕业字样者，均未汇入统表；浙省蚕学馆开办最早，凡二十八年以前毕业学生名数此表均汇入二十八年毕业学生名数内统计；三十三年各学堂在堂学生名数，均按照各该堂下学期现有学生实数统计。

　　资料来源：学部总务司编：《第一次教育统计图表》，光绪三十三年（下），见沈云龙主编：《近代中国史料丛刊三编》（第十辑），台北：文海出版社有限公司，1986年，第556—558页。

但总的说来,清末浙江学堂教育人数较少,教育普及率不高,受众范围较低。以绍兴的普通学堂为例,1907 年统计普通学堂有学生 7100 人,学堂则有 206 所,每所学堂平均有学生 34 人,可见所施教对象偏低,规模偏小。

二、学堂的师资资质与办学经费

清末学堂里的基本情况,是研究学生群体的基础与前提。大规模学堂的建设是在举国反思的大背景下发展起来。因为新旧交替的影响,社会资源的有限性,许多校舍是在没收寺产、利用公田等情况下发展起来的,因此建学堂与寺庙、公众的矛盾不可避免。浙江学堂的建设,大量是利用旧有书院及寺庙庵观等公有场所改建而成。庙产兴学既是清末校舍建设的一个重要基础,同时也是引发各类问题的一个导火索。

1.师资资质

根据 1903 年(光绪二十九年)颁布的《奏定任用教员章程》规定:

> 要求高等小学堂以初级师范学堂毕业生中成绩列最优等及优等,以及游学外洋寻常师范学堂毕业生中成绩优等者充选正教员,以初级师范学堂毕业生中成绩中等及游学外洋寻常师范学堂之毕业生充选副教员;初等小学堂以初级师范学堂毕业生中成绩在中等及以下者充任正教员,以曾入初级师范学堂持有文凭者为副教员。基于当时师范学堂毕业生为数甚少,为求变通,《章程》同时规定,得暂时以简易师范学堂毕业生充任高等小学堂之正副教员。[1]

师资是学堂建立后遇到的第一个大的问题。清末时期,全省仅有 3 处设有公私立蒙养园,有教师 5 人[2]。关于小学师资,1909 年的统计资料显示:

> 全省初等小学堂教职员 4298 人,其中教员 3064 人;两等小学堂教职员 2174 人,其中教员 1674 人;高等小学堂教职员 824 人,其中教员 591 人;女子学堂教职员 269 人,其中教员 199 人;半日学堂教职员 34 人,其中教员 22 人。[3]

---

① 浙江省教育志编纂委员会编:《浙江省教育志》,杭州:浙江大学出版社,2004 年,第 732—733 页。
② 浙江省教育志编纂委员会编:《浙江省教育志》,杭州:浙江大学出版社,2004 年,第 733 页。此处所说为独立的幼稚园设计,那些附设幼稚园没有统计进去。
③ 浙江省教育志编纂委员会编:《浙江省教育志》,杭州:浙江大学出版社,2004 年,第 733 页。

1909 年(清宣统元年),关于师资来源构成方面:

> 全省高等小学堂、两等小学堂教员 2238 人中,师范学堂毕业者 380 人,占 17.0%;非师范学堂毕业者 443 人,占 19.8%;学堂未毕业 或未进过学堂者 1413 人,占 63.1%;另有外国人 2 人。初等小学堂、 女子小学堂、半日学堂及蒙养院教员 3288 人中,师范学堂毕业者 538 人,占 16.4%;非师范学堂毕业者 2750 人,占 83.6%。[①]

在上述数据中,清末时期外国教会所办小学堂的教员数未包括在内。 中学堂教员任职资格,根据 1904 年 1 月颁行的《奏定任用教员章程》规定:

> 均须由优级师范学堂毕业生或游学外洋高级师范学堂的毕业生 充任,其成绩列最优等或优等的任正教员,成绩列中等的,只能任副教 员。但同时规定,凡学科程度相当且学过教育学理论者,亦可充当中 学堂正副教员。[②]

> (1909 年)全省中学堂有教职员 351 人,其中教员 241 人;初级师 范学堂教职员 90 人,其中教员 61 人;师范传习所等教育机构教职员 6 人,其中教员 4 人;中等实业学堂教职员 104 人,其中教员 74 人。合 计中等学堂教职员 551 人,其中教员 380 人。外国教会所办中等学堂 的教职员数均未包括在内。[③]

高等学堂的教员,根据 1904 年 1 月颁行的《奏定任用教员章程》规定: "高等学堂的正教员须是大学堂分科毕业生中成绩列优等、中等者,或游学 外洋大学堂之毕业生和选科毕业生中成绩列优等者充任;副教员须是大学 堂选科毕业生中成绩列优等、中等者,或游学外洋大学堂之选科毕业生 充任。"[④]

1909 年,全省共有高等学堂 1 所、专门学堂 3 所以及两级师范学堂的 优级部,共有教员 75 人,统计数据中不包括外国教会所办之江学堂和广济 医药学堂的教员。在这 75 名教员中,"在国内高等学堂毕业者 16 人,占 21.3%;在国外高等学堂毕业者 29 人,占 38.7%;未经高等学堂毕业或未

① 浙江省教育志编纂委员会编:《浙江省教育志》,杭州:浙江大学出版社,2004 年,第 735 页。
② 浙江省教育志编纂委员会编:《浙江省教育志》,杭州:浙江大学出版社,2004 年,第 737 页。
③ 浙江省教育志编纂委员会编:《浙江省教育志》,杭州:浙江大学出版社,2004 年,第 738 页。
④ 浙江省教育志编纂委员会编:《浙江省教育志》,杭州:浙江大学出版社,2004 年,第 744 页。

进过新式学堂者 19 人,占 25.3％;外国人 11 人,占 14.7％"①。

总体来说,小学、中学及高等学堂的师资要求,是呈现基本的由低到高的教育层次要求。当然,在实际操作中,由于教育发展初始阶段的师资短缺,有许多教师并没有达到合格的教育学历。

2.办学经费

清末时期,浙江各州县小学堂相继成立,经费来源主要是采取就地筹款的办法。全省 11 府所设中学堂,经费来源不一,有的以原书院转入之款产收入为主,有的以公款提充为主,有的则以官款拨给为主。1909 年,11 所府中学堂一律改为省立,经费概由省库拨付。

浙江两级师范学堂,1906 年在省贡院旧址基础上改建而成,建筑用银 130000 两,以贡院生息成本 60000 两,抚署公费银 10000 两,裁并三书院常年费银 9974 两,出售闱场旧料之收入 10000 余元,有关罚银 40000 两,分别拨充。光绪三十三年招生 600 名。宣统年间经费每年 532180 元,学生除书籍费自负外,余概免②。

林启在向浙抚申请设立蚕学馆时,订立学堂章程:"学堂以省垣为主,学生学成后,即分带仪器,派往各县并嘉湖各府,劝立养蚕公会,以为推广。教习或两人,或先请一人。学生年在二十内外,要聪明静细,并已通文义者,招考时先录取三十名或五十名存记。学生课程,须由教习手定大概。广购六百倍显微镜,酌量经费,愈多愈好。先行翻译《日本蚕书图说》,成书后要广为传播。"③关于办学经费,蚕学馆"由布政司拨银 36000 两;并请准拨西湖金沙港怡贤亲王祠和关帝庙旧址建馆舍,附近 30 余亩栽培桑园。9 月动工,用银 10300 两。又购办仪器设备用银 3000 两"④。宣统元年,奉旨改升高等,添置经费 24000 元。

高等学堂中,求是书院关于经费,浙抚廖寿丰在奏折中陈述得非常明白,"所有常年经费。并教习、翻译、监院及司事人等薪修工资,并奖赏火食等,每年需银五千余两。此外,尚有随时购置仪器图籍暨学生纸笔一切杂

① 浙江省教育志编纂委员会编:《浙江省教育志》,杭州:浙江大学出版社,2004 年,第 746 页。
② 浙江省教育志编纂委员会编:《浙江省教育志》,杭州:浙江大学出版社,2004 年,第 803 页。
③ 《设立养蚕学堂章程》,载《集成报》1897 年第 19 卷。
④ 朱新予、求良儒:《浙江蚕学馆》,载浙江省政协文史资料委员会编:《浙江近代著名学校和教育家》(《浙江文史资料选辑》第 45 辑),杭州:浙江人民出版社,1991 年,第 7 页。

用不在此数。除将东城书院每年膏火银一千余两全数拨用外,于各书院奖赏存典生息项下岁提息银三千元有奇,及各句裁省减并共银四千元有奇,合计尚不及万,均未动支正项。当此开办之始,规模不敢过侈,俟经费稍充,再图展拓"①。宣统二年《浙江高等学堂修订章程》规定,经费每年由省藩库拨银 39200 元②。

1898 年清廷颁诏废除书院,改设学堂,书院原有的学田、院田就转为学堂款、产,办学经费不足的,或由官府拨给,或由地方公款提充,或募集而来。1907 年,全省学堂"岁入 1065644 元。其中,公款 229055 元,占 21.49%;官款拨给 153858 元,占 14.44%;乐捐 160864 元,占 15.10%;派捐 159442 元,占 14.96%;学生缴纳 174598 元,占 16.38%;杂入 14497 元,占 1.36%;产业租入和存款利息 173350 元,占 16.27%"③。公款及拨款占到 36%,乐捐、派捐及学生缴纳却占到 46%,相比于过去科举的低廉收费及摊派来说,对民众无疑是个沉重的负担。

大部分府县的办学经费是集体资产(时称公有)。因为兴办学堂,较之过去科举教育,办学成本也大为上升,而上升的经费又都转嫁到民众身上。这使得一部分人对兴办学堂表示不满。以浙江为例,清末时期,以学堂为目标的乡民暴动连续不断。1910 年 4 月 21 日浙江慈溪、上虞、遂安、景宁等县乡民捣毁学堂。浙江慈溪县人民因仇视西学,聚众焚毁学堂。上虞、遂安、景宁等县继之,陆续有捣毁学堂之事发生④。1910 年 7 月 19 日浙江余姚县乡民暴动,捣毁学堂。20 日,"知县汤某至乡,拟将滋事之首犯带去惩办,讵该犯等竟又鸣锣聚众,欲与汤知县为难,汤见声势汹汹,急将衣冠卸去,始得免"⑤。这种落后文化打压先进文化的怪相,却是人类文明进程中常常发生的社会现象,也是新旧发展过程中不可避免的阵痛。但究其原因,首要可能在于经费转嫁激起民众不满,其次才是学堂教育对于乡村民众的不适应性。

---

① 廖寿丰:《光绪二十三年七月(1897 年)浙江巡抚廖寿丰请专设书院兼课中西实学折》,《杭州府志》卷十七《学校四》。转引自《中国教育大系·历代教育制度考(二)》,武汉:湖北教育出版社,2004 年,第 2020 页。

② 浙江省教育志编纂委员会编:《浙江省教育志》,杭州:浙江大学出版社,2004 年,第 804 页。

③ 浙江省教育志编纂委员会编:《浙江省教育志》,杭州:浙江大学出版社,2004 年,第 802 页。

④ 《记载一》,载《东方杂志》1910 年第 4 期。

⑤ 《记载一》,载《东方杂志》1910 年第 7 期。

第二节　浙江中学堂的运作模式

浙江的绍兴府中学堂创办于 1897 年,是近代浙江最早开办的中等学堂。它的规范性办学理念及一系列行之有效的规章制度,对于研究其时的中学发展,是很好的个例。直至今天,它的继承者绍兴一中仍然保持着强烈的人才发展势头。因此,对于其运作模式的分析,对于研究整个浙江中等学堂的运作,具有一定的典型意义。

一、入学程序

浙江省各中等学堂招生的方式不尽相同,但基本是各自招生的原则。同时在招生的过程中,对于考试科目、考试资质、考试具体要求都有所不同。

绍兴府中学堂的入学考试中,主要考"国文、算术、中国历史、中国地理四科"。同时,低年级升高年级时,必须"达相当之年龄及其各项课程分别考试合格者"[①]。

而要想进入绍兴府中学堂读书,还要履行相关的手续。事先要写"入学愿书"及"履历书"各一份,交给学堂监督(校长)。入学愿书、履历书如图 3-3。

图 3-3　绍兴府中学堂"入学愿书""履历书"格式

```
    入学愿书式
      原籍
      现住所
        姓　　名
            年龄
     今某愿入
  贵学堂第几年级肄业, 请
  允考试, 并附呈履历书一纸, 请
  察阅为幸!
        姓名　印
  绍兴府中学堂监督　　阁下
  光绪　年　月　日
    备考: 高等小学卒业文凭或最近之修业文凭, 及本人最近之照相与愿书一并呈交
       本学堂。
```

---

① 《绍兴府中学堂章程》,见薛绥之主编:《鲁迅生平史料汇编》(第一辑),天津:天津人民出版社,1981 年,第 216 页。

```
              履历书式
某学堂卒业生或第几年修了或修业中          姓名
一    学业
    何年何月起，入何学堂肄业，至何年何月卒业，或退学或
    肄业中其修了学科等级。
二    赏罚
    何年何月在何学堂何事受赏，何事受罚。
三    代姓名及职业
                                姓    名（印）
以上皆确实无误。
光绪    年    月    日
```

资料来源：《绍兴府中学堂章程》，引自《鲁迅生平史料汇编》（第一辑），天津：天津人民出版社，1981年，第216—217页。

　　在经过选拔考试入选后，入选考生还需要其父兄及保证人一名，写保证书一份，呈与学堂监督，保证书格式见图3—4。作为学生的担保人，年纪必须在二十以上，而且要身家清白，住在本城，有职业者方可。这个担保是有一定规矩的，"凡有学生不得中途退学，若有不得已事故或疾病等情拟请退学者，须由该生父兄及保证人知照本学堂监督允准方可"①。担保人还起到今天监护人的角色，甚或学生请假，担保人都须行担保职责。"学生在堂，应照本学堂所定课程按时上班，不得托故不至。若有不得已事故及疾病等情，拟请假至五日以上者，须由该生父兄或保证人陈明事由，呈与本学堂监督。若请假至一小时以上者，应由该生自行陈明请假事故。"②只有在经过了一系列的联保，学生才可以正式入学读书。

　　尽管是有保人从中作保，学生不能随意退学，但是学生如有犯规情形，学堂"当命其退学"，这主动与被动之间，又是那么不同。这些犯规行为主要有："一、性情骄纵，行为悖谬，不堪教训者；二、学力劣等，无成业之望者；三、请假至一年以上者；四、无正当之事由，旷课至一月以上者。"③同时，"凡

---

　　①　《绍兴府中学堂章程》，见薛绥之主编：《鲁迅生平史料汇编》（第一辑），天津：天津人民出版社，1981年，第216页。

　　②　《绍兴府中学堂章程》，见薛绥之主编：《鲁迅生平史料汇编》（第一辑），天津：天津人民出版社，1981年，第216页。

　　③　《绍兴府中学堂章程》，见薛绥之主编：《鲁迅生平史料汇编》（第一辑），天津：天津人民出版社，1981年，第216页。

斥退学生,须由本学堂监督许可"①。学堂监督对学生的进退负全权大责。

图 3—4 绍兴府中学堂"保证书"格式

```
        保证书式
         本籍
         现住所
             姓 名 年龄
        今某蒙
    贵学堂考试选入,自应遵守
    贵学堂章程,循规蹈矩,并决不敢半途告退。倘有违背  贵学
    堂章程及损害名誉等事,均惟保人及父兄是问。特此谨具
             本籍
             现住所
        职业 父兄    姓 名(印) 年龄
             本籍
             现住所
        职业 保证人   姓 名(印) 年龄

        绍兴府中学堂监督     阁下
        光绪  年 月 日
```

资料来源:《绍兴府中学堂章程》,引自《鲁迅生平史料汇编》(第一辑),天津:天津人民出版社,1981年,第217—218页。

二、课程设置、学业规范及纪律要求

绍兴府中学堂学科科目分修身、经学、国文、英文、历史、地理、数学、博物、物理及化学、法制及经济、图画、唱歌、体操十三科。具体学科课程及教授时刻表如下:

表 3—5 绍兴府中学堂各学年课程及教授时间表

学年 学科	第一年级		第二年级		第三年级		第四年级		第五年级	
	每周授业时间	课程	每周授业时间	课程	每周授业时间	课程	每周授业时间	课程	每周授业时间	课程
修身	1	人伦道德之要旨	1	人伦道德之要旨	1	人伦道德之要旨	1	人伦道德之要旨	1	人伦道德之要旨

① 《绍兴府中学堂章程》,见薛绥之主编:《鲁迅生平史料汇编》(第一辑),天津:天津人民出版社,1981年,第216页。

续表

学年学科	第一年级 每周授业时间	第一年级 课程	第二年级 每周授业时间	第二年级 课程	第三年级 每周授业时间	第三年级 课程	第四年级 每周授业时间	第四年级 课程	第五年级 每周授业时间	第五年级 课程
经学	3	《春秋左传》	3	《春秋左传》	3	《春秋左传》	3	《春秋左传》《周礼》	3	《周礼》
国文	4	讲读、作文、文法、习字附	4	讲读、作文、文法、习字附	4	讲读、作文、文法、习字附	4	讲读、作文、文法、习字附	4	讲读、作文、文法、习字附
英文	6	读法、译读、习字、默写、会话	7	读法、译读、习字、文法、会话	7	读法、译读、文法、作文、会话	10	读法、译读、文法、作文、会话、汉文英译、英文汉译	10	读法、译读、文法、作文、会话、汉文英译、英文汉译
数学	4	算术、代数	4	算术、代数	4	代数、几何	4	代数、几何	4	代数、几何、三角
历史	3	中国历史	3	中国历史	3	亚洲各国史	2	万国史	2	万国史
地理	3	中国地理	3	中国地理	3	亚洲各国地理	2	万国地理	2	万国地理
博物	2	博物学大意	2	动物学	2	植物学	2	生理卫生	2	矿物
物理 化学	2	理化学大意	2	化学	2	化学	2	物理	2	物理
法制 经济							1	法学通论	1	理财通论
图画	2	毛笔画、铅笔画	1	毛笔画、铅笔画	1	用器画	1	用器画	1	用器画
音乐	1	单音	1	单音	1	单音				
体操	3	普通兵式	3	普通兵式	3	普通兵式	3	普通兵式	3	普通兵式
合计	34		34		34		35		35	

资料来源:《绍兴府中学堂章程》,引自《鲁迅生平史料汇编》(第一辑),天津:天津人民出版社,1981 年,第 215 页。

　　学堂学生进出教室,都有明确的规定。学堂要求学生须整齐、严肃,不准有喧哗、懈怠的样子。

并不得中途请假避班及出室携取书物。教员到教室时,学生须同时起立致敬。学生应答、质问教员时,均须起立。教室所备之黑板、书籍、仪器、标本、药品等件,学生不得乱涂、毁损,违者除严罚外,仍须赔偿。若不明主者为谁,应由该级全体担其责任。教室内授业时间除应用书籍、纸笔外,不得携带他件。①

对于学生的奖惩,也有明确的规定。比如绍兴府中学堂,就规定"凡学生学年之成绩优等、品行方正、身体强健者,本学堂当以特特生待之,免取学费"②。对于这样的特特生,在毕业时,会发给优等文凭。这样的特特生人数约占总人数的 5%,并且特特生如有损害名誉或者失掉特特生资格的,都会受到学堂的罚斥。同时对于那些在一学年间从未缺席的学生,学堂"当予以精勤之褒状"。对于学生的惩戒分训斥、停学、斥退三种。如果有学生违背学堂规则,做了有违学生本分的事情,依照情节轻重会给予不同的惩戒。

学堂教育学生爱惜珍重学堂名誉及学生名誉,要求学生"不得干预学堂以外种种不名誉之事"③。在每个年级设置级长一人,副级长一人,他们的职责是传达学堂命令、统一学生行为。级长的任期以一学期为限,由学生选举产生,任期内若无过失会得以连任。副级长仅是作为级长告假缺席时替补,平时没有什么权限。同时,学堂对学生的日常行为,也设有种种的限制。学生平时所用的书籍及体操服等等,均由学堂代办,学生缴费领用。学生外出时,禁止穿体操衣服、带体操帽。同学之间要求互相敬爱,互相勤勉,不能够轻侮、嘲笑他人。在外出时,如遇学堂中的教师或职员,必须立正致敬。要求学生不毁坏公共物件,不得吸食各种烟草。并且除非是监督许可,不能擅自作演说。

如果有家人或者亲戚朋友来学堂参观,必须由教务员引导,不能擅自入内。同时学堂还有每年一次的旅行、运动会。绍兴府中学旅游定在每年的三月间,运动会定在九月份。对于学期的规定,其时一般中学堂以正月一日起至十二月终止为一学年。绍兴府中学堂"自正月一日起至六月终止

---

① 《绍兴府中学堂章程》,见薛绥之主编:《鲁迅生平史料汇编》(第一辑),天津:天津人民出版社,1981 年,第 216 页。

② 《绍兴府中学堂章程》,见薛绥之主编:《鲁迅生平史料汇编》(第一辑),天津:天津人民出版社,1981 年,第 216 页。

③ 《绍兴府中学堂章程》,见薛绥之主编:《鲁迅生平史料汇编》(第一辑),天津:天津人民出版社,1981 年,第 216 页。

为第一学期,七月一日起至十二月终止为第二学期"。每年有固定的节假日,绍兴府中学堂的堂定节假日有"来复日、先圣诞日、国庆日、节令、本学堂成立纪念日、学季休业日(六月一日起,七月十五日止)、冬季休业日(十二月二十日起,一月十五日止)"①。

三、考试与毕业

一般来说学堂考试分临时考试、学期考试、学年考试三种。临时考试由教员随时决定,学期考试在一个学期结束时举行,学年考试在学年结束时举行。中学堂平时考试的科目,主要就是学堂所学课程,对于习字、图画、唱歌、体操等科目,主要是以平时成绩来定。学生考试成绩的一个作用,在于升级。"凡学生得各学科之分数五十分以上,合总学科平均六十分以上者,准其进级肄业。"②如果说有学生两年考试都不及格,难以进级,就会被学堂斥退。

对于学堂的考试,无论临时考试、学期考试、学年考试时,学生都"不得托故欠席,违者应在无分数之例"③。无分数对于学生来讲,是非常可怕的。如果实在是有不得已事情或者有病不能参加考试的,这时候,就由该学生的父兄及保证人连印将其事由呈明监督,"经监督允许,方可准行。俟其事毕,来堂补试"④。保证人的作用,包括对学生的思想行为的控制,连不能考试这样的事情也须他来担保。在考试过程中,教员说明考试相关问题后,学生就不得再询问。教员一经发现有学生考试作弊,即命其退场,其答案为无效,并会给予严重的处分。

学业成绩以百分制计,学期成绩由该学期平时成绩与期末考试成绩按比例产生,学年成绩则由第一学期成绩、第二学期平素之学业及学年考试之成绩按比例产生。学生升级或者卒业,由学年成绩各学科之分数二分之一以上得总学科之平均 60 分以上者为合格,并考平素之行状酌定之。在

---

① 《绍兴府中学堂章程》,见薛绥之主编:《鲁迅生平史料汇编》(第一辑),天津:天津人民出版社,1981 年,第 216 页。
② 《绍兴府中学堂章程》,见薛绥之主编:《鲁迅生平史料汇编》(第一辑),天津:天津人民出版社,1981 年,第 216 页。
③ 《绍兴府中学堂章程》,见薛绥之主编:《鲁迅生平史料汇编》(第一辑),天津:天津人民出版社,1981 年,第 216 页。
④ 《绍兴府中学堂章程》,见薛绥之主编:《鲁迅生平史料汇编》(第一辑),天津:天津人民出版社,1981 年,第 216 页。

各科目中如果有一两科在 50 分以上、40 分以下,而其他各科皆得 70 分以上,100 分以下者,亦准其进级。

图 3—5 绍兴府中学堂卒业文凭

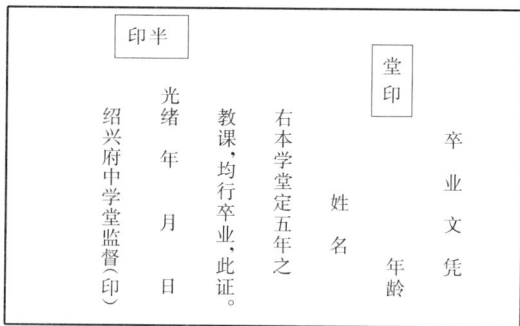

资料来源:《绍兴府中学堂章程》,引自《鲁迅生平史料汇编》(第一辑),天津:天津人民出版社,1981 年,第 214—223 页。

学生在学年考试时及格者授修业文凭。如果满五年课程,学堂在第五学年考试时,择其及格者授卒业文凭,卒业文凭样式见图 3—5。关于中学堂毕业生的出路,各不尽相同。他们有的被送入各高等学堂、高等专门学堂,有的会被资送出洋,还有的会留校做教员。

三、中西方高等教育设置的差异性

课程设置是学堂有别于科举年代旧式教育的重要特征。浙江高、中、初等学堂课程的设置,体现了西方先进文明在中国的快速传播。

求是书院后来发展为浙江高等学堂,其课程设置也与时俱进,在初期自设的基础上发生很多变化。中央层面《奏定学堂章程》的出台,对于学堂的规范办学,也起到了良好的标杆作用。

> 先设预科,定期 3 年毕业。1905 年另设师范科与师范传习所,招收年龄较大、国文程度较佳、而不及研读西文、能造就速成师范的,加以培养,也定为 3 年毕业。1908 年,预科第一班毕业,始设正科。正科分第一、第二两类。第一类为文科,第二类为理科。课程均照《奏定学堂章程》。外文有英、德、法三种,英文为第一外国文,法文为文科第二外国文,德文为理科第二外国文。文科的历史课程有中国典制史、西洋近代史,文科还有政治地理、法学通论、经济学

等。理科课程有算学、微积分、化学、矿物学、伦理学等。此外,心理学及伦理学两门则为两类学生所通习。自正科一年级第一类的政治地理及第二类的化学起,学生均用英文课本直接听讲。文、理两类各有美国籍教员1人,文科为亨培克、理科为梅立茹。另聘日籍教师4人:铃木圭寿教地理,过安弥教外国史地,元桥义敦教音乐,富长德藏教普通体操。从课程内容看,再稍加充实,即相当于美国大学的一、二年级程度。①

这一时期的浙江高等学堂,已经渐具现代大学的雏形,课程设置更加条理化、科学化。

中国新式学堂的课程,基本体现了"中学为体,西学为用"的特征。但由于其意识形态的影响及西学传入的不完全,中国学堂里的西学只是半洋化的西学。中国的学科内容又深受日本新学的影响,在众多外籍教师中,日籍教师占的比重是最大的。

西学东渐,第一个应该到达并被吸收的国度本应该是中国。因为西方人也明白,日本、朝鲜等国家,它们的文化都是源出中国。可惜由于中国人天朝上国的自大以及对西洋技艺的极端蔑视,洋人的技术最终在日本落下根来。等中国领悟在这个时代非学习西方技术不可之时,西方的炮舰已经冲破了中国硕大的军事要塞,甚至杀到京师,逼走皇帝。吸取几次大败仗的教训,中国人在亡国灭种的气氛中去日本或从日本引进日化的西学,这样的西学,原汁原味的东西很少,更多的是一种食之不化的次成品②。

到了1903年,杭州地区作为省会,教育事业得到了充分的发展,具体见表3—6。

---

① 《浙江大学》,根据校史整理,载浙江省政协文史资料委员会编:《浙江近代著名学校和教育家》(《浙江文史资料选辑》第45辑),杭州:浙江人民出版社,1991年,第40—42页。

② 就笔者的判断,往强的方面估计,日本也就是学到西学精髓的三分之二,西学再经日本传到中国,再来个三分之二,中国就是学到了西学的九分之四,连一半还不到。这还是最大限度的估计,可见中国学堂样式课程的深度与效用性。

表 3—6　　1903 年杭州地区学校一览表

定名	建设人	驻堂办事人数	教习人数	学级	每年经费	学费	学额
浙江大学堂	（官立）前浙江巡抚廖寿丰	提调 1（官），副办 1（绅），收支 1（官），副收支 1，文案 1，书记 1，总司书 1，副司书 1，监舍 1，庶务 1	中文 4，英文 3，日文正 1，副 1，算学正 1，副 1，理化 1，体操 1，督课 1	高等豫备科	27000两	不收	定额 120 人
杭州府学堂	（官立）前杭州知府林启	总稽查 1，内稽查 1，外稽查 1，收支 1（官），副收支 1，庶务 1，书记 1	中文 1，英文正 1，副 1，东文 1，舆地 1，算学 1，体操 1	中学补习高等小学	13000两	不收	定额 100 人（现未足）
安定学堂	（私立）候选郎中胡焕独力捐建	会计 1，庶务 1	本国史 1，外国史 1，国文 1，舆地 1，算学兼舆地生理学 1，算学副 1，英文 1，东文 1，体操兼图画 1，速成师范 3	寻常中学兼高等小学	4320元	本省不收月外省 3 元	定额第 1 年本省 40 人外省 13，第二年本省 50 人外省 10 人。师范生定额 20 人（现收 8 人）
仁和县学堂	（官立）仁和县知县萧治辉遵设	总稽查 1，内稽查 1，外稽查 1，收支 1，庶务 1	中文四，算学 1，英文 1	未详	6900元	不收	定额 50 人
钱塘县学堂	（官立）钱塘县知县汪文炳遵设	总稽查 1，内稽查 1，外稽查 1，收支 1，庶务 1	中文 2，算学 1，英文 1	寻常小学兼高等蒙学	6900元	不收	定额 50 人（现尚未足）
仁钱蒙养学堂计十区	（官立）仁钱两县遵办		每区 1 人	无学级	每区 120 元	收脩无定数	无定额
新民民墅	（公立）合众捐资	无	教习 1	高等蒙学兼寻常小学	按月筹捐	每月 0.5 元	20 人（现未足额）
东城蒙墅	（私立）		教习 3	高等蒙学	无	每月 1 元	40 人

续表

定名	建设人	驻堂办事人数	教习人数	学级	每年经费	学费	学额
宗文义塾	慈善公款	塾正 1,收支 1,督课 1	历史 1,舆地 1,算学正 1、副 1	高等蒙学兼寻常小学	5040 元	不收	60 人
武备学堂	(官立)前浙江巡抚廖寿丰奏办	提调 1、稽查 1,文案 1,督课 2,总翻译 1,翻译 2,帮翻译 1,帮文案 1,收支 1,管理军械器具 1,绘图 1,医官 1(日本人),照料 1	总教习 1(日本人),兵器(地形测量),绘图 1(日本人),筑城 1(日本人),体操 2(日本人),普通科 2(日本人)		30000余元	不收每月每名给杂费 500 文	100 人
蚕学馆	(官立)前杭州知府林启创办	收支 1,管仪器 1,通事 1	总教习 1(日本人),副教习 1(日本人),帮教习 1		11000两	不收	60 人
育英书院	(耶稣教会立)美国北长老会	本国 2 人,西国 2 人	中文 6,西文 3(西人)	中学	约2000元	不收	80 人
蕙兰书院	(耶稣教会立)	中国 1 人,西国 1 人	中文 6,西文男 4、女 4,(西人)	小学	约800余元	不收	100 人(现未足额)
西湖学堂	(耶稣教会立)英国安立会	中国 1 人,西国 1 人	中文 1,西文 1(西人)	蒙学	所收脩金	每月收修膳洋 9 元	30 人
女学堂(无定名)	(耶稣教会立)美国南长老会立	中国女 1 人,西国女 1 人	中女教 5,西女教 1		约1000余元	每年 6 元	50 人
女学堂(无定名)	(耶稣教会立)美国北长老会	中国女 1 人	中女教习 2 人,西女教习 1 人		约400元	不收	25 人

续表

定名	建设人	驻堂办事人数	教习人数	学级	每年经费	学费	学额
两浙公学（由励志、改进两学社合并更定今名）	（学生自立）	学监 2 人（学外另请），干事 6 人（由学生公举）	国文兼伦理 1，历史 1，地理兼日文 1，英文 2，算术（学生自任），物理及化学 1，日语兼图画、体操十余人（武备学堂学生轮流教授，上皆义务教员不支薪水）	高等普通学	无	每月 1 元	无定额现在学生 60 余人拟扩充至 300 人及 400 人

资料来源：《浙江省会学校一览表》，载《浙江潮》1903 年第 8 期。

如果从新学的教育效果来看，第一代的学生对于西学的领悟，仅是一种启蒙性质。真正学到西方技术的，是那些去欧美留学的中国留学生，可惜这批人少之又少。所以到了清末的时候，在旧学推翻的基础上，新学学个一知半解还满以为能够救国强兵，这就是清末一代学生群体之于国家的悲剧所在。在这个意义上，学生群体中的不革命派——改良派，应该有它更多的时代价值，而不是仅仅受到后世的鞭笞。

辛亥之后，中国落后挨打的局面依然存在。没有了清政府，社会依旧在向前，权力中枢的卖国行为还是时有发生。只是付出所换回的，并不是之前那理想中的社会。

第三节 浙江学堂里的师生关系

清末学堂里的师资，尽管由于历史及现实的因素，较多掌握新学知识的人还很缺乏，但整个教师群体中，不凡那些德高学博、循循善诱的老师。这些亲切的老师，在学生的心中留下了深刻的影响。学堂里的师生关系，已经大改过去师道尊严的样式。因为形势的变化，一个老师的授学范围也有所扩大。时代的变化，也引起了师生关系的变化。除去学堂里旧式教师古板、迂腐的形象，一些新型的师生关系，更是颇领时代风气。

一、思想型

清末教员,承时代变革之先声,常常能够开一自然风气。而思想力量型教师,常常给学生以无穷的动力。比如说在绍兴中西学堂任课的杜亚泉,就是其中一例。蔡元培回忆说:

> 余之识亚泉先生,始于民元前十三年。是时绍兴有一中西学堂,余任监督,而聘先生任数学及理科教员。盖先生治学,自数学入手,而自修物理、化学及新增日文。先生与余等均不谙西文,则多阅日文书籍及杂志,间接的窥见世界新思潮,对于吾国传统的学说,不免有所怀疑。先生虽专攻数理,头脑较冷,而讨寻哲理针砭社会之热诚,激不可遏。平时各有任务,恒于午膳晚餐时为对于各种问题之讨论。是时教职员与学生同一膳厅,每一桌,恒指定学生六人教职员一人;其余教职员,则集合于中间之一桌,先生与余皆在焉。每提出一问题,先生与余往往偏于革新方面,教员中如马湄纯、何阆仙诸君亦多表赞同;座中有一二倾向保守之教员,不以为然,然我众彼寡,反对者之意见,遂无由宣达。在全体学生视听之间,不为少数旧学精深之教员稍留余地,确为余等之过失,而余等竟未注意也;卒以此等龃龉之积累,致受校董之警告,余愤而辞职,先生亦不久离校矣。[①]

周树人同事回忆他在浙江两级师范学堂的往事:

> 我于 1903 年去日本留学,1907 年回国。杭州浙江两级师范学堂一开学就去了。当沈钧儒做监督(校长)、许寿裳做监学(教务长)时,鲁迅适从日本回国,很快他也去这所学校工作了。鲁迅教的是生理卫生课,同时兼任植物课的翻译(当时动植物课教师是日本人,动物课翻译由我担任)。每逢星期天,他便带领学生去野外采集植物标本,而我就背着猎枪去打鸟,做动物标本。[②]

学生回忆周树人老师,饱含着很深厚的感情:

　　① 蔡元培:《杜亚泉先生遗事》,见浙江省政协文史资料委员会编:《浙江近代学术名人》(《浙江文史资料选辑》第 43 辑),杭州:浙江人民出版社,1990 年,第 24 页。
　　② 杨莘耜:《关于鲁迅在浙江两级师范学堂的一些情况(节录)》,见薛绥之主编:《鲁迅生平史料汇编》(第二辑),天津:天津人民出版社,1982 年,第 406—407 页。

当时每学期有修业证书,即成绩报告单。毕业时有毕业证书,每门功课不仅写明分数,而且任课教师都在名下盖章。生理卫生的分数下面盖的是周树人的印章。我的毕业证书和鲁迅先生的讲义我都一直保藏着,抗日战争中从湖州中学逃难出来时还带着,路上在一个祠堂上课,日本人追来,匆忙逃难,全丢失了。①

二、博学型

求是书院的学生钱均夫②曾经深情地回忆其在求是学院的求学经历,认为教授国文的老师多是博学之士。这其中难以忘怀的,如乙亥年求是书院聘请宋燕生先生,有一次询问一学生《经世文编》,问其每日能阅几本,答曰十余篇,师喟然曰:"如此则全书正续两编共有 48 册,若干年后,始能阅完,中国书籍,即以全书所载者,浩如烟海,尔辈何时方能读毕。"于是有学生问老师每天应该读几本,答道每天要读三四本,并且"抽取若干精读之文,而指讲之,一篇不乱,其记忆力之坚强也如此"③。博学型老师能够对学生产生深刻的影响。

三、导师型

养正书墅的陈介石,则属于思想与学习导师型。

这时三班的历史教员是刚刚请来的一位有名的历史学家陈介石先生(名叫黻宸),他老的古文也做得好,我们初初并不晓得,只当是一位布衣布鞋的乡下老先生。他老一口温州话,我们初初也真懂不得,可是我占便宜了,因为我到过温州,虽则我在温州住了将近一年,实在没有和温州人正式接触,不过听听邻舍人家讲话,有了些印象,所以陈先生说出来,我倒觉得和"他乡遇故知"一样。我听了他老对历史上的

---

①　吴克刚:《谈鲁迅先生在浙江两级示范学堂》,见薛绥之主编:《鲁迅生平史料汇编》(第二辑),天津:天津人民出版社,1982 年,第 412 页。

②　钱均夫(1880—1969),名家治,祖籍杭州;1904 年考入日本东京高等师范学校,1912 年,钱均夫在上海创办了"劝学堂",传播民主革命的思想。曾在原民国政府教育部任职多年,后任浙江省教育厅厅长;1956 年被国务院任命为中央文史馆馆长,1969 年去世。其子是著名科学家钱学森。

③　钱均夫:《求是书院之创设与其学风及学生生活情形》,载浙江省政协文史资料委员会编:《浙江近代著名学校和教育家》(《浙江文史资料选辑》第 45 辑),杭州:浙江人民出版社,1991 年,第 3 页。

议论,很感兴趣。他老因为言语不通,总是用笔来考问我们。他老不但"循循善诱",还真懂得"不愤不启,不悱不发"的教法。我们经他老几次的启发,没有不五体投地的皈依他老了。[1]

清末政治事件常常大起大落,而一般学生却难以立即在风云变幻的思想中立即转过弯来。马叙伦回忆说:

> 这年是清朝光绪二十六年,北方出了义和团的乱子,欧美日本八国联军攻入北京,皇太后皇帝都向西安逃跑了。那时杭州有三份上海报纸,是《申报》《新闻报》《中外日报》,但是我们书塾里只教员室有报看,我们哪里敢进去。这位陈先生却常常把时事告诉我们。一日,他把我叫得去,告诉我联军进了北京,皇帝走了。我好像天向我头上压下来了,就嚎啕大哭。他老却不响,只待我哭得太伤心了,他才对我说,你不要哭,慢慢对你说。我听他的说话,好像基督徒相信圣经一样,晓得他老必定有个道理的,也就止了泪。他老说:"你去息息吧。"我内心还是凄凉着,也没有话说,就退出了。[2]

尽管陈介石没有向学生直接灌输革命思想,但是他却从其他方面,比如一些思想启蒙著作中入手,来启发学生对于时代的理解。

> 后来他老并不怎样特别地告诉我什么,但是我们从他老讲历史里说到六朝五代和宋明亡国的事,我们不知不觉了解我们所处的时代了。他老又叫我们在课外看《天演论》《法意》和《黄书》《伯牙琴》《明夷待访录》一类的书,我们又不知不觉懂得须要革命了。因此我们考试文里也大变了色彩。[3]

从这里可以看出,老师在思想上对学生的影响,会产生潜移默化的效果。马叙伦等学生正是在老师变革思想的启发下,慢慢懂得了革命的一些道理。

四、守旧型

清末中的学潮,管理者不善、教师守旧是其中一个重要因素。浙江的

---

① 马叙伦:《我在六十岁以前》,北京:生活·读书·新知三联书店,1983年,第10页。
② 马叙伦:《我在六十岁以前》,北京:生活·读书·新知三联书店,1983年,第10—11页。
③ 马叙伦:《我在六十岁以前》,北京:生活·读书·新知三联书店,1983年,第11页。

中等教育与高等教育的领军学校——养正书塾与浙江高等学堂都相继发生学潮，而其诱因，也大致与管理者或者教师的守旧相关。

马叙伦曾经在养正书塾读书，就碰到这样的守旧型老师。

> 我们同学们合理的思想发展了，我们组织起来了，对于校方古典式的一切会表示不满。在历史上，学生一进了校门，除了工友们以外，都是师长，尤其是在四十多年前，师字是和天地君亲成了联系的，杭州人家家里往往供着一块天地君亲师的牌位，便可以晓得师字的尊严，所以书塾里的职员，人人自以为师，个个自以为长。我们塾里一位学正先生（类似现在的庶务主任），真很神气，大家就把他做了攻击的对象，但是平常对他还是礼貌不变。①

而有时由于师道尊严的因素，一些学生常常因某些方面的不慎重而被校方开除。

> 一日，我们六个师范生正陪着陈老先生吃晚饭。忽听到楼下饭厅里那位学正先生的声音很高，还有拍桌子的声音。赶紧叫工友去看，他回来说："邵师爷同傅少爷，徐少爷相骂，邵师爷坐得轿到监督屋里去哉。"我们赶紧下去一问，方晓得和这位学正先生同桌子吃饭的同学傅振绅（后来改名锐，字勿退）、王孚、徐景清三位，吃饭时候谈天，被学正先生斥责了，所以争起来。我们晓得学正先生向监督那里一去，这三位同学定被严厉的处分了。向来我和汤杜两同学是被监督特别看待的，这时汤尔和因病睡在隔壁医院里，大家就推我和杜士珍也赶到监督家里去，好替那三位同学说说话。可怜，我们是一盏灯笼两条腿，怎样赶得过学正先生的轿子。半路上就看见"翰林院编修"的灯笼，晓得监督向校里来了，又急忙回身就赶。赶到了校里，只见全校的同学已布满了监督办公室外面院子里，好些教员都在监督办公室外面君子堂里，监督准备开除三位同学的学籍了。②

结果此次学潮中，不仅开除了这三位同学，连带教员辞职，马叙伦等同学也一并被校方除名。蒋梦麟回忆杭州一所办学资质较差的教会学校的

---

①　马叙伦：《我在六十岁以前》，北京：生活·读书·新知三联书店，1983年，第15页。

②　马叙伦：《我在六十岁以前》，北京：生活·读书·新知三联书店，1983年，第15—16页。

学潮,也是典型的由守旧教师原因引发。

　　　　校园之内惟一像样的建筑是礼拜堂和校长官舍。学生则住在鸽笼一样的土房里,上课有时在这些宿舍里,有时在那间破破烂烂的饭厅里。大概是出于好奇吧,学生们常常喜欢到校长官舍附近去散步。校长不高兴学生走进他的住宅,不速之客常常被撵出来。有一次,一位强悍的学生说什么也不肯走开,结果与一位路过的教员发生冲突。围观的人渐聚渐多。那位学生说先生搁他的耳光,同时放声大哭,希望引起群众的同情。这次纷扰遂即像野火一样波及全校。学生会多数决议,要求校长立即开革那位打人的教员。校长断然拒绝学生的要求,群众的情绪愈涨愈高。校长冷然告诉学生说:如果他们不喜欢这个学校,就请他们卷铺盖。不到两个小时,全体学生都跑光了。①

　　由此可以看出,因为守旧教师的成见而酿成的学潮是清末一个特有的现象。教师的素质对于学校的发展是有着重要的作用的。

第四节　清末学生的学习生活与社会交往②

　　清末废科举、兴学堂后,产生了第一代学生。他们作为与科举时代学习生活与社会交往不同的新式读书人,其所经历的学习生活等都发生了显著的变化。浙江是中国较早接受欧风美雨的地区之一,通过对其时浙江学生沈雁冰、马叙伦、蒋梦麟等人的历史回忆进行梳理分析,进一步清晰了他们教育活动的生活场景。而诸如这般的学生生活,也因为处于鼎革年代的特殊机缘,这些读书人的生活与交往都充满了历史的范式色彩。新式读书人的学习生活与社会交往,以学生生活史研究的方式,展现了他们承前启后、与众不同的生活状态。

一、清末学生的学习生活

　　如何从宏观的角度把握近代中国史的发展变迁,学生活动是一个很好

---

　　①　蒋梦麟:《蒋梦麟回忆录:西潮与新潮》,北京:东方出版社,2006 年,第 64—65 页。
　　②　该节内容以《新式读书人的学习生活与社会交往——以清末浙江学生的回忆为中心》,刊载于《浙江社会科学》2011 年第 7 期。

的观察切片,近代中国某种意义上可以说是学生化的中国,而国内对于学生史的研究,桑兵教授的早期著作①力图以一种感性的方式,表现清末学生的活动与作用,近年来瞿骏先生的学生生活史研究②,则是试图将清末学生与五四学生以活动史的方式进行有效的串联。而这些学生史研究的共性,与周洪宇教授近些年所倡导的教育活动史③的研究是相统一的,周教授认为研究教育史应该追求一种全景式总体史的研究宗旨,在生活与平民化的生活圈中寻找历史与教育的契合点。浙江就是这样一个能够典型地反映近代中国历史变迁并体现学生活力与动力的一个契合点。

　　由于地理区域的优势,浙江成为近代中国最早接受欧风美雨熏陶的区域之一,并且近代浙江涌现出来的各类人才活跃于政治、经济、军事、文化等各个社会舞台。而这些人才的源头——清末浙江学生的生活状况,也很好地反映了处于近代社会大转型时期中国一个沿海省份独具个性的教育场景。

　　平淡总是历史的常态。新式读书人,是针对科举时代的士子们而言。清末学生在读书之时,方默默于世间一角。社会的剧烈变革,也无时不影响着学生的生活状态与它的社会交往。清末学生群体的产生与他们的初期成长,其中拥有许多极具个性与魅力的话题。仅就清末学生的生活与交往来说,尽管是刚刚起步,但是它们涌现出来的形式与内容,与传统的私塾、书院相比,也已具有深刻的变化。

　　概括学生群体的业余生活与社会交往,有资料限制上的研究难度。而

---

　　①　参见桑兵:《清末新知识界的社团与活动》,北京:生活·读书·新知三联书店,1995年,该书主要从社团的联系与活动开展角度,论述了新知识界的成长。而另一部学生史专著《晚清学堂学生与社会变迁》(南宁:广西师范大学出版社,2007年),从文化分层与西学引进着手,详述学生群体的形成、兴盛及学潮的内容,并论及学堂学生群体视角中清末民主化进程、反清革命及清末社会变迁。

　　②　瞿骏:《“没有晚清,何来五四”之反思——以“转型时代”(1895—1925)学生生活史为例》,载《学术月刊》2009年第7期;《辛亥革命与日常生活——以学堂学生与城市民众为例》,载《开放时代》2009年第7期。

　　③　详见周洪宇:《学术新域与范式转换——教育活动史研究引论》,武汉:华中科技大学出版社,2011年。该书作为教育活动史学派的重要理论著作,在强调教育史研究范式转换的同时,在研究方式上注重以民众的教育生活为研究重点,以问题研究为导向的研究取向,而这种以教育活动为研究载体的反映历史变迁的低社会视角的历史叙事,也正是教育与历史的研究使命高度结合与碰撞之所在。在研究方法上,强调地上与地下、史学与文学、书面与口述三结合的大史料观,“视情而定”的理论与方法论,采取“善序事理”的叙事形式,这也使该学派在以教育活动作为研究对象时,具有更多的史学学科研究倾向。

常态的形式，往往难以留下深刻的内容。笔者力图通过对清末学堂片断的回忆与分析，寻找浙江学生①在新旧相间的清末所经历的学习生活与社会交往，探究新式读书人的成长。

在清末废科举、兴学堂的时代号召下，浙江各地普设中小学堂。由于新式学堂跨越式的发展，带来了诸如师资、课程等方面的制约，相较旧式的科举授课模式，新式教育由于课程内容的丰富与延伸，课堂教学也出现了很多新情况。首先是由于课程设置标准的缺乏，课程的规范化建设在当时成为几乎难以完成的使命，所以各地多根据自身情况，灵活设置自己所能开设而又适合新学的课程。

后来成为著名文学家的浙江学生沈雁冰（即茅盾）接受的启蒙教育很早，在进学堂前就读过家塾、私塾。随着新学在浙江的深入，沈在8岁时进了乌镇的立志小学接受初小程度教育，后转学到植材高等小学，成为该校的第一班学生。沈雁冰所读的植材高等小学，也经过了中西学堂的发展阶段，小学堂的课程设置随着时间的推移而不断更新。沈雁冰回忆说："我进植材后，才知道教的课程已经不是原来中西学堂的英文、国文两门，而是增加了算学（代数、几何）、物理、化学、音乐、图画、体操等六七门课，又知道教英文和教新增加的课程的，都是中西学堂的高材生，毕业后由学校保送到上海进了什么速成班，一年后回来做我们的老师的。教我们的英文的叫徐承焕，用的课本是内容相当深的，他还兼教音乐和体操。教代数、几何的是徐的兄弟徐承奎，用的几何课本是《形学备旨》，代数课本是什么记不得了，但进度很快。图画课在当时一般的小学校里是不容易开的，因为教师实在难找。植材小学总算找到了一个，是镇上一位专门替人画尊容的画师。那时，乌镇还见不到照像，人死后，就请画尊容的画师来画一张尊容像，留作纪念。对于音乐，我是喜欢的。音乐用的是沈心工编的课本，其中有一首《黄河》，共四节，现在还记得第一节是'黄河，黄河，出自昆仑山，远从蒙古地，流入长城关，古来多少圣贤，生此河干。长城外，河套边，黄河白草无人烟，安得十万兵，长驱西北边，饮马乌梁海，策马乌拉山。'这首歌曲调悲壮，我很喜欢，但不懂歌词的意义，教音乐的徐先生，只教唱，不解释歌词。我问母亲。母亲为我详细解释，并及白草的典故，但乌梁海、乌拉山，母亲也

① 本节中的学生主要指学堂学生，不包括留学生。

不懂,只说这大概是外国的地名。"①从沈雁冰的回忆里,不难看出,浙江早期的初等学堂教育,传授了一些科学常识,尤其是增加了算学、物理、化学、音乐、图画、体操等传统科举所不具备的内容,这些对学生的现代科学知识的培养起了重要的启蒙作用。而由于新学突飞猛进的发展,合格师资成了一个大问题,经过一定阶段的培训,留校生成为弥补师资缺乏的一种重要途径。同时,对于美术等个别科目,如植材这样的乡镇小学堂,让那些本身就没有新学基础的人,如那个替死人画像的画师来教授美术,是当时浙江乡镇小学堂课堂教学活动中特别的现象。

小学堂学生的学习生活,因其年龄特点、学堂临家近等情况,在特定的学生身上,会有它的特殊性。沈雁冰回忆在嘉兴桐乡乌镇上学时的情景,却是另外一番景象:"那时候,父亲卧床不起,房内总要有人伺候,所以我虽说上了学,却时时要照顾家里。好在学校就在我家隔壁,上下课的铃声听得很清楚,我听到铃声再跑去上课也来得及,有时我就干脆请假不去了。母亲怕我落下的功课太多,就自己教我,很快我就把《论语》读完了,比学校里的进度快。《速通虚字法》帮助我造句,《论说入门》则引导我写文章。那时,学校月月有考试,单考国文一课,写一篇文章(常常是史论),还郑重其事地发榜,成绩优秀的奖赏。所以会写史论就很重要。沈听焦先生每周要我们写一篇作文,题目经常是史论,如《秦始皇、汉武帝合论》之类。他出了题目后,照例要讲解几句,暗示学生怎样立论,怎样从古事论到时事。我们虽然似懂非懂,却都要争分数,自然跟着先生的指引在文章中'论古评今'。"②沈雁冰上课的教室就在自家的隔壁,想来是很多儿童读书时所期望的理想教室,同时亦可作为小孩子炫耀的资本。但由于父亲的病重,本该让沈雁冰所喜悦的这种隔壁学校的感觉,亦笼罩在一种忧伤之中。

为了更好地适应作文的要求,"硬地上掘曲蟮",沈雁冰还无师自通地发明了文章写作的三段式:"第一,将题目中的人和事叙述几句;第二,论断带感慨;第三,用一句套话来收梢,这句套话是:'后之为××者可不×乎'?这是一道万应灵符,因为只要在'为'字下边填上相应的名词,如'人主''人父''人友''将帅'等等,又在'不'字之下填上'慎''戒''欢''勉'一类动词

---

① 茅盾:《我的学生时代》,天津:新蕾出版社,1982年,第35—37页。

② 茅盾:《我的学生时代》,天津:新蕾出版社,1982年,第33页。

就行了。每星期写一篇史论,把我练得有点'老气横秋'了,可是也使我的作文在学校中出了名,月考和期末考试,我都能带点奖品回家。"①这样一种为了应付作文的八股式的文章写作范式,是小学生在学习生活实践中的小聪明体现。

相较小学堂而言,创立于 1897 年的浙江省第一所真正意义上的中学——绍郡中西学堂则更具有代表性。1898 年冬,戊戌变法失败后,在北京任翰林院编修的蔡元培认为清廷政治改良无望,于是弃官回绍,应聘出任绍郡中西学堂总理(校长)。1899 年 3 月 12 日,绍郡中西学堂开学,学生到者有 23 人,附课生 3 人,算学师范生 1 人。蔡元培说:"北京大学蒋梦麟君与北大地质学教授王烈君,都是那时第一斋的小学生","中央研究院秘书马襟光君,浙江省教育厅科员沈光烈君,都是那时第三斋的高材生",有记载的"尚有杜焕孙、胡孟乐、张梁、张桢、寿昌田、骆思曾、诸福诜、张云樵、蒋梦桃,以及师范生李雪身、张德骧等人"②。

蔡元培办学重视师资选配、教材编写与课程改革:"1899 年 7 月,学堂更名为绍兴府学堂。蔡元培招揽'极一时之选'的教员,力排守旧势力的阻扰和干扰,积极推进新式教育:购置科学仪器,改革课程设置,自编教材课本,先后增设日文、体操、测绘、物理化学等课,并率先引进外籍教员。在蔡元培的主持下,绍兴府学堂经革新而成为清末国内新是学堂的佼佼者之一,在中国近代教育史上占有一席之地。"③

其时绍郡中西学堂,分为三斋:最高为第三斋亦称理学斋,略等于今天的高一;其次是第二斋,亦称词学斋,略等于今天的初一;再次是第一斋,亦称蒙学斋,略如高小一年级。此外,还设有国学、专习算学等附课生、师范生班④。

蒋梦麟曾就读于第一斋,他若干年后深情回忆,对绍郡中西学堂这段懵懂的初学岁月,给予了很高的评价:"中西学堂教的不但是我国旧学,而

① 茅盾:《我的学生时代》,天津:新蕾出版社,1982 年,第 33 页。

② 蔡元培:《自写年谱》,载高平叔撰著:《蔡元培年谱长编》(第 1 卷),北京:人民教育出版社,1998 年,第 146 页。

③ 章玉安:《绍兴一中建校百年史略》,见绍兴市政协文史资料委员会编:《绍兴文史资料》(第十二辑),绍兴:内部发行,1998 年,第 147—148 页。

④ 参见高平叔撰著:《蔡元培年谱长编》(第 1 卷),北京:人民教育出版社,1998 年,第 146—147 页。

且还有西洋学科。这在中国教育史上还是一种新尝试。虽然先生解释得很粗浅，我总算开始接触西方知识了。在这之前，我对西洋的认识只是限于进口的洋货。现在我那充满了神仙狐鬼的脑子，却开始与思想上的舶来品接触了。我在中西学堂首先学到的一件不可思议的事是地圆学说，我一向认为地球是平的。后来先生又告诉我，闪电是阴电和阳电撞击的结果，并不是电神的镜子里发出来的闪光；雷的成因也相同，并非雷神击鼓所生。这简直使我目瞪口呆。从基本物理学我又学到雨是怎样形成的。巨龙在云端张口喷水成雨的观念只好放弃了。了解燃烧的原理以后，我更放弃了火神的观念。过去我们所崇拜的神佛，像是烈日照射下的雪人，一个接着一个溶化。这是我了解一点科学的开端，也是我思想中怪力乱神信仰的结束……"①从蒋梦麟的回忆中，可以看出，在蔡元培执掌下的绍郡中西学堂，不仅对于西学予以启蒙式的教育，而且为学生奠定了近代科学的基本理念。

浙江近代重要教育家、杭州知府林启在1898年4月创办的浙江蚕学馆，是近代浙江一所具有职业教育性质的新式学校。初期招生30余名，所取学生以秀才为多。"学生数额三十名，不论举贡生童，有能家世业蚕，文理通顺，年在二十左右，明敏笃静者，准其报名投考。惟短视人于显微镜不相宜。课程设有理化、动植物、蚕体生理、病理、解剖、气候、土壤、饲育、植桑、缫丝、采种等科，学程二年，林启自兼总办，并派人赴日本留学专习蚕桑。此馆为全国最早的农业专科学校。"②在办学的过程中，那些由于特殊专业而必须具有的课程，课程师资成为一时的难题。未来培养这些师资，经常派人到邻国日本学习。

求是书院是清末浙江教育中最顶层设计，具备今天高等教育的性质。求是书院在创办之初就历经波折，在求是书院求学的钱均夫回忆说："求是书院初办时，招收已就学之秀才，入学者膳宿费全免，并有三五元之膏火费。学生共30名，戊戌新政时，推广而分设内外两院。招收外院学生，以有志于讲求新学者为合格，一时应试者极为踊跃。政变后，退学者甚众，留者不过十之一二，故陈师（陈仲恕）尝谓此辈不退学者诚为认识国事力求新

① 蒋梦麟：《蒋梦麟回忆录：西潮与新潮》，北京：东方出版社，2006年，第55—56页。
② 浙江省政协文史资料委员会编：《新编浙江百年大事记1840—1949》（《浙江文史资料选辑》第42辑），杭州：浙江人民出版社，第88页。

学之学生。"①

　　求是书院的课程与教学,也体现了当时的时代特性:"当时之课程远无今日之完备。国、英、数为必修课,学生专心于国文者最多,英文教师有时兼授理化、生理卫生。学生无实验,均由教授行之。国文不是由教授直讲,而由学生自行研阅,疑则发问,教师解答,往往有一句钟内教师未发一言者。然学生必须日作札记,每晚呈缴,由教师批改。文课则头班生每逢朔望试作,二班生于朔望与头班生合课外,复于初八日、二十三日加课试作。"②求是书院后来发展为浙江高等学堂,其课程设置也与时俱进,在初期自设的基础上发生了很多变化。后来清政府《奏定学堂章程》的出台,对于学堂的规范办学,也起到了良好的标杆作用。

　　清末学生的学习生活,是第一代学生群体成长的集体回忆。钱均夫曾经深情地回忆其在求是学院的求学经历,认为教授国文的老师多是博学之士。这其中难以忘怀的,"如乙亥年求是书院聘请宋燕生(平子,平阳人)先生主讲,养正书塾聘请陈介石先生主讲"。并认为"宋先生学问德望为海内冠,读书能过目不忘,并谓不独尽阅中国书籍,即大藏经典,亦皆过目。年事虽高,而思想甚新,著有宋平子卮议,学生有询以既有卮议,则必有高议,能假阅否。师谓有之,然斯时尚不许尔辈假阅也"。而且博学教师不仅学识令学生神往,而且其经历也令学生赞不绝口。宋"并曾游说李鸿章、张之洞等,欲为国事有所划策,不为所采,退为主讲"。有一次,见一学生读《红楼梦》,便问该生读到何处,答到已至某某回,于是宋先生随命该生背诵《芙蓉诔》,学生不能做到,但是宋先生即自始而终背诵之却能够一字不乱,他告诫同学:"尔辈读书,遇有佳文,须熟记之,则他日行文,方有进境。"③

----

　　①　钱均夫:《求是书院之创设与其学风及学生生活情形》,载浙江省政协文史资料委员会编:《浙江近代著名学校和教育家》(《浙江文史资料选辑》第45辑),杭州:浙江人民出版社,1991年,第2页。
　　②　钱均夫:《求是书院之创设与其学风及学生生活情形》,载浙江省政协文史资料委员会编:《浙江近代著名学校和教育家》(《浙江文史资料选辑》第45辑),杭州:浙江人民出版社,1991年,第2页。
　　③　钱均夫:《求是书院之创设与其学风及学生生活情形》,载浙江省政协文史资料委员会编:《浙江近代著名学校和教育家》(《浙江文史资料选辑》第45辑),杭州:浙江人民出版社,1991年,第2—3页。

博学型老师能够对学生产生深刻的影响,如宋恕这样的良师,以其渊博的学识、极强的记忆力以及对学生学习生活的关心,而深得学生爱戴。"故宋先生在校未到一年,学生受益甚多,而校风顿变。师所教学,纯为启蒙式教育,非斤斤于占哔者所可比拟也。"①

阅读进步书籍,是清末追求进步学生的一大倾向。梁启超的文章一度是青年学生追捧的对象。《新民丛报》对清末时期学生的影响力,蒋梦麟记忆犹新。"梁启超在东京出版的《新民丛报》是份综合性的刊物,内容从短篇小说到形而上学,无所不包。其中有基本科学常识、有历史、有政治论著,有自传、有文学作品。梁氏简洁的文笔深入浅出,能使人了解任何新颖或困难的问题。当时正需要介绍西方观念到中国,梁氏深入浅出的才能尤其显得重要。梁启超的文笔简明、有力、流畅,学生们读来裨益匪浅,我就是千千万万受其影响的学生之一。我认为这位伟大的学者,在介绍现代知识给年轻一代的工作上,其贡献较同时代的任何人为大。他的《新民丛报》是当时每一位渴求新知识的青年的智慧源泉。"②总的来说,清末学生在回忆业余生活的时候,都带有一种流连不舍的感觉。

二、清末学生的社会交往

新式学堂的人际关系和社会交往,有别于传统的科举时代的学子情谊。科举时代的读书人,因科举这一独特的进入主流社会的模式,而与政府保持重要的政治、感情与心理维系。而这种维系因为清政府的废科举而断绝,清末的新学生从政治、感情与心理上逐渐走到了政府的对立面。清末学生的人际关系与社会交往,因为是在社会的转型时期,则更显出一种特别的新气象。

学生的业余生活,总是丰富多彩的。钱均夫回忆说:"往昔在校时,各同学莘莘为学,互以敦品励行相勉,如有以功利之说进者,常自笑之,而不以为意。斯时人人必读之书有四种,即林太守颁发陶拙存先生所编之《求己录》及《明夷待访录》《天演论》、曾胡文集等书。盖其意即在激发志气,养

---

① 钱均夫:《求是书院之创设与其学风及学生生活情形》,载浙江省政协文史资料委员会编:《浙江近代著名学校和教育家》(《浙江文史资料选辑》第45辑),杭州:浙江人民出版社,1991年,第2—3页。

② 蒋梦麟:《蒋梦麟回忆录:西潮与新潮》,北京:东方出版社,2006年,第67页。

成民族意识，进而灌输欧西新思想，以谋自力更生。学生中有曾受曾胡李三公影响者颇不少，如蒋方震同学，其在武汉《大公报》上所写《日本与日本人》一文中，论及中国抗战必须坚持到底，不可中途妥协一节，则与李鸿章于甲午战败单衔请勿与和授以全权继续作战之奏议所述者不谋而合，由此亦可知蒋氏受李公影响之深。"①

可以看出那时候求是书院学生勤奋笃学、思想进步、同学互勉的这样一种良好学风。马叙伦在杭州养正书塾的回忆则增添了学生的一种洒脱和浪漫的情怀："廿八年清明时节，西子湖边，山盘翠倚，水皱青绿，柳似舞丝，桃如含笑，怎不逗起我们的春情。向来清明、立夏这些节日是放假的，这年却改了规则。我们想学正先生要求，请向监督商量，仍旧放假。他说：'不行'，自然大家不高兴。我们几个师范生却有点不师范了，就和几个头二班里的同学请了假，溜到西湖上，赊了几匹马，大家轻衫策鞭，游山玩水，好不赏心悦目。"②

学生追求个性解放，喜欢无拘无束地去野外游玩。这样的场景即使今天回想起来，也是让人非常向往与欣喜的。喜欢读书，尤其是启发性的书籍，也是学生业余生活的一项重要内容。"说到我的革命思想，是发生在十六岁。那时，我读了王夫之的《黄书》、黄宗羲的《明夷待访录》和《明季稗史》里面的《扬州十日记》《嘉定屠城记》一类的书，有了民族民权两种观念的轮廓，这年又碰上了义和团的事变，八国联军冲破了北京，就峻深了我的民族观念，又读了些孟德斯鸠的《法意》、卢梭《民约论》的译本，和李提摩泰的《泰西揽要》一类的书，不知不觉地非要打倒满洲政权，建立民主国家不可，并且就想找同志了。"③

养正书塾创新了教法，对优秀的学生采取了激励机制，允许跳级学习。到了后来，更是用优秀的高年级学生教低年级学生，这样的方式方法即使在今天看来，无疑是遵循了教育的规律，有利于人才的培养，做到了因材施教。同时，在激励机制面前，同年级同学的友谊，高、低年级同学的友谊，也

---

① 钱均夫：《求是书院之创设与其学风及学生生活情形》，载浙江省政协文史资料委员会编：《浙江近代著名学校和教育家》（《浙江文史资料选辑》第45辑），杭州：浙江人民出版社，1991年，第3页。

② 马叙伦：《我在六十岁以前》，北京：生活·读书·新知三联书店，1983年，第14—15页。

③ 马叙伦：《我在六十岁以前》，北京：生活·读书·新知三联书店，1983年，第17—18页。

得到了充分的发展。"我在二班里,也是半年就和全班的同学一起升入了头班。可是我苦了,因为他们的算学都是学微积了,而我连三角也学不好。英文也连造句还咯哩咯嗒,改学日文,又讨厌他总是鬼话。不过我在历史国文掌故方面的成绩,除了汤尔和、杜士珍两位同学外,我总超过其他同学们,所以保持了在头班的地位。我在头班半年不到,和汤杜两位同学的成绩又超过了其他同学,忽然把我们三个加了一个特班生的头衔,却仍在头班里读书,这是在前清光绪二十七年上半年。下半年书塾里又出新花样了,加设师范生六名。备班学生一班,备班取来的学生都是现在的初小一二年级,师范生呢,并非另开一班,也不增加教育科目,就是给我和汤杜两位同学,和还有周继善、叶诚然、龚康寿三位同学(都是头班生)加了一个职务,叫我们去教备班学生,不过不算正式教员,所以特立这个名目。我们在备班里,一面是教师地位,一面还是同学地位。我们对于这班里的小兄弟,真是看得和自己的兄弟一样。而我们的教法,不但用了陈老先生教我们的方法,'不愤不启,不悱不发',我们和他们真德谟克拉西。我们有时设了一个问题,反而自己退下讲台来坐在学生位子上,请他们里面自动要说话的上去互相质问辩难。所以他们也和我们亲热得要死。"[1]成绩优异的学生客串小老师,这是严重缺乏师资的清末新式教育的无奈,但也为同学之间的关系增添了新鲜的内容。

回忆不总是美好的,蒋梦麟回忆杭州一所办学资质较差的教会学校的学潮时,认为该学潮是由守旧教师引发,因守旧教师的成见而酿成的学生学潮活动是新旧教育转型时代一个特有的现象。

中国的同窗之情,是一种除了亲情之外较为亲切的一种情感。同学的勇敢坚毅,是学生们非常敬畏的事情。"辛亥革命中,江北提督之参谋长史寿白,提兵攻取南京,浙江克复时之总司令周赤忱,均为求是学生,彼等于功成之后,相率退职。又如同学王维忱,后为高等学堂教务主任多年,亦曾参加国父孙中山所领导之十大革命战役中之萍乡一役,光复后,乃缄口不言其事,此种光明磊落之态度,只知为人群服务为己任,正与董仲舒立言之

---

① 　马叙伦:《我在六十岁以前》,北京:生活・读书・新知三联书店,1983 年,第 11－12 页。

一意相吻合,故敢以斯二语表明求是之学风。"①同学之间,对于那种有大功于社会的校友,无论何时,都是令校友们所肃然起敬。

清末学生早期的社团活动,是学生进行社会实践的重要途径。社团既孕育了学生的社会思想,又锻炼了组织管理才能。中国现代意义上最早的大学生社团②是1900年求是书院(今浙江大学的前身)学生参与成立的励志社。1900年,八国联军攻陷北京,帝后出奔西安。蒋方震等一批进步学生为朝廷的屈辱无能感到十分气愤,不少学生偷阅违禁书刊,并秘密组织"励志社",发表抨击时政的文章。每周举办读书会、演讲会,以"砥砺品学,促进维新"为目的,发扬爱国民主思想。是年冬,唐才常在汉口组织"自立军",事泄被害。蒋百里激于义愤,赋诗悼念。当局欲加迫害,经各方努力,蒋被保护送赴日留学。后来,蒋方震成为我国杰出的军事家和军事理论家。

而几乎与此同时,中国留日学生在日本成立了励志会。励志社与励志会仅差一字,他们共同的爱国救亡信念却是始终不变的。"(励志会)为庚子(1900年)东京留学界所组织。其时各省学生东渡留学者不过百数十人,尚无何种结合,此会实为留学界创设团体之先河。有会章五条,不外以联络情感策励志节为宗旨,对于国家别无政见。惟是时革命思潮已风起云涌,会员中主张光复主义者大不乏人。激烈派如戢元丞、沈云翔等均任会中干事,故亦不啻一革命宣传机关。"③励志会主要以联络情感、策励志节为宗旨,对国家别无政见,亦无满汉之分。会员可考者有42人,浙江籍学生10人。尽管各人留在历史上的方式各异,但毕竟都留下一定的历史印记。或许在他们进入社会的若干年后,励志会这样的组织经历与人际交往,是他们较为重要的一笔人生财富。

---

① 钱均夫:《求是书院之创设与其学风及学生生活情形》,载浙江省政协文史资料委员会编:《浙江近代著名学校和教育家》(《浙江文史资料选辑》第45辑),杭州:浙江人民出版社,1991年,第4页。

② 传统将北京大学1904年成立的抗俄铁血社作为第一个现代意义上的大学社团。但经笔者考察认定,1900年已经具备高等学校功能的求是书院(浙大前身)学生组织励志社,从时间上来说更早于抗俄铁血社,并且完全具备学生社团的功能,所以1900年由求是书院学生成立的励志社是最早的中国高校学生社团。

③ 冯自由:《励志会与〈译书汇编〉》,见《革命逸史》(上),北京:新星出版社,2009年,第81页。

表 3－7　励志会会员名录

姓名	字号别名	籍贯	出身及活动
王宰善	筌士	江苏上海	日本高等商业学校肄业
王璟芳	小宋	湖北恩施	日本高等商业学校肄业,后入拒俄义勇队
王宠惠	亮畴	广东东莞	南洋公学英文教习,国民报记者,后留学美国
沈　琨	朗斋	直隶静海	帝国大学校工科肄业
沈翔云	虬斋	浙江乌程	湖北自强学堂肄业,干事,参与庚子汉口之役,后转入青年会
吴振麟	止欺	浙江嘉兴	帝国大学校法科肄业,性稳健,后脱会
吴禄贞	绥卿	湖北云梦	日本成城学校肄业,参与庚子汉口之役,后服役于北洋新军
吕烈煌	——		东京高等师范学校肄业
汪荣宝	衮父	江苏元和	早稻田大学肄业,后转入青年会
良　弼	赉臣	满宗室	见习士官
金邦平	伯平	安徽黟县	早稻田大学肄业,青年会成立时脱会
夏循垲	爽夫	浙江仁和	东京法学院肄业
高淑琦	毅韩	浙江钱塘	帝国大学校工科肄业
唐才质	法尘	湖南浏阳	东京高等大同学校肄业,参与庚子汉口之役,后转入保皇会
秦鼎彝	力山	湖南长沙	东京高等大同学校肄业,参与庚子汉口之役,后往上海等地活动
秦毓鎏	效鲁	江苏无锡	早稻田大学肄业,后转入青年会
张镆绪	执中	直隶天津	帝国大学校工科肄业
张　奎	星五	江苏上海	帝国大学校工科肄业
张　继	溥泉	直隶沧县	早稻田大学肄业,国民报编辑,后转入青年会
陆世芬	仲芳	浙江仁和	日本高等商业学校肄业
冯阅模	历甫	江苏崇明	帝国大学校法科肄业
关炳荣	——		
陈　棍	乐书	浙江义乌	帝国大学校工科肄业
薛锦标	——		——

续表

姓名	字号别名	籍贯	出身及活动
章宗祥	仲和	浙江乌程	帝国大学校法科肄业,性稳健,后脱会
富士英	意城	浙江海盐	早稻田大学肄业
曹汝霖	润田	江苏上海	东京法学院肄业,性稳健,后脱会
嵇葛□			
□基贞	希贤	江苏吴县	帝国大学校农科肄业
叶 澜	清□	江苏仁和	留日,预备入校,后入青年会
傅慈祥	良弼	湖北	日本成城学校肄业,庚子汉口之役遇难
程家柽	韵荪 韵笙	安徽休宁	帝国大学校农科肄业,国民报编辑,后入青年会
戢翼翚	元丞	湖北房县	日本成城学校肄业,参与庚子汉口之役,后入青年会
雷 奋	继兴	江苏华亭	东京专门学校肄业,《译书汇编》编辑,后入青年会
杨廷栋	翼之	江苏吴县	东京专门学校肄业,《译书汇编》编辑,后入青年会
杨荫杭	补塘	江苏无锡	东京专门学校肄业,译书汇编编辑
董鸿祎	恂士	浙江仁和	早稻田大学肄业,后入青年会
廖世纶	绥青	江苏嘉定	日本高等工业学校肄业
黎 科	泽舒	广东香山	北洋大学及日华学堂肄业,庚子汉口之役遇难
蔡丞煜	蔚文	直隶天津	北洋大学及日华学堂肄业,庚子汉口之役遇难
郑葆晟	幼周	福建	北洋大学及日华学堂肄业,庚子汉口之役遇难
钱承志	念慈	浙江仁和	帝国大学法科肄业

资料来源:张玉法:《清季的革命团体》,台北:中研院近代史研究所,1982年,第253—255页。

通过这些学生社团,清末浙江这些优秀的学生,经由学生式的社会交往,在较为单纯的人际关系中,将眼光更多地投向民族与国家的发展。表明了清末学生比之前科举时代的读书人,增添了不依附政府的新式的社会责任感与国民意识,而这很可能是这些学生在日后思想上进一步革命化的重要前提。

三、新式读书人的旧学情结与新式教育活动的历史走向

清末许多浙江学生来自有功名的士子。1905 年 1 月 28 日,清驻日公使杨枢奏于日本东京设法政速成学堂,教授游学官绅。另片请设经纬学堂,教育中国游学生。谕曰:"出使日本国大臣杨枢奏,请设法政速成科学,教授游学官绅,下学务大臣知之。"又谕曰:"又奏特设经纬学堂,下外务部、学部大臣知之。"①这其实也可以看出留学不仅是适龄学生的事情,就是已经有了功名的旧士子,也想披上新学的外衣。毕竟新的东西从外表来看,是有种让人赏心悦目的感觉。

蒋梦麟在浙江高等学堂读书的时候,旧学的科举考试也如期而至。蒋梦麟也欣然参加。他认为革命遥遥无期而其困难重重,不知道何时可以实现,科举是进入政府的重要路径。"考生点名后就可以进考棚了。他的帽子和衣服都得经过搜索,以防夹带,任何写了字的纸头都要没收。考生鱼贯进入考棚,找出自己的位置分别就座。座位都是事先编好号码的。考卷上有写好考生姓名的浮签,缴卷时就撕去浮签。考卷的一角另有弥封的号码,录取名单决定以后才开拆弥封,以免徇私舞弊。清末时,政府各部门无不百弊丛生。唯有科举制度颇能保持独立,不为外力所染。科举功名之所以受人器重,大概就是这个缘故。"②

旧式功名即使在清末,在社会中还是具有相当强的影响力。同时,由于清末是旧学与新学交替之际,有些富有的家庭,则是请人以旧学的授课形式辅以一些新学的教学内容,是旧瓶装新酒。金开英回忆说:"我考进清华之前,没有进过任何学校,都是请人来家里教。我只有小时候住在南浔,后来住上海,中间曾回去过一段时间,其他时候则住在北平。在上海的时候,父亲请人来家里教我们念书。我们三个表兄弟——我、我舅父徐晓霞的儿子和张石铭的儿子——合请了两位上海华童公学的老师,他们都是广东人,一个教英文、数学,一个教格致(包括物理、地理、历史等),上课地点是三家轮流,一家一个月。我家另外还请了一位中文老师,名叫杨仲庄,杭州人,很有点名气,杭州吴开文的牌子就是他写的,杭州人称砚台为'砚碗

---

① 《清实录》(第 59 册),北京:中华书局,1987 年,第 180 页。
② 蒋梦麟:《蒋梦麟回忆录:西潮与新潮》,北京:东方出版社,2006 年,第 72 页。

儿',这点很特别。"①由于清末教育具有的过渡性特点,很多资料都可以表明,在清末浙江学生中,具有旧学功名的学生,有一定的数量。

相较于新旧交杂中的学生思想与功名意识,学生的教学活动或许更具有它的积极的历史意义。清末浙江学生的学生生活,是那个时代中国沿海学生生活的一个缩影。在漫长而又充满希望的"学而优则仕"的科举晋升主流社会的渠道堵塞后,读书人的知识、理想与社会认知发生了重要的变化。社会的变革在摧残了一部分上进的人心的同时,它也使读书人对正常的个人发展前景失望。

比较科举时代的无学制、无年限、低成本的求学方式,新式学堂的求职者,更需要有经济基础的支撑。清末浙江学生的学习活动,似乎显得有趣而生动,但在它背后所隐藏着的,则是无序社会中拥有知识和文化的平民子弟在心灵深处所蕴含着的对进入主流社会的内在冲动。"没有晚清,何来'五四'"的内涵意义是肯定了"五四"相较于晚清的正统历史影响,然则就历史的演变来看,晚清的学生更具有研究的实际价值。清末学生所创造出来的读书范式,他们对于新式书刊、思想的痴迷,为后来的"五四"学生提供了良好的实践范本。无论从历史的渊源还是现实影响而言,清末学生的学习、生活与社会交往的场景,都因纷扰的"五四"现象而隐藏在清末学生喧闹的教育活动的源头之处。

第五节　清末浙江学堂学生名录谈

清末学生的数量是庞大的,由于历史原因及档案材料的不充分,只能从庞杂的史料中,去寻求一些可供参考、启发的内容。下面以各种收集到的校友录、校庆资料为例,来探讨这一话题。

清末著名教育家、朴学大师孙诒让于 1896 年创办的瑞安学计馆和 1897 年创办的方言馆,在 1902 年合并为瑞安普通学堂,这是今天瑞安中学的前身。根据资料显示,学计馆有稽可查的毕业生有 18 人,他们分别是:"金选簧、岑晴溪、许藩、陈宪、刘法道、王冰叔、王伯舒、黄养素、黄端卿、

---

① 陆宝千访问,黄铭明纪录:《金开英先生访问纪录》,台北:中研院近代史研究所,1996 年,第 23—24 页。

曾幼竹、方瀛仙、宋干卿、郭啸吾、陈宬、林文潜、许杏珊、项宿仙、鲍宏远。"[1]方言馆毕业生 5 人："项骧、郭仲宣、蒋咸平、项濑泉、项朴如。"[2]学计馆与方言馆是瑞安乃至浙江最早兴办新学的地方，它们代表了浙江地方最早的新学学生群体。

在瑞安中学堂时期，有毕业生 26 人，他们是"1908 年 12 月（正式 3 人，肄业、借读 2 人）：孙延钊、孙量、沈嵩；万墨林、张鹏翼。1909 年 12 月（10 人）：项鸿畴、陈起陆、项亮、蒋耀东、蔡纪泽、金汤、蒋钟斗、郑兆焘、陈大化、夏鼐。1910 年 12 月（4 人）：项恕、孙延锴、陈组、胡巨泉。1911 年 12 月（7 人）：林公襄、金钟岳、孙延瀚、项大章、黄曾炽、项沇同、何迪光"[3]。

创建于 1899 年的景紫书院，是诸暨市学勉中学的前身。书院选址在诸暨枫桥急递铺，东侧是一代大儒朱熹讲学处紫阳精舍，为表明景仰之情，定名为"景紫书院"。陈遹声是第一任董事长，陈达夫为常务董事，何蒙孙为监董。1901 年景紫书院积极响应政府兴学号召，改称"景紫学堂"。1907 年根据越来越多的人要求进学堂读书的实际情况重建新校舍，更名为"大东乡学堂"，辛亥之际改称"大东公学"。在景紫书院与景紫学堂时期（1899－1906），已确认有校友 9 人，他们分别是："陈锡桢、陈崇谦、陈圣达、屠伯佐、杨丙任、余质民、陈舜功、陈季侃、陈权。"[4]而之后该校的校友录，也大致是处于零散状态，这从侧面也说明，学生资料保管之不易。

蕙兰学堂是教会学校，由美国基督教北浸礼会差会传教士甘惠德于 1899 年创办，地点在淳枯桥东侧。蕙兰学堂学生的毕业时间及毕业生人数有记录，"1905 年：赵奎章、潘高义、周维桢、姚天造、周维梁、贺旺福；1908 年：吴大桢、袁九皋、杨炳勋、何润隧、沈维翰、张炎堂、马竞；1909 年：傅智、徐友梅、周福生；1910 年：何福淙、徐润庠、朱桂昌、李士凯、陈鹤琴；

---

① 夏海豹、林云江主编：《瑞安中学百十华诞文存》（中卷　岁月如歌），北京：新星出版社，2006 年，第 213 页。

② 夏海豹、林云江主编：《瑞安中学百十华诞文存》（中卷　岁月如歌），北京：新星出版社，2006 年，第 213 页。

③ 夏海豹、林云江主编：《瑞安中学百十华诞文存》（中卷　岁月如歌），北京：新星出版社，2006 年，第 213 页。

④ 学勉中学百年校庆筹备委员会编：《学勉中学百年校庆纪念册》，绍兴：内部发行，1999 年，第 43 页。

1911 年:翁厥修、陈葵清"①。通过这一连串名单可以看出,教会学校毕业人数还是较少。截止 1911 年,蕙兰中学有案可查的毕业生一共有 23 人,其中包括著名教育家陈鹤琴。

安定学堂创建于 1902 年,是浙江省最早的私立中学。1904 年开始有第一届毕业生 10 人,1906 年第二届毕业生 14 人,1908 年第三届毕业生 15 人,1909 年第四届毕业生 14 人,1910 年第五届毕业生 31 人,1911 年第六届毕业生 32 人。自辛亥之前,共有毕业生 116 人②。

金华府中学堂创建于 1902 年,据现有资料显示,1908 年前有部分校友资料 7 人,均为后来成为名人的学生,他们是"吕祖谦、黄宾虹、张恭、邵飘萍(1903 年)、何炳松(1903 年)、陈元咨(1903 年)、黄约斋(傅东华)(1903 年)"③。之所以有这些名人的资料,大有可能是根据时人或当事人回忆,而非第一手原始资料。根据已有的资料显示,金华府学堂 1909 年有五年制毕业生 15 人;1910 年 5 月有五年制毕业生 10 人,12 月有五年制毕业生 33 人;1911 年五年制毕业生 18 人④。一个金华地区那么多人口,能读书毕业的就那么一点人,也可以推断出当时接受教育的比例是极低的。

处州府中学堂的前身崇正学堂创建于 1902 年,1907 年正月由于兴学的需要,处州中学堂得到一定的扩充,并且师范学堂也加入其中。"以莲城旧址为处州中学堂校舍,校士馆为处州师范学堂校舍,并由十邑劝学所公举谭云黼为中学堂监督,董师遇为师范学堂监督。中学堂添招第三班学生,师范续收第二次速成科生一班。五月郡署向十邑殷户募捐洋五千四百余元,改建校士馆西文场为教室。七月师范董监督辞职,由王观澜接充。十月中学第一第二两班因送考优级师范廿余名,合并一班。十二月师范速成科第二班生毕业计百零三名。"⑤政府动用行政资源来筹集社会资金,并

---

　　① 杭州第二中学百年校庆筹备委员会办公室编:《杭州第二中学建校一百周年(1899－1999)》,历届毕业生名录,杭州:内部发行,1999 年,第 159 页。

　　② 杭州七中 90 周年校庆筹备组编:《杭州第七中学(安定中学)九十周年纪念册》,杭州:内部发行,1992 年,第 90 页。

　　③ 浙江金华第一中学《校友录》编委会编:《浙江金华第一中学(1902－2002)校友录》,金华:内部发行,2002 年,第 7 页。

　　④ 具体数据、名录见浙江金华第一中学《校友录》编委会编:《浙江金华第一中学(1902－2002)校友录》,金华:内部发行,2002 年,第 7 页。

　　⑤ 浙江省丽水中学校庆办公室编:《浙江省丽水中学百年校庆文史资料》,丽水:内部发行,2002 年,第 4－5 页。

且校长也是通过民间民选产生,充分体现了该地办学的民间性、民主性。而且师范速成科一次性就毕业 103 人,说明师资的缺乏、社会对于师资的渴求。

另外,根据资料显示,处州府中学堂从 1908 至 1911 年,4 年间,中学教育与师范教育发展相得益彰。

清光绪三十四年(1908 年)正月,中学移至校士馆,师范移至莲城,中学添招第四班学生,师范续收简易科生一班,师范监督为孙寿芝。八月师范添招体操专修科生一班。十二月中学第一二班生毕业计三十八名,师范专修科生毕业计二十五名。[①]

宣统元年(1909 年)正月,中学招收第五班生一班,师范添招简易科生一班。十月中学谭监督因病出缺,由十邑代表选举林楷接充。十二月师范简易科生毕业计十七名。[②]

宣统二年(1910 年)正月,中学招收第六班生一班。八月师范招收完全科即本科生一班。十二月,中学第三班生毕业计十四名,师范简易科第二班生毕业计十七名。[③]

宣统三年(1911 年)正月,中学第三班毕业生送省提学使署覆试,同月中学招收第七班生一班。四月中学改为浙江省立第十一中学堂。七月中学招收第八班生一班。九月因武昌起义,各地响应,诸生纷纷回里,暂行停课。十月时局底定,招集诸生照常上课。[④]

从 1908 年到 1911 年来看,处州府中学堂的招生和毕业,都是平稳健康地发展。师范简易科的毕业生有直接就业或升入优级师范的出路。

校友的名录,正式档案收录很少,大部分是由各个学校自我收集、积累,在收集过程中,也存有一些问题。"历届毕(肄)业的同学录,一般以毕

---

① 浙江省丽水中学校庆办公室编:《浙江省丽水中学百年校庆文史资料》,丽水:内部发行,2002 年,第 5 页。

② 浙江省丽水中学校庆办公室编:《浙江省丽水中学百年校庆文史资料》,丽水:内部发行,2002 年,第 5 页。

③ 浙江省丽水中学校庆办公室编:《浙江省丽水中学百年校庆文史资料》,丽水:内部发行,2002 年,第 5 页。

④ 浙江省丽水中学校庆办公室编:《浙江省丽水中学百年校庆文史资料》,丽水:内部发行,2002 年,第 5 页。

业学期的学生名册为准,但由于'文革'等历史原因,造成学生档案不全。"①1904 年创建的杭州女学校,可能代表了大部分清末时期学生名录整理的现状。尽管如此,还是有部分学生名录被保存下来,当属不易。

根据材料记载,1907 年杭州女学校录有保姆科第一届毕业生 24 人,有"吴治湜、祝晋、花志文、胡澹然、袁崙、张成、许相、戴涵、曹贤芬、寿成立、陆志博、钱瑜、全佩侬、陆世杰、魏实、徐嘉定、陈珠、宋德容、陈珏、戴璇、虞若金、周剑飞、茅贞、寿尚义"②。其实从专业设置上来说,女校设有保姆科,也反映了当时社会对于女性职业的一种需求,是妇女解放初期妇女地位的一种体现。根据杭十四中的资料来看,从 1907 到 1910 年,保姆科共有四届毕业生,并且学校仅有这四批学生的名录。这就说明,其时杭州女学校对于学生的培养,是着眼于保姆式的工作。这样的看法现在看来多少有些歧视女性,但就当时来说,女性能够出去工作,这本身就是一种进步。

1910 年,杭州宗文中学首届学生 22 人毕业,1911 年第二届毕业生 16人毕业③。1911 年辛亥革命,"宗文义塾学生顾乃斌(字子才)任浙江光复军三营管带、82 标司令、十四旅旅长,钟丰玉任杭州光复军主要领导人"④。1912 年,"宗文义塾墅生汪曼峰任民国杭县首任知事"⑤。1912 年 12 月"杭州公立宗文中学堂,改名为杭州私立宗文中学校,朱煜任校长,立'质朴耐苦、诚实不欺'校训"⑥。在新的历史变革时期,宗文学校与毕业生,都得到了一定的发展。直至今天,"质朴耐苦、诚实不欺"依然是杭州第十中学的校训。

总体来说,清末浙江学校的学生名录,相关的资料还不健全,目前能看到的,只是一些简单而不全的名录而已。

---

① 杭十四中百年校庆办公室编:《百年回首·桃李芬芳——浙江省杭十四中百年校庆校友名录》,杭州:内部发行,2004 年,第 20 页。

② 杭十四中百年校庆办公室编:《百年回首·桃李芬芳——浙江省杭十四中百年校庆校友名录》,杭州:内部发行,2004 年,第 20 页。

③ 浙江省杭州第十中学编:《浙江省杭州第十(宗文)中学两百周年校庆(1806－2006)》,杭州:内部发行,2006 年,第 80－81 页。

④ 浙江省杭州第十中学编:《浙江省杭州第十(宗文)中学两百周年校庆(1806－2006)》,杭州:内部发行,2006 年,第 81 页。

⑤ 浙江省杭州第十中学编:《浙江省杭州第十(宗文)中学两百周年校庆(1806－2006)》,杭州:内部发行,2006 年,第 81 页。

⑥ 浙江省杭州第十中学编:《浙江省杭州第十(宗文)中学两百周年校庆(1806－2006)》,杭州:内部发行,2006 年,第 81 页。

第四章　学生的革命事件

　　尽管单个的学生所改变的和被改变的力度与范围是有限的,但是作为一个群体,他们给这个社会所造成的冲击力是巨大而深远的。学生群体事件的出现,带有着鲜明的畛域特点。浙江学生群体在一系列的社会事件及历史进程中,都产生了深远的影响。

　　清末的年轮,是一片片富有时代印记的画面,驻留于亲历者的心中:"科举废止的同一年,孙中山先生在东京组织同盟会,参加的学生有好几百人,中山先生被选为主席。……当时,上海正在热烈展开抵制美货运动,抗议美国国会通过排华法案。学生和商人联合挨户劝告中国商店店主不要售卖美国货。店主亟于卖掉被抵制的货品,只好削价脱售,有许多顾客倒也乐于从后门把货色买走。群众大会中,大家争着发表激烈演说,反对排华法案。有一次会中,一位慷慨激昂的演说者捶胸顿足,结果把鞋跟顿掉了。鞋跟飞到听众头上,引得哄堂大笑。"[①]

　　学生群体从诞生了那天起,一系列的群体事件,就吸引了社会关切又不解的目光。在这些事件当中所酝酿着的,正是近代中国社会中基层知识分子的思变启蒙。

第一节　科举的废除与清末学生群体的集体左倾[②]

　　清末社会基础在遭受"废科举"的最后一击中,彻底走向裂变。在"食洋不化"的半西方知识影响下成长的读书人,是中国具有现代意义上的第一代学生群体。科举废除后,他们在传统的仕途基本无望及西方民主自由思想的双重冲击下,无法融入主流社会。学堂学潮与留学生的激进革命,是群体左倾的表象。清政府从维护其统治出发,所采取的遏制、压迫措施,

---

　　① 蒋梦麟:《蒋梦麟回忆录:西潮与新潮》,北京:东方出版社,2006年,第81页。
　　② 该节内容以《科举的废除与清末学生群体的集体左倾》为题,刊载于《社会科学论坛》2009年第6期。

又将其推至自己的对立面。废除科举对于清末学生群体的几乎集体左倾，具有重要的影响。

清末社会，承千年未有之大变局，于传统中裂变。清末学生群体，是一个迥异于传统士子阶层的新兴群体。他们喷薄于民族危难之际，以其理想、激情与不懈的努力，去追求振兴民族的道路。考察清末学生群体，对于了解清末社会的结构和走向，总结中国近百年经验与教训，具有重要的参考意义。

清末学生群体，主要由国内学堂学生和留日学生两部分组成。本书所叙"左倾"，是指在当时具有一定的革命倾向性、迥异于当政者的执政思维并主张通过暴力或软暴力手段改变现状的思想意识与思维方式。之所以用"集体左倾"的名义进行考察，只是为了方便我们从今天的视野更清晰地考察学生群体的思想、行为及其对社会结构的影响。

一、社会裂变与科举的废除

传统中国社会，犹如一辆笨大的牛车，在千年的隧道里缓行。但甲午一役之后，因对日惨败而致全民反思，这样的沉痛首先来自于中国传统学子。在他们身上既有对时局、国家命运的思想求索，同时也有对自身前途出路的深刻忧虑。

清末社会是一个阶层裂变的社会，各种利益群体有不同的价值诉求。自庚子之变后，清朝已经进入民变四起的时代。王先明统计认为，从 1902 至 1912 年，清末共发生民变 1028 起[1]，马自毅统计则有 1300 多起[2]。国内各地乱象频现，比如直隶一带：

> 民情素号刁强，盗贼尤为充斥…竟敢聚众列伍，屯聚城外，操演枪炮，自称阅边，应完钱粮，亦抗不交纳。[3]

---

[1] 王先明：《士绅阶层与晚清"民变"——绅民冲突的历史趋向与时代成因》，载《近代史研究》2008 年第 1 期，第 22 页

[2] 马自毅：《前所未有的民变高峰——辛亥前十年民变状况分析》，载《上海交通大学学报》2003 年第 5 期。

[3] 张之洞：《署直隶总督袁世凯奏广宗景廷宗聚众抗粮派兵缉办情形折（光绪二十八年二月初八日）》，见中国第一历史档案馆、北京师范大学历史系编选：《辛亥革命前十年间民变档案史料》（上册），北京：中华书局，1985 年，第 12 页。

基层社会的普遍动荡,也影响到传统的科举之中:

> 上年教案虽经暂结,而赔款未清,辑犯龃龉,民、教猜嫌颇深。温、
> 太一带,散勇、饥民乘机煽动。宁海等处,又有美国兵轮,洋员登岸后,
> 欲开矿,群情骇愤。①

各种势力纵横交错,以致正常的科举乡试,都无法正常举行,不得不申
请延期:

> 民困未苏,度支力绌各情,尚不在内。仍拟伏恳代奏,援照江、鄂
> 各省,展至明年秋间举行,地方幸甚。②

而延期也只是援照其他地方惯例而已,江、鄂、浙三省均为朝廷之重
镇,其他地区情形可能会更糟。面对危局,一些清廷重臣将原因归罪于
科举:

> 承平之世,其人才尚足以佐治安民。今日国蹙患深,才乏文敏;若
> 非改弦易辙,何以拯此艰危。③

但是,在最初兴办学堂的几年里,学堂并未更好地被民间所接受。而
且民间对于新学堂的效果,评价不高。"中国兴学,于兹数年。教育之效,
茫如捕风。"④尽管如此,朝廷大员们认为这种情况不能再拖延,"觉现在危
迫情形,更甚曩者,竭力振作实同一刻千金,而科举一日不停,士人皆由侥
幸得第之心,以分其砥砺实修之志"⑤。他们也意识到教育效应对社会的
效用,具有滞后性:

> 就目前而论,纵使科举立停,学堂遍设,亦必须十数年后,人才始

---

① 余联沅:《署浙江巡抚余联沅为地方不靖乡试拟请展限事致军机处电(光绪二十七年三月
二十日)》,见中国第一历史档案馆、北京师范大学历史系编选:《辛亥革命前十年间民变档案史料》
(上册),北京:中华书局,1985年,第360页。
② 余联沅:《署浙江巡抚余联沅为地方不靖乡试拟请展限事致军机处电(光绪二十七年三月
二十日)》,见中国第一历史档案馆、北京师范大学历史系编选:《辛亥革命前十年间民变档案史料》
(上册),北京:中华书局,1985年,第360页。
③ 张之洞、刘坤一:《筹议变通政治人才为先折》,选自舒新城编:《中国近代教育史资料》(上
册),北京:人民教育出版社,1981年,第47页。
④ 《敬告学堂教习诸君》(录六月初六日《羊城日报》),《东方杂志》1904年第6期。
⑤ 《清帝谕立停科举以广学校》,选自舒新城编:《中国近代教育史资料》(上册),北京:人民
教育出版社,1981年,第62页。

盛。如再迟至十年，甫停科举，学堂有迁延之势，人才非急切可成，又必须二十余年后，始得多士之用。①

应当注意到朝廷大吏身上的那种强烈的危机感，"强邻环伺，岂能我待"②。危机感加上大臣们所描绘远景的可能性，最终使清政府毅然决然地下定决心，"着即自丙午科为始，所有乡会试一律停止，各省岁科考试亦即停止"③。一道上谕，废除了延续1300余年的中国选官制度。科举制的终结，直接导致了传统社会秩序的颠覆。来自于太平天国运动之后、传统而强大的、稳定于广博的社会结构之中的地方绅权，开始发生动摇。由于这些功名与内在影响力，皆来源于科举。科举的终结，也直接预示着传统四民社会之首的"士"的终结。废科举对传统知识分子的冲击，是空前绝后的。

作为"士"的替代品，新式学堂里培养出来的学生，开始逐渐走上社会的前台。废科举后的学堂教育对贫寒而向学之家的农村子弟无疑是巨大的财力负担，农村读书人逐渐流向城市，在城市定居而且对农村厌恶的心理，造成了近代中国城乡二元的完全对立。罗志田认为，与旧式读书人衰落相伴随的是"富农"和经商者的兴起④。中国社会的结构在裂变中重组，根据迟云飞的观点，中国社会结构的变化在清朝的最后十年迅速加剧。产生了新知识分子、新绅士、地方督抚、商人阶层、下层民众等几大阶层。迟的观点具有一定的代表性，其中新知识分子的主体，就是本书所要描述的学生群体。这样的分类大体体现了按照经济资源、权利资源和文化资源的原则⑤，但是尚未突出学生群体在清末的独特地位。

---

① 《清帝谕立停科举以广学校》，选自舒新城编：《中国近代教育史资料》（上册），北京：人民教育出版社，1981年，第62页。

② 《清帝谕立停科举以广学校》，选自舒新城编：《中国近代教育史资料》（上册），北京：人民教育出版社，1981年，第62页。

③ 《清帝谕立停科举以广学校》，选自舒新城编：《中国近代教育史资料》（上册），北京：人民教育出版社，1981年，第63页。

④ 罗志田：《科举制废除在乡村中的社会后果》，载《中国社会科学》2006年第1期，第191—204页。

⑤ 参照社会学的分层标准：以职业分类为基础的分层模式、韦伯的三元分层标准（收入、声望和权力）、政治分层与经济分层、利益群体分层模式等。参照李春玲：《断裂与碎片：当代中国社会阶层分化实证分析》，北京：社会科学文献出版社，2005年，第79—96页。

二、清末学生群体集体左倾意识的形成

学生群体独立意识的集积,是清末社会特有的现象。因为废除科举后,学生对于求学与前途的利益诉求成为一个全新的问题,而在各种事端中不断成为焦点。学潮也好,革命也罢,归根究底,是这样一种利益诉求的集中反映。学生群体思想意识的集体左倾,是以国内普遍的学潮与国外留日学生公开的反清运动为表象。

从根本上讲,科举的废除,使得用于约束旧式士子的三纲五常等传统思想意识受到"半洋式"新思想的极大挑战,最终爆发前所未有的罢课、退学潮。"近年学界风潮怒起,炫于独立自治之美名。以退学为豪举,解散为激烈,此唱彼和,习焉成风。呜呼!此非我国前途之福也。夫今日之学生,其最无可成就者,莫如视学校为传舍。推其意岂不曰中国无完全学校?固然吾则谓中国之完全学校,其成立与否,即在吾辈学生之手,吾第曰苟可以救吾国、复吾仇、成就吾学业者,虽执鞭犹乐为之,非奴隶性成也将有待也,质之主持激烈者,以为如何?"[1]学生群体的这种集体意识,杨国强认为是一种集体无意识的表现,可作一论[2]。

清末的学潮,固然和全新的时代因素与学生特点有关,而新学堂举办者的旧习,也是学潮的一大诱因。

> 有云近日各学堂时有闹学散学之事,固由学生性质不驯,沾染习气,然平心而论,此等启衅原由,实大半因执事、员司、董事等凡事不能和众持平,以致一发再发无可遏抑。甚或凭仗势力把持学务、凌侮生徒,积不相能,因而群起为难。甚或侵蚀款项,致启学生轻视之心。[3]

而且罢课、退学的起因方式都是多种多样的,"江南陆师学堂以翻译怒辱学生,使巡丁掖学生夜半出堂。俞总办袒护翻译,斥革学生,致同时退学者三十四人"[4]。据桑兵不完全统计,从 1902 年到 1905 年,共发生学潮

---

① 《敬告学生》,载《东方杂志》1904 年第 4 期。
② 杨国强先生于 2008 年 12 月 17 日在上海大学作《甲午与辛亥之间的士人和思想》的学术讲座时,笔者曾就该问题求教,杨做上述解释。
③ 《江宁学务处移知各学堂慎选员司董事》,载《东方杂志》1904 年第 4 期。
④ 《江苏学堂之腐败》,载《江苏》1903 年第 1 期。

160 起①，从 1905 年到 1911 年，共发生学潮 347 起②，其形式主要是罢课、退学等。

各地对于开办新学的力度多有不足，在农村地区更为普遍。"明诏兴学，已数年矣，而吾鄂自近省诸府县，次第开办外，距远若上五府，或仍守书院之旧，而不知学堂为何事，或思改书院为学堂，而苦于不得其法，或力本能办，故为延宕而不办，或有人欲办，因经费不足而不能即办。"③

一方面是新式教育发展速度不力，另一方面传统的科举框架内的农村教学模式还是有较大的市场。

> 绍属山会北乡义塾，自光绪二十六年创设，皆由本地绅董出款，其教科分内外二课，内课系寻常小学级，外课初级蒙学，专授农工子弟。其教国文法，以俗语入手。先由雅翻俗，后由俗翻雅，再进以粗浅文法。大约寻常不识一字之人，不过半年便能造句写通俗信札。此外兼教习珠算、估看洋银等项，以便普通社会之用。现因经费不敷，裁其小学级而专教蒙学级，今岁相继而起之。蒙学以安城务义为最盛，学生已有二百数十人，惜其教科不能完善耳。④

同时在一些边远地区，地方政府还是较为重视职业教育，比如浙江的严州地区：

> 严州地瘠民贫，且皆山境于樵种外，别无生计。黄峙青太守会绅集款创设工艺局，招生教授制皂、织巾、轧棉等新法并课图文，业已开办。⑤

还有一个问题，新学堂的学生不能够融入这样的进程当中。历史赋予其创新的阶层属性，但创新的面貌却无法与传统相结合。他们抨击传统思想，但却没有更先进理念替代，从而言语日趋激进，行为日益革命。从社会的角度来说，清末学生的集体左倾，是废除科举后社会裂变的结果。走出四书五经的学堂学生和东渡扶桑的留学生，他们在新近吸收的西方知识以

---

① 桑兵：《晚清学堂学生与社会变迁》，桂林：广西师范大学出版社，2007 年，第 94 页。
② 桑兵：《晚清学堂学生与社会变迁》，桂林：广西师范大学出版社，2007 年，第 167 页。
③ 《论穷僻州县兴学尤不可缓》（录《汉口日报》），载《东方杂志》1904 年第 1 期。
④ 《各省教育汇志》，载《东方杂志》1904 年第 5 期。
⑤ 《各省教育汇志》，载《东方杂志》1904 年第 5 期。

及那些食洋不化的课程内容中，汲取了对于中国旧式知识的愤恨，受时代因素的影响，他们将近代以来的种种落后和不振作，都归罪于经书之害。

而当时学堂里的教师，本身大多从旧式教师转化而来。知识结构老化，有的根本不懂新学，再加上管理不善，旧有的传统师生伦理道德不能够约束具有西式知识背景的学生思想。同时，当时社会对学习新学的这帮年轻人，多怀有一种莫名的情绪，或许是不喜欢他们，或者是从内心里未必接受他们所学的新学，总之，当时学生群体的社会认知度较低。清末成长起来的新一代，并没有获得广大农村的广泛认同。而由此酿成的弊端，大多系在兴办的学堂上，"各省设立学堂，固为地方应办之事，但当善为倡劝，不得借端抽捐，致滋苛扰"[①]。说明此时兴办学堂增加农民负担的弊端，已为清政府所察晓，这才有此之语。"更有不堪言者，东三省以无教育之故，有学者不思展一筹以大声而疾呼，有财者不肯出一钱以兴学而助教。"[②]

比如王之春袭击案，社会舆论以调侃式的方式，评说了暗杀者原本被寄予的英雄形象。

> 万果蓄意欲杀王也，则宜挟其快利之器械以从事，何故取锈朽之枪以自形其拙，且万遇王时正在稠人广众之中，诚欲杀之则机关一发应声而倒，何必大声疾呼，数其卖国之罪而后从容举枪，致为他人所搏。[③]

在日本的中国留学生界，革命趋向则更日渐明显，公开反满、倡言革命成为时尚。学生群体既反传统，也反政府：

> 善讲大同，学我国人之无民族思想至于极点。远者不论矣，试读最新之无民族闹墨通人之议论类，皆主有世界大同，并无东亚、西欧之区别，此种臭谈、此种贱奴，欲得而扑杀之。[④]

较之以往具有截然不同的意义。再如沈荩一案，留日学生公开指责清

①　《寄谕各省督抚兴办学堂不得借端苛派（光绪三十年年九月十三日）》，选自中国第一历史档案馆、北京师范大学历史系编选：《辛亥革命前十年间民变档案史料》（上册），北京：中华书局，1985 年，第 49 页。

②　观于海者：《教育浅说》，载《云南》1906 年第 2 号。

③　《万福华枪击王之春》，载《东方杂志》1905 年第 12 期。

④　喋血生：《中国开放论》，载《浙江潮》1903 年第 6 期。

政府的高压政策：

> 沈荩既死，满洲政府益欲逞其毒于我同胞国民，留学生之还内地者，皆被查检甚严，而魏光焘指捕扬州新党若干人、上海新党四十七人，其说胜播，弃家逃威、望门投止者，趾踵相错，满人之虐我汉族暗无天日至此耶。①

并倡言对清政府宣战：

> 政府无故而杀我同胞，则国民应公致书于满政府，以严词诘问其缘由。慢政府苟支吾而不言焉，用强力压制我焉，则我国民不可不秣马厉兵，以与满政府宣战。②

这些都是学生群体集体左倾的表现。

三、学生集体左倾中的清政府

学生群体思想意识几乎集体左倾的原因是多方面的。从清末形势上讲，清政府推行新政，改革的动机和目标是好的，但其结果却致使本就复杂的社会矛盾更加剧烈化。客观上，清末改革中编练新军、奖励工商、改革官制等措施，可能治标，但对整个历史走向起到根本影响的还是废科举、兴学堂等动及社会根本的举措。因为废除科举制度从根本上改变了中国的社会结构，并使得学生能够突破以往旧式士子属性，成为一个新兴的群体。

从清政府的角度来说，对于学生的反政府倾向，未能够有效阻止。桑兵认为：

> 学潮破坏了清王朝实行局部调节以增强统治机能的企图，使其内部的分崩离析不断加深扩大，出现了树倒猢狲散的征兆。一些官僚暗中营造狡兔之窟，不肯出死力镇压学潮，加速了清朝的灭亡。③

同时，清政府某些方面举措失当（如对于留日学生的态度）将新兴的学生群体推到它的对立面。

清政府十分重视对留日学生的监控，并严把出口关。在 1903 年《约束

---

① 《革命制造厂》，载《江苏》1903 年第 5 期。
② 《沈荩惨死问题》，载《江苏》1903 年第 5 期。
③ 桑兵：《晚清学堂学生与社会变迁》，桂林：广西师范大学出版社，2007 年，第 115 页。

游学生章程》里,把公自费生都统一纳入监管的范围。

> 续往日本游学学生,无论官费生自费生,并无论日本官设学堂私设学堂,均非出使大臣总监督公文保送不准收学。[1]

同时对在日留学生,严格约束其言行,力图将其纳入政府所希望的轨道中:

> 如妄发议论,刊布干预政治之报章,无论所言是否,均属背其本分……无论何等著作,但有妄为矫激之说,紊纲纪害治安之字句者,请各学堂从严禁阻。[2]

而有关留学武科学校的,清政府更是分外谨慎,必须具有大吏的保文,方可获得保送资格。"游学日本诸生,欲入武科各学校者,本大臣必详加查察,若非领有大吏咨文,则不准保送。"[3]对留学生手续上的传闻,政府亦有草木皆兵之感:

> 乃近闻有等学生领咨到东后,另觅保人送入文科,私将所领咨文赠与同学,冒递瞒请送入武科,虽查无实据,然既有所闻,不得不防微杜渐。[4]

政府并且详加制定了留学武科的操作程序:

> 如系习武科者,则仿照各省考取武备学生章程,饬该生于领咨之先自呈影相片二张,以一张存案,一张黏贴咨文尾,加盖骑缝印,然后封给该生赍报,以为查验真伪之据。其咨文内所开该生姓名,务饬房书缮写清楚,切勿挖补填改,致滋疑窦。再查日本现行规则,武科各学校统归参谋本部经营,中国学生欲入校肄业,无论官费自费,均须由本大臣咨送方许照收。[5]

除了在入学门槛上进行重重监控外,政府还进一步加大对留学生刊物

---

① 张之洞:《约束游学生章程》(1903),见舒新城编:《中国近代教育史资料》(上册),北京:人民教育出版社,1981年,第182页。
② 张之洞:《约束游学生章程》(1903),见舒新城编:《中国近代教育史资料》(上册),北京:人民教育出版社,1981年,第182页。
③ 《出使日本大臣杨咨各省督抚游学生须知文》,载《东方杂志》1904年第7期。
④ 《出使日本大臣杨咨各省督抚游学生须知文》,载《东方杂志》1904年第7期。
⑤ 《出使日本大臣杨咨各省督抚游学生须知文》,载《东方杂志》1904年第7期。

的查禁力度。

> 今日政府有查禁《湖北学生界》之谕，或曰是端方之一奏所致，或曰张之洞实为主动力，而端方乃赞成之者。然充一《湖北学生界》之力，谓可以倡革命，可以覆旧党，其事犹出于理想。以视东三省广西之问题，曾不若是亟亟乎？朱明且亡，而东林之祸愈急，其何以异此，虽然是不可谓无益也。①

然而这些具有强烈左倾革命色彩的刊物，反而因为严禁而导致销量大增，这也有违统治者的初衷。

> 吾闻学生界之始出也，阅者寥寥，自张之洞一禁，骤销至数千份，今其后又不知增销几千份矣。近者各省方相继出报，安得无数张之洞端方其人者，为一一绍介之乎？②

从心理学的角度来说，国内学堂学生、留学生，大都在 12 至 25 岁之间，心理易冲动。从 1903 年开始，《浙江潮》《江苏》《河南》《云南》等倡言革命的留学生刊物，如雨后春笋般纷纷创刊，这在某种角度上，和清政府的严禁而导致的学生逆反心理、地域之间革命思想的传播相关。

在仓促间把科举废除后，政府并没有真正实施与科举相配套的选官制度，使得实际上仍旧沉迷于传统"学而优则仕"的学生们大失所望。

> 有谓科举不废、学堂不兴者，是固然矣。然余独谓此第知其浅，而未知其深也。此第用强硬之手段，而未得和平之计画也。夫人之所乐趋者，非名即利。斯固人类中确然不易之同情示之以名利所在，未有不瞿然思蹶然起者。学堂之兴，其必以此科举之废不废犹其后也。何以言之？今之所患者，不在学堂之不兴，而在学堂之无效，同此求名争利之观念趋之，于学堂而无可征之，实果则相率而遁入他途，此所以虽有学堂为之标准，而望门裹足者比比也。③

从一个农家子弟进入传统仕途的成本来说，学堂甚不如科举，"国家虽

---

① 《学生界之鹳雀欤》，载《江苏》1903 年第 2 期。
② 《学生界之鹳雀欤》，载《江苏》1903 年第 2 期。
③ 《论中国学堂程度缓进之原因》（录甲辰六月第七十一册《鹭江报》），载《东方杂志》1904 年第 6 期。

有升选京师大学堂之谕,然其如何登进之方针,尚杳冥而不可睹,反不若腐败科举,犹得博一第一阶,计日以求仕进,如是学堂之程度,安得不日形退缩乎?"①正如罗志田所说的那样:

> 伴随着不甚高之教育投入的是上升性社会变动的不绝希望,正是科举制保障了这一梦想的持续,并以一定数量的成功范例鼓励之。②

朝廷不给出路,而配套的机制又没有跟上,从而平添对政府的不信任感③。

> 裁汰官缺为近今我国一大政,举国皆属耳目,不料忽有此反汗之举也,夫为经济问题而裁官,其宗旨谬误,本属不成政体,今复以此再失信用,我政府其何辞以谢天下。而尤谬者,则欲以留此员缺为位置毕业生之地。夫国家近者,亟亟于派游学、兴学堂,岂不知学生为国家将来之所依赖者,则宜如何予以出身高其位置重用之,以收其成效。④

清政府的这种看似减员增效的做法,徒然是将最具先进知识的学生群体推向自己的对立面。

余　论

所谓集体左倾,是一种形象的说法。具体而言,这些深受新式教育的学生,尚有部分坚决地或维护性地站在政府的立场。这一部分,包括大部分的清朝贵族子弟,因为他们本身是这个体制的受益者。比如在日本东京,学生的排满与立宪主张,尤为对抗激烈。满族学生曾经召开大会,"东

---

① 《论中国学堂程度缓进之原因》(录甲辰六月第七十一册《鹭江报》),载《东方杂志》1904 年第 6 期。

② 罗志田:《科举制废除在乡村中的社会后果》,载《中国社会科学》2006 年第 1 期。

③ 萧功秦先生认为:"科举制度有它独特的优点。它有一种能够消解挫折感的机制,应试者永远有机会就不会绝望,从而就不会反对现实社会。另外,本来城市与农村是联结起来的,没有什么大的差异。但从科举制度废除之后,士绅阶层也消失了。原来农村的士绅阶层,起到保存农村文化生态平衡的作用。他们办私塾,作为农民利益的代言人与官府谈判,在一定程度上保护了农村的利益。此外新式学堂都建在城市里,农村的文化精英就被城市吸走了。农村开始了一个智力、文化枯竭的过程,一个文化生态不断退化的过程。再加上建国以后由于城乡剪刀差,严密的户口制度,城乡的差距就越来越大了。可以说,从农村精英人才单向地向城市流动的过程,从 1905 年开始,到今天已经整整一百年了。这种恶性循环至今还在加剧。这里的经验教训十分值得注意。"见萧功秦:《历史的眼睛》,上海:东方出版中心,2010 年,第 301 页。

④ 《未免轻视学生》,载《东方杂志》1904 年第 12 期。

京满学生素与汉人分离,自有其所谓八旗同乡者,然前此聚会,辄秘密恒不以日曜假日,非彼人莫知有会也。……(一满人言)今日无所谓中国存亡问题,但有满汉生死问题耳,满汉界限已不啻全题揭晓,而汉人排满之声,日盈于耳"①。还包括一些热衷传统功名思想的新式学生,这些主要是指立宪派。

　　清末学生群体的集体左倾,是中国学生五四运动的前声,如果说得更精确些,作为典型标志的拒俄运动,也可以担当此等重要效果。"名为拒俄,实则革命"②,是政府对这一爱国行为的实质评价。从而学生中的激进者,果如政府所愿,组织学生军,"初六日(1903年5月2日),复开大会于锦辉馆,改名义勇队为学生军,商议规则。凡签名诸君咸到会。议毕,呼学生军万岁"③。拒俄运动展现了学生阶层从思想上到组织上的日趋成熟。

　　学生的集体意识左倾,首先是对国家政权的背离,清政府从理论层面上,即亡于此。而实际造成清军灭亡的——其编练的新军,则是这种群体左倾意识的具体实践者和最终成功者。历史很有意思的是,一直有着排满企图的学生,最终并未能在直接推翻清朝的1911年事件中起到关键作用④,其更像是在为清政府的灭亡做思想理论上的宣传工作。

第二节　清末学潮与学生阶层的崛起⑤

　　清末社会是一个裂变社会,尽管清朝统治者为了挽救危局,锐意改革,但无奈社会矛盾急剧膨胀,作为国家机器的政府机构已入膏肓,变局中处事失当,政府公信力下降,执政水平降低,民变四起。就目前所见的档案、资料显示,"辛亥革命前十年的民变遍及除台湾外的全国各省区,计1300

---

① 　去非:《纪十一月四日东京满学生大会》,载《民报》1906年11月15日。

② 　《秘札防匪》,载《苏报》1903年6月26日。

③ 　《军国民教育会纪事》(军国民教育会,1903年),见杨天石、王学庄编:《拒俄运动:1901—1905》,北京:中国社会科学出版社,1979年,第93页。

④ 　不是每个政权的更迭都是如此,清政权的瓦解在中国的历史长河中,只是个特例。比如明朝,其尽管政权腐败,但是几乎所有的汉族知识分子阶层在起初都反对清朝的统治。后来清朝还是利用武力并加以怀柔拉拢的形式,解决了知识分子的问题。

⑤ 　该节内容以《清末学潮与学生阶层的崛起》为题,刊载于《探索与争鸣》2009年第4期,后为《新华文摘》2009年第15期摘录。

余起,平均每两天半一次,实际次数可能更多"①。

在复杂多变的内外环境作用下,社会各阶层进行了分化组合。"鸦片战争以后,中国社会结构开始发生变化,而这种变化在清朝的最后十年迅速加剧……传统社会结构发生巨大裂变,士农工商的旧格局不复存在。"②迟云飞认为,清末社会的每一个阶层都有自己的利益和政治要求,新绅士希望参与政权,地方督抚希望保持甚至扩大已经获得的权利,新知识分子公开反满,而下层民众则反对新政进而反对清政府③。作为完全意义上的近代第一代学生群体,正是在这样一种社会力量重新洗牌的氛围中,登上了历史的舞台。

清末学生学潮,对于推动社会思想与意识的异化,起到了关键作用。清末学生阶层的崛起是社会结构调整与社会意识转变的显性标志。作为社会先进阶层的学生阶层对清政府的离心性转向,是清末政权走向崩溃的实质起点。

一、清末社会裂变与学生群体的阶层化

清末社会也是一个变态的社会。胡适认为"在变态的社会国家里,政治太腐败了,国民又没有正式的纠正机关,那时候,干预政治的运动一定是从青年的学生界发生的"④,尽管胡适的话是对五四之后学生运动的总结,但如果将其作为一种范式,放在清末这段时期来看,这样的论述也是成立的。

清末社会结构在经历了甲午之役特别是庚子惨败后,形成了彻底裂变。在民族自尊心几乎丧失殆尽后,中国人向西方学习的动机比以往更为强烈。同时,中国人又"很自然地会把国耻与变法维新的兴衰成败联系起来,从而强化他们对扼杀民族生机的清政府的不满与愤怒"⑤,并由愤恨清

---

①　马自毅:《前所未有的民变高峰——辛亥前十年民变状况分析》,载《上海交通大学学报》(哲学社会科学版)2003年第5期。

②　迟云飞:《清末社会的裂变与各阶层分析——兼论清王朝的覆亡》,载《史学集刊》2003年第4期。

③　迟云飞:《清末社会的裂变与各阶层分析——兼论清王朝的覆亡》,载《史学集刊》2003年第4期。

④　胡适:《为学生运动进一言》,载《独立评论》1925年12月22日。

⑤　桑兵:《晚清学堂学生与社会变迁》,桂林:广西师范大学出版社,2007年,第67页。

政府延伸到反思传统文化,将传统的儒家学说在法统地位上予以取缔,符合当时中国人求变图存的心理。而中国传统帝国体制赖以依存的理论基础——儒学,一旦发生动摇,由科举制产生的拥有巨大影响力的官僚、绅士阶层也必将面临调整。主流社会以科举为纽带的合力开始削弱,这为学生阶层这一全新力量的崛起,创造了必要的社会条件。

迫于朝野要求改革的压力以及自身政策调整的需要,慈禧太后重提维新派的建议和主张,她所推行的政策实际上比光绪帝走得更远,并力图把改革纳入政府能够掌控的轨道中。1901 年清政府朝野上下展开了一场关于教育思想改革的大讨论。在这其中比较有影响的是封疆大吏张之洞、刘坤一在《江楚会奏》三折中提出"育才兴学"的四项措施:设文武学堂、酌改文科、停罢武科、奖励游学。之后,清政府于 1902 年颁布了《钦定学堂章程》,1903 年又修订并颁布了《奏定学堂章程》,从而为中国近代教育制度奠定了基石。据张海鹏、李细珠的《中国近代通史》第五卷《新政、立宪与辛亥革命》一书统计表明,从 1903 年到 1909 年,新式学堂由原来的 769 所发展到 59117 所,学生数在 1909 年更是达 163 万多人。旧的科举制度,在全民的反思和责难中,轰然被推倒。国内学堂在课程设计上,部分涉及了西方近代科学知识,中国士子也由传统的纯文科向理工科知识背景倾斜。具有半西学背景的中国近代第一代学生群体以前所未有的磅礴之势,呈现在世人面前。

马克斯·韦伯认为地位、社会名誉、权力分配三者是社会分层的基础。根据这样的标准,清末学生群体地位独立,享有西学新知识的社会名誉,以学潮形式突破以往学生权限,这些都表明清末学生群体已经初步实现了阶层化。有学者认为,传统的士大夫阶层向近代知识分子的转变,是近代中国社会转型的一个重要方面。实际上这样一种转变,主要体现了学生群体形成的外部成分。学生群体的主体是年龄到一定岁数的儿童和青少年,在传统求学门径逐步没落的情况下,投身到新兴的学堂中。这里面不可排除有开明绅士的促进作用,但更主要还是时代的推动力所致。那些由传统士大夫转变成的新型知识分子是时代的特例,他们当中部分是由于到学堂或海外求学才被纳入学生阶层。而通过自学吸纳西学知识,严格上不能划入学生阶层。所以说新知识分子与学生这两个概念的组成有一定的交叉。

学生群体的阶层化内涵,还体现在突破了依附于科举的传统士子属性,形成了一个西方科学背景的、具有独立价值取向的社会阶层。而新的属性与清末政府的社会意识截然相反,最终必然导致学生阶层形成了以推翻清政府为目标的政治思想取向,这种取向从以先进阶层为载体到波及社会全体成员,是清末中国社会变革的一个重要现象。

二、国内学堂学潮

学潮自古有之,中国历史上第一次大规模的学潮是东汉末年反对宦官的太学生运动。隋唐之后,以科举制为主体的官员选拔制度日趋成熟而走向稳定,与此同时,因为科举成为官员的最主要来源,学而优则仕的理念,使得中国古代社会学子们的思维意识逐步被牢牢地镶嵌在科举制的框架内。这一状况一直延续到清末学堂的出现才渐见终结。

中国较早的自办学堂创建于洋务运动时期,在清政府这一"改革开放"阶段,学堂被有目的地用于培养翻译、外交、工程技术、水陆军事等特定领域人才,当时学堂数很少,未构成全局影响。中国普设学堂是在甲午之后,天朝大国美梦彻底破灭,兴学堂、学习西学以自强成了时代最强音。

国内学堂学生不满教育现状,强烈呼吁改革,从而频发学潮。"自去年来朝政改张,诏增设学堂。浙省大吏遑遑无所措受阻,乃易其名曰大学堂以塞责……至于科目章程同无所损益也。"①在教育体制变革的过程中,守旧的管理者对于具有新思想的学生,千方百计进行压制。在招收学堂新生的考试中,给予苛刻要求,凡涉及时论过五百字者皆不录取。伙食、收费、管理方式等问题,加上学生青春期所固有的冲动、敢于挑战现状的勇气,都易引发学潮。新式学生强烈的爱国救亡激情而导致的对现状的不满,则是学潮的根本诱因。学潮主要有罢课、退学等形式。

江浙一带是中国传统的诗书礼仪之地,也是清末学潮的策源地和主要聚集地。南京陆师学堂学潮中,校方压制学生阅读进步书籍并开除进步学生,结果导致 31 名学生联名告退。杭州养正书塾也爆发学生反对校方压制的斗争,汤樔、马叙伦等 9 人被校方除名。杭州蕙兰书院的建设方为美国浸礼会,中国学生认为主事者美国人甘惠德手段狡诈,是一个无赖教士,从而闹起学潮。在这前后,各地的小型学潮也变得频繁,"而浔溪公学退

校,而南京陆师学堂退校,而浙江大学堂退校,而蕙兰书院退校,而毓元学堂退学"①,这些体现了江浙学潮汹涌之态。

国内其他地方的学潮也愈演愈烈。四川算学馆委员在学潮中狼狈不堪,"托人再三说情,又遍向学生磕头,始得了事"②。河南高等学堂学生提出以总办须向学生赔礼道歉、撤换收支委员作为复学要求。在广东水师、鱼雷学堂和江西大学堂,由于学生的不懈斗争,与之为敌的总办、总教、监督等或辞职,或斥退,或遁逃。福建大学堂学生以退学的方式争得了成立自治会的合法权益,给福州学界以极大鼓舞。安徽学生组织爱国会成立时,拟与上海爱国学社连成一气,并联络东南各省志士,创建国民同盟会。随着各地学堂学潮的涌动,新式学生努力追求较之以往不同的根本独立的道路。

国内学堂学生群体意识的形成,以大规模的学堂学潮为标志。其标志性的事件,是1902年11月16日上海南洋公学学潮,南洋公学8个班200余名学生一齐退学。起因是很小的墨水瓶事件,该校5班教习郭镇瀛一贯欺压学生,11月5日郭上课发现座椅上有墨水瓶,便要求开除学生伍正钧,11月15日全校学生抗议不成,决定全体退学。在冲突中,学生两次举办演说,争相登台,针砭时弊,要求民主自由。由于校方态度强硬,学生誓不退让,双方矛盾日趋尖锐,蔡元培教员调解无效,全校学生于11月16日三呼"祖国万岁",集队全体退学。

同样的事情,在蒋梦麟的笔下有大体相似的记载,不同的只是感悟而已。"一年以前,上海南洋公学首先发生学潮。一位学生放了一瓶墨水在教授的座椅上,教授不注意一屁股坐了上去,弄得满身墨迹。教授盛怒之下报告了校长,接着几个嫌疑较大的学生被开除。这引起了学生会和学校当局之间的冲突,学生会方面还有许多教授的支持。结果全体学生离开学校。年轻的一代正在转变,从驯服转变为反抗。一般老百姓看到中国受列强的侵略,就怪清廷颟顸无能;受到国父革命力量熏陶和鼓励的学生们则热血沸腾,随时随地准备发作。首当其冲的就是学校当局。"③

清末学堂教育实际上被赋予了科举接班人的角色,而这种接班人的地

---

① 《中国少年之少年》,载《复报》1906年第8期。
② 《时事要闻》,载《大公报》1903年2月14日。
③ 蒋梦麟:《蒋梦麟回忆录:西潮与新潮》,北京:东方出版社,2006年,第65页。

位却常常使学生越过传统界限。学生言行常涉及政治，加之千年教育转型阶段的不规则性，使得科举死亡时段中的学潮频发。而这种现象又常常集中在个别学校。比如 1900 年杭州求是学院部分学生组织了励志社，学生蒋方震作诗悼念自立军汉口死难志士，险些酿成大祸。1901 年，该校教师孙翼中的《罪辫文》案，直指清当局，又被顽固势力大做文章。

对于频发的学堂学潮，由传统儒家士大夫转化而来的新型知识分子、时任教员的蔡元培于《在爱国女学校之演说》中认为："满清政治之不良，国势日蹙，有如人之罹重病，恐其淹久而至于不可救药，必觅良方以治之。"①这样的良方，无疑暗喻革命之意，是以革命手段来推翻腐败的清政权。而社会各界也纷纷给予南洋公学学潮以热情赞颂，有报章认为，"自去岁南洋公学轰天掣地，演出全班退学之话剧，循是而往，几于学界风潮，一波未平，一波又起"②。南洋公学学潮对于进一步推动各地学潮，具有强烈的示范作用，影响重大。

学潮中暴露了国内学堂的腐败，有志之士，是以多不愿入学堂，而纷纷把目光投入到只经过 26 年维新就在甲午一役中战胜中国而成为世界强国的日本。嘉兴秀水学堂的龚宝铨、杭州中学堂的汤栖、叶澜、王嘉榘、蒋尊簋、许寿裳，浙江大学堂的蒋方震等都陆续东渡，寻求救国真理。学生群体中的精英分子，呈现由国内转向日本发展的态势。

三、留日学生学潮

留学日本是当时中国学生的主要留学目的地。这里面除了日本维新后的一系列革新成功，值得中国学生去学，还包括路近费用省、同文化、文字障碍少、两国汇率有利于中国学生留学等原因。

1896 年，清政府首次派遣 13 名学生赴日，而最终接手第一批中国留学生教育任务的是日本高等师范学校校长嘉纳治五郎。然而之后正是嘉纳主持下的宏文学院学生，因对教务、会计、学费等管理模式的不满而爆发学潮，"嘉纳以代兴教育为己任，一语挂诸齿类，絮絮不休。嘉纳氏果热心以从事也，犹且为我国之耻况，未必乎？谓予不信，试读支那教育问题，嘉

---

① 蔡元培著，马燕编：《蔡元培讲演集》，石家庄：河北人民出版社，2004 年，第 52—55 页。
② 《杭州美国浸礼会蕙兰书院学生退校始末记》，载《浙江潮》1903 年第 4 期。

纳氏巧猾牢笼之术若烛照而数计矣"①。留日学生对于日本人的办学目的,具有明显的戒备心理。

留学生在去而往复的过程中,群体意识逐渐开始形成,其标志性事件发生在 1903 年 1 月 30 日(正月初二)日本东京神田区骏河台铃木町十八番地的中国留学生会馆,五六百名意气风发的留学生举行的新年恳亲会上。在清政府驻日公使蔡钧、留学生监督钱恂出席的情况下,留学生马君武、刘成禺、邹容等发表反满演讲,引起留学生群体的整体轰动与分流,自此中国留日学生在思想上公开走向反对清政府的道路,大部分留日学生开始整体意识地倾向革命,集体左倾。

在日本,中国留学生相继创办了《游学编译》《湖北学生界》《浙江潮》《江苏》等报刊,这些留学生刊物基本体现了留日学生群体的思想动态与救国主张。留学生刊物的革命倾向越来越明显,留学生甚至直陈慈禧太后是一淫贱老妪,是中国人的公敌。并因慈禧杖杀沈荩一事,一些激进的留日学生甚至发出与政府开战的呼吁,"吾国民不可不秣马厉兵,以与满政府宣战"②。他们具有独立的思想,迥异于传统书斋里的旧式学生。由于其强烈的救亡心理,他们对由时代特征所萌发出来的救亡与富强的诉求有着最强烈的追求。

留日学生所酝酿的学潮,主要是由校方不合理的管理制度、种族歧视、收费问题、学生的民主诉求等引起。"吾国之无脑筋无血气者,观外人之代兴教育而沾沾自喜,而不知彼外人之处心积虑,盖欲夺教育之权而其吾人之崇拜心也。"③留学生对中国现状具有着明显的忧患意识。

中国留学生在日本被蔑视是常有的事情,在 1903 年阴历四月二十六日发生较有影响的"悬挂龙旗事件"。日本成城学校召开运动会,运动场中高悬各国国旗,惟没有中国龙旗。东京留学生近二百人进行集会,抗议这样有损国格的不公平待遇,结果是日方"急悬龙旗一于各国国旗之上,又竖黄色青龙旗一,与日本国旗并立于会场中央。让学生卒以耻辱故,无一赴会者,闻只有满洲籍一人会云"④,这些在日屈辱的经历,进一步促使学生

---

① 《记留学日本宏文学院全班生与院长交涉事》,载《浙江潮》1903 年第 3 期。
② 《沈荩惨死问题》,载《江苏》1903 年第 5 期。
③ 《记留学日本宏文学院全班生与院长交涉事》,载《浙江潮》1903 年第 3 期。
④ 《成城学校运动会补悬龙旗事件》,载《浙江潮》1903 年第 4 期。

革命救国情绪高涨。

日本对于近代中国，具有特殊的意义。其时可以作为国内学潮中学生领袖的避难所。后来的发展表明，中国第一个资产阶级政党——同盟会，就是以留日学生为主体在日本东京成立的。关于清末留日学生人数，根据实藤惠秀《中国留学日本史》《清国留学生会馆第三次报告》《清国留学生会馆第五次报告》等资料统计表明，1902 年为 500 多人，1903 年就达到了1058 人，1904 年为 2406 人，1905 年为约 8000 人。国内学堂精英纷纷留学日本，有些地方大员为了减少自己的压力，甚至主动送这些具有革命倾向的人留日，这些都加速了中国留日学生思想与行动的革命化。

四、学生阶层崛起及对中国近代社会的影响

国内学堂学潮和留日学生学潮，标志着学生开始具有了独立的群体意识。海内外学潮的汇聚点，则是 1903 年的拒俄运动。对于拒俄运动的意义，向来有不同的见解。一般认为拒俄运动是青年学生由爱国转向革命的关键。也有学者认为拒俄运动转变为革命运动与参加拒俄运动的学生转向革命，是两个互有交叉但不能等同的概念。笔者认为，拒俄运动更主要的是体现了学生群体作为一个独立阶层而出现的标志性事件，是国内外革命思想大融合的过程，在这一革命性的运动中，学生群体意识上升为阶层意识，革命反满思想在学生阶层中占据了主导作用。这样的情形，正如清政府所认定的那样：名为拒俄，实则革命。军国民教育会成熟于拒俄运动中，《军国民教育会纪事》载："初六日（1903 年 5 月 2 日），复开大会于锦辉馆，改名义勇队为学生军，商议规则。凡签名诸君咸到会。议毕，呼学生军万岁。"拒俄运动标志着学生阶层从思想上到组织上的成熟。

在传统思维中，地方士绅不能放眼长远，"官立学堂只有此数，绅商富有力者，又悭吝成性，求田舍为子孙计，而不肯创立私学堂，堂寡少"[①]。使学生阶层更多地独立于传统士绅之外，具有很强的独立性。"学生之能自拔于奴界。共同一致而成一学生社会，为中国将来之主人翁，前途殆不远矣。"[②]建立学生社会，服务于祖国未来，是学潮中青年学生的社会理想。

---

① 《成城学校运动会补悬龙旗事件》，载《浙江潮》1903 年第 4 期。
② 《成城学校运动会补悬龙旗事件》，载《浙江潮》1903 年第 4 期。

　　学生阶层的涌现,对政府构成强大的压力。在日留学生成立军国民教育会,政府决定予以弹压。其时内地对待学生军的态度高度紧张,好像革命军已至一样。随着清政府对于学生的镇压态势日益加剧,爱国的学生也不自觉地被推向了清政府的对立面。"禁锢留学生,不得入成城学校,以效秦政之焚诗书销锋镝;开经济特科,而即捕经济特科之士,以效张献忠之屠诸生。"①新兴的学生阶层,开始站在政府的对立面来公然抨击政府的压制行为。

　　对于学生阶层的崛起,清朝统治者深感畏惧。1903 年 6 月,张之洞巡查京师大学堂,"在座中所论,深以学界风潮为忧,谓庚子时此风尚不过汉沪一隅,乃不过三年,已遍大陆,可畏实甚!"②《苏报》等报章盛传,有御史参奏东京留学生已尽数成为革命党,各地方督抚对于留日学生回国,遇有行踪诡秘、有革命之心者,即可随时拿到,就地正法。政府当局对学生阶层的恐惧,已达到风声鹤唳的地步,可见新兴阶层的强大威慑力。

　　据桑兵《晚清学堂学生与社会变迁》一书统计,学生学潮 1902 年 16次,1903 年 59 次,1904 年 67 次,1905 年 18 次,1903、1904 年为最高峰,以后逐渐回落。其原因在于学生阶层开始走向成熟,与学潮的非理性相比,1904 年之后,学生阶层的动向渐趋理性,表现为从革命思想到革命实体的转变③。之后光复会、同盟会都是在学潮中所涌现出来的学生骨干的基础上建立,学生阶层对于中国近代社会的影响可见一斑。

五、结论

　　清末社会发生裂变,各种社会力量重新洗牌。在清末变革的环境下涌现出来的学生群体,突破传统士子属性,形成一个新的阶层。学生阶层主要由国内学堂学生与海外留日学生组成,两者集体意识的形成以 1902 年上海南洋公学学潮与 1903 年东京春节恳亲会反满演说为标志,学生阶层在拒俄运动中走向成熟。清末学潮的涌动、学生阶层的崛起及集体的反满倾向,标志着拥有最先进文化的社会阶层开始背离清政府执政者的意愿,

---

　　①　《革命制造厂》,载《江苏》1903 年第 5 期。
　　②　《筹论停科》,载《新民丛报》1903 年第 34 期。
　　③　蒋梦麟认为,学潮回落的原因,与学生的兴趣点转移相关。相关表述见蒋梦麟《蒋梦麟回忆录:西潮与新潮》,北京:东方出版社,2006 年,第 82 页。

对清末社会转向起到决定性作用。

国内学堂学生与留日学生因所形成的集体反满倾向,对清末社会转向起到决定性作用,是清政府实实在在的心腹大患。当掌握着最先进知识的学生阶层离现行秩序渐行渐远、意图秣马厉兵的时候,政府的垮台就为期不远了。清末学潮打乱了国家机器本有的局部调节功能,并使其内部的分崩离析在社会裂变中不断扩大。统治阶级内部一些官僚,心怀二意,不愿出死力镇压学潮。最终浩浩荡荡的学潮导致了学生阶层在清末的崛起,从根本上使清王朝统治陷入了绝境。

第三节　拒俄运动中的浙江学生

拒俄运动是 20 世纪初前 10 年的一件大事。拒俄运动汇集了海内外中国学子,浙江籍学生在这次轰轰烈烈的拒俄运动中,也起了非常重要的作用。拒俄运动动员了学生的力量,学生的社会影响也自拒俄运动始,开始积极运作于社会。

一、教育救国思想与浙江人的努力

中国学生群体的集体反对政府的思想,其渊源还要追溯到国人的教育救国思想。中国知识分子在经历庚子之乱后,思想发生了变化,新式教育是时代孕育的产物,不仅符合统治者的执政需求,实际上也迎合了不同政见者的救国心理。

> 革命志士深知欲唤醒民众,必须从宣传教育着手。开设书局报社、兴办学堂乃为掩护革命最佳途径。光绪二十八年三月间,旅居上海志士蔡元培(孑民)、章炳麟(太炎)、蒋智由(观云)、叶翰(浩吾)、黄宗仰(别号乌目山僧)、王季同、汪德渊(允宗)、林獬(少泉)诸人集议发起成立中国教育会,表面办理教育,暗地鼓吹革命。[①]

1902 年 4 月,由蔡元培、黄宗仰、章太炎等人发起的中国教育会在上海成立。蒋维乔在《中国教育会之回忆》中说:"国中志士,鉴于清廷之辱国

---

① 冯自由:《中国教育会与爱国学社》,见《革命逸史》(上),北京:新星出版社,2009 年,第 93 页。

丧师，非先从事革命不可。但清廷禁网严密，革命二字，士人不敢出诸口，从事进行，更难着手。"①教育成为了革命者进行革命的很好的一个手段，因为"彼等咸认惟有从教育着手，才是救国保种之根本"②。教育是实现民众思想变革、驱除专制毒害的主要途径。因"专制之毒痛于学界，递积递演，则国民之萌蘖者愈受摧残，一也。外人利我教育权者，将阴施其狡狯，益深我奴隶之资格，二也。循斯二者，已足以夷吾族性矣。况丰祸之交乘而迭至者乎？"③故其在《中国教育会致海外各地华侨求助书》中云："比年以来，前知之士，固尝发起教育改良之议矣，盖我民诚智，彼虽欲役，固有不能者；我民诚愚，彼虽欲事，亦有不得者。此固强弱之总因，抑亦盛衰之枢纽也。"④

中国教育会在成立后，推选蔡元培为会长，会址设在上海泥城桥福源里。1902 年 6 月，因日本政府取缔中国自费生学习陆军，东京留学界发起抗争运动，上海中国教育会于是联合教育界人士，7 月 19 日在张园开会，声援留日学生。1903 年 6 月 18 日，蔡元培不赞同爱国学社社员存有的"杀尽满人"观点，著有《释仇满》一文，刊登《苏报》。"《苏报》则自五月改组后，高唱革命排满，大遭清吏之忌。元培兄元清在沪劝其它往。十八日晚，中国教育会开评议会，会、社双方发生争执，虽有黄宗仰从中调节，仍不得结果。本日，元培愤而离上海赴青岛。"⑤

在教育救国运动中，浙江人发挥了重要的作用。清末前期教育救国的领袖蔡元培、章太炎、汪康年等都是浙江人。在教育救国思想的指引下，他们开办学会，创办学堂，积极培养新型学生。对于清末浙江区域思想的启蒙，对于抗拒外辱、捍卫主权的意识，具有重要的意义。

二、拒俄运动始末

拒俄运动是 20 世纪最初 10 年发生的一件大事。拒俄运动的起源，还要追溯到 1900 年的庚子事变。俄国人借口保护铁路，派兵占据东三省，尽

---

① 蒋维乔：《中国教育会之回忆》，载《东方杂志》1936 年第 1 期。
② 蒋维乔：《中国教育会之回忆》，载《东方杂志》1936 年第 1 期。
③ 蒋维乔：《中国教育会之回忆》，载《东方杂志》1936 年第 1 期。
④ 冯自由：《中国教育会与爱国学社》，见《革命逸史》（上），北京：新星出版社，2009 年，第 93 页。
⑤ 蔡元培口述，黄世晖记：《蔡孑民先生的青年时代》，载《中央周刊》1943 年第 36 期。

管一再声称无意兼并,但事后却并无撤兵之意。这种做法也引起国际上的争议,俄国人迫于形势在 1902 年 4 月 8 日与中国缔结东三省撤兵条约,定于 18 个月内,分三期撤退在中国东北的俄国军队。但是到了 1903 年的 3、4 月间,日本报纸纷纷报道俄国不愿意履行第二期撤兵意愿,并有意抗拒第三期撤兵的消息。

4 月 27 日,因俄事告急。上海绅商学界在张园召集拒俄大会,与会者有 1000 多人,认为俄国人要求改订东三省撤兵新约,大有久假不归之意。如果我国人不行力争,必立致他国瓜分之祸,联电政府抗争:"闻俄人立约数款,迫我签允,此约如允,内失主权,外召大衅,我全国人民万难承认。"① 并电各国外交当局:"闻俄人强敝国立满洲退兵新约数款,逼我签允,现我国全国人民为之震愤,即使政府承允,我全国国民万不承认,倘从此民心激变,徧国之中,无论何地再见仇洋之事,皆系俄国所致,与我国无涉,幸垂意焉。"② 以此表示中国民众强烈的抗争之意。

4 月 28 日,东京《时事新报》忽发刊号外,刊载俄国驻华署使与《时事新报》特派员的谈话,大致是说"俄国现在政策,断然取东三省归入俄国版图"③,并载有美国公使与英国公使反对消息。同日,东京《朝日新闻》亦刊登俄国向清廷提出的撤兵的七项前提条件:

　　一、俄政府遵一九〇二年四月八日条约,撤去东三省军队,以土地交还中国,中国当永远不以东三省土地租借或割让他国;

　　二、东三省除营口外,中国政府不得开作通商口岸;

　　三、东三省之行政及军事,不许他国人干涉;

　　四、营口之税务司,当永任俄国人为之,税关收入,当属华俄道胜银行管理,营口地方之检疫事务,统归税务司管理;

　　五、自营口至北京之中国电线上,须允俄人添设一线;

　　六、东三省及蒙古各部现在治辖之法,不能更改,倘欲更改,须经俄人承认;

　　七、中国从前所许俄华道胜银行及其他俄人之特权,以后不可

---

① 《对于俄约之国民运动》,载《江苏》1903 年第 2 期。
② 《对于俄约之国民运动》,载《江苏》1903 年第 2 期。
③ 《拒俄事件》,载《浙江潮》1903 年第 4 期。

变改。①

日本媒体的大肆渲染及刊发号外的做法，有它的一番苦心。日本对中国东三省垂涎三尺，社会上频传日本要与俄国开战一说。在此严峻形势下，中国留日学生更是关注事态发展。1903 年 4 月 29 日，留学生会馆于早晨 7 点召开干部会议。浙江人汤槱首先提议急电南北洋大臣主战，钮永建继而主张留学生应即组建军队，以实力抗俄，大家都表赞同。当时，江苏学生钮永建想以留学生会馆名义组织学生军，以抗俄人侵略，于是告知留学生会馆干事章宗祥、曹汝霖等，促其发起。章曹等因感于种种顾忌，未予答应。钮之建议，既遭拒绝，乃由东京青年会会员叶澜、秦毓鎏等出而为发起人，起草传单，召集留学生商议。4 月 29 日在神田锦辉馆召开全体中国留学生大会，商讨对策，会议推汤槱②为临时主席，汤即登台发表演讲：

> 大丈夫日言不得死所，今俄人在东三省的举动，已构成我国的奇耻大辱，也正是我们堂堂国民为国流血的好机会。……今日之势，不待烦言，战亦亡不战亦亡，均此亡国，则开战之主权实操之在我，虽拼命至矢尽兵穷，一败涂地，犹不失为亡国雄鬼。……故我意今日有不怕死肯牺牲一身为中国请命的，立刻签名，编成一队，克日出发，径投北洋，痛哭流涕，剖陈不战之害，情愿奋身前敌，万死不惧，更立本部，以为后应。我中国自甲午以后，久成为世界三等国，以三等国民而敢与世界第一雄国死抗，我辈虽被大炮炸成飞灰，还不值得吗？③

继汤槱之后，汪荣宝、程家柽、李书城等相继演说，大家激昂慷慨，热血沸腾。于是大会决议成立"拒俄义勇队"，并同时采取下列八项行动：

> 一、愿入义勇队赴前敌者，仅两日内签名；
> 二、未能即赴前敌者，别设本部部署军队各事；
> 三、致电北洋大臣袁世凯，及上海各团体；
> 四、发电后，更致北洋大臣函，请将义勇队编其麾下；
> 五、遣特派员至天津，与袁订定彼此关系；

---

① 《军国民教育会之成立》，载《江苏》1903 年第 2 期。

② 汤槱即汤尔和，汤后来在抗战时期成为著名的大汉奸，汤早年的革命行为与后来在民族危难之际的蜕变，令人感慨。

③ 《军国民教育会之成立》，载《江苏》1903 年第 2 期。

六、遣人至本国内地各殷富地方；

七、遣人至南洋各埠；

八、遣人至欧美各国。①

根据上项议决，4月30日留学生签名愿入军队者百三十余人，本部办事者五十余人。拒俄义勇队正式成立，并分别电告北洋大臣袁世凯与上海中国教育会、爱国学社谓："俄祸日急，留学生已编成义勇队赴敌，请协助。"旋又致函袁世凯，分析列强瓜分中国野心，对于俄人此举，认为："战亦亡，不战亦亡，战而割地，则各国无所借口，暂戢其凶暴之威。不战而自屈，则他人或引以为例，而各逞其无厌之欲。是则战虽亡，而犹有不亡之理存于万一之中。不战则虽欲免亡，而诚速亡之道已迫于终食之顷。②

并同时分析历史事件，表示只要同仇敌忾，一致对俄，俄军是可以战胜的：

> 吾国与外敌交战之事，有史以来，不可胜纪，而有败无胜，为万国羞。独雅克萨之役（康熙二十四年），彭春以万八千之卒，困俄人于重围，毁其坚垒，毙其骁将托尔布泰，使俄帝彼得不敢逞志于我；而尼布楚之条约，遂逐俄人于外兴安岭以北，不得南逾一步。虽盛衰之势，今昔悬殊，而亦足以见胜负无常，惟所自召。安见斯拉夫之民族必雄长于亚东，而可萨克之兵士果无敌于天下者哉！③

清末留日学生运动，多体现了比较浓厚的地域观念，比如收回路矿权运动、拒法事件等。但在拒俄运动中，这样一种以省籍为界限的划分被打破了，各省学生能够团结一致，形成共同的群体，表现了留日学生在国家利益遭受重大威胁时一致对外、共御外敌的爱国热忱。

三、从学生军到军国民教育会

1903年4月30日，义勇队正式成立。福建方声煊、浙江潘国寿年纪还很小，也毅然请命。"共爱会"的女学生亦志愿随队出征，担任看护，誓言"损躯殒命，誓无所惜"。义勇队致电袁世凯：

---

① 《军国民教育会之成立》，载《江苏》1903年第2期。
② 《拒俄事件》，载《浙江潮》1903年第4期。
③ 《致北洋大臣袁缄》，载《浙江潮》1903年第4期。

北京袁大臣鉴:俄祸日迫,分割在即,请速严拒。留学生已编"义勇队"准备赴敌,详函续上。①

5月2日留学生再次于锦辉馆召开大会,决议改"义勇队"名称为"学生军",签名学生均到会。规则规定分为军队、本部两个部分,目的是拒俄,性质是代表国民公愤并担负主战责任。5月3日,参加学生军学生齐集留学生会馆,由蓝天蔚依据各人体格编队。全队分为甲、乙、丙三区队,每区队分为四分队。学生军编成后公推蓝天蔚为队长,龚光明、敖正邦、吴祐贞为区队长,分队长则由队长指派。1903年留日学生拒俄运动中所组建的学生军名单如下:

表 4—1　学生军名单(总队长蓝天蔚)

区队	一分队	二分队	三分队	四分队
甲区 (区队长 龚光明)	汤标(队长) 夏清馥　陈茹昌 韩永康　韦仲良 袁华植　石　铎 沈　刚　翁　浩 何世准	郑宪成(队长) 胡镇超　吴钦廉 刘景烈　黄润贵 刘钟穌　李天锡 方声涛　唐寿祺 卢藉刚	杨明翼(队长) 林肇明　刘志芳 冯启庄　许嘉树 王孝缜　冯廷美 欧阳干　张允斌 高兆奎	陈秉忠(队长) 罗元熙　苏子谷 李寿康　何厚倜 李书城　伍嘉杰 周维桢　杨言昌
乙区 (区队长 敖正邦)	王渭忱(队长) 叶　澜　董鸿祎 甘启元　方舜阶 张　浮　徐家瑞 陆规亮　张殿玺 张景光	尹援一(队长) 刘景沂　尚　毅 刘成禺　李宣威 邓官霖　张魁光 陈之骥　许寿裳 严智崇	钮永建(队长) 徐秀钧　刘景熊 黄　畛　方声洞 王季绪　黄立猷 秦文铎　华　鸿 李士照	蒯寿枢(队长) 胡克猷　周宏业 王兆枬　顾　树 林先民　秦毓鎏 董　猛　王隽基 吴　雄
丙区 (区队长 吴祐贞)	刘　蕃(队长) 江尔鹗　陆龙翔 刘希明　陈芙昌 卢启泰　谢晓石 王明芳　黎勇锡 黄　铎	林　獬(队长) 高　种　施尔常 李炳章　诸　翔 王学文　鲍应铄 任　责　黄实存 吴治恭	贝　均(队长) 朱少穆　施传盛 王永炘　陈去病 蔡世俊　张毓灵 张肇熊　倪永龄 沈成钧	王璟芳(队长) 胡濬济　张肇桐 宜　桂　龚国元 潘国寿　廖世勷 戴　赞
本部	程家柽、陈天华、林长民、寒念益、朱孔文、彭树滋、杨汝梅、欧阳启动、夏斌、王镇南等数十人			

资料来源:冯自由:《癸卯留日学生军姓名补述》,见《革命逸史》(下),北京:新星出版社,2009年,第836页。

---

① 《学生军缘起》,载《湖北学生界》1903年第4期。

在这批学生军中,蓝天蔚、苏子谷(曼殊)、李书城、叶澜、刘成禺、钮永建、黄畛(黄兴)、方声洞、林獬、程家柽、陈天华、蹇念益等,皆为当时青年之俊彦。

5月4日,本部各工作人员开始工作,公推钮永建为临时部长,公布学生军课程表,定于6日起开始在会馆操练。8日,神田警察署打电话给会馆,约谈王嘉榘、钮永建、张肇桐、林长民四人,因钮、张外出,王、林依约前往。警察署长面告王林二人,组织学生军于日本外交颇有阻碍,要求他们解散。8日晚,留学生开会,王嘉榘报告在神田警察署的谈话情形。汪德渊、胡文澜主张不可解散,经过辩论决议三事:一是速遣特派员;二是改学生军名目;三是共事诸人皆入体育会。会议中投票选举特派员,结果,钮永建、汤槱膺选。并推选蓝天蔚、秦毓鎏、谢晓石、张肇桐等四人负责修改学生军名目及章程。5月11日再于锦辉馆开大会,一致通过改学生军为"军国民教育会",并公推谢晓石为临时议长,议决《军国民教育会公约》十一章。5月13日江苏同乡会、浙江同乡会及军国民教育会以各省级和集体的名义分别为钮、汤二人饯行,次日,钮、汤由横滨搭轮转往天津,展开活动,军国民教育会会员,亦分别执行工作。

在汤槱等人回国之际,国内风云变幻,谣言四出。驻日公使蔡和甫致电鄂督端方则云:

> 东京留学生结义勇队,计有两百余人,名为拒俄,实则革命,现将奔赴内地,务饬各州县严密查拿。[①]

汤槱的同学马叙伦回忆说:

> 汤尔和往日本学陆军去了,奉天事情紧急的时候,留学日本的学生"鼓噪"了,组织义勇队,要回国来,请愿和俄国开战,先派了汤尔和、钮永建回来,向北洋大臣直隶总督袁世凯申说意见,到了保定,见了袁世凯,袁只给他一个电报看,他们的任务就终止了。因为清朝已得了报告,说他们是革命党,有密令叫袁世凯逮捕。当时,我在杭州,得到消息,尔和已"被杀"了,急忙打电报给杜士珍,叫他来商量,我们怎样去处理他的后事。又给袁世凯"幕府"里一位魏少棠老先生去信问问

---

① 冯自由:《革命逸史》(上),北京:新星出版社,2009年,第86页。

情形(这位魏老先生,是和林琴南翻译小说著名的魏易的叔父,也是尔和的长辈),得他的复信,说没有这回事。原来,他们想通过魏老先生和袁世凯说话,魏老先生劝他们快离保定罢。①

可见其时汤槱担负使命的危险性。

四、畛域观念与拒俄运动中的浙江籍学生

留日学生的拒俄运动,首先得到上海各界的响应与支持。4 月 30 日,上海教育会、爱国学社等志士,在张园开会讨论俄事,会中忽接东京留学生电文:"俄祸日急,已电北洋主战,留学生编义勇队赴敌,请协力",并由蔡元培当场宣读,与会者莫不感奋,皆步出大草地,向东一鞠躬,以示敬意。此时,有人提议编练义勇队以响应东京留学生,一时签名者踊跃。社会上对此事评价很高,《字林西报》称:"中国立国以来二千余年,其人民有爱国心者,自此次会议始。"②具见其意义之重大。

1903 年 5 月 11 日,东京"学生军"改组为"军国民教育会"。留学生于锦辉馆召开大会,会议由谢晓石主持,决议改学生军为军国民教育会,并通过《军国民教育会公约》,以"养成尚武精神,实行爱国主义"为宗旨。会议鉴于学生军被干扰之经验,为预防破坏,组织及活动均秘密进行。会员徽章镍质圆形,大如墨西哥银元,一面铸黄帝轩辕氏像,一面镌铭四句:"帝作五兵,挥斥百族,时维我祖,我膺是服。"

会议公推秦毓鎏起草《发起军国民教育会意见书》:

> 哀哉义勇队!自成立至今,降心下气,仰人鼻息无不辞,受人唾骂而不惜,果何为也哉?为吾民族图独立欤?抑为彼满洲保私产欤?此不辩而明,凡吾同胞当无不曰:满洲杀我祖宗,夺我财产,已二百余年,今且迫我同胞,割我土地,遗之外人,致吾有灭种之惨。满洲吾之世仇也,吾覆之亡之且不暇,乌乎言为彼保产业。然则拒俄乎为欤?曰俄据东三省,各国必与之争,争必出于战,无论孰胜孰败,吾之大地终非吾有矣。东三省亡,不足忧,东三省亡,而吾之土地皆随东三省而俱亡矣。一俄不足忧,各国皆随俄而瓜分我矣。呜呼!吾族亡于野蛮满

① 马叙伦:《我在六十岁以前》,北京:生活·读书·新知三联书店,1983 年,第 20—21 页。
② 《译西报记者张园会议事》,载《苏报》光绪二十九年四月十二日。

洲,犹有独立之希望,若亡于文明各强国,真为万劫不复之奴隶地矣。
与其坐以待毙,不如奋斗而死,此吾军国民教育会之所以起,凡吾同仁
当无不知也。①

值得注意的是,在《发起军国民教育会意见书》里,已经明确了排满的
主张,并从历史角度对满洲入主中原的政策进行了清算。还从反抗专制的
角度,认为只有推翻清政权,才能免除国人沦为万劫不复的奴隶的命运。

因是之故,某等拟于今日开会,定本会之宗旨,曰养成尚武精神,
实行民族主义。宗旨既定之后,皆当坚守此旨,以维持本会于无穷,鼓
吹此旨以唤醒国人之迷梦。祖父世仇则报复之,文明大敌则抗拒之,
事成为独立之国民,不成则为独立在雄鬼,凡吾同志,谅有同心!②

军国民教育会规则由会员秦毓鎏、萨端、周宏业、贝镛礼、叶澜、张肇
桐、华鸿、陈秉忠、董鸿祎、翁浩、陈定保、胡景伊、程家柽、王家驹、郑宪成提
议。除这15人外,还有龚宝铨、陶成章、魏兰、陈天华、黄兴、刘揆一、张继、
苏曼殊等人加入。这些成员后来分别组建了近代著名的革命团体华兴会
与光复会。军国民教育会的成立,标志着留学生运动正式进入反清革命的
新阶段。

1903年10月27日,蔡元培、王小徐、汪德渊等在上海创办了《俄事警
闻》报,继续为拒俄运动的方针呐喊。同时设有“对俄同志会”,该会由上海
教育会会员发起,针对俄患日深,谋求解决之方。《俄事警闻》是“对俄同志
会”之机关报,1904年2月26日《俄事警闻》扩大规模并改名《警钟》日报,
其宗旨仍然是“抵御外侮,恢复国权”。拒俄运动的后续影响,是至为深
远的。

对于拒俄运动的革命转变的认识,桑兵有这样的判断:

拒俄运动转变为革命运动与参与拒俄运动的学生转向革命,是两
个相互交叉,但不能等同的过程,在时间上,后者的发端早于前者。③

---

① 秦毓鎏:《发起军国民教育会意见书》,见冯自由:《革命逸史》(上),北京:新星出版社,
2009年,第88页。
② 秦毓鎏:《发起军国民教育会意见书》,见冯自由:《革命逸史》(上),北京:新星出版社,
2009年,第89页。
③ 桑兵:《晚清学堂学生与社会变迁》,桂林:广西师范大学出版社,2007年,第86页。

　　实际上,学生的思想转变是一个潜移默化的过程,拒俄运动的作用是将学生的这种反抗政府的情绪酣畅地表述出来。

　　整个拒俄运动中,浙江籍人士占据着重要的作用。既是在浙江省内,学生的关注也是比较活跃的。1903年5月29日,"浙江乌青镇小学堂全体学生来函,深表同情于军国民教育会,愿举全体为支部会员,任运动一切事宜"①。在省外,领袖者蔡元培、章太炎,在整个事件中,分别代表教育界与革命界。在整个留日学生参与的拒俄运动中,浙江籍学生也发挥了重要的作用。比如直接参加学生军的就有叶澜、董鸿祎、许寿裳、潘国寿等人。另外,作为中国留日学生骨干,王嘉榘以学生代表身份与日本警方进行沟通,汤槱后来成为留日学生军的特派员,担负起谒见北洋大臣袁世凯的重任。

第四节　清末学生的革命与不革命②

　　清末时期,随着政府变革动力的加剧,作为新政重大成果之一的学生群体,成为社会最新兴力量并崛起于时代。但年龄因素与时代冲动促使学生恃宠而骄并在思想与行为上不断背叛政府"学为己用,大力笼络"的战略意图。学生群体的叛逆可分为革命与不革命两种:革命体现了时代的激情,是清末时代冲动与狂飙年龄特点共生的产物;不革命则表现了群体中少有的冷静与睿智,是传统知识分子的持重在新一代知识分子身上的理性回归,体现了个别学生对于社会远景"举一望三"的深层次理解。由于传媒扩张效应所造成的思想裹挟现象、学生个体认知及政权维护之需要,清末印象在被溯求于学生革命意志与行为方面变得扑朔迷离而渐成假象,历史在场被有意无意地大肆毁掉,第一历史与第二、第三等次生历史在相形见绌的较量中败下阵来,形成了今天在清末历史认识上的困惑。

　　清末时期,政府在内忧外患中图穷思变。为了适应不断发展的新形势,大清帝国的统治者们不得不从往昔"奉为神明"的祖训中变换思维,逐渐吸纳具有改良意识的大臣及其他民众的思想主张。在帝国实施政权自救运动的清末新政时期,从"废科举、兴学堂"大旗下成长起来的学生群体,

---

　　①　《乌青镇小学堂全体学生加入军国民教育会》,载《湖北学生界》第5期。见杨天石、王学庄编:《拒俄运动:1901—1905》,北京:中国社会科学出版社,1979年,第181页。

　　②　该节内容以《清末学生的革命与不革命》为题,刊载《学术界》2011年第5期。

以少有的时代锐利狂飙于朝野之间。他们是一群锐进之士,言论上达庙堂之高,下至江湖之远,以群体的反叛著称于世。然而,激荡的狂潮终有消退之期,曲终人散后的寂寥又常常伴随着一阵又一阵的历史沉痛。在清末这一高歌猛进的准民权时代,国家威权削弱,掌握着舆论方向的基层知识分子在朝廷势力难以掌控的租界或国外,以文字裹挟思想,运用笔杆子以夸大和煽情的论调把控着时代的话语权,已毕业或未毕业的学生们通过一次又一次革命或不革命的变革呼吁,在大清王朝最后的岁月里溅起了层层的历史涟漪。

历史在评判学生群体的分化时,过于简单化。那些选择了不革命的叛逆学生,在传统的研究中被认为改良甚或是保守,评价不高。学生对于社会认知的层次不同,体现了他们在对待激进与改良上的不一致。不革命不是开历史倒车或反革命,不革命也是一种变革,一种以社会较小的代价获得较大社会受益的社会转型模式。清末学生"敏感而又自负,祖国的危机、社会的不安定、个人前途的不确定性以及知识和年龄的不成熟"[1],常常使他们的行为成为了历史的重要痕迹。历史研究者在追寻清末学生的痕迹时,是将因一时之需要而形成的清末印象,努力还原成真实存在的历史在场。

一、人心思变:学生的被宠与反叛

清末学生,是具有新型知识体系的第一代,也是被宠坏的一代。他们以其具有的最为新颖的知识结构耀眼于世,却又常常因不合时宜而成为守旧者攻击的目标。在废科举、兴学堂的历史大幕中,学生群体迅速成为社会舆论的新贵。而这样的新贵在眼花缭乱的清末社会演变中,迅速背离其母体,转化为与政府对立的最大社会群体。

清末学生群体大致由学堂学生、留学生与教会学校毕业生组成。而这其中留学生主要是留日学生,留学欧美的学生对中国政治参与热情不高,他们更侧重于科技方面。教会学校学生则由于其影响力与政治参与度均不高而常常不在统计之列。在政治及社会参与方面,与国内学堂学生相比,又以留日学生为贵,"如果说留学生构成了清末中国新式知识分子群体

---

① 罗福惠:《辛亥时期的精英文化研究》,武汉:华中师范大学出版社,2001年,第293页。

的最上层部分,那么留日学生仍然以其人数最多、在科技界以外的领域中影响最大而令人瞩目"①。

学生群体作为新兴的阶层,传统的功名设置渐渐远离他们,但是由于作为国家希望的独特的地位及朝野一致的期待,赋予学生群体身上的功名实不亚于过去的士子、童生。"朝廷锐意兴学,方期造就通才,储为国用。"②朝廷倚重这些新式学子,以期作为国家未来的栋梁之才。同时,政府对于学生关注又有其复杂的一面:"清廷考试游学毕业生中式者,本日由学部带领引见,按照品级,各着官服,依次分别朗声报名而入,清廷对其等所着官服及进退容止,均极重视。"③

这种重视,更多地体现了政府对于这些新锐所表现出来的忐忑不安的心态,一种旧式国家机器看待社会新锐的复杂之情。"进退容止"四字,就是对于新生事物能否适应现行环境的"学为己用"的一种别样考验。换个角度来看,作为统治阶层,他们拥有旧式知识结构,对于新学的显贵可能怀有一种本能的恐惧。

1902 年 10 月 5 日,帝国令各省督抚们选择优秀学生,集中派向西方欧美国家学习专门学业,以备国家之需。"闻近来游学日本者,尚不乏人,泰西各国,或以道远费多,资送甚少,亟应广开风气。着各省督抚选择明通端正之学生,筹给经费,派往西洋各国,考求专门学业,务期成就真才,以备任使,将此通谕知之。"④

帝国官员在留学生出洋的过程中,可能也看到了些许端倪,也切实感受到科技人才对于国家建设的重要作用。

清末时期,朝野有识之士主张奖励新式学生以科第出身。主要鉴于旧式科举已无法选拔时代所需的人才,于是依照传统科举制度,授予新式学校毕业生以秀才、举人或进士的身份,以至于以政府主导来利用社会急需人才。出于自身救亡的需要,帝国⑤统治者们将人才的培养放眼于海外,

---

① 罗福惠:《辛亥时期的精英文化研究》,武汉:华中师范大学出版社,2001 年,第 293 页。

② 《清实录》(第 58 册),北京:中华书局,1987 年,第 817 页。

③ 颜惠庆:《颜惠庆自传——一位民国元老的历史记忆》,北京:商务印书馆,2003 年,第 38—39 页。

④ 《清实录》(第 58 册),北京:中华书局,1987 年,第 666 页。

⑤ 从一定意义上来讲,清政府以及之前自秦始皇嬴政始,所建立起来的正统的皇帝王朝,大都具备帝国的特征——帝制、高度中央集权、对周边的强大影响力等。

积极扶持学生对于西学的追求。在 1903 年 10 月 6 日,政府在有效实施留日教育的几年后,张之洞等与日本驻京使臣内田康哉商议并公布了《约束鼓励游学生章程》。依该章程规定,中国留日学生在日本毕业后分别视情况给予功名,并奖以官职。"普通中学堂五年毕业,得有文凭者,给予'拔贡'出身,分别录用;文部省直辖高等各学堂暨程度相当之各项实业学堂,得有优等,给予'举人'出身,分别录用;在大学堂专学某一科或数科毕业后,得有选科及普通科文凭者,给予'进士'出身,分别录用;中学堂毕业,经入大学堂学习选科,未经高等学堂毕业者,其奖励比照高等学堂毕业办理;日本国家大学堂暨程度相当之官设学堂三年毕业得有学士文凭者,给予'翰林'出身;日本国家大学院五年毕业,得有博士文凭者,除给予'翰林'出身外,并予以'翰林'升阶;除以上所列者外,在文部大臣所指准私立学堂毕业者,视其所学程度,一体酌给'举人'出身,或'拔贡'出身;同时规定留学生原有翰林、进士、举人、拔贡出身者,各视所学程度,给予相当官职。"①

从上述章程可以看出,帝国政府根据具体情况分别给予留日学生不同的出身,同时,还给予具有资质的私立学堂学生一样待遇,体现了一视同仁的公平原则。

留学生自始以来,历来是国家精英而备受政府重视,清末就是明证。在 1910 年 10 月 4 日,"清廷赏给游学毕业生吴乃琛、刁作谦、罗忠诒、张嘉森、俞同奎、孙多钰、吴鼎昌、但焘、金曾澄、许寿裳等各科进士举人有差"②。帝国政府给予留学生以传统社会跨入仕途的进士身份,足见帝国政府对留学生的大力笼络之情。尽管给予出身及官职要经过相关部门及大臣详加查察,清廷此举是为了安抚日渐革命化的留日学生,选擢留学生以充实官员队伍是为了帝国行政队伍的更好发展,但是这些毕竟给予了处于变革中的青年学生以通向社会上层的空间与动力。

所以,清末的学生群体是复杂的。不仅包括适龄学生,还包括由旧学知识转化过来的功名人士和官员。在留日学生中,秀才、禀生随处可见,就是进士甚或翰林也是有的。当时社会普遍形成了学习新学的热潮,无论是为了知识本身的吸收还是社会的时尚所致。1905 年 1 月 28 日清驻日公使

① 瞿立鹤:《清末教育西潮:中国教育现代化之萌芽》,台北:"国立编译馆",2002 年,第 823 页。
② 中华民国史事纪要编委会:《中华民国史事纪要》(1901),台北:"中央文物供应社",1982年,第 537—539 页。

杨枢向朝廷奏请在日本东京设立法政速成学堂，教授游学官绅。就是这种思潮的反应。

学生的被宠，不仅体现在政府给予学生的传统功名身份①，还体现于一定的社会尊重方面。当时还是小学生的蒋复璁回忆说："清代一般人对大小学堂都非常重视……如果我们列队出校，走在街上，遇到了大小官员，他们一律让道避开。……我们小孩子堂皇列队，整齐前行，不怕任何人来阻拦，也感觉神奇的很。"②

即使是对小学堂出来的小知识分子，政府官员都能如此之礼遇，其时对知识分子的尊重程度，可见一斑。

随着新学的推进，学生对于政治及社会的影响也逐渐加大。膨胀的学生权利既能够迫使校长辞职，还能够要求政府更换帝国驻日公使。1902年7月30日中国东京留学生电请外务部："蔡钧屡拒保送留学，昨诸生至署恳求，反令警察入署押捕，实损国威而辱士类，请撤回，无任待命之至。"③

学生那种强烈的对于管理层的干涉，成为表达对帝国管理不满的一种重要的发泄途径。1903年4月24日，留日学生致电北京政务处及粤督德寿、蜀督岑春煊，要求惩办桂抚王之春。电曰："闻桂抚王之春通款法人，假款乞援，桂省必非我有，各国从此生心，大局立可动摇，乞速代奏，谢绝法人，撤回抚臣治罪，另筹办法，详函另达。"④

同时留日学生还致电上海中国教育会云："桂抚假外款外兵，东京已电争，望协应。"⑤学生致电后，产生了积极的作用，由于受舆论影响，王之春向法国人借款以图剿匪的计划终未实施，适逢清廷调岑春煊代德寿督粤，春煊亦以王"贪婪不职，纵匪成患"，乃参去其职⑥。在王之春事件上，留日

---

①　迟云飞认为，新式学生具备了社会精英的学识和能力，但他们大多没有绅士的资格，很难进入传统的上流社会。由于科举制的废除，政府也已不能通过给他们一个可能的仕宦前途的办法笼络他们或使他们为政府所用。参见迟云飞：《清末社会的裂变与各阶层分析——兼论清王朝的覆亡》，载《史学集刊》2003年第4期。此言可商榷。资料显示，清政府是力图以各种努力给予这些知识精英以政治上的出路，以毕业文凭评定品级、职务就是其中一个办法。

②　蒋复璁等口述，黄克武编撰：《蒋复璁口述回忆录》，台北：中研院近代史研究所，2000年，第21页。

③　王彦威、王亮编，李育民等点校整理：《清季外交史料》(6)，长沙：湖南师范大学出版社，2015年，第3009页。

④　《记电争广西事》，载《江苏》1903年第2期。

⑤　《记电争广西事》，载《江苏》1903年第2期。

⑥　岑春煊：《乐斋漫笔》，台北：文星书店，1962年，第11页。

学生群体对事情的最终处理,起到了积极的推动作用。

历史行进在清末时期,各方面的变化都在加速,包括人心变化。大清帝国在其末期成为众矢之的,重要原因在于民心尽失。一个民心殆尽的政府,无论怎么表现出它的开明与改革,社会对它的反应都是不信任。可以看到,清末新政时期的种种变革,其开明性比起清政府早期乃至中期的统治来说,要民主得多、宽容得多。但它的这些改革措施很快在人心思变的清末时期被淹没于滚滚的社会洪流中。抛弃以政府为主导的变革,也是社会绅权不断上升的基础。

人心的变化速度是飞快的。1906年出狱后的章太炎曾经这样说道:"壬寅(1902)春天,来到日本,见着中山,那时留学诸公,在中山那边往来,可称志同道合的,不过一二个人。其余偶然来往的,总是觉得中山奇怪,要来看看古董,并没有热心救汉的心思……不料监禁三年以后,再到此地,留学生中助我张目的人,较从前增加百倍,才晓得人心进化是实有的。以前排满复汉的心肠也是人人都有,不过潜在胸中,到今日才得发现。"①

其实,章太炎所说的留学生倾向革命的速度,固有革命宣传的因素在其中,但万花筒般的社会变革,人心思变则也是起了很大的作用。

学生群体对清政府的几乎集体离心的现象,表明了在当时人心思变的中国,政府再如何振作,想收回之前所丧失的民心及执政合法性,也已经相当困难。

二、革命与不革命:狂飙时代的艰难抉择

学生的产生,原本就是很复杂的一个概念,而不是今天的适龄儿童、青少年上学的问题。由学生而起的分化,也不是后世所认为的如此之简洁。革命的话语将更多的人的思想与意图掩盖其中。学生的革命与不革命,是一个时代的产物,难以用程式化的眼光去衡量。

"革命志士深知欲唤醒民众,必须从宣传教育着手。开设书局报社、兴办学堂乃为掩护革命最佳途径。"②当教育被当作是革命的一种手段,政府百年树人的意图就被彻底肢解。一个社会的健康发展,需要有一种合理而

---

① 章太炎:《东京留学生欢迎会演说辞》,载《民报》1906年7月25日。
② 蒋维乔:《中国教育会之回忆》,载《东方杂志》1936年第1期。

又操作规范的制度保障。千百年来科举制那种可以保障寒门子弟通过个人努力达到社会上层的功能，在这里面多少有些继承与发展。但新学堂不能够保证穷人足够上得起学，章太炎说："这科举原是最恶劣的，不消说了，但为甚隋、唐以后，只用科举，不用学校？因为隋、唐以后，书籍渐多，必不能像两汉的简单。若要入学购置书籍，必得要无数金钱。又且功课繁多，那做工营农的事，只可搁起一边，不能像两汉的人，可以带经而锄的。惟有律赋诗文，只要花费一二两的纹银，就把程墨可以统统买到，随口咿语，就像唱曲一般，这做工营农的事，也还可以并行不悖，必得如此，贫人才有做官的希望。若不如此，求学入官，不能不专让富人，贫民是沉沦海底，永无参预政权的日了。"①

清末是一个风云多变的时期。学生在特定的时代狂飙背景下，以前所未有的自我意识与阶层意识，突起并引导了社会舆论。1900 年的庚子之乱，是继甲午之后对中国人脆弱的民族自尊心又一沉重打击。在民族尊严及国家体面受到彻底冲击之后，有识之士就开始了对国家前途命运的深深思考。"忧国志士眼见国势杌陧，深知非革命不足以救中国。"②在这之前，仁人志士们所思考的救亡主张多是在政府框架内思考的产物。但不足 10 年之间的两次战争，中国传统知识分子的依赖政府救国思维开始被放弃，取而代之的是一种思变思维，包括体制内的改良思维与体制外的革命思维。

其时的知识分子在两者之间开始趋向于革命，但如何进行革命，则是一个重要的问题。

要突破对传统政府主导路径的依赖而达到富强的目的，兴办教育是一个可以把救亡与革命相兼顾的方式。"当时清廷深受拳乱之祸，亦知兴学培才刻不容缓，乃诏令各省、府、州县开办学堂；又有推广翻译之议。是故在光绪二十七、八年间，上海一地翻译和著作事业呈现蓬勃气象。"③新学因帝国的提倡而逐渐兴盛，但成长起来的新学背离了帝国政府所期待的方式，走向了政府的反面，兴新学成了搬起石头砸自己脚的事情。与之相伴而生的，是清末出现蓬勃的西学知识传播及传媒业的发展，这与清政府的

---

① 章太炎：《东京留学生欢迎会演说辞》，载《民报》1906 年 7 月 25 日。
② 蒋维乔：《中国教育会之回忆》，载《东方杂志》1936 年第 1 期。
③ 蒋维乔：《中国教育会之回忆》，载《东方杂志》1936 年第 1 期。

大力倡导是分不开的,也能被反政府的人加以利用。如果换一种思考就会发现这样一种奇特的现象:大清政府抛弃旧有体制,花费力气并寄托以国家前途与希望的新式教育的学生,几乎都是自己垮台时期的掘墓人。学生群体的掘墓人角色,在清末时期体现得相当淋漓尽致。

相对于大清帝国传统的统治立场来说,政治倒车已无可能。任何超越统治意识的思维变革从它的角度看来都是激进的,或者说是左倾的。这一系列要求帝国进行变革的诉求中,以革命的方式距离政府为最远,所以"革命是要杀头的"也成为清末的潜意识用语。在大清政府的政治立场与革命立场中间,还有一个不革命立场的存在。不革命并不意味认同或妥协于政府的惯有思维,他们也是强烈地要求政府进行适应民心的变革,不过他们希望这种变革在政府框架内进行。传统认为那是一种保守或改良主义色彩,但清末的不革命理论,更是一种基于社会人理性成熟的表现。

革命是时代的狂飙,因为青年学生的年龄特点,加上时代所特有的急速变革趋势,大部分清末学生都会被有意识或者无意识地引导到革命思维与革命立场上。但也有主张不革命的改良派,他们同样也是希望社会变革,不过是要求减缓社会成本。浙江诸暨人蒋智由就是很好的一个例子。

蒋智由是浙江留学日本的大龄学生,1902 年 12 月以自费留学日本。与他一起留日的,还有他的儿子蒋尊簋。蒋尊簋辛亥后曾官至浙江都督。蒋智由曾一度把"智由"写作"自由",被一些论者认为是投机分子[1]。蒋智由留日前,曾以笔名"因明子"给梁启超创办的《清议报》投稿,梁启超颇为欣赏他的才气,而与他相交,并将他看作是近世诗界三杰之一。在东京留学时,许寿裳与鲁迅常去拜访蒋,后来停止拜访的理由,据许寿裳回忆:"有一次,蒋氏谈到服装问题,说满清的红缨帽有威仪,而指他自己的西式礼帽则无威仪。……辞出之后,鲁迅便在路上说:观云的思想变了。我点点头。我们此后也不再去。果然,不久便知道他和梁启超组织政闻社,主张君主立宪了。于是鲁迅便给他一个绰号——无威仪。"[2]

其时做学生的,主张不革命思想的,比较著名的还有杨度、沈钧儒、黄

---

[1]　王若海、文景迅:《鲁迅与〈浙江潮〉》,转引自薛绥之主编:《鲁迅生平史料汇编》(第二辑),天津:天津人民出版社,1982 年,第 221—222 页。

[2]　王若海、文景迅:《鲁迅与〈浙江潮〉》,转引自薛绥之主编:《鲁迅生平史料汇编》(第二辑),天津:天津人民出版社,1982 年,第 221—222 页。

炎培、王国维、孟森、陈景韩等，这些人还是属于比较坚定的立宪派或改良派，希望以不革命的和平方式来改变国家的局面。另外回归传统的有章士钊等，无政府主义者有柳亚子、苏曼殊、李叔同，以及如张相文、冯祖荀、翁文灏等学习自然科学的学生，都是不革命的学生阵营。1911 年的革命，则是一次没有革命力量的军事联合，它的成功有着众多偶然的因素。在这之前声势浩大的立宪运动，到后来则被说成是一种改良派的道路。

1907 年 2 月 17 日"早稻田大学遂斥退与革命党有关之中国学生十九日，中央大学斥退二十人，均徇清公使杨枢之请也"①。

迫于内外压力及自救动力，帝国政府对于政治改革的态度也发生了重要变化。1910 年前后，由于立宪运动而发酵的学生运动，一度曾令政府感到万分紧张。1911 年 1 月 2 日帝国因为奉天、直隶、四川等省学生罢学停课，要求速开国会，下诏严禁学生干预国家政治，谕曰："谕军机大臣等，前经降旨，缩改于宣统五年开设议院，已明白宣示，作为确定年限，不能再议更张。乃不安本分之徒，借速开国会为名，仍复到处鼓惑，各学堂学生，多系年幼无知，血气未定，往往被其愚弄，轻发传单，纷纷停课，聚众要求。闻奉天直隶四川等省，均有此项情事，恐他省亦在所不免，似此无端荒弃正业，奔走呼号，日久恐酿生他变，贻害民生。学堂学生，历练未深，本不准干预国家政治，曾奉先朝严谕，刊入文凭，悬为厉禁。乃历时未久，复染嚣张之习，是皆由办学人员，管教不严所致。前已面谕学部尚书唐景崇，通饬各省严行禁止。着各省督抚，再行剀切晓谕，随时弹压，严饬提学使，及监督提调堂长监学等，按照定章，随时开导查禁，防范未然。倘再有前项情事，立即从严惩办，并将办学人员，一并重处，以儆其余。如或仍前玩愒，以致滋生事端，定惟该督抚等是问。将此各谕令知之。"②

尽管个中的帝国王气仍在，但那种不得已的预备立宪之策，也不仅让人联想起清初开国之君的强悍，前后对比如此之强烈。

谷底中的中国，那种急于摆脱现有地位的迫切心情，使得一切为此目的而进行的变革都显得那么地符合社会心理。在帝国最初兴办学堂的几年里，效果不是太理想。"中国兴学，于兹数年。教育之效，茫如捕风。"③

---

① 《杂俎》，载《东方杂志》1907 年第 2 期。

② 《清实录》（第 60 册），北京：中华书局，1987 年，第 816－817 页。

③ 《敬告学堂教习诸君》（录六月初六日《羊城日报》），载《东方杂志》1904 年第 6 期。

而当兴学堂真正形成高潮之后,政府官员们又发现形势不容乐观。1903年6月,张之洞巡查京师大学堂,"在座中所论,深以学界风潮为忧,谓庚子时此风尚不过汉沪一隅,乃不过三年,已遍大陆,可畏实甚!"[①]"前据有御史某参奏,东京留学生已尽化为革命党,不可不加之防备……地方督抚于各学生回国者,遇有行踪诡秘,访闻有革命本心者,即可随时拿到,就地正法"[②]。政府对于学生的培养,渐渐背离了宗旨走向了它的反面。

谷底中的中国学生,已经将革命作为他们实施救亡图存的最主要手段。清末学堂的不断兴建,造成清末学生数量大幅增加。1903-1909年间,新式学堂从769所发展到59117所,学生数在1909年达163万多人;1901年留日学生不过266人,1904年到2406人,1905年增加到8000人[③]。迅速壮大的学生队伍,形成了革命思想不断聚集的巨大磁力场。不断地培养出新学生,不断地成为革命坚定的支持者甚至是参与者。

清末学生综合影响力的上升,是1911年革命得以成功的一个重要社会基础。"彼等咸认惟有从教育着手,才是救国保种之根本。"[④]"专制之毒痛于学界,递积递演,则国民之萌蘖者愈受摧残,一也。外人利我教育权者,将阴施其狡狯,益深我奴隶之资格,二也。循斯二者,已足以夷吾族性矣。况丰祸之交乘而迭至者乎?"[⑤]在其时,以学生为动力的知识界,已经慢慢认识到教育对于国家、种族的极端重要性,并认为正是帝国的专制造成了深重的民族灾难。

历史研究在更多时候需要一种冷静,需要一种对于急剧发展事物的理性思考。如果将历史结果拿出来印证过程的话,很多的理解有必要重新描述。比如对于1911年革命的认知:那确实是一次响亮而又彻底的推翻皇权的运动,在满洲人异族统治结束的同时,延续2000多年的皇帝体制被推翻。但是革命前的允诺和革命后的事实,形成的反差是巨大的。社会变得更为动荡,人民生活更加痛苦。旧的形式统一的国家机器被砸碎后,新的具有威权的国家机构并没有建立起来。以中央为例,行政权力被地方分

①　《筹论停科》,载《新民丛报》,1903年第34期。
②　《秘谕严拿留学生》,载《苏报》1903年6月5日。
③　张海鹏、李细珠:《中国近代通史》第五卷《新政、立宪与辛亥革命》,南京:凤凰出版传媒集团、江苏人民出版社,2006年,第106-114页。
④　冯自由:《中国教育会与爱国学社》,载《革命逸史》(上),北京:新星出版社,2009年,第93页。
⑤　冯自由:《中国教育会与爱国学社》,载《革命逸史》(上),北京:新星出版社,2009年,第93页。

割,各省更是地方势力四起。在民初的十年里,很多地方人民的生活水平很多地方还不如清末。革命造就了新的社会贵族,却将普通民众的利益放纵于四起的豪强,结果可想而知。

从 1911 年革命的过程,再来看清末学生的不革命,更尤显这批人的成熟与睿智。改良或者立宪的主张,可以渐渐地缩压帝国专制的国家权力,逐渐将权力收归于民众之手。走向共和是革命的目标,但是共和口号在1911 年革命胜利后很快就名存实亡,从这个意义上讲 1911 年革命是失败的。

能够看清历史发展的趋势,需要的是智慧;能够坚守自己的判断不盲从于群体意识的裹挟,需要的则是勇气。"他们在科举已停,上进无路,经商缺乏资本,做学问尤其是学习科学技术既要相当基础又需漫长岁月的情况下,因而感到前途殊杳茫的心态,于是纷纷投入新军,加入政治团体,从事革命活动。"[①]学生选择革命的时候,除了那些旧有的被反复宣讲的革命理想与信念之外,其实与其一定的社会地位、社会出路及自我评估紧密相关。

三、历史在场:隐藏在清末印象的背后

历史常以成败论英雄!再来溯源清末学生的不革命,它的一个重要源头就是渊源于戊戌变法时期的变法派的主张,尤以梁启超的思想言论更为典型。人心思变的社会心理以及传媒硕大的思想裹挟作用,形成的常常是蕴藏于无端之中的历史印象而非历史存在。历史是由胜利者书写的。众多的历史现象在一层又一层的意识形态面前,所形成的就只有历史印象而已。这样一种对于社会、时代的认识,不仅是体现在后世,就是在当时也是有一定的市场。

清末印象是一个模糊而又刻板的概念,在传统的教科书的理念下,晚清政府是腐败无能、卖国的政府,专制体制扼杀新思想,屠杀革命党人士,政府搞假立宪以换民众支持,对外投降,对内残酷镇压民众,苛捐杂税众多,不平等的民族政策,总体上是万恶之万恶的旧社会。

追寻历史在场,是对历史的一种严肃而认真的执着。历史在场,也常

---

①　罗福惠:《辛亥时期的精英文化研究》,武汉:华中师范大学出版社,2001 年,第 298 页。

常因不同的历史背景和执政者的政治要求,而变得模糊不清甚而面目全非。因意识形态等因素的洗刷而留下来的历史,只是一种历史印象而已,而历史在场则隐藏于历史印象之后。在对待清末历史上,许多模糊概念的产生是由于认知的模糊而形成的,印象亦被以为是真相,真相常被诬为幻象。"当民元前十年壬寅,正值义和团乱后,清廷亦知兴学之不容缓,明令各省开办学堂。而国中志士,鉴于清廷之辱国丧师,非先从事革命不可。但清廷禁网严密,革命二字,士人不敢出诸口,从事进行,更难着手。"①

于是,革命就借着教育的名义应运而生,在革命的名义下革命的不仅是男性,女权思想的解放也列入其中。

西学东渐,第一个应该到达并被吸收的国度本应该是中国。因为西方人也明白,日本、朝鲜等国家,它们的文化都是源出中国。可惜由于中国人天朝上国的自大以及对西洋技艺的极端蔑视,洋人的技术最终在日本落下根来。等中国领悟这个时代非学习西方技术之时,西方的炮舰已经冲破了中国硕大的军事要塞,甚至杀到京师,逼走大清皇帝。吸取了几次大败仗的教训,中国人在亡国灭种的气氛中从日本引进日化的西学。这样的西学,原汁原味的东西很少,更多的是一种食之不化却还被当作是救命稻草的西方次成品②。

清末10年浓缩了2000余年中国帝制社会的终结,万花筒般的变革令后人目眩。100年来,围绕清末的探究仍然层出不穷,并渐入佳境。能够经得住历史检验的研究,都是将尽可能系统全面地复原历史在场作为研究的首要目标。"当时大家都认为革命是大势所趋,因为外患的兴起、不平等条约的签订,无非是满清官僚腐败无能,昧于外事所致,要国家富强,非先革命不可。学生这样想,朝廷练的新军也都这样想。新军军官的来源与留学生关系密切,高级军官多为留学生出身,低级军官则来自陆军小学、陆军中学或者速成军官学堂等学生,都是留学生训练的。"③人心思变的社会心理才是清朝走向崩溃的根源:"白旗是形式,清朝到了末年,人心已去,大家

---

①　蒋维乔:《中国教育会之回忆》,载《东方杂志》1936年第1期。

②　笔者认为,往强的方面估计,日本也就是学到精髓的三分之二,西学再经日本传到中国,再来个三分之二,中国也就是学到了西学的九分之四,连一半还不到,这还仅是最大限度的估计,当时中国学堂西学知识的深度与效用性可见一斑。

③　蒋复璁等口述,黄克武编撰:《蒋复璁口述回忆录》,台北:中研院近代史研究所,2000年,第22页。

都想革命了,国父的大名,可谓无人不知、无人不晓。当时历史课本之中,关于清代的历史还称国朝,也会空格或抬头,但是我们同学不约而同地都把"国"字改去,好一点的改称'本朝',有的竟改为'清朝',小学生都能如此,更大的学生更不必说了。"①

从清末学生的历史在场来看待他们对于清末时期的理解,也是一个社会不满、人心思变的蓬勃年代。萧功秦先生从政治参与爆炸的角度,论及由于清末中国民众对于政府的误解而导致的滔天革命浪潮。"保路运动就是一个非常明显的例子。清末铁路修筑权收归国有是符合后发展国家改革的逻辑的,原来的铁路民营化是一个错误。老百姓没有那么多的钱,地方各自为营,缺乏全国范围的统一标准和规划,结果造成了大量的各自为政、半途而废。更重要的是,集资款被民办铁路股份公司挥霍贪污一空,出现重复建设、铁轨无法统一型号等大量的不合理现象。无论是德国、俄国还是日本,所有这些国家,铁路的修筑都是由国家来控制的。清末提出的这个路权收归国有由国家建造铁路的国策是正确的。国家利用优惠的外国贷款,按票面额付款把地方私人股票收归国有,像湖南、湖北、广东,就是如此。然而四川呢,国家不愿意对四川民间铁路公司的股票采取对其他省份的办法,因为当时四川的股票已经大大缩水了。由于四川民营铁路公司或者由于贪污,或者由于投机,例如拿股票到上海交易所去买墨西哥橡胶股票,股票大为缩值。盛宣怀的想法是什么呢?他说,我不能拿全国老百姓的钱来赔你们自己的失误所负的债。从这个道理讲,很对,但是遭到了地方既得利益者的极力反对。为了达到这个目的,他们就与革命党串在一起,提出了'路亡国亡'的口号。清政府没有自己的宣传部,没有办法把自己的道理讲给老百姓听。而当时的人们只能看报纸,报纸又掌握在这些地方士绅手里面,所以产生了舆论误导。结果老百姓误认为把铁路收归国有就是卖国,并且到处集会示威,通过各地方的咨政局不断向政府施加压力,掀起了保路运动。这种政治参与膨胀,导致政局失控,并为辛亥革命的爆发提供了契机。……其实铁路收归国有,与卖国根本不是一回事。你看一下,盛宣怀与外国银行签订的铁路借款条约:第一,不附带任何政治条件;

---

① 蒋复璁等口述、黄克武编撰:《蒋复璁口述回忆录》,台北:中研院近代史研究所,2000年,第23—24页。

第二,不用路权作为抵押,很安全的;第三,利息很低,可以说是低利优惠贷款。但是我们却把它说成是卖国条约,是不对的。"①

清实亡于人心的丧失。加速帝国解体的直接催化剂是新政,主力军前期是学生,后期是新军。学生对新军的影响也很深刻。学生群体之所以反政府,并不仅仅在于吏治腐败,更主要是社会氛围的集聚效应,在思想与行动的裹挟中,学生群体从思想到行动逐渐走上反对政府的道路。

清末学生后来的回忆,有的也并不反对当时的教育。丁治磐叙述:"前清的科举制度并不埋没人材,当时是四月在县城考秀才,八月在府里考举人,明年二月在京师院会试。如果学子才具高且运气好,十个月即可中进士,因此小说中年轻的状元被招为驸马,不是没有可能。前清的考试取法很好,教育有一定宗旨,要教你守本分,有正途出身的秀才、举人、进士、翰林等。拿钱买的捐官,作官也要考试,且最高也不能作二品官。"②

对于前清的军事改革,丁也给予了很高的评价:"前清的军事改革颇有成绩,如在虎牢关的巩县兵工厂以及汉阳兵工厂,选择的地点都很好。后来我接收第二十师的炮都是德国克虏伯原厂的野战炮,质量甚佳,以后则有国内的仿造品。清廷若能顺利地再多练几年兵,军队可达日本军队的水平,如此则辛亥革命就很难成功。"③

清政府对于军事人才的培养,也极为上心:"那时各省都有一所陆军小学,每县考选一名学生,陆军中学全国则有四所,其养成教育极为认真,当时陆军小学,名为小学,但实际上是高等学校的毕业生才备选,所以陆小的外文是分科的,到了中央预备学校(按:即陆军中学),就要学高等微积分,课程严格,按部就班,服装、规矩的训练都很严,我在南京念高等学堂时,看到陆小学生外出均佩戴刺刀,衣着整洁,门口检查服装仪容很严格。"④

清末时期,政府总体上还是励精图治,意图以全新的政策措施来挽救帝国濒危的命运。帝国的决策者们在大举兴办学堂、鼓励中国学子走出国

---

① 萧功秦:《历史的眼睛》,上海:东方出版中心,2010年,第298—299页。

② 刘凤翰、张力访问,毛金陵纪录:《丁治磐先生访问纪录》,台北:中研院近代史研究,1991年,第6页。

③ 刘凤翰、张力访问,毛金陵纪录:《丁治磐先生访问纪录》,台北:中研院近代史研究,1991年,第9页。

④ 刘凤翰、张力访问,毛金陵纪录:《丁治磐先生访问纪录》,台北:中研院近代史研究,1991年,第9页。

门的同时,不忘帝国政权接班人的建设。由于传统的家族统治惯性加上纷
乱的革命形势,清政府在 1905 年 1 月 28 日,设立贵胄学堂,为王公子弟肄
武之所。希望通过对王公贵族子弟的教育,培养出帝国事业的接班人:"出
使美日秘国大臣梁诚奏,请设陆军大学、省学堂,并请选王公大员子弟入陆
军学堂,下练兵处、兵部议。寻奏,陆军大学堂、省学堂,办法均有奏定新章
可循,毋庸置议。至所称选王公宗室子弟入学肄习一节,拟设立贵胄学堂
一所,专为王公大臣子弟肄武之区。依议行。"①

　　报业与传媒的发达,造就了清末舆论的反政府性与夸张性。其在新兴
传媒业的发展中,逐渐变得动摇甚或空虚,越来越务实和背离的想法在滋
长。实际情况是清末政府已经相当容忍改革。有时候,一个政权的结束常
常不是它最专制最黑暗的时候,而是它认识到错了并在努力矫正的时候。
而媒体的宣传则乘机扩大了这种效应。

　　比如清末著名的秋瑾案,本是由徐锡麟案连带出来,是徐案的余波。
由秋瑾一人被杀而形成天下舆论滔滔的主要原因是:"秋瑾没有口供,按律
例不应该杀没用口供的人;轩亭口是杀强盗的地方,秋瑾不是强盗,不应该
到那里去杀;妇女只有剐刑和绞刑,秋瑾不应该用斩刑。"②

　　秋瑾的女性形象,在当时因社会心理的需要被塑造成了一冤屈的柔弱
女子。同情秋瑾的很多是守旧派,他们并不同情革命,但却也是反对政府
这样的杀人方法。在秋案中,不受清政府控制的舆论,起到了极为重要的
推波助澜的作用,上海的《申报》连续登载秋案的进展情况,题目有《新军骚
扰学堂之罪状》《论绍兴冤狱》《秋瑾冤杀之原因》《浙省大吏骚扰绍郡汇闻》
《浙抚冤杀秋瑾后之近状》《秋瑾冤杀之余波》《驳浙吏对于秋瑾之批谕》等,
"夫秋瑾之死不足惜而,当在预备立宪之时代,竟听一班昏墨官吏之作威作
福,而政府不派大员为之调查,以败坏预备之基础为足惜"③,剑锋直指清
朝官吏。事实表明,秋瑾就是革命党人,但政府杀秋瑾一案,其事件影响已
经大于事件本身,成为不满现实的人们心理发泄的一种重要渠道。

　　"秋瑾被杀,杭州方面人心很是愤激;不知道秋瑾的人都因此知道了秋

---

　　①　《清实录》(第 59 册),北京:中华书局,1987 年,第 180 页。
　　②　范文澜:《女革命家秋瑾》,转引自《秋瑾研究资料·文献集》,银川:宁夏人民出版社,2007
年,第 145 页。
　　③　《驳浙吏对于秋瑾之批谕》,载《申报》1907 年 8 月 1 日。

瑾,不懂得革命的人也因此受到了革命的教育。《杭州白话报》登载了一副插画,画面是波涛滚滚的浪潮,当中有一只鼓足了风帆的航船,上头题诗两句:'秋雨秋风秋煞人,张帆暗送浙江潮。''秋雨秋风'是秋瑾供词中语;'张帆'是指当时浙江巡抚张曾敭(张号筱帆)。新军第一标标统李益智因为从杭州带兵到绍兴,参与了包围大通学堂、逮捕秋瑾的事,他从此在浙江就很不得人心。"①

传媒的发达与不受约束,使得原本就黑暗的社会显得更加黑暗,社会的心理得到了一种极为醋畅的宣泄。

清末时期,中国的报刊业也得到空前的发展,由其发展而形成的思想导向,在主权不完整的中国租界地,像一道道匕首,投向帝国本就虚弱不堪的庞大躯体。人们在因为改革而导致心理不公的过程中,寻求社会转型。

四、余论

清末新政是失败的②,因为它的改革加剧了社会资源分配的不公,导致各阶层都对政府不满。清末教育改革是失败的,政府没有培养出来捍卫国家政权的建设者与接班人,所培养出的只是具有知识的革命者。他们用半西化的新式知识共同来推翻一个旧式的政府。尽管他们开启了一个新的时代,但新的科技没有被系统引进,西方的民主制度没有学好,而中国已有的传统伦理却被破坏。

如果没有新政,没有培养出那么多拥有新知识的朝廷反对派,大清王朝可能还要苟延残喘一段时间。顽固与保守的头衔,常常会使历史真相淹没其中。以革命方式叙事去抹煞或降低不革命方式叙事,本身是一种偏见

---

① 《驳浙吏对于秋瑾之批谕》,载《申报》1907 年 8 月 1 日。

② 萧功秦先生认为:"清末新政一开始,条件比戊戌变法更有利,因为它是按最高统治者的国策进行的改革,而且改革的核心是庚子事变以后军机处的一些温和派或稳健派,而不是保守派或激进派,按理说是有利于改革稳健进行。但是 1904 年日俄战争胜利之后,中国人产生了一个普遍的错误观念,认为日本战胜俄国是因为日本实行立宪制,而俄国实行专制制度。中国要富强必须立宪,这是他们的共识。然而这个共识却是错误的。日本并不是真正意义上的立宪,那是打着立宪幌子的开明专制……日俄战争影响了清末立宪进程,造成的结果不但是地方权力过大,还造成了地方政治参与爆炸,出现了政治上的危机,威胁到了政府的改革。但是唯一能控制局面的两个人,慈禧太后与光绪皇帝,在 1908 年又几乎同时死掉了,权力到了政治无能、也没有魄力的'老好人'载沣手中,于是政府借以推行改革、实施社会控制的权威也就不复存在了。社会陷入失范,改革自然就没了下文。"见萧功秦:《历史的眼睛》,上海:东方出版中心,2010 年,第 297—298 页。

和不完整。中国传统文化中过分强调了唯一性,而多元化的认知诉求,或许是我们长久所缺的。清末真相也随着历史在场的难以寻觅而只是成为清末印象,清末印象又在更大程度由于历史叙述者的描述而与历史在场相比,变得任人打扮甚或面目全非。

清末学生无论是革命还是不革命,都表现出对政府的不满。他们的目标是一致的,都希望外能主权独立,内能国富民强。不一致的,只是达到目的的手段。革命派希望以激进流血的彻底手段解决国家面临的困境,而不革命派则是希望通过宪政改革来实现他们的诉求。不革命派离成功差了一点点,而革命派的成功,也是另一种意义上的失败。在民国时期,很多早期激进的学生也实现了回归,尽管当时被许多人加以鞭挞,但是冷静下来沉思,回归难道就是保守吗?一个民族的发展不仅需要激情,更应该有为一种理想而能够坚持不懈的毅力与忍耐力。

如果从新学的教育效果来看,第一代的学生对于西学的领悟,也就是一种启蒙性质。真正学到西方技术的,是那些去欧美留学的中国留学生,可惜这批人少之又少。到清末时旧学已被推翻,新学学个一知半解还满以为能够救国强兵,这是清末学生群体之于国家的悲剧所在。因此,学生群体中的不革命派——改良派,有它的时代价值,不应仅仅受到后世的鞭答。

清末历史的波澜壮阔,以激情的心态能够岿然不动者,是这些不革命者。他们以自己的思维,从降低社会成本、增大社会效益的角度,谋划中国的未来。辛亥之后,中国落后挨打的局面依然存在。没有了清政府,社会依旧向前进,权力中枢的卖国行为还时有发生。只是付出所换回的,并不是之前那理想中的社会。

第五节　《罪辩文》案与浔溪公学风潮

清末学生以寻求思想自由来挣脱旧式因素的锁链。他们所形成的一个又一个群体性事件,是社会发展的方向标,起着重要的作用。从边远小县到求是学堂,从杭州到东京,这些学生实践,折射了浙江学生在清末转折时期青年学生所特有的彷徨与不安。《罪辩文》案与浔溪学潮,是清末浙江学生事件的缩影。

一、由《罪辫文》开端的学生事件与学生思维意识的活跃

《罪辫文》一案是浙江学生群体事件的开端,其中心人物是浙江钱塘人孙冀中。

> 1910 年任教杭州求是书院,曾以《罪辫文》为题,令学生属文,学生有呼清朝为"贼清"者,翼中不置可否,事为守旧派劳乃宣等所举发,几酿巨祸。后留学日本,与王嘉榘等投入"青年会",又与蒋智由、王嘉榘、蒋方震等发刊《浙江潮》。1903 年夏返国,主持《杭州白话报》。是年举人张恭于金华创《萃新报》,讥刺时政。敖嘉熊于爱国学社解散后,自上海归嘉兴,倡演说、教育二会,鼓吹革命;复用白体话编著《新山歌》一书,以运动下级社会。浙江革命风潮,于此渐起。①

《罪辫文》对于浙江学生起到了示范性的作用,激荡了浙江人穷而思变的心理状态。对于《罪辫文》的影响,冯自由在《革命逸史》中也有相类似的表述:

> 清季浙省文字狱,以求是书院之《罪辫文》案为最早,求是书院创于辛丑年,乃杭城士绅所倡建。院中国民第四班教员孙翼中,字稠耕,别号江东,杭县人,生平主张排满最力。暑假时四五两班学生合组一作文会,翼中出一题,名曰《罪辫文》,内有一篇中有本朝字样,有一学生史某改为贼清,翼中不置可否。事闻于劣绅劳乃宣及驻防旗满学生申权瓜尔佳金梁诸人,金梁乃进禀浙抚,控告教员孙翼中、陈汉第轻蔑朝廷,浙抚下令查究,汉第乃用反攻计,谓旗人出禀抚院,有干例禁,且又无凭据,妄陷多人,理当反坐。浙抚以事关旗人,乃与将军商议,将军以金梁妄违例禁,遂薄惩之,事遂止。此案结后,翼中虽得无事,然不能居杭,乃就绍绅陶浚宣之聘,主讲席于东湖通艺学校,革命思潮因之以传入绍兴。未几偕友数人留学日本,值青年会组织伊始,高树民族主义之标帜,翼中以同乡王嘉榘之介绍,入为会员。旋与蒋智由、王嘉榘、蒋方震诸人发刊《浙江潮》杂志,风行一时。癸卯夏返国,主持杭

---

① 张玉法:《清季的革命团体》,台北:中研院近代史研究所,1975 年,第 292 页。

州《白话报》事，意为清吏所忌。丁未诬以他故，欲系之于狱，踉跄逃走得免。①

《罪辫文》案件经开明士绅的疏通，以当事人留日的妥协方式了结。但求是书院的学潮也就此开始。

> 浙江省立高等学堂接着起了风潮。起因是一位学生与来校视察巡抚的一名轿夫发生龃龉，结果全校罢课，学生集体离开学校。类似的事件相继在其他学校发生，卒使许多学府弦歌中辍。并且学潮迅速蔓延到全国。②

求是书院的学潮与其时全国的学潮行情大体一致，社会对于学生群体事件以至学潮的态度，也是立场不一。"思想较新的人同情罢课的学生，斥责学校当局过于专制；思想守旧的人则同情学校当局，严词谴责学生。不论是同情学生或者是同情学校当局的，似乎没有人体会到这是革命的前夕，从学生初闹学潮开始，到1911年辛亥革命成功，中华民国诞生为止，其间不过短短八年而已。这种反抗运动可说是新兴的知识分子对一向控制中国的旧士大夫阶级的反抗，不但是知识上的反抗，而且是社会的和政治的反抗。"③

1903年浙江人章太炎的《苏报》案成为轰动全国性的大案，对浙江社会的影响也是不言而喻的。金华人张恭等深受影响，办报兴学闹会党，浙江的整个基层社会在蠢蠢欲动中。浙江自古，就多志士，由于媒体的扩张效应，这样的影响开始加剧。

> 《苏报》案事起，章炳麟入狱，章之文章学问素为浙人所崇拜，故此案之风潮影响于青年思想，至巨且速，金华志士张恭、刘琨、盛俊等亦创办一旬报，以开通民智为务，名曰《新萃报》。严州知府锡纶，满洲人也，以该报讥刺时政，乃进禀浙抚，谓该报出语狂悖，请封禁以正士习，浙抚下令封禁该报。张恭等事前得杭城同志报告，预将该报门面改易，得免于难。恭字伯谦，别号同伯，曾应试中癸卯举人，少有志革命，

---

① 冯自由：《浙江之文字狱·孙翼中与〈罪辫文〉案》，见《革命逸史》（下），北京：新星出版社，2009年，第843页。
② 蒋梦麟：《蒋梦麟回忆录：西潮与新潮》，北京：东方出版社，2006年，第65页。
③ 蒋梦麟：《蒋梦麟回忆录：西潮与新潮》，北京：东方出版社，2006年，第65页。

恒以联络会党为职志,特投身终南会为会友,寻在会中渐得势力,乃与同志沈荣卿、周华昌等另创一山堂,定名曰龙华会,其后革命党人联络会党,成效日著,张恭之力为多焉。[①]

《萃新报》的宗旨,既是希望通过宣传,开拓民智,以期从社会结构上改造金华民众:

> 自瓜分之说喧腾于列强之口,而爱国志士呼号奔走皇皇焉！汲汲焉！莫不以开民智、作民气为今日救时之急务。夫各国挟其帝国主义以拓地为宗旨、以殖民为政策,耽耽逐逐群注视于东亚一隅。今则大局益亟、民情益涣,翘首北望黄海战云顷刻万变,处此强权世界,非激士心以张国势,埃及、波兰之祸,其不远矣。呜呼！国家者,由社会而成者也,有社会然后有国家。[②]

以《罪辫文》案为发端,清末浙江学生对于政治的不满,开始显现公开化。之后的《萃新报》案等等,无不是这类思想的延续。

二、浔溪公学退学风波

浙江浔溪公学风潮,事件虽小,但在近代史上却占有独特的地位,牵扯到蔡元培、杜亚泉、庞青城、黄远庸等近代名人。这件事情能够较好地反映浙江乃至全国学堂学生特有的一种心理状态与内在矛盾。

浔溪公学为浔溪富商、开明人士庞青城创办,1902年春正式开学。初聘请叶瀚为总教习,后因有人搬弄是非而离去。公学遂由学生自治。学生自治有议长,凡事由学生集会公决。由此也养成了听不见任何方面干涉意见的习气。1902年夏,总理庞青城对学生演说,学生对其偶尔失言感到不满,群情激奋,集体相约退学。

为了平息学潮,庞青城到上海邀请学者前往调停,杜亚泉也在其中。调停的结果,原来的总教习辞职,杜亚泉继任。但两个月后,浔溪又起风潮。起因在于校方与学生对于南洋公学学生退学之举见解不同,对于英文

---

①　冯自由:《浙江之文字狱·〈苏报〉与〈萃新报〉案》,见《革命逸史》(下),北京:新星出版社,2009年,第843页。

②　《拟办八婺开通学社公启》,载《萃新报》1904年第1期。

教习的去留所持意见不同,学生对于校方变革考试奖品不满①。

为了应对第二次风潮,庞青城不得不去上海,请在学界素有威望的蔡元培前来调解。几经周折,调停失败,学生散学。

> 未及,先生膺南浔庞君清臣之聘,长浔溪中学,所请教员,均为一时知名之学者;然终以一化学教员之故,校中忽起风潮;余时在爱国学社,特往南浔调停无效;先生卒以是辞职,而浔溪中学,亦从此停办矣。②

杜亚泉在担任浔溪公学校长时所做的《浔溪公学开校之演说》,表达了他的主张:

> 吾辈今日正宜摧陷廓清,尽去已败之文明,而后可以输进新进之文明。"对于东洋文明,"不容拘泥而遏自新之路",亦不可"一笔抹煞"。"第一当研求科学以补东洋文明之不足,第二研究固有之文明,与西洋之文明包含而化合之,以表章一绝新之文明……以为东洋之特色。③

杜亚泉对于东西方文明的比较,今天看来,既合情合理而又富有见地。但是由于学生特有的激情与冲动,使得这些真知灼见在追求自由的口号下,变得不合理。

> 学生黄君远庸,为学潮主动者,其后得志,游历欧美,有书致其友,谓曩时年少气盛,不受师训,杜师之言,皆内含至理,切中事情,当时负之,不胜追悔云④。

浔溪公学具有非常典型的意义,其创办者、管理者皆为当时社会开明之士,而调停者亦在当时都具有很大影响。

> 浔溪公学既是首次近代学堂退学风潮的发源地,又率先起而响应

---

① 桑兵:《先锋与本体的冲突——壬寅浔溪公学第二次风潮述论》,见《晚清学堂学生与社会变迁》,桂林:广西师范大学出版社,2007年,第430—433页。

② 蔡元培:《杜亚泉先生遗事》,见浙江省政协文史资料委员会编:《浙江近代学术名人》(《浙江文史资料选辑》第43辑),杭州:浙江人民出版社,1990年,第25页。

③ 《浔溪公学开校之演说》,载《普通学报》1902年第4期。

④ 蔡元培:《杜亚泉传》,见高平叔编:《蔡元培全集》第7卷,杭州:浙江教育出版社,1997年,第169页。

影响广泛的南洋公学退学风潮。南洋公学退学生所编《教育界之风潮》和《选报》的南洋公学学潮专号分别刊登《南浔浔溪公学之冲突》《浔溪公学第二次冲突之原因》等文章,正是将其视为南洋公学风潮影响的结果。自此,学界风潮风起云涌,一发不可收拾,对既定统治秩序产生了巨大的冲击。[①]

那么,为什么浔溪公学学潮调停会如此之难? 学生的叛逆心理等非理性因素已发挥至极致。而对于学生的"难以管理",在当时确实令校方头疼。

浙江的学生学潮,只是清末社会激荡的一个缩影。

> 全国普遍显现扰攘不安。贫穷、饥馑、瘟疫、贪污、国际知识的贫乏以及外国侵略的压力都是因素,青年学生不过是这场动乱中的急先锋而已,使全国学府遍燃烽火的,不是一只无足轻重的墨水瓶,不是一个在教会学校里被刮了耳光的学生,也不是一次学生与轿夫之间的龃龉而已。[②]

清末浙江学生的群体性事件,折射了社会无序与思想混乱的现象。学生的青春期躁动遇上思想不断变革的时代,碰撞出火花将崎岖不平的思想燃烧成蔚为壮观的冲天大火。

---

① 桑兵:《先锋与本体的冲突——壬寅浔溪公学第二次风潮述论》,见《晚清学堂学生与社会变迁》,桂林:广西师范大学出版社,2007年,第442页。

② 蒋梦麟:《蒋梦麟回忆录:西潮与新潮》,北京:东方出版社,2006年,第65页。

第五章　留学生的思想与学业

留学潮的涌现是中国几千年来教育体制极少出现的现象,它从侧面印证了大转局所带来的教育体系的重大调整,尽管这些调整带有被迫性与原生性的特点。清末留学生,以留日学生居多,多学习政法、语言等课程,并且产生的影响也较大。其次是欧美留学生,人数虽少,但对于近代中国科技的推动发挥了重大作用。

第一节　从浙江到日本:日化的西学东渐

日本在古代社会,一直视中国文化为模本。但自进入近代社会后,两国的这种师友关系便发生了变化。1854 年 3 月日本与美国签订了《日美和亲条约》,结束了闭关锁国的状态。1868 年日本明治维新开始,天皇重新回到了权力的中心,日本进行了一系列自强的政治、经济与文化的变革。同时发生变化的还有中国人,传统"天朝上国"的心理使中国人总是视四邻诸邦为"蛮夷戎狄",但是这样的感觉随着一场场战争被击得粉碎。那些过去被视为是野蛮人的物器,并不像清朝人所想象的那样不堪一击,无怪乎李鸿章叹道:"其大炮之精纯,子药之细巧,器械之鲜明,队伍之雄整,实非中国所能及。"[1]

中日两国的关系在甲午一战后彻底逆转,中国人开始"以日为师"。当时中国大规模学习日本经验主要通过"派遣学生留日、赴日参观考察、招聘日本教习、翻译日本书籍"四个途径[2]。1898 年张之洞在《劝学篇》中说:

> 至游学之国,西洋不如东洋。路近省费,可多遣;去华近,易考察;东文近于中文,易通晓。[3]

---

① 吴汝纶:《李文忠公全集》(第 2 卷),台北:文海出版社,1963 年,第 46 页。
② 吕顺长:《清末浙江与日本》,上海:上海古籍出版社,2001 年,第 3 页。
③ 赵德馨主编,吴剑杰、周秀鸾等点校:《张之洞全集》(第十二册),武汉:武汉出版社,2008年,第 175 页。

在当时形势下的中国,留学日本比留学欧美确实有许多便利之处。而日本政府对接受中国留学生也表现出空前的热情。1898 年冬,日本驻华使臣矢野文雄以日本国之名义告知总理各国事务衙门,称该国政府愿接受中国留学生并支付经费。然而从许多史料中我们可以察知,日本此举乃是以"倍敦友谊"之名行培养亲日人士之实①。而中国也希望通过学习日本以达到自强目的,双方各有所图。

一、蚕学馆派遣学生留日:浙江官派留日学生的开始

尽管早在隋唐时期,日本遣隋使、遣唐使就不断地进入中国长安。但是时过境迁、攻守逆转。吕顺长认为杭州蚕学馆率先官费派生留日。

> 中国最早从国内正式派往日本的官费留学生是浙江的秪侃和汪有龄。1897 年由罗振玉等在上海创办的《农学报》,几次提及了杭州蚕学馆派生留日的内容。②

为了学习日本的养蚕技术及病虫害防治方法,林启决定派学生赴日留学,专门学习蚕学。在蚕学馆筹备期间,建议林启派人留学日本的是罗振玉③和孙淦④两人⑤。蚕学馆派学生留日的时间在光绪二十三年(1897)七月获准设立至光绪二十四年(1898)三月正式开学的筹备期间。

关于蚕学馆选派留日学生的人数及具体赴日行程,吕顺长认为,孙淦

---

① 参见矢野文雄著,云述译:《清国留学生招聘策》,见中国社会科学院近代史研究所近代史资料编辑部编:《近代史资料》(总 74 号),1989 年,第 95—96 页。

② 吕顺长:《清末浙江与日本》,上海:上海古籍出版社,2001 年,第 10 页。

③ 罗振玉(1866—1940),字叔蕴,浙江上虞人。在创设农学会之前,其主要精力大半耗于经史考据之中。1896 年,汪康年、梁启超在上海创办《时务报》,罗振玉得知后,"莫名钦佩",认为中国"欲开锢闭,则兴学校为要图;而开学校之先声,则报馆为尤急。"见《汪康年师友书札》(第 3 册),上海:上海古籍出版社,1986 年,第 3152 页。

④ 孙淦,字实甫,浙江人,亦有作上海人,大阪华商。与汪康年、罗振玉等交往甚多。他不仅建议浙江派人赴日学习蚕业,还从日本寄显微镜等急需器具给农学会,让其转赠给浙江蚕学馆,见《蚕镜东来》《农学报》(第 5 卷)。对此,林启曾有"孙实甫先生英英向义,于人情物理又甚有理会,我辈读书人愧之"之感慨,见《汪康年师友书札》(第 2 册),第 1161—1162 页。浙江最初选派学生赴日时,还被浙抚廖寿丰举为留日学生监督。清国留学生会馆成立后,他又是该馆积极的"赞成员"。见清国留学生会馆编:《清国留学生会馆第三次报告》,1903 年,第 20 页。

⑤ 郑晓沧:《戊戌前后浙江兴学纪要与林启对教育的贡献》,载中国人民政治协商会议浙江省委员会文史资料研究委员会编:《浙江文史资料选辑》(第 1 辑),杭州:内部发行,1962 年,第 95—117 页。

等人最初建议派遣的留学生是 3 人,林启出于经费等各方面的考虑,才决定只派 2 人;嵇侃和汪有龄并非同时赴日,嵇侃在林启十一月初一日致汪康年上述书简时已赴日,即他的赴日时间在孟冬十月,而汪有龄则是在十一月初九日汪康年接林启书简后,得到汪康年或汤寿潜的举荐才得以赴日的①。

这里面还有个细节,就是汪康年为什么要鼎力推荐汪有龄,因为他是不符合学习蚕业的条件的。吕顺长认为他们是族亲关系,汪有龄在有些信件中直称汪康年为"穰卿吾侄",汪大燮为汪康年的堂兄,而汪大燮称汪有龄为子健叔,可见汪有龄与汪康年是叔侄关系。

嵇侃抵日后,先在孙淦处小住,不久迁往山本宪的私塾中,学习日本语。汪有龄到后,两人从山本学习日语约有三四个月之久。之后,嵇、汪二人进入蚕业学校竞进社蚕业讲习所,此时正是春蚕饲养季节,他们边学边干。这段时间,他们刻苦好学的精神深受好评。嵇侃后来入东京高等蚕丝学校学习②,1901 年夏毕业后回国。

汪有龄此次东行的直接使命是考究蚕务,寻找改变中国养蚕落后面貌的症结所在,以不辜负派遣者的期望。但是由于其视力不适应当时学习蚕业所必备的显微镜观察,后来征得蚕学馆同意,进入了专为中国留学生而设的速成学校——日华学堂。同时入该校的还有求是书院选派的陆世芬等 4 名浙江文科学生。汪在日华学堂的学习,非常刻苦用功,但由于过度用功,加之本身体质并不强健,自光绪二十四年(1898)入春以来,身体状况渐感不佳,无奈于光绪二十五年(1899)八月下旬搭船回国。

蚕学馆派遣学生留日是林启采纳罗振玉等的建议并克服经费不足等困难而得以实现的。嵇、汪两人的东渡也说明了一个事实,即甲午战争的失败使朝野有识之士开始将目光转向日本,并开始希望通过向日本派遣留学生学习西方近代技术。

据现在所拥有的资料,除驻日使馆招至的特殊学生和上述杭州蚕学馆所派遣的 2 人外,还未发现在 1897 年之前有被从国内派往日本的官费学生。因此,杭州蚕学馆开创了国内派生留日风气之先声。就

① 参见吕顺长:《清末浙江与日本》,上海:上海古籍出版社,2001 年,第 10 页。
② 《日本留学中华民国人名调》,"东京高等蚕丝学校"栏,兴亚院政务部,1940 年。

此而言,其意义远远大于派生留学本身。除驻日使馆招至的特殊学生外,嵇侃、汪有龄是国内最早官费派遣的,同时也是1897年唯一的官费留日学生,他们的赴日预示着国内大举派生留日时代即将到来。[①]

二、1900年之后,大规模留日的到来

在清朝大员张之洞等人的大力鼓动下,中国去日本留学的速度是飞快而又惊人的。张之洞认为留学强于国内学堂,"出洋一年,胜于读西书五年……入外国学堂一年,胜于中国学堂三年"[②]。同时留学日本便于解决语言障碍:"西书甚繁,凡西学不切要者,东人已删节而酌改之。中、东情势风俗相近,易仿行,事半功倍,无过于此。"[③]

对于为何一定要留学日本,张之洞谈到赴日学习西学的效果:"日本小国耳,何兴之暴也? 伊藤、山县、榎本、陆奥诸人,皆二十年前出洋之学生也。"[④]

甲午战争后的1896年,第一批13名学生来到日本。东京的神田区专门为他们办了一所学校。他们不懂日文,初期的课程主要是语言课。过了几星期就有4名学生因为伙食或者受歧视而选择了离开,但留下来的7名学生完成了学业。在他们之后,留日学生的人数成倍上升,中国大规模的留日高潮开始了。

1899年,在日本的留学生超过100名。1899年9月浙江的求是学院派何燏时、陆世芬、钱承志、陈榥4人赴日留学。经过在日华商兼留日学生监督孙淦的联系下,进入第一高等学校。后来,钱承志入东京帝国大学法科,陈榥、何燏时入东京帝国大学工科,陆世芬入高等商业学校。

在这之后,浙江学生开始了大规模的留学高潮。在中国浩浩荡荡留学队伍中,有举家赴日,父子一同来留学的,比如浙江诸暨的蒋智由、蒋尊簋父子俩。在后来的学历制教育中,父子同读书并且还那么有名望,很难有

---

① 吕顺长:《清末浙江与日本》,上海:上海古籍出版社,2001年,第20页。

② 赵德馨主编,吴剑杰、周秀鸾等点校:《张之洞全集》(第十二册),武汉:武汉出版社,2008年,第174页。

③ 赵德馨主编,吴剑杰、周秀鸾等点校:《张之洞全集》(第十二册),武汉:武汉出版社,2008年,第175页。

④ 赵德馨主编,吴剑杰、周秀鸾等点校:《张之洞全集》(第十二册),武汉:武汉出版社,2008年,第174页。

出其右者。留学生中还包括一些年轻的姑娘和已婚但不满意旧式婚姻而追求自由的女性，比如秋瑾。

这浩浩荡荡的留学大军的学习尽管比国内进了一步，但实际上他们所学到的东西也是有限的。日本为了应对迅速兴起的中国学生留日潮，设立了许多专门的学校。成城学校起初是训练日本士官生的军事预科学校，后来开始接纳中国留学生并培养出许多中国的军事人才，如蔡锷、蒋方震等。当时新建的学校还有建于 1898 年的日华学堂、1899 年的高等大同、1901年的东亚商业以及建于 1902 年的弘文学院等。早稻田等私立学校，新开辟了外国学生区，以供应新收学生的伙食。

　　为了培养未来的现代母亲，还开办了女子学校。开学典礼常滔滔
　　不绝地提起孟母和华盛顿之母，因而生色不少；这样的典礼又使张之
　　洞相信在"东洋"留学的好处。[①]

对清末时期中国留日学生的人数，各方面的统计数据说法不一。"到1905 年底，中国的留日学生的估计数已增至八千到一万人，1906 年是人数最多的一年，估计人数为六千至两万人，估计数的悬殊如此之大，说明在护照、签证、学校或课程注册等统计数字不可靠的情况下，是难以计算人数的。"[②]

表 5—1　清末中国留日学生人数统计表

年份	人数
1901	280
1903	1000
1904	1300
1905	8000
1906	8000
1907	7000

　　① （美）费正清、刘广京编，中国社会科学院历史研究所编译室译：《剑桥中国晚清史（1800—1911 年）》（下卷），北京：中国社会科学院出版社，1985 年，第 408 页。

　　② （美）费正清、刘广京编，中国社会科学院历史研究所编译室译：《剑桥中国晚清史（1800—1911 年）》（下卷），北京：中国社会科学院出版社，1985 年，第 406 页。

续表

年份	人数
1908	4000
1909	4000
1912	1400

资料来源：(美)费正清、刘广京编，中国社会科学院历史研究所编译室译：《剑桥中国晚清史(1800—1911 年)》(下卷)，北京：中国社会科学院出版社，1985 年，第 407 页。

日本人对于中国留学生的涌入，有自己独特的感悟：

> 过去我国以彼国为师，今天地位发生逆转，乃至出现了许多清国人，不分在其国内还是国外，孜孜以求于我日本之盛况，这是我国民用血泪换来的成功，也可以说正进一步走向成功。之所以这样主要源于日清战争和日俄战争的胜利。①

但是，事与愿违的是，大部分留学生的感觉并不好。中国学生与日本学生的准备一样是不充分的，很多学生根本没有上正规学校，只上过一些速成班，1 年、8 个月的都有。他们在日本的时间就像那个时代那样，来去匆匆。

> 东京和中国之间的通讯非常方便和自由，所以海外生活的影响远远不限于在日本学校学习的人。因此，学生们的经历和所受的影响这两者的质量问题最能吸引人们的兴趣和具有最重要的意义。②

在辛亥革命爆发后，"留日学生每三人中至少有二人归国增援革命，学生们高涨的爱国热情和革命精神再次得到了充分的体现"③。在日本留学，造就了一批民国时期政治、经济、文化等各个方面的领袖，从这个意义上来说，留学的经历比留学内容本身显得更为重要。

三、浙江留日学生的日常生活与活动

译书活动是浙江留日学生一项重要的日常活动。甲午战争后，中国开

---

① （日)寺田勇吉：《清国留学生问题》，载《中央公论》1905 年 1 月 1 日。
② （美)费正清、刘广京编，中国社会科学院历史研究所编译室译：《剑桥中国晚清史(1800—1911 年)》(下卷)，北京：中国社会科学院出版社，1985 年，第 409 页。
③ 吕顺长：《清末浙江与日本》，上海：上海古籍出版社，2001 年，第 94 页。

始重视对日本的研究,日本书籍的翻译也被摆在了重要的位置。1896 年,京师同文馆增设东文馆;1897 年梁启超在上海创设大同书局,明确翻译对象"以东文为主,而辅以西书,以政法为先,而次以艺学"①。同年,罗振玉在上海设东文学社,培养了如樊炳清、沈纮等一大批中国早期的东文翻译人才。此外,尚有日本人创办的福州东文学堂(1898)、杭州日文学堂(1898)、泉州彰化学堂(1899)、天津东文学堂(1899)、厦门东亚学院(1900)、北京东文学社(1901)等一大批以教授东文为主的学堂。这些都标志着日本及其语言已开始被人们所重视。

1900 年,留日学生的第一个翻译团体"译书汇编社"在东京成立,专职于翻译日本书籍。由《译书汇编》第二年第三期的社告可知,其主要成员共14 人,他们分别是东京专门学校毕业生戢翼翚、上海育材学堂总理王植善、东京高等商业学校学生陆世芬、雷奋、杨荫杭、杨廷栋、周祖培、金邦平、富士英;帝国大学法科学生章宗祥;庆应义塾学生汪荣宝;中央大学学生曹汝霖;帝国大学法科学生钱承志与吴振麟。这 14 人中,除王植善是《译书汇编》代派处之一的上海王氏育材学堂总理外,其余 13 人均为留日学生。陆世芬、富士英、章宗祥、钱承志、吴振麟 5 人是浙江籍留学生,由此可见浙江籍学生在该社中所占的分量。

早期浙江留日学生两年共计 15 人,其中除派往习蚕的嵇侃和习陆军的吴锡永等 5 人外,其余所有习文科的学生全都参加了译书活动。他们有的主司编辑出版工作,如陆世芬;有的侧重于翻译,如陈榥;有的不仅译书,还亲自执笔著述,如章宗祥。他们的译书和著述为后人留下了宝贵的文化财富。据谭汝谦主编《中国译日本书综合目录》,这些浙江早期留学生的译书有:

表 5－2　浙江留日学生参与译书部分著作表

译者	书名	编著者	出版年	出版机构
汪有龄	《日本议会史》	工藤武重编	1904 年	江苏通州翰墨林书局
钱承志	《外交通义》	长冈春一著	1911 年前版	上海作新社
陈　榥	《中学算理教科书》	水岛久太郎著	1945 年前版	教科书译辑社
	《物理易解》(编译)	(编译)	1902 年	教科书译辑社

① 梁启超:《饮冰室文集类编》(上),东京:下河边半五郎发行,1904 年,第 741 页。

续表

译者	书名	编著者	出版年	出版机构
	《物理教科书》	水岛久太郎编	1945 年前	教科书译辑社
	《中学物理教科书》	水岛久太郎著	1914 年	教科书译辑社
	《中学代数教科书》	（据《江苏》第一期卷末书目广告）		
何燏时	《中等最新化学教科书》	吉田彦六郎编	1945 年前	教科书译辑社
	《法制经济通论》	户水宽人著	1910 年	上海商务
	《中学生理教科书》	（据《江苏》第一期卷末书目广告）		
王鸿年	《步兵斥候论》	稻村新六校订	1902 年	上海南洋公学
	《宪法法理要议》	穗积八束著	1945 年前	译者发行
	《骑兵斥候答问》	陆军教导团	1911 年前	上海南洋公学
章宗祥	《日本刑法》	日本政府编	1905 年	北京修订法律馆
	《各国国民公私权考》	井上馨著	1901 年	译书汇编社
	《国法学》	岩崎昌等著	1901 年	译书汇编社
富士英	《满洲调查记》	冈田雄一郎著	1906 年	（不详）

资料来源：吕顺长：《清末浙江与日本》，上海：上海古籍出版社，2001 年，第 40 页。

四、弘文学院与中国留日学生

弘文学院不仅在近代留日史上有着重要的地位，在中国留学史上也有一定的位置。

弘文学院前后共收 7,192 名中国学生，其中 3,810 人毕业，学生中有黄兴、鲁迅和陈独秀。[1]

1899 年 10 月，这个先前未名的培训中国留学生的学校被命名为亦乐书院，继续从事留学生教育，据说这届入学的有 17 人。到了 1902 年 1 月，亦乐书院发展成为弘文学院，为了避乾隆皇帝的名讳，弘文学院写成宏文学院。

弘文学院除了三年制的本科外，还设有一年、八个月、六个月的速

[1]　（美）费正清、刘广京编，中国社会科学院历史研究所编译室译：《剑桥中国晚清史（1800—1911 年）》（下卷），北京：中国社会科学院出版社，1985 年，第 408 页。

成师范科、速成警务科、速成理化科和速成音乐科(鲁迅读的是二年制的速成普通科)。此外,还为日本人办过中国语言科。

根据 1906 年 10 月底的《宏文学院一览》,截至当时,已毕业者 1959 人,在校生 1615 人,分为 36 个班。班名冠以留学生的原籍地名,如:南京普通班、湖北普通班、四川速成师范班、北京警务班等等。

学生原则上住在校内,一年的学费和寄宿费共三百元;有特殊情况者,也允许走读。鲁迅、黄兴都在这个学校读过书。陈独秀也是从这个学校毕业后,升入高等师范的。

1909 年,弘文学院因入速成科的留学生减少而停办(国内新式学校渐多,没有必要到国外去速成普通学科了)。至此,弘文学院共收学生 7192 人,其中毕业生 3810 人。[①]

表5-3　弘文学院三年普通科每周授课时数表

第一学年 学科＼学期	1	2	3	第二学年 学科＼学期	1	2	3	第三学年 学科＼学期	1	2	3
修身	1	1	1	修身	1	1	1	修身	1	1	1
日语	27	17	12	日语	12	12	12	日语	9	9	10
舆地历史		5	5	舆地历史	5			三角术			5
				理科示教	5						
				算术	5	5					
算学		5	5	几何学			5	历史及世界大势	3	4	5
				代数学		5	5				
理科示教			5	理化学	4	5	(?)	动物学	3	3	
				图画		1	1	植物学	2	2	
体操	5	5	5	体操	5	5	5	体操	5	5	5
				共计	33	33	33	英语	10	9	7
共计	33	33	33	选修英语	6	6	6	共计	33	33	33

资料来源:马力:《与鲁迅在日本有关的地方》,转引自《鲁迅生平史料汇编》(第二辑),天津:天津人民出版社,1982 年,第 277 页。

[①] 马力:《与鲁迅在日本有关的地方》,见薛绥之主编:《鲁迅生平史料汇编》(第二辑),天津:天津人民出版社,1982 年,第 277—278 页。

弘文学院在一定意义上，是中国学生思想发生变革的地方，周树人等中国留学生，常常就人性、国民性等重大思想问题进行深入思索。

> 鲁迅在弘文学院的时候，常常和我讨论下列三个相关的大问题：一怎样才是最理想的人性？二中国国民性中最缺乏的是什么？三它的病根何在？他对这三大问题的研究，毕生孜孜不懈，后来所以毅然决然放弃学医而从事于文艺运动，其目标之一，就是想解决这些问题，他知道即使不能骤然得到全部解决，也求于逐渐解决上有所贡献。因之，办杂志、译小说，主旨重在此；后半生的创作数百万言，主旨也重在此。[①]

弘文学院的师资与作息时间，也具有一定的特点：

> 也许和嘉纳在教育界的地位有关吧，弘文的师资似乎是比较整齐的。在日语教师中有后来成为日本文法专家的三矢重松和松下大三郎，还有后来编了一本风行一时的《日本语教科书》的松本鬼次郎；那位讲贝壳的外套的山内繁雄也有《遗传论》之类的著译流传。[②]

弘文的作息时间是：上午六时起床，六时半行礼，七时早餐，九时至十二时自习，正午午餐，下午一时至五时上课，五时半至九时半入浴，九时半行礼，十时熄灯[③]。这个时间表体现了当时一般私立学校的特点：课程全部排在下午，可能是照顾兼课教师，当时嘉纳正担任东京高等师范学校校长。其次，时间排得很松，可以兼顾各种学生的要求。弘文是一所私立学校，除了其"为清国留学生教授日语及普通教育，以期培养成材"[④]的办学目的外，还必须有其经济效益。为了更大范围地获取经济收入，弘文学院的招生规模不断扩大。

> 普通科随到随收，编班也很灵活，如沈瓞民等是从浙江去的，因人数不足，却插入了山东班，住宿自修又与鲁迅等六个江南班的凑在了

---

①　许寿裳：《亡友鲁迅印象记》，见薛绥之主编：《鲁迅生平史料汇编》（第二辑），天津：天津人民出版社，1982年，第198—199页。

②　马力：《鲁迅在弘文学院》，见薛绥之主编：《鲁迅生平史料汇编》（第二辑），天津：天津人民出版社，1982年，第14页。

③　《宏文学院沿革》（明治三十五年十月条目），见薛绥之主编：《鲁迅生平史料汇编》（第二辑），天津：天津人民出版社，1982年，第15页。

④　《弘文学院章程》，见薛绥之主编：《鲁迅生平史料汇编》（第二辑），天津：天津人民出版社，1982年，第13页。

一起。此外,还办了不少速成科,如:速成师范科、速成理化科、速成警务科、速成音乐科;学习年限一年、八个月,乃至六个月不等。进进出出,流动性大。弘文的全盛时期,分校竟达五个。学校只把注意力集中到扩大规模上,就忽视教学质量。[①]

图 5—1　周树人弘文学院的毕业证书

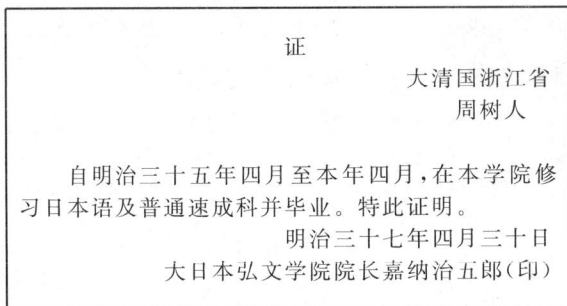

```
                        证
                              大清国浙江省
                                周树人

    自明治三十五年四月至本年四月,在本学院修
习日本语及普通速成科并毕业。特此证明。
                      明治三十七年四月三十日
            大日本弘文学院院长嘉纳治五郎(印)
```

资料来源:马力:《鲁迅在弘文学院》,转引自《鲁迅生平史料汇编》(第二辑),天津:天津人民出版社,1982年,第24—25页。

尽管各方对弘文学院的评价不尽相同,但它对浙江留日学生起的基础作用确实不容忽视。周树人、许寿裳等众多人士,都有弘文学院的经历。

五、浙江官费留日生的经济补助

留日浙江学生,可以分为官费与自费两种。一般认为当时中日汇率较低,较适宜学生自费留学[②]。

留学教育一向作为教育的顶层设计,留学的具体花费因人而异。《浙江教育官报》有一组关于官费生的学费[③]预算,可以从其中窥视些端倪。

表 5—4　留日浙江官费生 1909 年上学期学费预算表

费别	名额	金额
600 元	2	半年 600 元

---

① 马力:《鲁迅在弘文学院》,见薛绥之主编:《鲁迅生平史料汇编》(第二辑),天津:天津人民出版社,1982年,第19页。

② 相关论述可见(日)实藤惠秀著,谭汝谦、林启彦译:《中国人留学日本史》,北京:生活·读书·新知三联书店,1983年。

③ 这里的学费,可以理解成学费与生活费按人头计算的总费用。因为各个留学生的学校是不尽相同的,而费别只有4种,显然是根据留日学生的层次分别进行资助。

费别	名额	金额
500 元	1	半年 250 元
450 元	26	半年 5850 元
400 元	103	半年 20600 元
加一活支		半年 2730 元
监督处经费	每月 100 两,折合日币 160 元	半年约 960 元
共需日币 30990 元,又第二年五校补助费 11700 元		

资料来源:《留日浙江官费生乙酉年上学期学费预算表》,载《浙江教育官报》第 7 期,1909 年 3 月 1 日(宣统元年二月初十)出版。

由上表可知,浙江留日官费头等生的资助费用一年有 600 元,按表中所列汇率清银对日元 1∶1.6 计算,头等生一年费用折合银 375 两。375 两用于一名优秀学生留学,也可知政府对此之投入。有人认为,"清末(1872 年)一两白银的购买力,约合今人民币 140 元左右"[1]。刨除年代及汇率问题,如果按此推算的话,一个头等留日学生,一年花费合今人民币 52500 元。即使是最次一等,国家一年补贴也合今人民币 35000 元。待遇应该说是相当丰厚了,也是 2005 年中部地区一般研究生毕业的实际年收入。假使留日学生如果再打些短工,在清末来说,可能生活会更好些。

而监督处的运作经费相当于 3 个多头等生的费用,也说明政府机构的花费也是比较低的。1909 年上半年浙江有官费生 132 人,共需日币 30990 元,而五校补助费有 11700 元,补助费相当于省内预算的 37.75%,有这么些钱堆在一起,也说明官费留学生在经济方面还是比较宽裕的。

六、留日女学生

中国留日女学生于 1903 年 4 月组织"共爱会",宗旨为"拯救二万万之女子,复其固有之特权,使之各具国家之思想,以得自尽女国民之天职"。

俄事发生后,听说男学生组织了义勇队,女生们特开临时会议,会上胡彬夏首先演说:

---

[1]　见陈明远:《文化人的经济生活》中的《启蒙的起点:清末洋务学堂》的相关表述,上海:文汇出版社,2005 年。

> 日来留学诸君,以东三省问题,急急聚商,拯救之道。已公议组织义勇队,愿赴死前敌,其情可哀,其志可钦。然亦四万万国民人人所当负之责任,当尽之义务,无所用其推诿顾忌者也。彼等如此我辈,自问又当如何?岂以女子非人不宜为此耶! 我虽不才,欲以志臂之微,为国尽力,愿从义勇队北行,事虽无济,即至捐躯殒命,誓无所惜,诸姐妹当必以为然。我想祖国瓜分,同胞奴隶,我辈有何面目更在日本留学,愿诸姐妹图之。①

经她一番慷慨陈词之后,众女生皆愿加入义勇队,但由于女子于军中之事不能胜任,于是决议先加入日本红十字会学习医术,并随同义勇队担任看护死伤事宜。胡彬夏、林宗素、陈懋懃、方君笄、华桂、龚圆常、钱丰保、曹汝锦、王莲等皆签名加入。日本帝国妇人协会会长下田歌子闻知此事意欲阻止,中国女生言道:"吾辈且无国,安得有身,更安得有学。"②去意甚坚,不听阻止,乃将此事电知上海女学校,请其协助,并上书振贝子,请于国内倡导设立红十字会。在拒俄运动中,留日女学生所表现出来的觉悟令人钦佩。

在学生群体扩张的过程中,女权思想也开始抬头。自女子留学教育兴起,仅东京一地女子留学生即不下百人。由于吸收了新知识,主张男女平等,妇女亦应参加革命行列。留日女学生李元特发起组织"中国留日女学生会",于 1906 年 9 月 23 日在日本东京成立,参加者 70 多人,聚谋救国兴女权的方法,并当场互誓曰:

> 吾辈远别宗邦,留学异国,所担负之责任何如? 国内同胞之希望何如? 今日既以团体始,他日幸勿仅以此团体终。愿共牺牲个人之私利,尽力致死,务为我女同胞除奴隶之征号,革散沙之性质,以购取最尊严最壮丽无上之位置,勿使至廿世纪之中,犹不入世界优胜民族之列也。③

这是中华民族在发展过程中的一种激越与悲壮,当民族危亡的命运唤

---

① 《军国民教育会之成立》,载《江苏》1903 年第 2 期。
② 《拒俄事件》,载《浙江潮》1903 年第 4 期。
③ 燕斌:《中国留日女学生会成立通告书》,见李又宁、张玉法编:《近代中国女权运动史料(1842—1911)》(下册),台北:龙文出版社股份有限公司,1995 年,第 937 页。

起女性抗争心理并由此引发女权革命思想时,无疑推动了社会的进步,而这种进步又必然要求新的社会秩序予以相配合,这也从另一个侧面印证了社会变革的普遍性与广泛性的社会原理。

清末新学的兴起,也促成了妇女解放运动的兴起。而留学经历又使参与留学的女学生更多地了解了国外对于女性的尊重,从而激发了她们的活跃性。

> 女子留学生,在数目上虽不及男学生之百分之一,但是她们在日本颇为活跃,常借杂志以鼓吹新思想。清廷受了她们发行杂志的影响,于 1907 年,学部正式规定女子师范学堂及女子小学堂章程,至此,女子教育在学制上,总算有了一席之地位。①

中国的女子教育在清末得到了跨越式的发展,而这种观念跨越式更多地表现在女留学生身上,从她们身上,仿佛看到了在旧式教育中未曾体现出的男女平等的理念。

七、留日军事教育

日本在甲午战争中一举战胜中国,军事的胜利改变了中国发展的走向,留学日本学习武备成了政府大员的迫切要求。对日本的学习,可能首先从它何以取得对中国军队的胜利开始。

> 中国学生留学日本学习武备,始于 1898 年。先有浙江巡抚派遣之吴锡永、陈其采、舒厚德、许葆英等四名,继有湖广总督张之洞两次派遣之谭兴沛、徐方谦、段兰芳、萧星垣等二十四名,加上南北洋亦各派二十名,浙江再派八名,全部七十余人。②

而甲午之后的政治格局,又发生了微妙的变化。中央那种极端强势的权力渐趋分散,对于留日学生的派遣,便可以从中看出中央与地方在掌控未来人才上的权力博弈。

> 晚清政府虽然极端专制,然而各省督抚之权日重,且多各自为政之处,如派遣武备留学生,即系各省应实际需要而自为者。各省督抚

---

① 黄福庆:《清末留日学生》,台北:中研院近代史研究所,1983 年,第 60 页。
② 黄福庆:《清末留日学生》,台北:中研院近代史研究所,1983 年,第 33—34 页。

一面为培植自身势力,确保所控地盘,一面为博得开明美名,所以遣送学生学习武备。[1]

中国赴日学习武备的学生,"首先须进入成城学校接受预备教育,结业后始入陆军士官学校。1898 年,浙江官派之吴锡永等四名学生到日,即由陆军部委托成城学校施以预备教育,监理委员长为福岛安正"[2]。成城学校就成了中国留学生的预备学校。而由于政府对于学习军事的学生在政治上有特别的要求,表现在形式上,就是"进成城读书的,一定要经中国留学生陆军监督审查批准,因此革命派的学生较少,保皇派很多,在东京满街乱跑,学成后,回国给反动的清朝政府效劳"[3]。

1903 年成城学校改为振武学校,东京振武学校由日本陆军参谋本部管理,一直开办到 1914 年。初期修业 1 年 3 个月,后延长至 3 年,毕业后可先下部队见习,再入正式日本陆军士官学校。

> 该校系专门为中国武备学生实施预备教育而创设,原在成城学校肄业中的中国武备学生,一律移至振武。从此以后,振武学校专事于中国军事干部的预备教育。清朝末期,该校替中国培养了不少军事人材,殆无疑问。[1]

中国留日武官,相当部分毕业于此学校。而对于近代中国有重要影响的蔡锷、蒋方震、蒋介石,都是该校的毕业生。该校毕业生人才济济,是前期中国军事人才的重要摇篮。

第二节　清末文献中留日学生与蔡钧冲突之管见[5]

清末留日学生思想日趋激进,与驻日公使蔡钧产生冲突。双方交锋,各执一词。朝廷遂派贝勒载振调查并终以双方误会的和事佬方式结案。

---

① 黄福庆:《清末留日学生》,台北:中研院近代史研究所,1983 年,第 34 页。
② 黄福庆:《清末留日学生》,台北:中研院近代史研究所,1983 年,第 36 页。
③ 沈瓞民:《回忆鲁迅早年在弘文学院的片断》,见薛绥之主编:《鲁迅生平史料汇编》(第二辑),天津:天津人民出版社,1982 年,第 47 页。
④ 黄福庆:《清末留日学生》,台北:中研院近代史研究所,1983 年,第 37 页。
⑤ 该节内容以《清末文献中留日学生与蔡钧冲突之管见》为题,刊载于《兰台世界》2010 年第 1 期。

纵观此次事件,蔡钧判断准确、忠于职守,维护朝廷利益。而朝廷屈于民意,放纵学生而未敢严加管束与引导,是诱发癸卯春节团拜会上的排满演说的一大诱因。同时,该事件的处理助长了留日学生与政府的不合作态度,并为日后排满反清,埋下了伏笔。

清政府自庚子事变后,力图振作,开始大规模派遣学生赴日学习。其在日本遂形成了一个文化层次高、思想先进的留日学生群体。朝廷在东京设有的驻日公使分管留学生事宜。

蔡钧是浙江仁和人,1897 年 7 月任上海道台,因在处理租界扩张问题等涉外事件中态度强硬,于 1899 年被清廷撤职,1901 至 1905 年任驻日公使。

1902 年 6 月,留日学生要求进入日本成城学校学习,蔡钧拒绝为这些学生担保,从而引发冲突。"这是中国近代第一次较有影响的留日学生运动,这一事件发生于清末留日热潮形成初期,既是留日学生不断增多的结果,又是清末新思想与新观念逐渐成长的产物","社会各方对此次风潮的不同反应,亦显现出清末新旧势力之间的矛盾与冲突"[①]。

清末文献资料显示,1902 年 7 月 30 日中国东京留学生电请外务部,原电曰:

> 蔡钧屡拒保送留学,昨诸生至署恳求,反令警察入署押捕,实损国威而辱士类,请撤回,无任待命之至。[②]

学生强烈要求政府撤回蔡钧,而第二天蔡钧也致电外务部称:

> 南洋公学逐生九人,自费来东,要求保送陆军学堂未成,彼乘机纠结自费众学生,连日来馆,日夜哄闹,破门帘,无状已极,幸日捕弹压无恙。[③]

留日学生与蔡钧相互指责对方,两者究竟谁是谁非? 成为朝野热议的

---

①　刘珊珊:《清末成城学校入学风潮述论》,载《徐州师范大学学报》(哲学社会科学版)2009 年第 2 期。

②　王彦威、王亮编,李育民等点校整理:《清季外交史料》(6),长沙:湖南师范大学出版社,2015 年,第 3009 页。

③　王彦威、王亮编,李育民等点校整理:《清季外交史料》(6),长沙:湖南师范大学出版社,2015 年,第 3009 页。

话题。8月6日,清廷命贝勒载振确查:

> 军机大臣等电寄载振,有人奏前赴日本游学生有聚众至士官肆哄
> 情事,经日本巡警兵弹压始散。学生聚众滋事,闯入使馆,应从严惩
> 办,以儆刁风。出使大臣蔡钧,不洽舆情,激成巨变,请严予惩处。参
> 赞铃林,任性妄为,士心不孚,应一并撤回等语,着载振按照所参各节,
> 确切查明,据实具奏,毋稍寻隐。①

载振很快回奏朝廷称:

> 此案原因游学日本自费生,联请使臣蔡钧送入成城学校,该使臣
> 以其人数稍多,未遽保送,系为慎重起见,办理尚无不合,而诸生平素
> 安静勤学,并非有意滋事之人,偶因求见不获,致生龃龉,出自彼此误
> 会,其心实可共谅。惟使臣外交事繁,不能随时接见诸生,周旋戒勉,
> 致有隔阂,应否饬下官学大臣,遴派游学总监督,与日本政府商定章
> 程,妥为调护之处,伏候圣裁,至原参赞铃林,任性妄为,士心不孚一
> 节,密加访察,并无实据。②

载振以双方误会的和事佬方式了结了朝廷给他的这个差事。以蔡钧
外交事繁,而不能随时接见诸生以致造成误会,既为蔡钧说话,也为学生开
脱,并提出了增设游学总监督的职务,以解决目前的矛盾。这样的解决方
案无疑既变相满足了学生最初的撤换蔡钧的要求,同时又给予蔡钧充分的
台阶下,以增设总监督的方式,表面上解决了这场冲突。在10月31日,清
廷从外务部奏,派外务部员外郎汪大燮为日本游学生总监督。谕曰:

> 外务部奏,请派日本游学生总监督一折,四品衔外务部员外郎汪
> 大燮,着赏给五品卿衔,派充游学日本学生总监督,所有游学各生,均
> 着归该员管辖,务即认真办理,督饬切实讲求,以端趋向而宏造就。③

外务部认为游学之事,应是当务之急,不能因噎废食,于是积极选派汪
大燮去日本,作为蔡钧与留日学生的调和者。

在这起冲突事件中,蔡钧本着强硬的维护朝廷利益的立场,阻碍一些

①《清实录》(第58册),北京:中华书局,1987年,第630—631页。

②《清实录》(第58册),北京:中华书局,1987年,第631页。

③《清实录》(第58册),北京:中华书局,1987年,第582页。

不符合条件的学生进入成城学校学习军事。从后来的发展来看，这些立志去学军事的学生大多成为坚定的反清主义者，因此即使从结果推导过程，也可以证明蔡钧做法的正确性。但是以载振为代表的政府官员，慑于强大的民意，最终做出的处理决定，既不能奖励正确的蔡钧，又给留日学生传递了错误的信息，即只要抗争，就能扭转局面。

1903年1月29日是癸卯年春节，各省留日学生齐集东京骏河台留学生会馆，举行新年团拜会，此次举行新年团拜会的目的之一是欢迎振贝子（载振）赴日。到会者有1000多人，清朝驻日公使蔡钧及游学生总监督汪大燮均在座。这本是一个象征官民和谐、创造和谐氛围的机会，但事情却并非如设计者所想那样：

> 礼毕后，首由马君武登台演说排满革命，声泪俱下，刘成禺继之，力陈排满以救中国之义，激昂慷慨，满座鼓掌；满清宗室长福起而驳之，为众呵斥而止。清吏无不惊惶失色。事后，成禺被开除成城学籍，不许入士官学校习陆军，并抄籍其在武昌家产。汪大燮惧事态扩大，乃与留学生会馆干事约，偿成禺六千元，赴美留学。长福则由蔡钧力保，予以官职。①

成城学校入学事件只是蔡钧与留日学生冲突的开始。1903年的正月《湖北学生界》发刊，张之洞对该杂志的言论极为重视，并致电驻日公使蔡钧：

> 查游学生职业，在安分励学，力行用功，期于学成回国致用。该生等果为爱国起见，课余有暇，尽可翻译东文政治教育等门有用之书，饷遗宗国，何得不请示本省官师，辄自擅刻报章作此骛外荒己之事，祈严切诫谕湖北各学生立作罢论，如抗不听命，应立即停给学费，知会日本国校长，将违教学生撤回。②

张之洞历来开明并且力倡留学日本，但其致电蔡钧电文竟至如此，似因"东游学生习气讲坏，必宜预防"的客观趋势所致。其实也是对蔡钧之前所表现出来的忠诚行为的肯定。

---

① 载《湖北学生界》1903年第1期。
② 载《食货月刊复刊》1972年第1卷第11期。

1903 年东三省俄事日紧,留日学生组织"军国民教育会"推举钮永建、汤槱归国谒见北洋大臣袁世凯,要求编入北洋麾下与俄人决战。而此时驻日公使蔡钧接获密报,致电鄂督端方。端方于是转电各省督抚,于是拿办新党之风声,日益加紧。

> 东京留学生结义勇队,计有两百余人,名为拒俄,实则革命,现将奔赴内地,务饬各州县严密查拿。[①]

蔡钧在对待留日学生的政策方面,处处维护朝廷利益。但政府对忠于职守官员的处理,多少有失偏颇。而蔡钧与留日学生冲突的开始,也预示着政府与留日学生之间互信关系的瓦解。之后,留日学生几乎群体地排满反清,追本溯源,既有时代影响,也有清政府对于蔡钧与留日学生冲突的处理方式所留下的诱因。

九、总结

派遣学生留学日本,有其特定的历史环境与深刻的国家诉求,是清末教育发展的重要措施。

> 综观清末留日政策的未尽周详,一改再改,可知其原无恒久计划。中国对于西政西艺的认识较早,派遣学生留学,理应前往西洋各国,直接学习,不意师法西洋的日本,竟成为中国学生与执政者心目中理想的去处。在客观的条件上,固然东渡日本,较西洋各国方便,内在的政治因素,又能满足清廷的需要,但是主要原因,无非是想以速成的方法,模仿日本维新,以应一时之急。[②]

中国学生大规模留日对于日本也是具有很高的利益。其时日本早稻田大学的学监高田早苗曾说:

> 教育中国人,不仅符合中国的利益,也符合我日本国的理由。这样说容易产生误解,误以为是为了满足日本人野心才去教育中国人,但是我没有这样的想法。我认为,中日之间的利益非存于一时,而在于其长久,因此只要诚心诚意为中国人谋利益,其结果也等同于为日

---

① 蒋维乔:《中国教育会之回忆》,载《东方杂志》1936 年第 1 期。
② 黄福庆:《清末留日学生》,台北:中研院近代史研究所,1983 年,第 313 页。

本自己谋利益。①

但与此同时，中国留学生在日本普遍受到了歧视，这给他们心理增添了许多仇恨。在留学初期，有许多中国人选择了离开，主要原因也是因为民族歧视。当时有些日本人称中国人为"豚尾奴"，这些蔑视性的称谓与认知在当时中国人集中的神户和长崎报纸上，已经有所出现：

> 住在南京町的清国人，每天挎着装着杂货的背包，在市民住宅区徘徊，一旦有机会，他们连一双木屐都有可能偷走。清国人出售假冒珊瑚珠，而且价格不菲，每只开价一、二日元，讨价还价也可只卖四五十钱，但如果不买就赖着不走的事情也常见。②

在近代留学史上，经常听到类似"留美者亲美，留日者反日"的言论。有人以此判定日本对华留日政策的失败，这是不成熟的。与留美学生相比，留日学生中反对日本的比例要大得多，但与之同时，留日中也不乏那些与日本人友好往来的人士，周树人、周作人就是其中之一。同时有一个明显的倾向，反日者与亲日者都易走上极端。在回答为什么留日学生中反日比例大、易于走向极端的人多些，吕顺长认为：

> 首先最重要的一点是当时日本社会上滋生的轻视中国人的风潮招致了广大留学生的极大反感，而周围部分日本人的好意又使部分留学生结下了深深的日本情结；其次，部分日本政客所设计的通过对中国留日学生的教育来培植其在华势力的政策，因社会上滋长的轻视中国风潮的影响未得到多数留学生的"配合"，但在某种程度上不能不说也收到了一定的效果；留日学生在归国后，尤其是在日本军国主义者对中国发动侵略的时期，由于各人的素质、立场和政治倾向的不同，许多留学生表现出了各种截然不同的选择。③

笔者比较认同吕的观点。中国留学生在受歧视的状态下留学，遇到心善的日本人帮助，自然比平时更为感激。周树人对于他的老师藤野先生的

---

① （日）高田早苗：《关于中国人的教育》，载《太阳》12卷9号，1906年（明治三十九年）6月15日。

② 《顽固的豚尾奴》，载《又新日本》（神户），1892年（明治二十五年）5月15日。

③ 吕顺长：《清末浙江与日本》，上海：上海古籍出版社，2001年，第109—110页。

怀念,就是一例。到了抗战时期,涌现出的汉奸,并不全是本质上品行恶劣之辈,他们当中有许多是品学兼优的留日学生,并且不乏早期积极投身革命者,如汤櫕。之所以走上背弃国家的道路,与他们在日本所受的教育是有关联的。

尽管对于留日学习的评价不同,有认为日化西学不彻底,急功近利,不如直接学习西方。对于这个问题的理解,要同历史环境相结合,毕竟日本离中国本土较近,人种、文化相同,而且物价及总的花费较低。为了应对日益增多的留日学生,清政府特地设立了留日学生监督处。

　　　　留日学生监督处系综理有关留日学生事务的总机关。但是这种教育行政机关,在世界各国教育行政制度上,并无先例,实为中国所独创,是为近代中国教育发展中之一特殊现象。①

因此,大量学生涌入日本留学,并且回国后很多能有杰出成就,在某些方面可以证明清末学生留日政策的成功。

第三节　对《浙江潮》编辑群的历史考察②

《浙江潮》编辑群是近代中国历史上非常活跃的一个群体。他们在短暂的一年办刊时间里,以期刊为阵地,发表了大量倾向革命的文章,是近代留日学生文本革命的典型。《浙江潮》编辑群的形成具有复杂的历史共性与个性特点,他们的思想在倾向革命的同时,仍有青年人所特有的稚嫩和时代的弱根性。在历史发展中,编辑群人员不断分化,而革命一途中,又多倾向于文本。以《浙江潮》编辑群为代表的近代留日学生所掀起的文本革命,具有科学性和国际视野的特点,地域特色鲜明。不仅对辛亥革命产生重要的历史影响,同时对五四运动等历次思想解放思潮,均有积极的示范效应。

日本是中国辛亥革命思想和行为的重要策源地之一,特别是留日学生在日本所办期刊,客观上促成了 1911 年革命所需思潮的加速演进。浙江

---

① 黄福庆:《清末留日学生》,台北:中研院近代史研究所,1983 年,第 19—20 页。
② 该节内容以《近代留日学生的革命性——对〈浙江潮〉编辑群的历史考察》为题,刊载于《江西社会科学》2014 年第 3 期。

处于经济社会比较开放的前沿,接受欧风美雨的影响较为深入,因此近代浙江学生所具有的革命激情又有它的内在基础,这从当年风靡一时的《浙江潮》中可以得到体现。《浙江潮》是浙江籍留日学生创办的刊物,在学生革命思潮如火如荼的 1903 年正月创办,它非常鲜明地代表了当时一大批留日学生刊物的特点,特别是编辑人员体现出来的江南人士所特有的才情与革命性,更使得这份稚嫩的刊物勃发出青年人的朝气与豪情。以《浙江潮》为代表的近代留日学生的革命性,即体现于文本所表现的科学启蒙、国际视野,又深具地域文化特色。它总体上的革命性,成为推动当时年轻人思想集体左倾的重要力量,并对后续的社会思潮起到了先锋作用。

一、《浙江潮》编辑群的形成

《浙江潮》编辑群是一个很有意思的群体,他们来自于浙江境内不同区域,身份、性格与思想倾向也有很大的不同。考察编辑群的历史发展,可以使我们从另一个特别视角对近代留日学生革命性这个宏大历史主题,有更为深刻的认识与了解。

它的创刊是时势激荡的产物。1900 年冬,唐才常因汉口组织"自立军"事泄遇害,蒋百里(方震)激于义愤写诗悼念,求是书院受到政府压力,拟将他除名。后来经过老师们的努力,学校将蒋百里、蒋尊簋、王嘉榘等18 人送赴日本留学。而这 18 人中,有一些人直接参与了《浙江潮》的创办。其他一些人也有不俗的历史呈现,如蒋尊簋曾经担任民国初期浙江省都督。1902 年,中国留日学生已有 3000 人左右,大多数人思想激进,倾向革命。同年蒋百里被选为中国留日学生大会干事,并组织"浙江同乡会",省域观念在清末也显得很为强烈,这大概和清末不断涌现的地方自治思潮有关。江苏、湖北、河南等省留日学生纷纷以省为域,创办《江苏》《湖北学生界》《河南》等学生期刊。由于某些政治因素,部分留日学生到日本留学具有流亡避难性质,因此这种心中的激荡更需要有一个阵地,去喷发他们心中的思想。

关于《浙江潮》的编辑群究竟是包括哪些人,各种版本的说法不一。詹文元在《浙江早期报业史访辑》认为,"在众多同乡会干事中,直接负责和参与《浙江潮》编辑工作的,有董鸿祎、叶澜、蒋智由、蒋尊簋等,主编是蒋方震"①。但这种说法与许寿裳的回忆明显不一致。根据许的回忆,《浙江潮》前期应该是由孙翼中、蒋百里二人主编,而从 6 月出版的第五期起,由许寿裳续编。蒋百里无疑是《浙江潮》早期最主要的负责者,无论是创刊词还是刊物中的一系列文章,都是出自蒋百里的手笔。而孙翼中因为《罪辩文》案远走日本,但其在 1903 年夏季已回到杭州,并担任《杭州白话报》的主编。"1903 年夏天,孙翼中接任了《杭州白话报》的总编辑,其报纸的倾向有了明显的改变,开始倾向于革命,并成为光复会等革命派的舆论工具,它用通俗的语言,简短的文字,呼吁民族救亡,攻击清政府的媚外政策,启发读者的革命思想,在当时的社会上引起了强烈的反响。"②并且在许多回忆《浙江潮》编辑群的史料上,孙翼中都是排名于蒋百里之前。

　　关于《浙江潮》编辑的人员组成,笔者倾向于中国社会科学院近代史《辛亥革命时期期刊介绍》第一集关于《浙江潮》条目的说法:"编辑兼发行者有孙翼中、王嘉榘、蒋智由、蒋方震、马君武等人,主要撰稿人,除了上述编辑兼发行者外,还有陈榥、陈威、何燏时、沈沂、鲁迅等人。"③这个解释综合了当时办刊的实际运作情况,并将一些重要的作者也放入进来,体现出该期刊的重要历史价值。从今天学者对它的判断来看,蒋百里和许寿裳在一年的办刊期内,发挥了比其他编辑人员更大的作用。"刊物定期于阴历每月二十日发行。发刊近一年,共出十二期,迄今所见者凡十期。第一期发刊于 1903 年 2 月 17 日。第十期发刊于同年 12 月 8 日。共十册。每册六十余页,约十八万字,所载包括社说、论说、学术、大势、时评、杂录、文苑等门类。每册卷首均有一副彩色地图和浙江名人胜景插图三四页。刊物命名为《浙江潮》,是用来'作革命潮汹涌的象征'。"④

　　根据《清季的革命团体》一书的资料统计,现存《浙江潮》10 期,共载重要论著约 288 篇次:其中鼓吹民族革命的有 17 篇,占 5.9％;激发民族思想的有 48 篇,占 16.7％;鼓吹民权思想的有 10 篇,占 3.5％;介绍社会主义和社会党的有 11 篇,占 3.8％;报道学潮的有 5 篇,占 1.7％;其他方面,如文

　　①　詹文元:《浙江早期报业史访辑》,杭州:浙江省新闻出版局(内部印刷),1995 年,第 222 页。
　　②　姚一鸣:《网拍〈杭州白话报〉》,载《中国商报·收藏拍卖导报》,2010 年 12 月 2 日。
　　③　丁守和、丘权政:《辛亥革命时期期刊介绍》(第一集),北京:人民出版社,1982 年,第 269 页。
　　④　丁守和、丘权政:《辛亥革命时期期刊介绍》(第一集),北京:人民出版社,1982 年,第 269 页。

艺以及世界大势的有197篇,占68.4%①。《浙江潮》中有明显激进或救亡思想的文章占到了31.8%,占到总体内容的3成。比如"《浙江潮》以显著之标题鼓吹民族革命的文字有三篇,除《中国爱国者郑成功传》一篇诉求中国史实外,其余两篇均介绍西方革命思想。《民族主义论》一文首言中国急须提倡民族主义,次以斯拉夫主义之蔓延,德意志之建国,意大利之统一,皆以民族主义为动力,由民族主义而建民族国家,以发挥其本族之特性"②,"《铁血主义之教育》一文,列举中外史实,提倡国民教育"③。尽管其中有些笔法幼稚,有些提法有时代弱根性,但从中仍然可以看到留日学生的那种拳拳爱国之心。《浙江潮》在当时具有广泛的社会影响,"立宪派的报刊,若《清议报》《新民丛报》等,均曾介绍革命思想,鼓吹革命,而成绩较著者,则为革命派的刊物。此处以《译书汇编》《国民报》《湖南游学译编》《湖北学生界》《浙江潮》《江苏》等为例,说明当时革命刊物介绍西方革命思想及民族主义的概况"④。

蒋梦麟对于《浙江潮》的作用及其运作,也有过相似的回忆:"浙籍学生在东京也出版了一个定名《浙江潮》的月刊。这个杂志因为攻击清廷过于激烈,以致与若干类似的杂志同时被邮政当局禁止寄递。但是日本政府却同情中国留学生的革命运动,因此这些被禁的杂志仍旧不断地从日本流入上海租界。因此上海就成为革命思想的交易所,同情革命的人以及营求厚利者再从上海把革命书刊走私到其他城市。"⑤不受政府实际控制的舆论传播,是革命思想飞速传播的重要推手,《浙江潮》编辑群的革命主张,得以快速传播。

良好的个人情谊互动是《浙江潮》编辑群形成并产生强大战斗力的又一重要动因。浙江人很重乡谊,甚于其他省域,这从浙江近代史人物错综复杂的相互联系可以看出。如《浙江潮》编辑群中的"求是派",蒋百里、孙翼中、许寿裳等均出自杭州求是书院。在办刊过程中,鲁迅多方支持许寿裳,鲁迅的最早的小说、译文等多来自《浙江潮》,这和他的绍兴老乡许寿裳

①　张玉法:《清季的革命团体》,台北:中研院近代史研究所,1975年,第18页。
②　张玉法:《清季的革命团体》,台北:中研院近代史研究所,1975年,第17页。
③　张玉法:《清季的革命团体》,台北:中研院近代史研究所,1975年,第18页。
④　张玉法:《清季的革命团体》,台北:中研院近代史研究所,1975年,第13页。
⑤　蒋梦麟:《西潮与新潮:蒋梦麟回忆录》,北京:东方出版社,2006年,第70页。

密切相关。许寿裳主编《浙江潮》,邀请鲁迅写文章,鲁迅发表了《斯巴达之魂》《哀尘》《说钼》《中国地质略论》《地底旅行》等多篇作品。1909 年许寿裳在杭州浙江两级师范任教务长,旋即介绍鲁迅到该校任教。这些良好的乡谊关系,不仅在于人事的援引,即使在办刊上也起到了重要作用。

二、1903 年《浙江潮》编辑群的革命趋向

　　1903 年在思想史上是个特别年份,留日学生思想在这年发生了集体左倾。这既和拒俄运动的社会形势有关,也与《浙江潮》等期刊产生的宣传作用密切联系。该年元旦,留日学生举行团拜会,当着驻日公使蔡钧、留学生监督汪大燮等官员,马君武、刘成禺等留学生登台演说,历数清朝政府的罪恶,疾呼推翻满族统治,恢复汉人江山。4 月,俄国撕毁了中俄《东三省交收条约》,妄图长期侵占东北,同时还提出七项无理要求,激起中国人的义愤。清政府对此事处置没有达到令公众满意的效果。国内学生及留日学生纷纷集会、游行、通电,表示反对,拒俄运动爆发。这些事件对于留日学生的影响,恰是温和思想转向激进的催化剂,学生心中的革命豪情激增。如果说以前革命念头还停留在脑海里,那么这个运动爆发后,学生则毫不遮掩地在所办刊物中予以体现。浙江籍人士在海外留学生不断革命化的洪流中,表现得非常夺目。从章太炎开始,浙籍人士的影响不断扩大。"翌年,章先生在沪,又和同志公开讲演革命,讲稿辄在《苏报》上发表,后来竟成了轰动全国的《苏报》案。东京方面,杂志云起,《浙江潮》也出世了。命名之始,就起了两派的争执:温和的一派主张用浙江同乡会月刊之类,激烈的一派大加反对,主张用这个名称,来作革命潮汹涌的象征。起初由孙江东、蒋百里二人主编。百里撰《发刊词》,有云:'忍将冷眼,睹亡国于生前,剩有雄魄,发大声于海上。'"①许寿裳的回忆说明,《浙江潮》正是在学生思想转化为革命的进程中应运而生。拒俄运动对于《浙江潮》编辑群的影响是巨大的,这从他们所编辑的前后期文章的不同风格中可以看出。

　　拒俄运动发生后,受革命思潮影响,《浙江潮》在办刊指导方针上排满意识日趋强硬,这在其文章编排上可以看出。《浙江潮》第 6 期刊载了明末

---

　　①　许寿裳:《〈浙江潮〉撰文》,见许寿裳:《亡友鲁迅印象记·许寿裳回忆鲁迅全编》,上海:上海文化出版社,2006 年,第 18 页。

抗清领袖张煌言的遗像、部分诗词,张煌言在浙江民间是反抗异族的代表人物,刊载的禹陵、禹庙、岳坟的照片,更具有追踪溯源的大汉民族主义思想的潜意识。在第8、9期连续发表了蒋百里的《近时二大学说之评论》,更指名批判了梁启超的《新民说》和君主立宪论,这也表明《浙江潮》编辑群在整体上逐渐与改良派思潮泾渭分明。蒋百里认为中国之亡"其罪万不能不归之于政府",而梁启超不追究政府的罪恶,却斤斤计较民智的落后是倒果为因。并断言,"官吏非不肖政府非腐败,夫然后群俗乃可以改良"①。正是在这样的思想指引下,《浙江潮》中后期的办刊特点与前期相比,更显现了革命的激烈一面。"在1903年改良派与革命派对立的两军中,《浙江潮》明显地倾向于革命派一方。刊物的编辑和作者从救国救民的爱国主义立场出发,在认清了清朝政府反动的卖国的本质之后,进而得出了以暴力的手段推翻清王朝封建专制统治的结论。为了论证民族民主革命的合理性和正义性,他们从西方资产阶级的革命武库中取来了民族主义和自由民权学说,提出了建立民族的国家的主张,认为这是最符合中国国情的行之有效的救国之道,他们始终坚信自己这一主张的正确,并决心为实现它作出最大的努力。"②

在唤起革命方面,民族主义是一面上好的旗帜,但也常易走向极致。由于年龄阅历的原因,《浙江潮》编辑群在看待社会问题时,有过多的激进言语,常把学生自己放在了一个"世人皆醉唯我独醒"的位置。他们认为"上等社会"(统治阶级)已腐败无能,是革命的对象;而"下等社会"(普通民众)愚昧无知,只可"使知之,不可使由之";所以"今日之责任,断不能不归于留学生",只有掌握最新知识的留学生,才能够"挟其学、挟其智、挟其才、挟其手段以救中国"③。这是近代中国以来,在学生身上普遍存在的一个问题。自己打扮成了真理的化身,而将其余则放置于审判台的席位。同时,他们对帝国主义侵略的原因及性质,理解不够清晰,仅仅认为是"地不加阔,而人口日繁","不得不出而殖民于新地"④的缘故。并且具有一种

①　《辛亥革命前十年间时论选集》(第一卷)(下册),北京:生活·读书·新知三联书店,1960年,第521页。

②　丁守和、丘权政:《辛亥革命时期期刊介绍》(第一集),北京:人民出版社,1982年,第286—287页。

③　飞生:《国魂篇》(续),载《浙江潮》1903年第3期。

④　飞生:《国魂篇》,载《浙江潮》1903年第1期。

"未有民德卑民力弱民智塞而国能自存"①的悲天悯人的情怀。《浙江潮》
的编辑们以当时流行的进化论学说为依据,认为民族的国家建立之后,"内
力既充则膨胀于外"②是历史发展的必然趋势。因此在如何应对帝国主义
的欺凌问题上,他们主张从大国的强盛兴衰中借鉴经验,学习国外先进的
国家理念,"今日者,民族主义发达之时代也,而中国当其冲,故今日而再不
以民族主义提倡于吾中国,则吾中国乃真亡乎"③。认为救亡的最本质在
于民族建国,"凡同种之人,务独立自治联合统一,以组织一完全之国家
也"④。从这里可以看出,青年学生主张把中国建成一个民族帝国主义国
家,认为只有这样才能够使中国变得强大。

在拒俄运动中,留学界爱国热情的如火如荼也进一步催生了学生的革
命化情绪。周树人的第一部小说《斯巴达之魂》正是在这样的背景下写作
的,并发表在《浙江潮》第 5 期和第 9 期。同为编辑群成员的许寿裳,对此
印象颇深:"这时我和鲁迅已经颇熟,我觉得他感到孤寂,其实我自己也是
孤寂的。刚刚为了接编《浙江潮》,我便向他拉稿。他一口答应,隔了一天
便缴来一篇——《斯巴达之魂》。他的这种不谦让、不躲懒的态度,与众不
同,诺言之迅,真使我佩服!"⑤而积极愿意投身革命宣传的人,却总是有一
种思想上的孤寂之感。

《浙江潮》编辑群在革命化的同时,自身也在不断分化,其中最明显的
就是蒋智由。后人对蒋智由的回忆,颇有些"非我一途,其心必坏"的论调。
"这个蒋智由,曾参加光复会,甚至一度把'智由'写作'自由',以示激烈,实
乃一投机分子。《浙江同乡留学东京题名》载,此人为诸暨人,1902 年 12
月以自费留学日本。早在他留日前,即以笔名'因明子'投稿于梁启超创办
的《清议报》。那时梁游美洲,见《清议报》文苑,有题因明子稿者,大心醉
之,遂以文字因缘交蒋观云,吹捧他为近世诗界三杰之一。他是以著述颇

---

① 飞生:《国魂篇》,载《浙江潮》1903 年第 1 期。

② 大陆之民:《最近三世纪大势变迁史》,载《浙江潮》1903 年第 6 期。

③ 余一:《民族主义论》,载《浙江潮》1903 年第 1 期。

④ 飞生:《国魂篇》,载《浙江潮》1903 年第 1 期。

⑤ 许寿裳:《〈浙江潮〉撰文》,见许寿裳:《亡友鲁迅印象记·许寿裳回忆鲁迅全编》,上海:上
海文化出版社,2006 年,第 20 页。

富的文名、光复会会员的头衔而混迹《浙江潮》的。"①蒋智由与其子蒋尊簋同赴日本留学，一时传为佳话。

革命与改良，同为当时的社会思潮。在无法检验正确与否的情况下，事实上，按照思想认识排队，是思潮裹挟中的人的基本判断。在革命与改良争辩如火如荼的癸卯年，编辑群主要成员的思想发生了分道扬镳性的变化。"据许寿裳回忆，他常和鲁迅同访蒋智由，不久即停止往访，原因是鲁迅以锐利的观察，洞悉了蒋智由的思想倾向。许寿裳记述说：'有一次，蒋氏谈到服装问题，说满清的红缨帽有威仪，而指他自己的西式礼帽则无威仪。……辞出之后，鲁迅便在路上说：观云的思想变了。我点点头。我们此后也不再去。果然，不久便知道他和梁启超组织政闻社，主张君主立宪了。于是鲁迅便给他一个绰号——无威仪。'"②周树人似乎专有喜欢给人起绰号的习惯，这也是他树敌其多的一个原因。

《浙江潮》是个思想表达的大载体，各种的思想在上面都有所展示。蒋智由在《浙江潮》上曾发表诗作《送匋耳山人归国诗》，其中有"敢云吾发短，要使此心存"之句。周围那些思想上倾向革命的同学就感觉到不满，认为其有以"此心"酬革命的意味。"至1907年徐锡麟刺杀安徽巡抚恩铭案发生，徐被杀害，绍兴籍的留学生开会讨论对徐案的看法。这时，蒋观云已与梁启超组织政闻社，已暴露了他的君主立宪派面目。周遐寿《鲁迅的故家》记载，蒋在会上说：猪被杀也要叫几声。这无异说明，君主立宪派把革命者看作只会在被杀时叫几声的猪。鲁迅大为愤怒，于是仿作打油诗云：'敢云猪叫响，要使狗心存'。也就是说，从蒋观云的'猪被杀也要叫几声'一语，就可以看出他所存的是狗心。"③实际上，当改良与革命划清界限之后，路线之见中也不可避免地夹杂着意气之争。

平心而论，是否认同革命不是一个人性格优劣的表现，《浙江潮》编辑群的分化有其客观规律。受阅历、学识、性格及个人内在的价值判断等影响，清末一批读书人倾向改良，他们认为渐进改良更符合中国国情。这从

---

① 王若海、文景迅：《鲁迅与〈浙江潮〉》，见薛绥之主编：《鲁迅生平史料汇编》（第二辑），天津：天津人民出版社，1982年，第221—222页。

② 许寿裳：《〈浙江潮〉撰文》，见许寿裳：《亡友鲁迅印象记·许寿裳回忆鲁迅全编》，上海：上海文化出版社，2006年，第17页。

③ 王若海、文景迅：《鲁迅与〈浙江潮〉》，见薛绥之主编：《鲁迅生平史料汇编》（第二辑），天津：天津人民出版社，1982年，第222页。

北洋时期中央威权丧失导致诸侯四起的局面可知,这些改良派的思考有它的现实合理性成分。

三、编辑群革命性的特点及历史走向

《浙江潮》编辑群革命性特点还在于,以科学启蒙为基础,并具国际视野。在诸多"论说"和"学术"栏目,介绍了大量的人文社科和自然科学知识,特别是《气体说》《说钼》等当时最新的自然科学知识,极具启蒙性,是它的文本革命同以往不同的地方,正如田正平所说,是救亡和启蒙的二重奏①。同时,《浙江潮》编辑群能够较为准确地认识当时国际形势,编发了大量的涉外文章、评论,从这些材料中,可以看出编辑群的世界认知。"1903 年度最受关注的国家是俄国。对于帝国主义及民族性的认识、对于欧美强国走上发达道路的研究、对于日俄虎视中国满洲的警惕、对于印度亡国原因的反思以及基于世界认知基础上的国民性批判,共同构成了1903 年青年学生世界认知的基本框架。同时,青年学生对于世界大国关系以及列强对华交往实质,也有较为准确的判断。"②这些都大为增强了刊物的国际性。

在留日学生中,学生团体组织甚多,革命的思想就容易积聚。"清朝末期,中国留日学生中间有个叫励志会的组织,会员有范源濂、蔡锷、曹汝霖、章宗祥等人。在这个团体的基础上,1902 年,建立了清国留学生会馆(又称中国留学生会馆)。馆址在东京神田区骏河台铃木町十八番地。"③《浙江潮》《江苏》《湖北学生界》等当时影响很大的刊物,就是以此作为刊物的发行地。刊物的发行地是一个兼有多种功能的场所,"馆是两层楼房,楼房之外,还单独有一间作传达室的小房,管收发,兼售会馆出版的书刊。会馆是留学生的会议场所、讲演场所、日语教室、俱乐部,也是编译出版的据点。抗议限制留学生入成城学校和反对《清国留学生取缔规程》的决定,都是在这里讨论决定的。会馆定有招待规则,凡留学生渡日前与会馆取得联系,

---

① 田正平:《救亡与启蒙的二重奏——以留日学生刊物〈浙江潮〉为个案的考察》,载《教育研究》2005 年第 11 期。

② 刘训华:《1903 年浙江学生对世界局势的历史判断——以〈浙江潮〉为中心的文本阐释》,载《宁波大学学报》(教育科学版)2014 年第 1 期。

③ 马力:《与鲁迅在日本有关的地方》,见薛绥之主编:《鲁迅生平史料汇编》(第二辑),天津:天津人民出版社,1982 年,第 279 页。

会馆就分别在神户、横滨、新桥等处派专人迎送,代购车船票,安置食宿"①。留学生会馆不仅是各种革命期刊的发源地,而且还是一个出版中心、联络中心。在会馆中,革命情绪不断酝酿,留日学生正是以此为基地,积极参与国内一系列重要的运动,这也引起了清朝政府的不满。

留学生的学习活动具有很强的目的性,这与清政府对于留日学生的学习期望有关。1905 年 2 月 23 日,朝廷驻日大使杨枢奏请朝廷,要求留日学生学习外国法政之学,用于修改法律,收回治外法权,服务于外交。"迩者学务大臣暨各省督抚,陆续选派学生来东就学,综计人数已逾三千,然其中习普通科者居多,习法政专门者尚少。……查日本从前法律与中国同,而与欧美异,故通商各国,亦向日本索有治外法权。迨日本颁布宪法之后,通商各国,方允将条约更正。可见修改法律,乃今日切要之图。现在中国惟有将法律修改,庶可查照近年《中英通商条约》第十二款、《中日通商条约》第十一款内所载,与各国公议,将治外法权一律收回,不受外人挟制。"②从这里可以看出,政府要求学生学习法政之学的用心,在于外交上能够收回治外法权,有强烈的救世色彩。

在《浙江潮》编辑群中,主要人员的走向也发生了变化。他们同样的留学生身份,在之后的历史发展中,有着不同的人生轨迹。《浙江潮》编辑群中的主要编辑与撰稿人的蒋百里 1904 年入学日本陆军士官学校,1906 年留学德国,1912 年任保定陆军军官学校校长,1937 年出版《国防论》,成为近代中国杰出的军事理论家。然终其一身,带兵较少,成为文本革命的典范。

1905 年 1 月成立的光复会东京分部,编辑群重要成员王嘉榘为负责人,入会的浙江留日学生蒋尊簋、孙翼中、董鸿祎、许寿裳等人,除蒋尊簋而外,都是编辑群的主要成员,相较于蒋百里思想的革命,一些人更醉心于暴力革命。编辑群中的许寿裳主要从事教育工作,曾任江西省教育厅厅长、教育部编审、北京女子高等师范学校校长、台湾大学国文系主任等职,历任北京大学、成都华西大学、西北联大等校教授。

纵观《浙江潮》编辑群的历史走向,他们以国家利益为己任,是近代留

---

① 马力:《与鲁迅在日本有关的地方》,见薛绥之主编:《鲁迅生平史料汇编》(第二辑),天津:天津人民出版社,1982 年,第 280 页。

② 朱寿朋、张静庐等:《光绪朝东华录》,北京:中华书局,1958 年,第 5268 页。

日学生的代表。经历坎坷，然大多走向了革命一途，于国家、民族均有一定的建树。以《浙江潮》为标志的留日学生所掀起的文本革命，在历史上掀起的巨大波澜，不仅直接促成了这批学生思想上逐渐趋向革命，同时传播了革命思潮，对于辛亥革命所需要的革命舆论导向的形成，起到了吹鼓手的作用。这些留日学生创办的刊物，革命性各有千秋，《江苏》的语言革命性最尖锐，《湖北学生界》注重唤起国民意识，《浙江潮》革命性则深深烙有浙江人内在坚忍的地域特质。近代留日学生刊物广为流传后，由学生而发起的文本革命、行为革命成为近代革命的一大潮流，在其后五四运动及历次不断革命中都可窥见声影。追根溯源《浙江潮》等留日学生刊物的革命思想传播所散发出来的历史意义，值得学界积极关注。

第四节　　留日学生看世界：《浙江潮》中的国际认知①

　　1903 年《浙江潮》中青年学生对世界的认知，是以救亡图强为目的。青年学生认为救中国的药方，就是建立民族帝国主义国家。1903 年最受关注的国家是俄国。对于帝国主义及民族性的认识、对于欧美强国走上发达道路的研究、对于日俄虎视中国满洲的警惕、对于印度亡国原因的反思以及基于世界认知基础上的国民性批判，共同构成了 1903 年青年学生世界认知的基本框架。同时，青年学生对于世界大国关系以及列强对华交往的实质，也有较为准确的判断。

　　"文本"一词，《现代汉语词典》的解释是"文件的某种本子（多就文字、措辞而言），也指某种文件"。通俗点，也可以理解为对文字载体本身的描述。历史学研究对象自身就是在文本与非文本基础上的不断建构。什么是文本历史，史学界对此有不同的争论。实际就是撇开时间对历史的一切建构，从历史文本的记载出发，从当时所处的环境中去理解与分析其时历史的存在与意义。

　　1903 年创刊的《浙江潮》就是这样一个很好的文本。停留在《浙江潮》文本中的青年学生，并不是今天所认定的一个个固定不变的、由洞悉其后

---

① 该节内容以《1903 年浙江学生对世界局势的历史判断——以〈浙江潮〉为中心的文本阐释》为题，刊载于《宁波大学学报》（教育科学版）2014 年第 1 期。

百余年历史脉络的现代人所认为的知识青年。这批滞留在文本中的青年，是由当时的一个个历史符号建构起来的，继而又被后人不断地再加以重构，他们被赋予了若干定性的符号。《浙江潮》中所体现出来的思想及作为其承载对象的青年学生，体现了当时中国人所具有的最为先进的救国思想与社会抱负。

1900 年以后，中国跌进自 1840 年鸦片战争以来的历史新谷底。1903 年以《浙江潮》为代表的青年学生，对国家所处之险状，有着清醒的认识，"吾乃知自甲午以至于今，姑无论政治上、武力上、生产上有奄奄日没之势，即社会上其退步之速，实有不可思议者存也"①。因此，在救亡意识的前提下，青年学生高度重视对世界形势的认识，他们认为改造中国有三个前提："其一曰察世界大势，其二曰察世界今日之关系于中国者奚若，其三曰察中国今日内部之大势。"②在开列的三个条件中，其中两个都是与世界认知有关。

一、对于"帝国主义"及建立民族性国家的认识

庚子事件后，中国青年东渡日本留学，寻求救亡的道路，陆续创办了一些杂志。这其中颇具地域性的是《江苏》《游学译编》《湖北学生界》与《浙江潮》，这四份中，尤以《浙江潮》影响最大③。1903 年，由留日浙江同乡会创办的《浙江潮》在东京出版，其在发刊词中所说："岁十月，浙江人之留学于东京者百有一人，组织一同乡会。既成，眷念故国其心恻以动，乃谋集众出一杂志，题曰《浙江潮》。"①从创刊到结束共 12 期，留下的只有 10 期。"因为它具有鲜明的时代特征和政治观点，代表了广大人民群众抵抗外来侵略

---

① 飞生：《国魂篇》（续），载《浙江潮》1903 年第 7 期。

② 飞生：《国魂篇》，载《浙江潮》1903 年第 1 期。

③ 对于清末浙江留日学生的研究，参见：（日）实藤惠秀著，谭汝谦、林启彦译：《中国人留学日本史》，北京：生活·读书·新知三联书店，1983 年；赵晓兰：《20 世纪初浙江留日学生报刊述评》，载《浙江师范大学学报》（社会科学版）2002 年第 3 期；（日）细野浩二著、晓舟译：《近代中国留日学生史的起点和他的周边》，载《历史教学问题》1996 年第 5 期；何扬鸣：《浙江留日学生辛亥革命时期报刊活动述评》，载《杭州大学学报》1994 年第 2 期；何扬鸣：《浙江留日学生与辛亥革命》，载《杭州大学学报》1993 年第 2 期；何扬鸣：《论浙江留日学生》，载《浙江学刊》1998 年第 3 期；周良书：《学生、政党与国家：近代中国发展的特殊逻辑》，载《安徽师范大学学报》（人文社会科学版）2008 年第 4 期等。

① 《发刊词》，载《浙江潮》1903 年第 1 期。

并推翻清王朝以振兴中华民族的共同心声。"①所以《浙江潮》能够风行各地,受到社会各界尤其是进步青年的欢迎。据统计,该刊第一、二、三期几月后即发行到第三版,第四、五、六期亦有第二版,第七、八期首印时印数即有 5000 册②。其在当时的影响力可见一斑。

青年学生认为帝国主义是"民族主义为其父,而经济膨胀之风潮为其母也"③。并肯定帝国主义对于世界的重要性,"今日所谓帝国主义者,非无意流行之名词,而人类社会切要之事也"④。对于帝国主义概念的理解,青年学生有专门的解释,是"二十世纪民族竞争之大主义也""二十世纪历史之总骨干也"⑤,并还附带"故生于二十世纪而不知帝国主义者,虽其人存即谓死也"⑥的激烈之语。

青年学生在解释帝国主义概念时,首先列举三条,即"吞并主义""国家主义""侵略的帝国主义与伦理的帝国主义"⑦。青年学生通过对欧美等列强走上帝国主义道路的比较,认为对帝国主义最恰当的解释应当是民族帝国主义。什么是民族主义呢?"合同种异异种,以建一民族的国家。"⑧民族帝国主义是"团结同一民族、组织同一国家之谓也,更进言之,则吸收本族、同化异族,使成为一大国家是也"⑨。并列举了西方的例子,"十九世纪之中叶,全欧之人,既劳心尽力日日以建造民族的国家为事,及国家已成,宪法已立,则昔日之愿望遂优哉游哉,以生息于好天地之下"⑩。

受时代条件的影响,青年学生高度赞美帝国主义体制对于人口增长的巨大推动力量,"于是休养生息,而生齿益以增,读近时之人口增长表,可以见也"⑪。青年学生还研究了帝国主义为什么进行殖民的原因,"夫地不加辟,而人口日繁,于是不得不出而殖民于新地,此亦天然强迫力之大,使之

---

① 吕顺长:《清末浙江与日本》,上海:上海古籍出版社,2001 年,第 133 页。

② 《补记》,载《浙江潮》1903 年第 8 期。

③ 飞生:《国魂篇》,载《浙江潮》1903 年第 1 期。

④ 慧僧:《二十世纪之太平洋》,载《浙江潮》1903 年第 2 期。

⑤ 《新名词解释》,载《浙江潮》1903 年第 6 期。

⑥ 《新名词解释》,载《浙江潮》1903 年第 6 期。

⑦ 《新名词解释》,载《浙江潮》1903 年第 6 期。

⑧ 余一:《民族主义论》,载《浙江潮》1903 年第 1 期。

⑨ 《新名词解释》,载《浙江潮》1903 年第 6 期。

⑩ 飞生:《国魂篇》,载《浙江潮》1903 年第 1 期。

⑪ 飞生:《国魂篇》,载《浙江潮》1903 年第 1 期。

出于不得不然者也"①。同时,青年学生认为人种是帝国主义强盛的重要因素,"关于人种者也,夫精神以愈用而愈强,而欲望者无穷者也,昔日之劳心力以求之者,今则既得之矣"②。这从今人来看,无疑带有片面性,但是就当时的社会物质形势下,自具有民族救亡的合理价值。

青年学生认为帝国主义的发展衍生出两大动力:一是物质,"科学进而制造兴,交通机关日益完备,而工商业界遂大受其影响,因之于学术各也"③;一是资本家,"自昔爱自由之心胜于爱财产也,今则少数之资本家已万目齐注,务必扩充其财产"④。并认为资本主义风潮体现在"商工业、海运业、殖民业"⑤,认识到帝国主义国家应具备"政治则经营、外交则疏通、军备则保护⑥"的"三职能"。

帝国主义对中国的侵略,青年学生一语中的,"中国者,帝国主义之目的物也"⑦。青年学生认为对中国人民影响最大的是帝国主义的经济侵略,"其商凄凉,其农憔悴,其士困,其工苦","闻其声则号寒啼饥也,问其事则鬻儿荡产也,是其由非刀兵、非水火,则以经济上之侵略起而资本将穷故"⑧,并指出经济侵略的后果导致了"外人之商业日益甚,则我民之生计日益困"⑨。由于经济侵略的恶性循环,"衣食穷则盗贼伏莽日增一日,而水火刀兵之祸又何能免也"⑩,人民生活水平的下降已经达到惊人的地步,"一年之所得曾不如以当彼一日之收"⑪。

如何应对帝国主义的欺凌? 在当时国事日下的前提下,从大国的强盛兴衰中借鉴经验,学习国外先进的国家理念,无疑是青年学生所能构想的最好出路。他们认为,救亡的最本质在于民族建国,"今日者,民族主义发达之时代也,而中国当其冲,故今日而再不以民族主义提倡于吾中国,则吾

---

①　飞生:《国魂篇》,载《浙江潮》1903 年第 1 期。
②　飞生:《国魂篇》,载《浙江潮》1903 年第 1 期。
③　飞生:《国魂篇》,载《浙江潮》1903 年第 1 期。
④　飞生:《国魂篇》,载《浙江潮》1903 年第 1 期。
⑤　飞生:《国魂篇》,载《浙江潮》1903 年第 1 期。
⑥　飞生:《国魂篇》,载《浙江潮》1903 年第 1 期。
⑦　飞生:《国魂篇》,载《浙江潮》1903 年第 1 期。
⑧　飞生:《国魂篇》,载《浙江潮》1903 年第 1 期。
⑨　飞生:《国魂篇》,载《浙江潮》1903 年第 1 期。
⑩　飞生:《国魂篇》,载《浙江潮》1903 年第 1 期。
⑪　飞生:《国魂篇》,载《浙江潮》1903 年第 1 期。

中国乃真亡乎"[①],"凡同种之人,务独立自治联合统一,以组织一完全之国家也"[②]。从这里可以看出,青年学生给风雨飘摇中的祖国所开出的药方,就是将中国建设成一个民族帝国主义国家。

二、对于欧美走上发达道路的认识

对于世界的认识,占了《浙江潮》相当多的篇幅,表5—5是《浙江潮》关于外国事务关注情况表:

表5—5　《浙江潮》关于外国事务的关注情况表[③]

	英国	德国	法国	美国	日本	俄国	意大利	朝鲜	印度	加拿大	澳大利亚	土耳其	非洲	希腊	合计
第一期	7+1	5+0	4+0	5+0	3+4	6+2	2+0	3+0	0+1	1+0	1+0	1+0	1+0		39+8
第二期	1+1	0+1	1+1		3+5	3+4				1+0					9+12
第三期			2+0	2+1	0+2	1+1									5+4
第四期	0+2		1+0	0+2		1+1								0+1	2+6
第五期	1+1	1+1	1+1	1+0	4+0	2+2			0+1					0+1	10+7
第六期	1+1		1+1	3+2	4+1	8+0	1+0	2+0							20+5
第七期	2+0	2+1	1+0	3+0	2+2	3+2								0+1	13+6
第八期		0+1			1+0										1+1
第九期	1+1	1+0		1+0	1+1	1+0									5+2
第十期	2+1	1+2		4+0	4+2	6+1								0+1	17+7
合计	15+8	10+6	11+4	19+5	21+16	32+13	3+0	5+0	0+2	2+0	1+0	1+0	1+0	0+4	121+58

注:"+"号之前的数字显示关注该国的消息、新闻篇幅,字数较少;"+"号之后的为关注该国的专篇文章。

因为新闻、消息篇幅短小,随意性较大,而文章篇幅长,属于专论性质,在影响力量的采用上,采取消息、新闻指数为1、文章指数为3的计算方式。可以得出《浙江潮》所关注的前六位国家序列为:1.俄国71;2.日本69;3.英国39;4.美国34;5.德国28;6.法国22,这6个国家为当时世界上最发达的

---

① 余一:《民族主义论》,载《浙江潮》1903年第1期。
② 飞生:《国魂篇》,载《浙江潮》1903年第1期。
③ 这里的统计,尚不包括诸如《二十世纪之太平洋》(《浙江潮》第2、3期)、连载文章《最近三世纪大势变迁史》(《浙江潮》第3、6、7期)、《论欧美报章之势力及其组织》(《浙江潮》第4期)、《宪政发达史》(第8期)、《近世工商业之现象》(第8、9期)等内容上属于系统介绍西方列强,但是在国别上无法分割清楚的文章。

国家。如果采取文章指数为 2 的方式，那么，俄国更是领先，俄国为 58，日本为 53。另外可以发现美国与德国的关注度直逼英国，如果从专篇文章来看，德国还略高于美国。或许可以说明，青年学生对于德国国势的关注略高于美国的新兴国家形象。

对于怀着救国理想的青年来讲，先进的、以发达的科技叩开古老中国大门的欧美国家，无疑是最好的学习版本。对于时代的工商业发达现象，青年学生给予了高度的关注，认为其时世界政治是为经济服务的，"列国对外政略之过半，非即所谓工商政略乎？""庚子之役，彼冒万险历千辛提大军而来极东者，岂尽为宗教之传播乎？旅行之便利乎？夫亦谋工商政略之侵入已耳。"[1]然后从保护工业的历史谈起，认为工业发达后，"新重商主义之流行亦势之所必至者也"[2]。并认为列强的军事开拓是为商业服务，"商船即军舰也，商船之航路即军舰之航路也"[3]。

青年学生关注世界局势，特别是欧洲各大国间的博弈。从关注 1902 年修订的德奥意三国同盟着手，分析历史上欧洲各大国之间的纵横捭阖，较为肯定德国的"孤立"法国的结盟政策，认为俾斯麦的真实目的"实在使法国孤立而已"[4]。在这些错综复杂的大国关系中，青年学生认识到其本质不过是"各各怀抱其野心，固未尝有现状维持之真意"[5]，清晰地看出欧洲列强之间的尔虞我诈，并且在 1903 年就勘定了"欧洲将来之情势，虽无大战争，其不安宁、不平和之状态可断言也"[6]的局面。

如何认识欧美发展的道路？青年学生认为，"欧洲列强立国之本在于民族主义"[7]，青年学生注重分析英国的发展由来，"其民族逐渐膨胀，首固其本于大不列颠及爱兰二地，其文明遂大进，其膨胀力遂出口，挟其农工商以与异族竞，而美而澳而非而亚建大强国二，一英一美。统率人类至四分之一以上，占领陆地至四分之一以上，伟大哉，其民族之历史，庄严哉，其社

---

① 铁拳：《近世工商业之现象》，载《浙江潮》1903 年第 8 期。
② 铁拳：《近世工商业之现象》，载《浙江潮》1903 年第 8 期。
③ 铁拳：《近世工商业之现象》，载《浙江潮》1903 年第 8 期。
④ 韦尘：《欧洲国际政局之推移》，载《浙江潮》1903 年第 9 期。
⑤ 韦尘：《欧洲国际政局之推移》（续），载《浙江潮》1903 年第 10 期。
⑥ 韦尘：《欧洲国际政局之推移》（续），载《浙江潮》1903 年第 10 期。
⑦ 余一：《民族主义论》，载《浙江潮》1903 年第 1 期。

会之文明,而其民族前途之活动力,尚泱泱乎"①。

通过对比,青年学生认识到先进的教育理念对于英国等国家走上强盛的重要性。西方教育方式对于家庭、学校、社会的作用是"与寻常异",对于国民素质的锤炼,用处极大,"其坚忍不拔之性质、其独立特行之精神、其强大之体力,皆是教育之结果也"②。总结英国教育特点的四点特色,认为英国的父母将其子女作为国民成员而不是自己的继续物来看待;强调"一人为一人",不愿意其子女成为别人之附属物;用现代而不是过去的教育方法教育;主张是自己子女从事实业,主张劳动神圣,无上下、贵贱之分,劳动为最尊贵③。认为正是这种教育体制下培养出来的英国公民,造就了英国的强盛。

在1903年的世界上,各国的实力发展正在发生着潜移默化的作用,这里面突出的表现,就是德美势力的迅速崛起,青年学生对此有着较为清晰的判断。对于德国,认为其"挟其蓬蓬勃勃之进取的势力,以凌驾乎列邦之上而为后进国之铮铮者"④。青年学生对德意志帝国建立的近三十多年而能够雄飞世界之气概,予以"如猛火之暴烈,如怒潮之飞奔"⑤之热情讴歌。青年学生认为德国强盛的原因在于普法战争中德国的胜利,"维廉第一(威廉一世)及毕士麦克(俾斯麦),戮力同心,内以巩国体之统一,外以谋国权之伸张,举凡文治、军事、教育、实业之经世的设施,无不秩然有序,异常进步","德意志帝国以三十年之经营,遂一跃而为欧洲之雄国,呜呼伟矣"⑥。德国短短三十多年取得的成绩,无疑是青年学生所羡慕的对象。在美国问题上,青年学生则热心于"孟鲁主义"⑦,即"美洲是美洲人的美洲"的提法,其实际上是美国想独霸美洲的策略,但客观上阻止了欧洲列强对美洲的渗透。《浙江潮》第六期上的一篇译文《海上之美国》,肯定美国在美西之战后,"人口之数、人民之活力及天然之富足",青年学生预测美国将霸占太平洋之霸权。

---

① 《盎格鲁索逊人种之教育并中国教育方针》,载《浙江潮》1903年第1期。
② 《盎格鲁索逊人种之教育并中国教育方针》,载《浙江潮》1903年第1期。
③ 《盎格鲁索逊人种之教育并中国教育方针》,载《浙江潮》1903年第1期。
④ 慧僧:《德国国势之进步》,载《浙江潮》1903年第7期。
⑤ 慧僧:《德国国势之进步》,载《浙江潮》1903年第7期。
⑥ 慧僧:《德国国势之进步》,载《浙江潮》1903年第7期。
⑦ 即门罗主义,美国的门户开放政策。《门罗主义》,见《浙江潮》(第3、4期)。

三、对于日俄扩张野心的研判

1894 年甲午战争及 1900 年的庚子之变,使东渡留学的青年爱国者们时时具有屈辱之感。"吾人居他国,他国之内政,无与吾国事也。试放眼于他国政界之风潮,以反证诸吾国民政治思想不普及、政治知识不养成。"①青年学生对于日本的心态比较复杂,既有寄人篱下的自卑感,也有对国民不振作的愤懑之情。他们"具有双重日本观,爱恨交织,多数反日"②。由于日本在进入富强之前,同中国经历过相似的屈辱历程,青年学生意识到,对于日本的观察,对中国尤为具有借鉴意义。

对于日本发展道路的研判,主要是通过分析其财政、军事、政治、宪法等方面而进行。青年学生认为日本是"新造出于世界一等国,而其政体则所谓立宪也"③,试图从中找出能够供中国借鉴的内容,但由于 1903 年的特定烙印,其注意力无疑聚焦在满洲事件上,而这一事件又演绎出一中俄日版之《三国演义》。

通过对表 5—5 的分析,可以发现青年学生最关注的国家不是所在国日本,而是俄国。这里面主要是因为 1903 年俄国军队霸住中国满洲并意图吞并,而各国列强也虎视眈眈,这就是青年学生所谓的"极东之满洲"④问题。青年学生意识到俄国"挟其侵略的野心,数年来经营极东之满洲,与占取东方之君士但丁堡及黑海之自由权,其国际上之势力范围,既日形膨胀"⑤,对俄国这一强大而贪婪的邻国,表示出极大的警惕和不满。

在满洲问题上,尽管日本的报章不时显示出"日本外交的天职在竭力维持极东之和平,设俄国或其他列强有非和平的行动者,则必出死力以阻遏之"⑥的姿态,但是,青年学生能够很清晰地看出日本所包藏的祸心,并认识到"外交之最重者,当介立于列国关系之中,而安然获取自国之权利

---

① 《论日本近时政党与政府之冲突》,载《浙江潮》1903 年第 1 期。

② 孔繁岭、申在文:《简论中国近代留日学生的特点》,载《徐州师范大学学报》(哲学社会科学版)2007 年第 5 期。

③ 孔繁岭、申在文:《简论中国近代留日学生的特点》,载《徐州师范大学学报》(哲学社会科学版)2007 年第 5 期。

④ 顽僧:《极东问题》,载《浙江潮》1903 年第 4 期。

⑤ 顽僧:《极东问题》,载《浙江潮》1903 年第 4 期。

⑥ 顽僧:《极东问题》,载《浙江潮》1903 年第 4 期。

也"①的外交原则。在《浙江潮》的"东报时论"专栏中,青年学生重点转载日本媒体中有关俄国霸占满洲的前因后果。

日本媒体还认为,在第二次鸦片战争期间,俄国将中国北方乌苏里一带大片国土,"不劳寸兵尺铁而尽入俄国之版图也"②的原因,是其时中国太平天国运动期间,洪秀全占据天京之际,英法等公使开会,意图以洪秀全替代满洲贵族为中国皇帝,"以结好通交益利己国"③,而独俄国公使认为清朝与俄国"世世疆土相接、兄弟之邦,奈何今一旦猝废之而代以他人"④。在关键时候,俄国说了有利于清政府的话,俄国公使的言论也就理所当然地深为清王室所依赖,所以才导致清政府在没有大力反抗的情况下把100多万平方公里土地悉数送于俄国。而日本舆论,在对俄国掠夺中国大片土地既羡又妒的同时,却对俄国与法国、德国逼迫日本归还辽东半岛而大为不平。这样的语调自然使得青年学生对日本也愈发愤怒。

《东报时论》体现了日本媒体对于满洲所特有之心态。认为俄国在西伯利亚铺设铁路,英国上自老人、下自孩童,无不洞察俄国的野心,"独不料支那人竟忍于俄国所为"⑤,并指责德法包藏祸心,认为要不是日英美三国对俄强硬反对,俄国企图才不至于得逞。日本媒体认为"俄国占领满洲之野心,久已暴露,前因撤兵延期要求七约,遂惊动天下人之耳目,英、美、日三国起而抗争,继又有三日迫限之事,盖俄国人向以恐吓、迫胁之政策觊觎满洲"⑥,日本媒体还报道了俄军在东北的军事实力等一系列情况。

从满洲问题上,青年学生可以察觉对俄国贪婪、日本觊觎中国满洲之意。而作为留日的爱国学生,青年学生内心的痛苦,可见一斑。自尊与自卑的混合,体现在青年学生对日本社会一些无视甚而侮辱中国人民族尊严事件的强烈不满,尤其是"成城学校运动会补悬龙旗事件"及"大阪博览会

①　顽僧:《极东问题》,载《浙江潮》1903年第4期。
②　《俄兵果去满洲乎?》,载《浙江潮》1903年第3期。
③　《俄兵果去满洲乎?》,载《浙江潮》1903年第3期。
④　《俄兵果去满洲乎?》,载《浙江潮》1903年第3期。
⑤　《满洲问题与列国之舆论》,载《浙江潮》1903年第5期。
⑥　《俄美于满洲之竞争》,载《浙江潮》1903年第5期。

人类馆台湾女子事件"①。

俄国国内民意党"社会主义"思想与俄国革命思潮,也是青年学生关注的热点。青年学生认为"欲谋社会主义之进步,当先注意于政治,今我多数之国民,无教育、无知识、无国利民福之观念,虽日日破坏、日日暴动无益也,故吾人不可不倡言要求立宪之利益,不可不移彼等仇视地主之热诚,以仇视政府"②。青年学生对于此种推翻政府思想的暴力社会主义革命的认识,已经初具革命的模型,不过其比马克思主义传播到中国,要早整整14年之久。对于这样"既昌人民主权之理想"的思想,青年学生具体分析了它的起源,"俄之民党虽起于农民之压制,而富豪大贾又皆能毁家输资以相援助"③。实际上,在这一方面,青年学生将俄国的资产阶级革命道路与无产阶级思想混作一谈。

对于即将到来的"日俄战争"的关注,青年学生的呐喊"我同胞其谛听!日俄开战中国之地位何若"④,无疑是弱国无外交的最好注脚。而且更为青年学生忧愤的是国内的政治局面,"旅顺一战日本胜利……今日北京日本公使馆之门首拖花翎者累累如蛆然,无不捧一纸胜祝词以献媚于内田康哉"⑤,怒其不争之意味大在。

四、对于印度等亡国国家的反思

《浙江潮》在第一、五期,以专门的篇幅研究印度灭亡原因。印度完全沦为殖民地,对中国热血青年来讲,有唇亡齿寒之感。"其号为古国者,支那、印度若矣……然所谓印度者,尝以一百五十五万方里之地积,二亿五千六百万之人口,托命于盎格鲁索逊人种之下"⑥,一个具有悠久文明历史国

---

① "龙旗事件"是在1903年阴历四月二十六日,成城学校开运动会,高悬各国国旗,独没有中国龙旗,遂使中国留学生大哗。场内外聚集300多中国留学生,进行爱国演说,其情景一度令含有耻辱心、愤恨心的学子落泪,最终补挂龙旗,但留学生仍不满意,除了一满洲籍学生外,其余中国留学生均以耻辱故拒绝参加运动会。"台湾女子事件"是在日本大阪召开博览会中,人类馆罗列印度人、朝鲜人、支那人及南洋群岛土人,以考其生活高位之程度,在抗议后被迫取消,之后又展出一台湾女子缠足吸鸦片。此等事件严重伤害了中国留学生的民族自尊心。

② 独头:《俄人要求立宪之铁血主义》,载《浙江潮》1903年第4期。

③ 独头:《俄人要求立宪之铁血主义》,载《浙江潮》1903年第4期。

④ 明心:《日俄开战与中国之地位》,载《浙江潮》1903年第10期。

⑤ 明心:《日俄开战与中国之地位》,载《浙江潮》1903年第10期。

⑥ 《印度灭亡之原因》,载《浙江潮》1903年第1期。

家的灭亡,其本身的震撼力显而易见,研究印度亡国的目的,则是对"位于喜马拉山北之一大帝国"①中国命运的探究。

青年学生从印度的地理、民族关系、他族入侵、欧人经略印度之始在于商战、犹布烈之计划、英法之交争等方面,阐述印度灭亡的原因。

分析认为,印度的地理条件优越,"从古具天然之富也,其开化远在各国之先良"②,由于自然环境的优势,所以"由于地方之温度过高而土过于肥沃,人民定居之后,即由安逸而流于奢华,由奢华流于文弱,由文弱而流于骄惰"③,所以导致"毫无坚固忍耐之性,其国力亦萎缩而不能伸畅,其精神攸焉消灭"④。在民族关系上,青年学生认为"合数民族而居一国,虽有吸收化合之力,其终必生分崩离析之渐",而且认为印度种族众多、种姓等级森严,"一旦遇外族来侵,遂失其团结抵抗之具,坐使国日残破而已","凡一旧国而被数种族之蹂躏,其国民之元气已非百年不复"⑤,印度在历史上曾遭遇大流士、亚历山大、蒙古人等异族统治,这是其政治上衰落的重要原因之一。青年学生认为欧洲国家对印度的侵略起源于商战,并且欧洲人逐渐看轻印度,"印度诸侯虽据多兵,实不当欧兵之少数","欧人欲收印度之全权,必先笼络其有尊号而为印人所尊敬者,如乃撒姆纳薄普等引为我助,实为经略印度之第一妙计"⑥。在法国人犹布烈等的策划下,逐步收买印度上层社会人士,西方势力对印度的渗透加剧。在争夺印度控制权的较量中,英国最终胜出。

通过对印度亡国原因的历史反思,青年学生意识到,中国如不改变陋习,进行革新,印度就是前车之鉴。

五、基于世界认知基础上的国民性批判

对"无爱国心的批判"。与西方的发达国家之强盛相比较,批判国民的

---

① 《印度灭亡之原因》,载《浙江潮》1903 年第 1 期。
② 《印度灭亡之原因》,载《浙江潮》1903 年第 1 期。
③ 《印度灭亡之原因》,载《浙江潮》1903 年第 1 期。
④ 《印度灭亡之原因》,载《浙江潮》1903 年第 1 期。
⑤ 《印度灭亡之原因》,载《浙江潮》1903 年第 1 期。
⑥ 叶公:《印度灭亡之原因(续)》,载《浙江潮》1903 年第 5 期。

"涣而不群"①思想,青年学生认为"我中国人以无爱国心闻天下"②,并大声疾呼其危害性,"夫未有国民不自爱其国而国乃能存者也,夫未有国民脑质中无一点国魂在,而爱国心能发达者也"③。认为通过铸造国魂可以改变这种状况,"内之足以统一群力,外之足以吸入文明与异族抗"④。

对"习惯立国"的批判。青年学生认为,旧习俗是中国的大患。"今日中国之大患,不在显见而在隐微……吾尝谓国而亡必亡于不知不觉中"⑤,认为"一国而欲自存,则必详察世界大势之所趋,而变易其旧俗"⑥,与当时的世界形势相较,"一旦比较而竞争起,而犹固守其旧以自足,则无惑乎,其日蹙于天壤间也"⑦。青年学生认为欧洲列强立国之本在民族主义,"能以民族主义建己之国,复能以民族主义亡人之国"⑧,极力推崇民族主义对于国家建设的重要意义。

在批判旧习俗观念的同时,引用日人松村介石的"欧族四大灵魂"理论来"略译其意而参酌其言,以为我国民告焉"⑨,希望国民从中得到启发。这四大灵魂分别是:冒险魂,"凌重涛,冒万死,以纵横于海上者踵相接"⑩,表现了欧洲人商业上的进取心与冒险精神;宗教魂,"自古英雄烈士能造惊天地、泣鬼神之事业者,盖无不由三分迷信力而来者也"⑪;武士魂,在古代表现为希腊,今天的德意志则很好予以继承,"处帝国主义之世界,其国家必以军人之精神组织之"⑫,并认为美国在这一方面,做得尤为出色,"夫美世之所谓最好平和之国民也,然一有战争,则义勇兵云集而风动,虽以十五六年之童子,亦无不乐趋而争先"⑬;其四平民魂,"美之独立、法之革命、英

---

① 飞生:《国魂篇》,载《浙江潮》1903 年第 1 期。
② 飞生:《国魂篇》,载《浙江潮》1903 年第 1 期。
③ 飞生:《国魂篇》,载《浙江潮》1903 年第 1 期。
④ 飞生:《国魂篇》,载《浙江潮》1903 年第 1 期。
⑤ 《盎格鲁索逊人种之教育并中国教育方针》,载《浙江潮》1903 年第 1 期。
⑥ 飞生:《国魂篇》,载《浙江潮》1903 年第 1 期。
⑦ 飞生:《国魂篇》,载《浙江潮》1903 年第 1 期。
⑧ 余一:《民族主义论》,载《浙江潮》1903 年第 1 期。
⑨ 飞生:《国魂篇》,载《浙江潮》1903 年第 1 期。
⑩ 飞生:《国魂篇》,载《浙江潮》1903 年第 1 期。
⑪ 飞生:《国魂篇》,载《浙江潮》1903 年第 1 期。
⑫ 飞生:《国魂篇》,载《浙江潮》1903 年第 1 期。
⑬ 飞生:《国魂篇》,载《浙江潮》1903 年第 1 期。

之改革,十九世纪演种种活剧皆是魂之产出物也"①。青年学生用"习惯神圣时代"批判中国的守旧、守私利之恶习,而用"王政复古时代"赞美了日本的崛起,认为中国守旧的实质是"守其私利也,守其向来之恶习惯也"②。

对中国"丧失其民族的自觉心"的批判。比较英国人"经略南阿而成功也,其功劳原于商船上礼拜堂之钟"③,认为英国人成就大业的原因在于"宗教之观念强,精神快活而气魄远大也"④。青年学生意识到失去民族的自觉心,是道德上的一个根本缺点。"故自觉心者,自觉其我之为何等人是也。"⑤认为一旦拥有了自觉心,"民族能自认其天职,而民族帝国乃出现焉"⑥,并对比德国能够"遇强者于此而辱之焉"⑦,对比日本能够"其无者则思媚之依之以自保,而其一则思阴蓄势力以抗之也"⑧。最后得出结论"自觉心者,国家之源泉也"⑨。

对甘做"驯狮"的批判。"驯狮!!! 驯狮!!! 我中国真驯狮。"⑩对清政府大肆出卖主权的行为予以最强烈的批判,认为利益范围及势力范围一说,无非是"灭人国也,全以此为护身符"⑪,青年学生能够一针见血地看到列强瓜分中国势力范围的实质所在。痛骂政府是"破家败子"⑫,将"天之待我中国人厚矣,即自然生产一层,较于列国已多得特别之利益"⑬。

对"道德腐败"的批判。反思其时中国"旧道德已去,新道德未来"⑭,而日本维新时有武士道精神、欧洲中世纪有教会,独中国旧风俗数千年依然强大。与列强相比较,青年学生反思了中国无科学思想,因此组织力薄弱;无宗教思想,因而社会没有坚忍耐苦之风。并将这些种种归结为"道德

----

① 飞生:《国魂篇》,载《浙江潮》1903 年第 1 期。
② 飞生:《国魂篇》,载《浙江潮》1903 年第 1 期。
③ 飞生:《国魂篇》(续),载《浙江潮》1903 年第 7 期。
④ 飞生:《国魂篇》(续),载《浙江潮》1903 年第 7 期。
⑤ 飞生:《国魂篇》(续),载《浙江潮》1903 年第 7 期。
⑥ 飞生:《国魂篇》(续),载《浙江潮》1903 年第 7 期。
⑦ 飞生:《国魂篇》(续),载《浙江潮》1903 年第 7 期。
⑧ 飞生:《国魂篇》(续),载《浙江潮》1903 年第 7 期。
⑨ 飞生:《国魂篇》(续),载《浙江潮》1903 年第 7 期。
⑩ 喋血生:《中国开放论》,载《浙江潮》1903 年第 6 期。
⑪ 喋血生:《中国开放论》,载《浙江潮》1903 年第 6 期。
⑫ 喋血生:《中国开放论》,载《浙江潮》1903 年第 6 期。
⑬ 喋血生:《中国开放论》,载《浙江潮》1903 年第 6 期。
⑭ 飞生:《国魂篇》(续),载《浙江潮》1903 年第 3 期。

腐败",认为其根源在于"积之于数千年以前积重因循,以成此一种卑鄙龌龊顽懦无耻之旧习俗"①。

结　语

1903年,《浙江潮》所展现的留日青年学生,心系国家危亡、人民命运,他们以"惟吾祖国能使我歌、能使我悲、能使我泣②"的无限爱国激情,以"盖世界则民族之竞争日益烈,而中国则方入新旧之交,危乎! 危乎!"③的对世界强国的高度警觉心理,自觉去观察、认知世界,努力吸收、推介包括所在国日本在内的世界各国先进文明。"在留学日本这个大舞台上,留学生演奏的是一曲威武雄壮的救亡与启蒙的二重奏。"④

作为1903年特定的历史符号,青年学生所认知的世界局势,具有鲜明的特点。青年学生认为,世界格局(主要是大国间)的形式发生了深刻变化:欧洲传统强国英国在无形中走向衰落;而新兴的德国,经过了30年奇迹般的发展,一跃为世界强国;美国由于其经济的迅速崛起,成为世界舞台上的新贵;日本势力上升较快,并且包藏对中国满洲的祸心;俄国那明显而又略显愚蠢的行为,更令青年学生将其列为1903年首要的关注对象;印度亡国的教训历历在目;在认知世界的基础上,对国民的劣根性的无爱国心、习俗立国、丧失民族自觉心、甘做"驯狮"、道德腐败等方面,进行了深层次的批判。青年学生认知世界的目的,归根究底地是在寻求救国的药方。总结西方列强的发展经验,青年学生选择了"民族帝国主义"的国家路径。

第五节　1908—1911年欧美留学生的考录与学习生活⑤

1908年由浙江官方组织的考录欧美留学生问题的整个过程,包括命

---

① 飞生:《国魂篇》(续),载《浙江潮》1903年第7期。
② 飞生:《国魂篇》,载《浙江潮》1903年第1期。
③ 飞生:《国魂篇》,载《浙江潮》1903年第1期。
④ 田正平:《救亡与启蒙的二重奏——以留日学生刊物〈浙江潮〉为个案的考察》,载《教育研究》2005年第11期。
⑤ 该节内容以《近代官派欧美留学生的考录及学习生活——以1908—1911年浙江区域为中心》为题,刊载于《宁波大学学报》(教育科学版)2012年第4期,并为《人大复印报刊资料》(高等教育)2012年第10期、《人大复印报刊资料》(教育学文摘)2012年第4期全文转载。

题、组织、考录等全过程,同时这些参与考选的留学生的学习生活与思想心态也值得重视。从历史纵向的角度,比较紧随浙江"省派"之后的两次"国派"庚子留学中浙江籍学生的情况。以多维视角,对近代浙江重要的向西方选派留学生事件进行了历史思考。

一、清末招考欧美留学生

在近代,留学生尤其是欧美留学生一直是科学的代名词。近代浙江官派欧美留学生开始于清末,主要时间是在 1908—1911 年,它有两种形式:一种是浙江地方政府考选,即 1908 年的浙江考选;一种是依附于中央政府的"庚子赔款",它是以浙江的赔款比例来确定浙江的名额比例。

1908 年,浙江首次进行了政府性质的考选欧美留学生的选拔。这是近代中国留学史上一件较为重要的事件,因为它"前无古人,后无来者",孤零零地成为一个个例停留在历史上。该事件在当时的浙江社会产生了一定的影响。在进行以省为中心的官派不久,国家性质的规模化的留学欧美的庚子留学开始了,由省派变为国派,这都是一种官派的形式,它成为近代浙江教育尤其是精英教育的重要环节,孕育了众多浙江籍优秀科技人才的成长。

还在 1905 年废除科举之前的几年里,由于社会认知的深入,留学生已经成为学生群体中的最精英阶层。留学生群体大致可以分为留日派和欧美派。从政治影响和社会影响来看,清末的留日学生群体庞大,人数众多,涌现了许多的革命家、政治家、文学家、社会活动家等。民国国民党时期的政界上层人士,大多都有留日经验,它的影响是巨大的。但是如果从科技方面,则留日学生就远远不及。尽管留学欧美学生远没有留日学生人数众多,而且热衷政治变革和社会改造的人也不很多,但他们在接受西方文明、输入西方文明过程中所起的作用极其巨大。近代中国科技的每一步发展,无一不和这些欧美留学生密切相关。从国家角度来说,留学欧美的性价比远高于留日。

关于清末浙江留学欧美学生的情况,资料不是太多。近代浙江开埠以来,最早留学欧美的金雅妹等人,实际上并不是通过政府渠道,而是多由各地的传教会等非政府渠道。庚子事件后,清廷才高度重视留学生工作,以张之洞为代表的清廷留学支持者在极力鼓吹留学日本的同时,政府渠道留学欧美的大门也已打开。

现有的记载表明,浙江省第一次招考留学欧美学生是在 1908 年,它的动议却是来自上海。在近代,上海是最全面的接受欧风美雨的地区。浙江紧邻上海,上海对浙江在吸收西方科技方面的影响是巨大的,并且在上海的浙江人还很多,他们比之在省内能够更多地接触到西学。浙江旅沪学会的主要宗旨之一就是推广教育,发起人沈瓞民回忆:"1907 年旅沪学会召开会议,我就提出要求浙江派遣欧美公费留学生的提案,大家一致同意。当时深恐浙江拒绝,乃找旅沪学会会董汤寿潜商量,请他与浙江巡抚增韫接洽。汤对此事,欣然赞同,多次接洽,始允在盐斤加价项下,每年拨出银三万两,派遣留欧美学生二十名,卒业回国,按额递补。并说明由上海浙江旅沪学会具呈,由浙江巡抚'邀准'。"①游说地方政府出钱,公费派遣学生出国求学,浙江的举动较之其他省份,有其先进性。

在沈瓞民等人的推动下,浙江巡抚增韫终于允准以政府名义招收留学生。由于之前没有先例,而浙江省提学使在省内又没有这方面比较在行的人可供选择,于是委派由旅沪浙人在上海的组织"浙江旅沪学会"全权处理招考问题。

浙江旅沪学会对此事也是引为己事,为了把事情办好,多次开会,分析此事。在这之前,清政府也陆续派学生到欧美留学,但效果不好,他们认为原因主要有以下几个方面:"一是由官方指派,官绅子弟,滥竽充数,一到国外,游荡不学,一无所成;二是留学生程度不齐、留学国外,也无法听讲;三是不经严格考试,本国文字不通,易养成洋奴,为列强帮凶。"②并提出了三条针对性的意见:"一是经严格考试,杜绝广遣私人,虚占学额,不但贻笑外人,抑也为国人所痛心疾首;二是选派欧美留学生宜采取公开招考办法,应考者不拘是否毕业,有无文凭,由各中学堂以上之学校,遴选浙籍品学兼优的学生,定期在省城举行考试;三是考试科目,应有国文、历史、地理、数学、物理、化学、外国语(包括英、法、德文)。其中除国文一科外,均以外国语出

---

① 沈瓞民:《记浙江第一次考选欧美留学生》,见中国人民政治协商会议浙江省委员会文史资料研究委员会编:《浙江文史资料选辑》(第 11 辑),杭州,内部发行,1979 年,第 19 页。

② 沈瓞民:《记浙江第一次考选欧美留学生》,见中国人民政治协商会议浙江省委员会文史资料研究委员会编:《浙江文史资料选辑》(第 11 辑),杭州,内部发行,1979 年,第 19—20 页。

题,应试者以外国语回答;但首先重视国文有根柢者,方得入选。"①应该说,旅沪学会的分析正确,应对果断,而且考录标准统一。

此次浙江省官方招考留学生工作,从管辖上来说,应该由浙江提学使主办,但由于杭州缺乏阅卷老师,浙江省支提学使电请旅沪学会代为选聘。最终,学会选聘了四人:李登辉,专阅英文、德文试卷;赵儒北,专阅历史、地理试卷;濮登青,专阅英文、数学、物理试卷;李昌祚,专阅法文试卷。同时,浙江提学使还聘请沈瓞民为"提调",办理考试选拔工作。

浙江第一次招考欧美留学生的日期定在 1908 年 6 月,地点在大方伯杭州府中学堂。在上海、浙江两地报考者有 500 多人,但最后实际参加考试的有 200 多人。即使这样,从录取的 20 个名额来说,实际竞争也是相当激烈的,招录比例达到 10∶1。

中国是典型的人情社会。尽管旅沪学会的设计者们定出了很好的力求公平公正的计划,但在第一门国文的考试中,问题就出现了。国文的题目是《礼失而求诸野论》,由于部分学生不知道该题出自《礼记》,因此文章跑题者甚多。因为当时考试规定,上一场考试不合格者,不能参加下一场的考试。这本是选择国文基础好的考生的很好机会,但阅卷的主考官提学使支恒荣,由于"巨绅吴震春推荐的一人,国文就不通,只好从宽准其应试"②。所以,只能在外语方面卡掉更多的人。"除国文外,评分严格,虽一分之差,也必认真讨论而后定。"③也可以看出,法理莫外乎人情,只要有通融的地方,还是可以使人情融入进去。

关于这次考试的试题,《浙江教育官报》第 2 期《杂录》中有刊登。它的标题是《浙江遣派欧美留学生考验各学科题目》,然后分国文题、历史题等。国文题是《人有礼则安无礼则危说、范文正公为秀才时便以天下为己任论》④。这两个题目是传统的策论形式,是以传统的儒学思想——礼学与兼济天下作为考题。历史题则是要考验学生的英语水平:"1. What were

①　沈瓞民:《记浙江第一次考选欧美留学生》,见中国人民政治协商会议浙江省委员会文史资料研究委员会编:《浙江文史资料选辑》(第 11 辑),杭州,内部发行,1979 年,第 20 页。

②　沈瓞民:《记浙江第一次考选欧美留学生》,见中国人民政治协商会议浙江省委员会文史资料研究委员会编:《浙江文史资料选辑》(第 11 辑),杭州,内部发行,1979 年,第 22 页。

③　沈瓞民:《记浙江第一次考选欧美留学生》,见中国人民政治协商会议浙江省委员会文史资料研究委员会编:《浙江文史资料选辑》(第 11 辑),杭州,内部发行,1979 年,第 22 页。

④　《浙江遣派欧美留学生考验各学科题目》,载《浙江教育官报》1908 年第 2 期。

the Primitive Governments of Greece, give the difference between Spartan and Athenian Civilization. 2. Give the cause of the Persian War, describe the battles of Marathon and Thermopylae. 3. Who was Hercules? Miltiades? Leonidas? Solon? Demosthenes? Socrates? 4. How was Rome founded, where, when and by whom? Describe the characteristic of her Early Government."[①]历史考题以古希腊、古罗马的历史及战争为背景,四题的大意分别是:1.希腊原始政体的形式是什么? 说明斯巴达与雅典社会文明之间的差别;2.给出波斯战争的原因,描述马拉松和温泉(关)之战;3.人物解释:赫拉克勒斯、米太亚德、莱奥尼达斯、梭伦、狄摩西尼、苏格拉底;4.说明罗马创建的方式、地点、时间及创建者,描述其早期政府特征。这四道题中,英文的生僻词较多,在没有一定词汇量的情况下,更多的考生,可能是通过上下文意思做出判断。

在国文题目的问题上,与前文当事者的回忆有小小的分歧。这期的《浙江教育官报》在杂志中虽然没有明确说明这些资料来源的时间,但该期是1908年9月5日出版,而上文论述的是浙江第一次招考欧美留学生情况,与这次考试相隔两月余。因此,该试题可以看作是此次招录考试国文、历史科目试题。而前文回忆国文题目是《礼失而求诸野论》,与《人有礼则安无礼则危说》主题一致,内容相差不多。之所以两者不同,可能是回忆者回忆内容有出入所致,当以官报材料为准。

最后,经过总评分后,由提学使出榜,共录取20名,备选4名。1908年浙江省第一次考取留学欧美学生正式录取者:"王烈、丁紫芳、徐名材、葛燮生、沈慕曾、胡祖同、包光镛、韦以黻、胡文耀、翁文灏、孙文耀、徐新陆、钱宝琮、胡衡青、张善扬、严鹤龄、蔡光勋、孙显惠、叶树梁、谢永森"[②],最后一个谢永森已在英国留学,作为"特补"。在正式招考的19人当中,都具有浙江省籍,但无一是以浙江省内学校为报考学校。这其中上海学校的学生有

---

① 《浙江遣派欧美留学生考验各学科题目》,载《浙江教育官报》1908年第2期。
② 沈睃民:《记浙江第一次考选欧美留学生》,见中国人民政治协商会议浙江省委员会文史资料研究委员会编:《浙江文史资料选辑》(第11辑),杭州,内部发行,1979年,第22—23页,1978年12月。该文与《浙江教育官报》第4期《报告类》的内容有出入。在《官报》的表格中,人员不尽相同,并且留学地只有美国和比利时,这显然不符合欧美的范畴。相较而言,沈文的可信度更高些。关于对该文的判断,参见汪林茂:《浙江通史》(清代卷下),杭州:浙江人民出版社,2005年,第260页注释1,笔者与之看法大致相同。

15 人,占报考人数的绝对多数。也说明当时上海教育的质量,要远优越于浙江。同时 18 人(1 人未详)当中留学地为美国的有 9 人,占了 50％,美国成为浙江留学生的首选之地①。这 20 人当中,历史影响最大的当属地质学家、民国政府时期的行政院长翁文灏。

二、留学欧美的浙江学生生活

出了国门的浙江第一批官派欧美留学生,也有在境外经常与浙江旅沪学会保持联系的。为了弥补中国学生在科技领域的差距,在留学生选派出国前,省里要求学生只能选读理工科,但并未指定具体学科。而此时,仁和人徐新陆通过留学生监督,要求改动学科,原因是他对所学学科兴趣不大,或者说辛辛苦苦出了国门,所选学科在家乡的认可度不高。

对于西学的认知,即使走出国门,理解也还是有过程的。第一批中要求换学科的徐新陆,他对于留学的认识,在当时有一定的普遍性。"(徐新陆)放洋前,原拟学习造船。抵英后,质诸彼都人士,多谓造船一门,非得二三十人同学,将来不能致用。盖以工程浩大,头绪纷繁,非一手一足力也。此次吾浙派遣诸君,只生一人认习是科,深虑归国后,不克为吾浙有所尽力。且造船一科,需学校三年,工厂五年。浙省官费,只供五载,五载之后,何以为继? 筹画再四,惟冶炼亦吾国要图,即以军事轮船、炮、枪、弹,何一不需钢铁,亦何一不需冶炼……生自入伯明罕大学后,每当实验之际,持箝立炉旁,面赤耳热,不觉自笑,谓只身数万里外,乃学为冶人耶!"②当时走出国门的学生对于专业的认知仍停留在农业社会,而中国"学而优则仕"的传统思想也使得家庭对于专业选择具有一定的导向性作用。徐新陆之父知之,认为儿子留学当铁匠,反对殊烈。徐本人也不坚定,由造船而冶炼,由冶炼而经济唯考虑个人得失,把国家置之脑后了。中国人总是喜欢学大的东西,但屠龙之技虽大,却较少派上用场。

后来成为一代文化名流的蒋梦麟也参加了此次招考,他和徐新陆不一样之处在于,蒋没有考中,属于那 9/10 的落榜生行列。蒋回忆说:"暑假,

---

① 沈瓞民:《记浙江第一次考选欧美留学生》,见中国人民政治协商会议浙江省委员会文史资料研究委员会编:《浙江文史资料选辑》(第 11 辑),杭州,内部发行,1979 年,第 22—23 页。

② 沈瓞民:《记浙江第一次考选欧美留学生》,见中国人民政治协商会议浙江省委员会文史资料研究委员会编:《浙江文史资料选辑》(第 11 辑),杭州,内部发行,1979 年,第 23—24 页。

跑到杭州参加浙江省官费留美考试,结果未被录取。于是向父亲拿到几千块钱,预备到加利福尼亚州深造。"①没有考中公费的蒋梦麟,可以凭借家庭殷实的经济条件,选择自费留学。"初到美国时,就英文而论,我简直是半盲、半聋、半哑。如果我希望能在学校里跟得上功课,这些障碍必须先行克服。头一重障碍,经过四个月的不断努力,总算大致克服了,完全克服它也不过是时间问题而已。第二重障碍要靠多听人家谈话和教授讲课才能慢慢克服。教授讲课还算比较容易懂,因为教授们的演讲,思想有系统,语调比较慢,发音也清晰。普通谈话的范围比较广泛,而且包括一连串互不衔接而且五花八门的观念,要抓住谈话的线索颇不容易。到剧院去听话剧对白,其难易则介于演进与谈话之间。最困难的是克服开不得口的难关。主要的原因是我在中国时一开始就走错了路。错误的习惯已经根深蒂固,必须花很长的时间才能矫正过来。其次是我根本不懂语音学的方法,单凭模仿,不一定能得到准确的发音。因为口中发出的声音与耳朵听到的声音之间,以及耳朵与口舌之间,究竟还有很大的差别。耳朵不一定能够抓住正确的音调,口舌也不一定能够遵照耳朵的指示发出正确的声音。"②蒋梦麟面临的困境,实际上是每个走出国门的中国学生都会面临的问题。

　　走出国门的浙江留学生,语言关即使在国内有所突破,但在实践运用中还是有相当大的难度。换学科成了一种时尚。"我过去的准备工作偏重文科方面,结果转到农科,我的动机应该在这里解释一下。我转农科并非像有些青年学生听天由命那样的随便,而是经过深思熟虑才慎重决定的。我想,中国既然以农立国,那末只有改进农业,才能使最大多数的中国人得到幸福和温饱。同时我幼时在以耕作为主的乡村里生长,对花草树木和鸟兽虫鱼本来就有浓厚的兴趣。为国家,为私人,农业都似乎是最合适的学科。此外我还有一个次要的考虑,我在孩提时代身体一向羸弱,我想如果能在田野里多接触新鲜空气,对我身体一定大有裨益。"③实际上频繁更换学科,固然和自己之前思虑不周详有关,也与学生对于社会及人生认识的不断深入相连。

---

①　蒋梦麟:《蒋梦麟回忆录:西潮与新潮》,北京:东方出版社,2006年,第84页。
②　蒋梦麟:《蒋梦麟回忆录:西潮与新潮》,北京:东方出版社,2006年,第88—89页。
③　蒋梦麟:《蒋梦麟回忆录:西潮与新潮》,北京:东方出版社,2006年,第90页。

在这之后,浙江本还可依据第一次考选留学生办法,招考欧美留学生,但历史并没有提供这样的机遇。不久美国退还了庚子赔款,用作留学生经费,开始全国范围内招考留学学生,浙江的这种努力就停止了。后来还因庚子赔款而创办了清华学校,以方便选送中国优质生源去美国接受教育。

三、庚子留学中的近代学生

庚子赔款留学是近代中国教育史上的一个特殊现象,争议甚多。尽管对于美国庚子赔款动机的理解,各自的立场不同,得出的结论也不相同。但有总比没有强,并且,事实证明庚子赔款的留美学生,对中国加快吸收西方科技和文化起到了积极的作用。

"1906 年初,有一个在中国四十年的商人兼教士明恩溥向当时美国总统老罗斯福建议,退还庚子赔款以示'亲善',并利用庚子赔款资送留美学生,以表示'关心中国',作为'团结中美两国人民的纽带',同时,美国伊利诺大学校长詹姆士也向罗斯福提出同样的建议,美国政府认为这是一箭双雕的好办法。既可以缓和我国人民的反美运动,又可以伪善面貌,加深其对中国的文化侵略,从'知识与精神上支配中国(未来的各界)领袖'。何况这笔本来是中国人民汗血的赔款,仍由中国学生带去美国落在美国人的手里呢?"[①]应该说,美国通过庚子赔款,对于自身利益来说,取得了多重良好效果:一是培养大批中国学生,为未来中国政府中的亲美势力奠定了根基;二是拓宽了美国大学的优质生源渠道,从中国选拔出来的都是中国学生中的精英,那么多中国优质生源的涌入,带动了美国高校的创新能力,并逐渐博取了世界大学领袖的实际地位;三是促进了美中文化的交流,美国也需要从中国的传统文化中寻求有价值的内容,为多元化的美国价值观插入新的注解;四是客观上进一步密切了美中两国的经济往来,增加了外来的人口,并为所在地高校提供了更多的就业机会。

就浙江地区而言,虽然在不同历史时期,通过庚子赔款选拔出来的学生比例不一。但在全国范围的招考留美学生的考试中,浙江等沿海省份占

---

① 罗惠侨:《庚款第一批派遣留美学生的简况》,见中国人民政治协商会议浙江省委员会文史资料研究委员会编:《浙江文史资料选辑》(第 5 辑),杭州:内部发行,1963 年,第 183－184 页。

据着很大的优势。"当时留美预备学校尚未设立,第一批留美学生,只好从全国各校选拔,举行一种所谓严格考试。1909 年 8 月,这个以选拔所谓第一批留美'赔款学生'的严格考试,就在北京西城学部大堂举行了。在第二试中,各科考试平均分数,原定应该在 60 分以上,结果按标准可以录取的仅有 39 人,因为如曾国藩之孙曾昭权等人非录取不可,他们的成绩都在标准以下。因之,降格录取,标准降低到他们能够及格为度,这样,连同叨他们之光,成绩稍高于他们的幸运者在内,一共又增加了 8 名,合计为 47 名。报考学生虽来自全国各地,统计起来,以籍隶沿海各省的为多;至于录取的人,多数是来自上海的学生,真所谓'近水楼台先得月'。据我所知,上海邮传部高等实业学堂(系前南洋公学,亦即现在上海交通大学的前身,我在该校预备科毕业)的学生录取了 14 名;美国人办的教会学校圣约翰大学学生录取了 10 名。两校合计有 24 名,已占全部录取学生的半数以上。"①在第一次庚款考录中,人情因素再次起到了一个重要作用,虽然它还是以成绩的排名为依据。而这里面,如上海的南洋公学、圣约翰大学这些学校,成为培养优质生源的巨型航母。

有关资料表明,在第一批庚款留美学生在美选科情况中,选择文科的有10 人,占总数的 21%,选择理工科的有 37 人,占总数的 79%,涉及专业分别是普通科学、数学、物理、化学、造船工程、应用化学、农业、林业、普通工程、土木工程、道路工程、机械工程、电气工程、采矿冶金、化学工程②。这也说明,留学欧美的主要专业选择是理工科类,这些正是传统中国教育中不曾涉及的内容,对于中国这个急需科技发展的国家有着很重要的作用。

在第二批考取庚子赔款的留学学生 70 人中,按照地域来说,江苏(含上海 3)29 人排在榜首,浙江 14 人占总数的 20%,列第二位,排在第三的是广东 10 人。其余直隶 3 人,安徽 3 人,福建 3 人,四川 3 人,贵州 2 人,湖南 1 人,广西 1 人,山东 1 人。统计数据充分说明了浙江生源在全国范围内处于较高的地位。而如果按照毕业学校统计,上海圣约翰书院最多,12人,南洋公学(上海高等实业)7 人,岭南学堂 5 人。而东吴大学,江南高

　　① 罗惠侨:《庚款第一批派遣留美学生的简况》,见中国人民政治协商会议浙江省委员会文史资料研究委员会编:《浙江文史资料选辑》(第 5 辑),杭州:内部发行,1963 年,第 184—186 页。
　　② 资料来源:罗惠侨:《庚款第一批派遣留美学生的简况》,见中国人民政治协商会议浙江省委员会文史资料研究委员会编:《浙江文史资料选辑》(第 5 辑),杭州:内部发行,1963 年,第 186 页。

等、唐山路矿、复旦公学、南洋中学,五校各约 4 人。这也可以看出,上海学校毕业生占整体毕业生的比例是非常之高。并且,浙江的这些有幸被录取的学生,他们的毕业学校无一来自本省,这些优秀的浙江生源,得益于沿海、特别是上海地区学校的培养。这也是近代浙江人才成长过程中的一种悖论:一方面浙江涌现了众多的杰出人才,另一方面这些杰出人才在关键阶段,都不是浙江本地培养的,浙江地区容易出人才但自己却不培养人才。

第二批庚款留美学生中,浙江学生的排名分别是:4.张谟实、5.徐志莘、13.沈祖伟、15.程闾运、16.钱崇澍、17.陈天骥、20.周象贤、26.徐志诚、28.竺可桢、30.沈溯明、41.施赞元、51.孙恒、52.柯成懋、70.张宝华[①]。其中有一些有较大影响,比如第 28 名竺可桢是科学家、教育家,第 16 名钱崇澍是著名植物学家。与他们同榜而名闻天下的则有第 2 名赵元任,后来成为著名语言学家,第 55 名的胡适则是近代中国显赫的文化大亨。一般人的概念,清末的留学生学文科去日本,学理工科去欧美。而赵、胡二人虽在欧美留学,却均为人文类的大师。据此看来,欧美不仅科技发达,而且人文学科也极有可取之处。

表 5—6　第一批庚款留美学生在美选科情况

类别	学科	人数
人文社会科学	普通艺文	1
	政治	1
	教育学	1
	教育行政	1
	新闻学	1
	哲学	1
	商业	1
	财政	1
	铁道管理	2

---

① 资料来源:《第二批考取庚子赔款留学美国学生榜》,见 http://bbs.fdc.com.cn/showtopic－16314081－1.aspx,2009 年 11 月 12 日。

续表

类别	学科	人数
自然科学	普通科学	1
	数学	2
	物理	1
	化学	5
	造船工程	3
	应用化学	1
	农业	3
	林业	2
	普通工程	1
	土木工程	1
	道路工程	1
	机械工程	2
	电气工程	6
	采矿冶金	3
	化学工程	5
合计		47

资料来源：罗惠侨：《庚款第一批派遣留美学生的简况》，见中国人民政治协商会议浙江省委员会文史资料研究委员会编：《浙江文史资料选辑》（第5辑），杭州：内部发行，1963年，第186页。

通过上表可以看出，在庚款一批中，选择文科的有10人，占总数的21％，选择理工科的有37人，占总数的79％。这也说明，留学欧美的主要专业选择是理工科类，这些正是传统中国教育中不曾涉及的内容，对于国家未来发展具有很重要的作用。

表5—7　第二批庚款留美学生名录

名次	姓名	年岁	籍贯	学堂	平均分数
1	杨锡仁	18	江苏震泽	上海南洋中学	79 7/20
2	赵元任	19	江苏阳湖	江南高等	73 2/5
3	王绍礽	19	广东南海	唐山路矿	71 17/20
4	张谟实	19	浙江鄞县	约翰书院	69 3/4
5	徐志芴	18	浙江定海	约翰书院	69 27/40
6	谭颂瀛	20	广西苍梧	上海南洋中学	69 1/10

续表

名次	姓名	年岁	籍贯	学堂	平均分数
7	朱 蒹	19	江苏金匮	东吴大学	68 2/5
8	王鸿卓	19	直隶天津	家塾	68 7/20
9	胡继贤	18	广东番禺	岭南学堂	67 17/20
10	张彭春	18	直隶天津	天津私立中学	67 4/5
11	谭颂瀛	20	江苏无锡	唐山路矿	67 29/40
12	邓鸿宜	18	广东东莞	岭南学堂	67 19/20
13	沈祖伟	18	浙江归安	约翰书院	66 23/40
14	区其伟	18	广东新会	岭南学堂	66 9/10
15	程阊运	19	浙江山阴	东吴大学	66 7/8
16	钱崇澍	20	浙江海宁州	直隶高等	66 17/20
17	陈天骥	17	浙江海盐	约翰书院	66 3/5
18	吴家高	19	江苏吴县	美国加利福尼亚大学	66.5
19	路敏行	20	江苏宜兴	复旦公学	66 11/20
20	周象贤	20	浙江定海厅	上海高等实业	66.5
21	沈 艾	17	福建侯官	家塾	65 39/40
22	陈延寿	17	广东番禺	长沙雅礼大学	65 27/40
23	付 肃①	19	四川巴县	复旦公学	65 2/5
24	李松涛	19	江苏嘉定	约翰书院	65 1/5
25	刘寰伟	18	广东新宇	岭南学堂	64 19/20
26	徐志诚	19	浙江定海	约翰书院	64 17/20
27	高崇德	19	山东栖霞	山东广文学堂	64
28	竺可桢	19	浙江会稽	唐山路矿	63 4/5
29	程延庆	19	江苏震泽	约翰书院	63 3/10
30	沈溯明	19	浙江乌程	浙江两级师范	63 3/10
31	郑达宸	19	江苏江阴	复旦公学	63 11/40

① 此取《赵元任年谱》中"付肃"名,见 http://bbs.fdc.com.cn/showtopic－16314081－1.aspx,2009 年 11 月 12 日。

续表

名次	姓名	年岁	籍贯	学堂	平均分数
32	席德炯	17	江苏吴县	上海实业	63 1/5
33	徐墀	20	广东新宇	唐山路矿	63 1/10
34	成功一	19	江苏江都	东吴大学	62 32/40
35	王松海	18	江苏丹徒	约翰书院	62 7/10
36	王预	20	江苏桃源	江南高等	62 13/20
37	谌立	19	贵州平远	家塾	62
38	杨维桢	19	四川新津	复旦公学	62 2/5
39	陈茂康	20	四川巴县	重庆广益中学	62 3/10
40	朱进	20	江苏金匮	东吴大学	62 1/8
41	施赞元	20	浙江钱塘	约翰书院	62
42	胡宣明	19	福建龙溪	约翰书院	61 17/20
43	胡宪生	20	江苏无锡	译学馆	61 19/40
44	郭守纯	20	广东潮阳	约翰书院	61 1/40
45	毛文钟	19	江苏吴县	直隶高等工业	60 9/10
46	霍炎昌	20	广东南海	岭南学堂	60 9/10
47	陈福习	18	福建闽县	福建高等	60 13/20
48	殷源之	19	安徽合肥	江南高等	60 1/2
49	符宗朝	18	江苏江都	两淮中学	60 2/5
50	王裕震	20	江苏上海	美国加利福尼亚大学	60 7/20
51	孙恒	19	浙江仁和	杭州育英中学	59 25/40
52	柯成懋	17	浙江平湖	上海南洋中学	59 11/20
53	过宪先	19	江苏金匮	上海高等实业	59 7/20
54	邝翼塾	19	广东番禺	约翰书院	59 1/4
55	胡适	19	安徽绩溪	中国新公学	59 7/40
56	许先甲	20	贵州贵筑	四川高等	58 1/4
57	胡达	19	江苏无锡	高等商业	58 1/10
58	施莹	20	江苏吴县	上海高等实业	57 29/40
59	李平	20	江苏无锡	江苏高等	57 7/20

续表

名次	姓名	年岁	籍贯	学堂	平均分数
60	计大雄	19	江苏南汇	高等实业	57 13/40
61	周开基	19	江苏吴县	上海南洋中学	56 19/20
62	陆元昌	19	江苏阳湖	上海高等实业	56
63	周铭	19	江苏泰兴	上海高等实业	55 9/10
64	庄俊	19	江苏上海	唐山路矿	55 3/20
65	马仙峤	18	直隶开州	保定高等	53 2/5
66	易鼎新	20	湖南醴陵	京师财政	53 2/5
67	周仁	19	江苏江宁	江南高等	51 7/10
68	何斌	20	江苏嘉定	浙江育英高等	51 9/40
69	李锡之	19	安徽合肥	安徽高等	50 23/40
70	张宝华	20	浙江平湖	美国加利福尼亚大学	50 1/5

资料来源:《第二批考取庚子赔款留学美国学生榜》,见 http://bbs.fdc.com.cn/showtopic-16314081-1.aspx,2009 年 11 月 12 日。

　　据胡适回忆,第二次庚款考试内容分两场,第一场考国文、英文,成绩及格者才能考第二场的各门科学。"国文的试题为《不以规矩不能成方圆说》,我想这个题目不容易发挥,又因我平日喜欢看杂书,就做了一篇乱谈考据的短文……这完全是一时异想天开的考据,不料那时看卷子的先生也有考据癖,大赏识这篇短文,批了一百分。英文考了六十分,头场平均八十分,取了第十名。第二场考的各种科学如西洋史,如动物学,如物理学,都是我临时抱佛脚预备起来的,所以考的很不得意。幸亏头场的分数占了大便宜,所以第二场我还考了个第五十五名。取送出洋的共七十名,我很挨近榜尾了。"①

　　1911 年还进行了第三次庚款留学考试,共录取了 63 人。4 月份,专门为培养赴美留学生的清华学堂开学,这个学堂后来发展为今天中国最具有影响力的大学之一。

---

　　①　胡适:《胡适四十自述》,武汉:武汉出版社,2015 年,第 93—94 页。

四、首次官派欧美留学生的启示

作为浙江历史上首次大规模的官派欧美留学,1908 年浙江招录欧美留学生事件留下来很多值得后人总结的经验。尽管浙江省自己只做了一次这样的事情,但它在育人方面起到了领天下风气先的作用,这些都与近代浙江积极涌现人才有着一定的密切关系。

政府主导留学考录工作,具有政策上的合理性与导向上的激励功能。在当时中国这样一个官本位思想浓厚的社会里,政府所提倡的,往往成为中上层民众积极追求的方向。在教育鼎革之际,那些具有远见的人们,愿意花大力气将自己的子女通过各种形式送出国门,特别是具有先进指向的欧美国家。而近代以来,凡是出国留学人员,特别是去欧美等国家,几乎都是家境殷实,这样才有留学的资本。

政府在招录过程中的命题形式、考试宣传组织、阅卷及确立名额等方面,是已经被废弃的科举考试在新时代的延续,在一定程度上缓解了人们对于废科举后所形成的政府用人标准的疑虑。命题时,采取异地命题的方式,保证了它的公正性。而组织宣传方面,也是尽可能动用各种舆论力量,所以报考者还是比较多。而在录取方面,或多或少也是会带有一定的人情,分数线因人而定,但还能将就规则,所以有一些本来不能被选上的人,因为他分数之下的人被照顾了,所以连带着他也被录取。浙江在 1908、1909 年的两次招录工作,是否存有这样的情况,目前还未能找到相关的史料予以说明。但无论如何,很多人都明白,在没有了科举的年代里,留洋是最具影响力的途径。所以就连《阿 Q 正传》中,阿 Q 很是瞧不起假洋鬼子,但在描述的时候,还是带有羡慕的神情,尽管这个假洋鬼子只是把头理了新潮。

旧的价值观难以用有效的形式进行灌输,而欧美留学生的学习生活,在使学生进一步西化的同时,也将东方中国的国情文化直接传入欧美。废科举对民族的长期发展来说,应该是有益的,因为它毕竟推动了传统中国融入现代社会的进程。但是对于执政者来说,却是没有多少好处。"废科举后,中国学子的学习模式发生了颠覆性的调整。学子求学由原来科举时代自学或半自学的状态,转变为学堂里的集中授课形式。政府与学生的沟通渠道,也迅速开始转变,那种传统的雇主与受雇者的关系不复存在。学生与政府的关系在清末变得复杂而难以理清。清末学生来自于国内外新式学校,学生与政府的关系已经不是传统的契约性模式。新式学堂里的学生,并不存有科举时代进入仕途的明确途径,传统学子与政府的纽带被割裂,两者之间的沟通既显得迫切又困难重重。"①对于留学生的思想文化教育,特别是情感上认同困难。从历史的效果来看,尽管当时政府不太满意欧美生的情感与行为,但是在辛亥革命中,却少有欧美生直接参与革命的情况,这或许也是一种意外。

考选欧美留学生仅仅两次就宣告终结,这固然和当时社会变革的一些短视行为有关,但也与中国长期以来追求整齐划一的行政理念相关。清末时期,中国社会进行了重要的社会结构改造,而由于新政带来的社会问题也是愈发尖锐,政出多门、规则失范的现象屡见不鲜。如招录留学生事情,难以制度化、规则化,普遍存在短期问题,鲜有长期的规划。同时,招录留学生,它毕竟是一个旧制度的衍生品,在以政府还是以学校主导招生权这个问题上,答案是毋庸置疑的。但政府的参与,毕竟提供了学生走出国门的一个重要机遇,尽管他们在异域他乡的成长实际上受地方政府影响并不多。

另外,在具体实践过程中,人情现象仍然是影响招录的重要因素。相比照的是,不得不佩服古人在科举考试中所采用的规避人情的方法。尽管人情占有重要位置,但毕竟是严格按照分数本身录取,分数排名靠后者也只是沾光而已,并没有动及考录过程的根本,没有出现篡改成绩现象,考录过程的公平、公正还是为时人所坚持。同时,无论是浙江省组织的"省选"还是后来庚款的"国选",被选拔出来的浙江籍学生,他们的来源学校都在省外,并且以上海为最,这也凸显了浙沪两地在近代关系紧密。浙江人才成长的悖论,对于今人思考如何培育优质生源,有可能产生强烈的实践操作层面上的共鸣。

---

① 刘训华:《艰难的对望:清末学生与政府关系论析——以浙江籍学生为例》,载《浙江学刊》2010 年第 5 期。

第六章　社会大转局中的学生个体

清末浙江社会,社会形态发生裂变,社会结构多有调整,社会利益面临洗牌,社会转型也在动荡中孕育。浙江学生群体是由一个个鲜活的个体组成,个体的千差万别性又最终融汇成一个群体的特性。

时代赋予学生以不同的使命,各式各样的目标与利益驱动引导着学生个体的成长与发展。无论一个人的社会成就有多大,身上都有其接受教育的影子。探寻一些学生个体的成长,对于进一步了解清末社会的社会成长环境情况、育人机制等,都具有一种别样的作用。

本章重点选取了浙江三蒋:蒋百里、蒋梦麟、蒋介石;绍兴人杰:秋瑾、周树人、徐锡麟;以及政治军事人才陈仪、蒋鼎文;文化教育名流曹聚仁、马叙伦等。因为材料的限制,能留下资料的清末浙江学子,都是在后来有一定成就、一定地位者,所以以他们对于学生时代的记述,来反映清末浙江学生个体的一般状况,尽管有重点突出之嫌,但他们是亲历者,是能够非常准确地传递当时学生发展成长的一些信息。

第一节　浙江三蒋:蒋梦麟、蒋百里、蒋介石

在近代中国史上,浙江蒋氏所取得的成就无疑是非常令人瞩目的。蒋鼎文曾说:

> 由于地方殷富和教育发达,浙江可说是人文蔚起,国人称之为"江浙人文薮"。蒋族中,近代出了一些名人,除了总统之外,其它尚有名军事家蒋百里(方震)先生、蒋百器(尊簋)先生、最近逝世的蒋梦麟先生,以及总统最信任的蒋伯诚先生。[1]

军事上,浙江海宁人蒋百里,是近代中国杰出的军事理论家。文化上,

---

[1]　李毓澍访问,周道瞻纪录:《蒋鼎文先生访问纪录》,台北:内部发行,1964 年,第 1 页。

浙江余姚人蒋梦麟,则是近代赫赫有名的文化学者,是迄今为止,北大历史上任期最长的校长。政治上,浙江奉化人蒋介石是中华民国的总统,在他手上完成了近代中国形式上的统一。

另外,同时代的还有被目为立宪派代表人物之一的蒋智由,以及他的儿子——辛亥革命胜利后曾任浙江省都督的蒋尊簋。父子二人同赴日本留学,成为一时之美谈。此上五人皆为浙江同代人之佼佼者,研究他们的幼年求学史,对于探讨浙江近代名人辈出的原因,可能会有一些启发。

一、蒋百里的求学轨迹与社会育人机制

蒋百里 8 岁入学,十年寒窗,17 岁考中秀才,第二年在海宁伊桥任塾师。才华横溢,思想维新,后考入求是书院。1901 年被选派赴日进成城学校留学,后升入士官学校学习步兵科,与旗兵科的蒋尊簋同为功课最好的学生。1903 年在东京主编《浙江潮》宣传革命。1906 年毕业回国后去东北,受盛京将军、东三省总督赵尔巽委派,主持沈阳陆军督练处。后受旧军排挤,赴德学习军事。

蒋百里是清末浙江籍学生中的优秀代表。他从乡村中走来,历县城、府城、省城,留学日本、德国,受教育的背景,既有国内的求是学堂,又在新兴发达国家日本、德国留学多年。他是由草根成长起来的一代学子,其成长经历及当时的社会育人机制,非常值得探讨。

1.蒋百里的成才与清末社会育人环境

蒋百里出身寒门,之所以能够脱颖而出,与当时的社会育人机制有关。一个健康社会,会有一条良好的渠道让有才华的人由社会底层被发现。总结起来,主要有以下几个方面:

一是寒门的求学成本较低,容易通过自学积累一定的学识。蒋百里家境一般,而当时社会求学的模式,可以让他在求学成本较低的情况下得以进一步接触到上层。

> 每月应试安澜书院,海宁知州林考恂往往亲阅其试卷,细加圈点评论,广为宣扬,文名噪于乡里。有一次,邻近桐乡县新知事方雨亭走马上任,出观风题三十,考查当地学风。百里见其题目都有关新学、时事,不禁怦然心动。那时,百里已在硖石近郊伊桥当塾师。课徒之余,奋笔写作一月,近十万言,坐了航船,如期送到桐乡县衙门交卷。方县

令阅卷大为惊异,每篇细加评语,最后总评:"此真我中国之宝也。"取超等第一名,破例给奖金及膏火费银币三十元(当时书院月课膏火费为三四元,约合米一石),并由帮助阅卷的学者高啸桐亲自寻访到伊桥,请年方十八岁的蒋百里到桐乡与方雨亭相见。①

二是社会的上升渠道通畅。蒋百里在其早年的求学过程中,所遇到的当地的官员、学者,皆为爱才之人。而其时单招单考的取人模式,也便于优秀人才的提拔。在科举完全废除之前,传统社会的耕读之道还是一条畅途。

高啸桐当时在杭州太守林迪臣幕府,并协助他创办求是书院(浙大前身)。在方、高两人的引荐下,百里考入了求是书院。监院(教务长)为陈仲恕,是著名爱国民主人士陈叔通的哥哥,点过翰林。林纾也在该院执教。林孝恂、方雨亭、高啸桐、陈仲恕、林纾、林迪臣等人,都是当年的有识之士,倾向维新,爱惜人才。蒋百里在他们的关怀下茁壮成长,锋芒渐露,每试月课,都名列榜首。从此,"硖石才子"在六桥三竺、钱江两岸出了名。②

三是在特定历史环境下,由于精英教育人数的有限性,使得人才易于集中在一起。比如蒋百里在求是书院的同学、留日的同学,他们大都成为国家的栋梁之才,这里比较有名望的如蒋尊簋、蔡锷等人,极一时之才俊。

百里于1901年东渡日本。义和团运动以及上一年八国联军大举入侵中国的血淋淋现实,进一步激发了他的救亡图存的爱国心。他痛感光有笔杆子不行,还要抓枪杆子。于是进了成城学校,毕业后又进入陆军士官学校。他身体瘦弱,是个手无缚鸡之力的书生,而今要学习骑马打枪,这是极不容易的。他咬紧牙关锻炼身体,很快适应了军人生活。后来,百里的求是老同学钱均甫③(钱学森之父)到日本学教育,有一次假日清晨去士官学校找他,空荡荡的操场上,远远只见一条

① 许逸云:《军事理论家蒋百里》,见浙江省政协文史资料委员会编:《浙江近代学术名人》(《浙江文史资料选辑》第43辑),杭州:浙江人民出版社,1990年,第64—65页。
② 许逸云:《军事理论家蒋百里》,见浙江省政协文史资料委员会编:《浙江近代学术名人》(《浙江文史资料选辑》第43辑),杭州:浙江人民出版社,1990年,第65页。
③ 不同作品中,有将"钱均夫"写成"钱均甫"的。为尊重原作,仍以"钱均甫"出现。

汉子在翻铁杠,动作娴熟,身板结实,钱均甫几乎不敢相信这就是过去弱不禁风的蒋百里。在成城学校时,百里结识了蔡锷。两人同庚,都是在清寒家境中刻苦攻读考中的秀才;又都是弄文习武、决心报国的热血青年。境遇相同,志趣相投,不久就结成了生死之交。蔡锷是梁启超培养的门生,百里通过蔡锷,结识梁氏,并事之为师。梁也很赏识百里的才华。在以后几十年的事业活动中,二人关系颇为密切。当时中国,正值资产阶级民族革命前夜。隔海相望的日本,成了中国各派政治力量角逐的场所。梁启超在戊戌政变后,一直流寓日本,办《清议报》,又改办《新民丛报》,抨击清廷腐败,宣扬"立宪",尤其宣扬"新民"。他的改良主义论调,着实吸引了不少人。1902年,中国留日学生已达3000人,青年热血,大多倾向革命。蒋百里积极参加政治活动,当选为中国留日学生大会干事,并组织浙江同乡会,创办影响颇大的《浙江潮》杂志。在日俄战争中,《浙江潮》刊载大量文章,旗帜鲜明地痛斥沙俄、日本重新瓜分中国东北的侵略行径,痛斥清政府的所谓"中立"。百里除主持《浙江潮》编务外,还撰写了《国魂篇》《民族主义论》等长篇论著,逐期连载,鼓吹"革命、民权、自由",主张"振奋民族精神"。百里得以进入士官学校,得力于梁启超的奔走,由盛京将军(辖东北)赵尔巽出面保荐。当时,士官学校是第三期。百里入步兵科,诸暨人蒋尊簋(伯器)学骑兵。两人刻苦学习,成绩优异。时章太炎在日本,称许道:"浙之二蒋,倾国倾城。"在政治上,百里则与蔡锷、张孝准并称,是日本军人眼里的"中国三杰"。百里在校潜心钻研军事理论,又重视实践,1905年以步兵科第一名毕业。因成绩超群,列为第三期士官生冠军,由日本天皇亲赐指挥刀。在军国主义的日本,这历来被看作军人的殊荣。蒋百里名噪扶桑,为老弱的祖国扬眉吐气,争得了荣誉。①

四是清末对于新学人才的重视,是他们展现才华的根本。在中国各个历史阶段,对于人才的重视是不尽相同的。而在社会大变革中,国家对于人才的重视尤为求贤若渴。

---

① 许逸云:《军事理论家蒋百里》,见浙江省政协文史资料委员会编:《浙江近代学术名人》(《浙江文史资料选辑》第43辑),杭州:浙江人民出版社,1990年,第65—66页。

百里从士官学校毕业后，与蔡锷先后回国，致力于训练新军，建设国防。蔡锷经营西南后方。百里则因与赵尔巽有约在先，去了东北，担任新军督练公所总参议（参谋长），不意遭到旧军张作霖的阻挠，不能有所作为。百里便再度出国，远涉重洋来到世界陆军强国——德国继续学习军事，在第七军中当实习连长。一次演习，百里的组织指挥非常出色，引得前来检阅的德军统帅兴登堡的立即召见，他拍着百里的肩膀说："从前拿破仑预言：若干年后，东方将出现一位伟大的军事家，这也许就应在你身上吧。"日本士官冠军、德国统帅眼里的将才，使得百里声誉日隆。4年留德归来，即以二品大员身份回任东北督练公所总参议。此时，东北的新旧军矛盾依旧，但形势大变，东北已有了蓝天蔚、张绍曾、吴禄贞三部新军，三人都是士官老同学，都支持革命。百里工作相当顺利，便着手实现多年心愿：把东北建设成抗日、抗俄基地，与经营西南的蔡锷遥相呼应。辛亥革命爆发。蔡锷在昆明发动起义，被公推为云南都督，掌握西南大局。百里在奉天（沈阳）积极策动东北独立，不巧新军被大批调入关内，旧军张作霖部突然开进奉天，百里的处境很是险恶。幸他的老师陈仲恕此时正在东三省总督赵尔巽幕府，百里得其密告，拿着陈仲恕给他作路费的一百多银元，仓皇登火车南下。张作霖带了卫队追上火车去搜捕，也是百里命不该绝，他正在厕所里，才得以逃出虎口。①

五是中国传统的社会关系群所连接起来的荐人、用人机制。蒋百里几次关键性的转折中，或师或友的推荐，起到了关键的作用。比如他去求是书院、去日本、回国任职及留德后回国，每一次既是个人奋斗的结果，也与相应的社会关系紧密相连。对于新学毕业生特别是游学毕业生，政府都是大力延用。蒋百里留学归来后，很快就得到一个大的提升。留德归来，则以朝廷二品大员的身份回任东北督练公所总参议。在清末，留学某种程度上是进入仕途的捷径。

2.蒋百里的教育阶段

百里就读于同族义塾，族弟延倪勤叔先生教读之，深喜百里，念其

---

① 许逸云：《军事理论家蒋百里》，见浙江省政协文史资料委员会编：《浙江近代学术名人》（《浙江文史资料选辑》第43辑），杭州：浙江人民出版社，1990年，第67—68页。

贫甚,不受束修。倪氏工小楷,摹灵飞经,百里习其体,小楷特婉秀。①

蒋百里能够成就一番事业,与赏识他的人密切相关。人的机遇在任何时代都是重要的,蒋百里在成长期的伯乐,主要分布于三个阶段。

一萌芽期,是指在家乡就学或求生活时的岁月。这里面有海宁知州林考恂、桐乡县知事方雨亭、当地名绅高啸桐。

> 那时,他十八岁,中了秀才,就在桥镇孙家做了塾师。有一天,到桐乡访友,在书案上,看到了桐乡知县方雨亭的观风卷,他回塾作文应试,大为方知县赏识,考取了超等第一名。方知县约期延见,不独赏识百里的文章,还器重他的人品,以"天才不可埋没,应求实学以成器"语勉励百里,郑重推荐他进了杭州求是书院。②

蒋百里进求是书院后,因他家境贫困,"在求是书院的费用,都是方知县所资助的"③。

二转折期,主要指在省城求学的经历。求是学堂的陈仲恕、林纾以及杭州知府林启,这些人对于蒋百里的成长,具有重要的帮扶作用。蒋百里进求是那年,刚好是庚子年,丧权辱国气息使得青年们心中既具有一种沉闷的压抑,同时也有急于冲破的渴望。百里在唐才常兵败后,写了一首诗酿成大祸,同情学生的陈仲恕就转陈林启,派蒋百里等往日本留学。方知县依然支持他的费用。

三发展期,主要是在日本留学时期。蒋百里到日本后,决定弃文从武,日本的初级军官学堂有成城学校,后来又增设振武学校为军事预备学校。预备学校毕业后入连队实习,名曰入伍生。满一年可以下士资格入士官学校。蒋百里经过努力进入士官学校,结识了蔡锷。蒋以步兵科第一名毕业,蒋百里、蔡锷和张孝准有"士官三杰"之誉,可见蒋在士官学校中成绩之优异。张宗祥说:

> 百里与蒋尊簋并重于世。百里习步兵,百器习骑兵,中国士官生见重于日人,自第三期始,则二蒋开之。浙江方练新军,邀百里回浙,

---

① 曹聚仁:《蒋百里评传》,香港:三育图书文具公司,1963年,第117页。
② 曹聚仁:《蒋百里评传》,香港:三育图书文具公司,1963年,第118页。
③ 曹聚仁:《蒋百里评传》,香港:三育图书文具公司,1963年,第118页。

百里不允,百器回任第二标标统,主办弁目学校于海潮寺。百里虽不来浙,其所擘划,皆出百里手。①

四成熟期,百里从日本归国,在日本已逾 6 年。因百里老师陈仲恕在东北赵尔巽幕中,而被荐为督练公所总参议。督练公所是一个训练新军的机构,但其为旧派军人嫉恨,于是自请留德,在德国第七军团任实习连长。后逢事缘,宣统二年,百里随荫昌回国,任禁卫军管带。

3.蒋百里学生时期的思想作为

> 犹有书生气,空拳张国威。
>
> 高歌天未白,长啸日应回。
>
> 旧学深沧海,新潮动怒雷。
>
> 老来逢我子,心愿未应灰。②
>
> 　　　　　　——蒋百里

《浙江潮》这份留学生杂志与蒋百里是密不可分的,其中蒋百里曾经亲撰《发刊词》等一系列文章,文笔优美、思想深刻,集中体现了那一代学生的激情与理想:

> 我浙江有物焉,其势力大、其气魄大、其声誉大,且带有一段极悲愤极奇异之历史,令人歌、令人泣、令人纪念。至今日,则上而士夫、下而走卒,莫不知之、莫不见之、莫不纪念之。其物奈何? 其历史奈何? 曰:昔子胥立言人不用而犹冀,人之闻其声而一悟也。乃以其爱国之泪组织而为浙江潮,至今称天下奇观者,浙江潮也。秋夜月午,有声激楚,若怨若怒,以触于吾耳者,此何为者也? 其醒我梦也。欤临高以望,其气象雄、其声势大,有若万马奔腾以触于我目者,此何为者也? 其壮我气也,欤夫子胥之事文明之,士所勿道。虽然其历史可念也,呜呼亡国,其痛矣不知? 其亡勿痛也? 知之而任其亡,勿痛也不忍。任其亡而言之而勿听,而以身殉之而卒,勿听而国卒,以亡呜呼! 忍将冷眼观亡国于生前,剩有雄魄发大声于海上。古事往矣,可勿言矣,而独留此一纪念物,狭其无穷之恨以为吾后人鉴,吾后人可勿念哉!③

---

① 曹聚仁:《蒋百里评传》,香港:三育图书文具公司,1963 年,第 119 页。

② 曹聚仁:《蒋百里评传》,封面诗,香港:三育图书文具公司,1963 年。

③ 《发刊词》,载《浙江潮》1903 年第 1 期。

青年人欲做一番事业的雄心，与国家的风雨飘摇相映衬。表现了青年人对于国家危亡的强烈担忧，体现了一种在新世纪奋发昂扬的情绪：

> 抑吾闻之地理与人物，有直接之关系在焉。近于山者，其人质而强；近于水者，其人文以弱。地理之移人，盖如是其甚也！可爱哉，浙江潮！可爱哉，浙江潮！挟其万马奔腾、排山倒海之势力，以日日激刺于吾国民之脑，以发其雄心，以养其气魄。二十世纪之大风潮中，或亦有起陆龙蛇，挟其气魄以奔入于世界者乎！西望葱龙碧天，万里故乡风景历历心头，我愿我青年之势力如浙江潮，我青年之气魄如浙江潮，我青年之声誉如浙江潮，吾愿吾杂志亦如之。因以名，以为鉴，且以为人鉴，且以自警，且以祝！①

《国魂篇》是青年蒋百里的代表作之一。蒋百里认为国魂分四类：冒险魂、宗教魂、武士魂、平民魂。"诸君乎，诸君乎，以为是特玄理空谈，而无当于实际乎，吾姑就一二言之。"体现了年轻学生所特有的急切的救亡心理，想唤起民众的思想。并认为"今日深识之士，知中国之患不在一人而在全体也，于是汲汲言教育，固也。未有民德卑、民力弱、民智塞而国能自存者也。"点出了国魂对于国家强盛的重要性。同时，"兹固非若中国昔日之所谓鼓之、舞之者矣。夫红顶也、花翎也，则亦求之，有道得之有命矣，而又何必舍生死以求之，此则好人不当兵之说之所由也"。对官僚体制存在着本能的距离感。之说，则先就其于国家上最大之关系言之。有二义，其一曰统一力，其一曰爱国心。

关于统一问题，蒋百里认为"虽然畴昔之国恃一人之势力以统一，今日之国则恃多数人民共同之意志以统一。国家之种类有优劣而一兴一亡，其机遂决。故今日而言，救国则不得不进国种而改良之"。尽管话语中带有种族主义论调与时代流行的进化论套路，但是人穷则志短，因穷而最后自卑到人种的因素。"何则新者未来、旧者未去？一发之隙，实国家死生存亡之大关键也。一发者何？即吾国魂之说也！呜呼！十年以后，吾不患中国文明之不长进，而特恐人之恃之以成国者，而中国乃恃之以亡国也。"在这其中，蒋百里将国魂提高到民族死生存亡的高度。实际上忽略了对西方国

----

① 《发刊词》，载《浙江潮》1903年第1期。

家发展的考察,不够精细。

关于爱国心,蒋百里认为"有智识的爱国心、有习惯的爱国心、有感情的爱国心,三者缺一,则其物不能成",这是迷茫中的中国人对于问题的简单化理解。同时蒋百里认为"吾中国人以无爱国心闻天下",尽管其中带有非理性的思考,但有着涵盖历史符号的印记。屡次割地赔款,很容易引申到这样的命题。"吾思吾国吾目不知其何为? 而无所见。呜呼! 其梦耶! 其谵耶! 其颠耶! 其迷信耶! 使非其脑质中有一点国魂在,以煽之、鼓动之,而何以至此?"其中体现了强烈而深沉的对国家的爱。

关于国魂,蒋百里则分为冒险魂、宗教魂、武士魂、平民魂四个方面。冒险魂是以西方的"凌重涛、冒万死,以纵横于海上者,踵相接。呜呼此特其于商界一斑耳。更进之则彼于种种事业,直无不挟其破釜沉舟、一瞑不视之气概以临之。仆者仆、继者继,乃至抛无量数之头颅血肉而不悔"为版本。西方资本主义国家的工业和商业发展而导致的发达,对文字青年的影响是很深的。宗教魂则认为"能大解脱、能大勇猛、能牺牲一身以为众生。能忍苦耐劳以排百难。呜呼,自古英雄烈士能造惊天地泣鬼神之事业者,盖无不由三分迷信力而来者也"。武士魂主要是指军事方面,"武士魂者导源于希腊,而盛行于今日。德意志其宗子也,盖军人者,非战争为用之。以言其统一纪律之精神,则立国之本也"。平民魂则"则曰社会无自由,不能存自由。无道德不能存道德,无职分不能存(此理甚精,密切明而析之尚俟异日),是平民社会之骨髓也"。

蒋百里的《民族主义论》等名作,都是一时的救亡力作。蒋百里是著名的军事学家,在日本留学,更以成绩之优异而名动扶桑。

> 留学日本士官学校时,成绩之优异,超过同学"裕仁"(当时为未来的日本天皇)获奖军刀,为士官当局始料所不及。为此不得不增加一把军刀给"裕仁",以顾全面子。[①]

蒋百里门生故旧众多,"保定一期是蒋氏及门同学,对老师的热爱和尊

---

① 蒋授谦:《记蒋百里二三事》,见中国人民政治协商会议浙江省委员会文史资料研究委员会编:《浙江文史资料选辑》(第21辑),杭州:浙江人民出版社,1982年,第32页。

敬,非比寻常,特别是唐生智在军界得志后,发起为老师置住宅和生活上的安排"①。蒋百里虽具军事才干,但很少有实际兵权。1938 年前后,蒋百里被国民政府任命为驻意大利大使。临行前,他的同学寿拜庚曾对他说:"你一辈子没有正式担任公职,可惜了大名鼎鼎的军事学家的头衔,终是以在野之身,受到当局和学生的照顾。这次却以外交官的身份去意大利,言行没有在野的自由了。但是收入稳定而丰富的。"②蒋百里笑说:"一个特任官八百元,怎么能行? 我不做官大家都有钱送给我用,我做了官人家要想我的钱用了。我是没有办法才被套上这个头衔,不是和其他的人夤缘而来,谁喜欢这个头衔呢?"③

在知识分子的使用方面,也是值得思考的。蒋百里在清末,年纪轻轻就能够成为国家的二品大员,而在民国时期,享有军事家声誉的蒋百里,其在职务品级上却始终没有突破清末的顶峰。尽管名声享誉天下,但基本是一闲云野鹤,而相反在求学经历上远不如蒋百里的其他诸人,都能够执掌一方军权。这样的个例,也是值得我们思考的。

二、蒋梦麟的西化论与革命观

蒋梦麟早期的西化论,主要观点为无论是立宪和革命,西化是不可阻挡的潮流。蒋梦麟是一个强烈的爱国主义者,但对于革命,则认为遥遥无期,而且困难重重。并且得出结论,无论革命、立宪还是维持现状,西化都是中国富强的唯一选择,革命则是其中的选择之一。

蒋梦麟,原名梦熊,浙江余姚人。6 岁入私塾,12 岁入绍兴中西学堂,在传统的学而优则仕面前,追求知识文化。1903 年入浙江高等学堂学习,1904 年参加绍兴府郡试中秀才。同年考入上海南洋公学。在时代的变革中坚定方向,认为西化是不可阻挡的。1908 年自费赴美留学近十年,期间还担任了一些革命者报纸的编辑工作,1917 年获得哥伦比亚大学哲学及教育学博士学位。1923 年任北京大学代理校长。1927 年 8 月至 1930 年 7

---

① 蒋授谦:《记蒋百里二三事》,见中国人民政治协商会议浙江省委员会文史资料研究委员会编:《浙江文史资料选辑》(第 21 辑),杭州:浙江人民出版社,1982 年,第 32 页。

② 蒋授谦:《记蒋百里二三事》,见中国人民政治协商会议浙江省委员会文史资料研究委员会编:《浙江文史资料选辑》(第 21 辑),杭州:浙江人民出版社,1982 年,第 35 页。

③ 蒋授谦:《记蒋百里二三事》,见中国人民政治协商会议浙江省委员会文史资料研究委员会编:《浙江文史资料选辑》(第 21 辑),杭州:浙江人民出版社,1982 年,第 35 页。

月,任国立第三中山大学(1928 年改为国立浙江大学)校长。其后担任过国民政府第一任教育部部长、行政院秘书,曾长期担任北京大学校长。

蒋梦麟是近代中国颇具影响的文化人物。蒋梦麟所走过的道路,和其时浙江的那些有为青年有所不同,他能够比较冷静地看待社会发展问题,处理好爱国和个人发展之间的关系,以文化的方式总结自己的认识。每个时代都有不同类型的人,他们的发展道路各异。比如蒋梦麟,可能就是属于传统而又富有灵性的青年。本书所研究的是关于蒋梦麟早期的西化思想及其对革命的看法。蒋梦麟的早期阶段在本书中主要指他的求学时期,主要是在清末民初时期。

1.蒋梦麟的启蒙教育:在旧学与新学之间

蒋梦麟出身于富裕家庭,属于头脑冷静的青年。从小父母对其寄托了读书做官的愿望,其耳闻目染的经历又给这一愿望以强烈的刺激,扎根于童年的蒋梦麟心中。学而优则仕,一直是中国读书人的理想,而童年的一些记忆则加深了这样的认识。

在旧学与新学之间徘徊,可能是那个年代学生的特征。科举于 1905 年以皇帝上谕的名义被彻底废除,但这之前并没有预先公布的时间表。很多学子尤其是那些年长些的人,大多在旧学中留恋,在新学中掠影。这其中,蒋梦麟就是一个很好的例子。他既参加了新学的学习,同时也不耽误旧学的考试,做到了新旧两不误。

而其所经历的绍兴府中西学堂和浙江高等学堂,则相当于新学上的两个不同层次的阶梯。蒋梦麟曾说:

> 我自从进了绍兴的中西学堂以后,一直在黑暗中摸索。看到东边有一点闪霎的亮光,我就摸到东边;东边亮光一闪而逝以后,我又连忙转身扑向西边。现在进了浙江高等学堂,眼前豁然开朗,对一切都可以看得比较真切了。我开始读英文原版的世界史。开始时似乎很难了解外国人民的所作所为,正如一个人试图了解群众行动时一样困难。后来我才慢慢地了解西方文化的发展。自然那只是一种粗枝大叶而且模模糊糊的了解。但是这一点了解已经鼓起我对西洋史的兴趣,同时奠定了进一步研究的基础。[①]

---

① 蒋梦麟:《蒋梦麟回忆录:西潮与新潮》,北京:东方出版社,2006 年,第 66 页。

　　绍兴府中学堂给了蒋梦麟以新学的启蒙,而浙江高等学堂,则真正打开了蒋梦麟对西学认知的大门。

　　　　在浙江高等学堂里所接触的知识非常广泛。从课本里,从课外阅读,以及师友的谈话中,我对中国以及整个世界的知识日渐增长。我渐渐熟悉将近四千年的中国历史,同时对于历代兴衰的原因也有了相当的了解。这是我后来对西洋史从事比较研究的一个基础。①

　　在蒋梦麟看来,浙江高等学堂在新学方面是明显地高于绍兴府中西学堂,这一方面是层次不同,一个是高等新学,传播的内容自然比中等新学广博而深厚些;另一方面也与地理位置有关。杭州是浙江的行政中心,他所吸引的师资及各方面资源的供给,自然比绍兴要强得多。

　　就在蒋梦麟在浙江高等学堂如饥似渴地吸收新学知识时,旧学的科举考试也如期而至。蒋梦麟回忆到:

　　　　为求万全,我仍旧准备参加科举考试。除了革命,科举似乎仍旧是参加政府工作的不二途径,并且我觉得革命似乎遥遥无期,而且困难重重。②

　　蒋梦麟其时的分析,真够得上冷静而睿智。进入政府的途径,还是科举,同时他认为革命是遥遥无期且困难重重,不知何时可以实现。

　　清末时期,社会的变革加剧,在各种社会思潮与稚嫩的社会心理之间,有着一定的不均衡性。1904 年,蒋梦麟中过绍兴府的秀才,被录取为余姚县学的附生。

　　　　事实上这位"教谕"并不设帐讲学,所谓的县学是有名无实的。按我们家庭经济状况,我须呈缴一百元的贽敬,拜见老师,不过经过讨价还价,只缴了一半。也并没有和老师见过面。当讨价还价正在进行的时候,父亲恼怒了说,孔庙里应该拜财神才是。旁边一位老先生说,那是说不得的。从前有一位才子金圣叹,因为讥笑老师,说了一句"把孔子牌位取消,把财神抬进学官"的话,奉旨杀了头。临刑前这位玩世不

　　①　蒋梦麟:《蒋梦麟回忆录:西潮与新潮》,北京:东方出版社,2006 年,第 66 页。
　　②　蒋梦麟:《蒋梦麟回忆录:西潮与新潮》,北京:东方出版社,2006 年,第 70 页。

恭的才子叹道：杀头至痛也，圣叹于无意中得之，岂不快哉。①

这样的心理沦落为典型的社会意识，旧学的基础在可有可无的功名中变得虚幻，新学的异军突起则更增添了这样的社会认识。

2.蒋梦麟的西化观

蒋梦麟的西化想法，可能还要从学英语开始。根据他的观察，社会是应该不断向前的，于是熟谙英语的能力也成了一种稀缺的社会资源。蒋梦麟在早期学英文的过程中，为了学好英语，甚至进入了一个教会学校。

在新与旧之间的徘徊中，年幼的蒋梦麟难以定论。为了追求心中的西学，他误打误撞进了这所办学资质很差的教会学校。

> 在这所教会学校里，学生们每天早晨必须参加礼拜。我们唱的是中文赞美诗，有些顽皮的学生就把赞美诗改编为打油诗，结果在学校里传诵一时。虽然我也参加主日学校和每天早晨的礼拜，我心灵却似紧闭双扉的河蚌，严拒一切精神上的舶来品。我既然已经摆脱了神仙鬼怪这一套，自然不愿再接受类似的东西。而且从那时起，我在宗教方面一直是个"不可知"论者，我认为与其求死后灵魂的永恒，不如在今世奠立不朽根基。这与儒家的基本观念刚好符合。②

而且由于不是正规办学，硬件条件也很差。

> 校园之内惟一像样的建筑是礼拜堂和校长官舍。学生则住在鸽笼一样的土房里，上课有时在这些宿舍里，有时在那间破破烂烂的饭厅里。③

后来在这小小的学潮里发生了学潮，结果引得所有学生都退学了，另组建"改进学社"。这个名称是章太炎给他们定的。这些退了学的学生，有着很宏大的想法，但很快他们的愿望就破灭了：

> 希望把这个学校办得和牛津大学或者剑桥大学一样，真是稚气十足。但是不久我们就尝到幻灭的滋味。不到半年学生就渐渐散了。结果只剩下几个被选担任职务的学生。当这几位职员发现再没有选

---

① 蒋梦麟：《蒋梦麟回忆录：西潮与新潮》，北京：东方出版社，2006年，第74—75页。
② 蒋梦麟：《蒋梦麟回忆录：西潮与新潮》，北京：东方出版社，2006年，第63—64页。
③ 蒋梦麟：《蒋梦麟回忆录：西潮与新潮》，北京：东方出版社，2006年，第64页。

举他们的群众时,他们也就另觅求学之所去了。①

同时,蒋梦麟所矛盾的不仅是新旧学之间,还包括立宪与革命的社会思想的矛盾。那个时代对于蒋梦麟来说,似乎就是个矛盾体。然而在这些矛盾中,蒋梦麟渐渐清晰了对于西学的认识:

> 满脑子矛盾的思想,简直使尚未成熟的心灵无法忍受,新与旧的冲突,立宪与革命的冲突,常常闹得头脑天旋地转,有时觉得坐立不安,有时又默坐出神,出神时,会觉得自己忽然上冲霄汉,然后又骤然落地,结果在地上跌得粉碎,立刻被旋风吹散无踪了。②

周边日本实实在在兴旺的例子,则更增添了蒋梦麟对于西学的信心:

> 虽然新旧之争仍在方兴未艾,立宪与革命孰长孰短无定论,中国这时已经无可置疑地踏上西化之路了。日本对帝俄的胜利,更使中国的西化运动获得新的鼓励,这时聚集东京的中国留学生已近五万人,东京已经成为新知识的中心。国内方面,政府也已经开始一连串的革新运动,教育、军事、警政都已根据日本的蓝图采取新制度。许多人相信:经过日本同化修正的西方制度和组织,要比纯粹的西洋制度更适合中国的国情,因此他们主张通过日本接受西洋文化。但是也有一班人认为:既然我们必须接受西洋文明,何不直接向西洋学习?③

于是,在了解了日本的发达之后,蒋梦麟由幼年对于西化的一般认知,而转化为坚决走西化道路的信念。

矛盾是蒋梦麟那代年轻学生的一个显著特征,但是他能够坚定地走西化道路,和其在国内对于形势的判断及去日本的游历相关。中国饱受列强的欺凌,学习西方从而战胜它则是生存的最好法则。

> 在一个展览战利品的战迹博物馆里,看到中日战争中俘获的中国军旗、军服和武器,简直使我惭愧得无地自容。夜间整个公园被几万盏电灯照耀得如同白昼,兴高采烈的日本人提着灯笼在公园中游行,高呼万岁。两年前,他们陶醉于对俄的胜利,至今犹狂喜不已。我孤

---

①　蒋梦麟:《蒋梦麟回忆录:西潮与新潮》,北京:东方出版社,2006年,第65页。

②　蒋梦麟:《蒋梦麟回忆录:西潮与新潮》,北京:东方出版社,2006年,第75页。

③　蒋梦麟:《蒋梦麟回忆录:西潮与新潮》,北京:东方出版社,2006年,第77页。

零零地站在一个假山顶上望着游行的队伍,触景生情,不禁泫然涕下。①

这个例子有点类似周树人弃医从文的一般动机,但是蒋梦麟在对于日本的快速发展形成形象的认知之后,终于意识到无论革命或立宪成功与否,西化是不可阻挡的潮流,因为中国要富强,就非走西化之路不可。

蒋梦麟先是决定舍浙江高等学堂而去上海公学学习新学。

> 有一天早晨,无意中闯进禁止学生入内的走廊,碰到了学监。他问有什么事,我只好临时扯了个谎,说母亲生病,写信来要我回家。"哦!那太不幸了。你还是赶快回家吧!"学监很同情的说。回到宿舍,收拾起行李,当天上午就离开学校,趁小火轮沿运河到了上海。参加上海南洋公学的入学考试,结果幸被录取。②

进了南洋公学之后,蒋梦麟进一步打下了西学的基础。

> 我是主张直接向西方学习的,虽然许多留学日本的朋友来信辩难,我却始终坚持自己的看法。进了南洋公学,就是想给自己打点基础,以便到美国留学。这里一切西洋学科的课本都是英文的,刚好合了我的心意。③

在南洋公学进一步接触到新学后,蒋梦麟决定去西方留学。为此,他还参加了在杭州举行的选拔浙籍学生留学欧美的考试,但没有被录取,后来直接自费去了美国。

在美国,蒋梦麟先进入了农学院,半年后转入了社会科学学院,主攻教育学。这样的转变,在他看来,研究人会比研究动植物更有意义。"我在这里研究如何培育动物和植物,为什么不研究研究如何作育人材呢?"④

3.蒋梦麟对于革命的认识

蒋梦麟对于西化的看法,影响了其对于革命的看法。还在废科举之前,蒋就"觉得革命似乎遥遥无期,而且困难重重",尽管其是在早期所说,

① 蒋梦麟:《蒋梦麟回忆录:西潮与新潮》,北京:东方出版社,2006年,第83页。
② 蒋梦麟:《蒋梦麟回忆录:西潮与新潮》,北京:东方出版社,2006年,第76页。
③ 蒋梦麟:《蒋梦麟回忆录:西潮与新潮》,北京:东方出版社,2006年,第77页。
④ 蒋梦麟:《蒋梦麟回忆录:西潮与新潮》,北京:东方出版社,2006年,第92页。

可以代表当时社会一部分学生的意见与想法。蒋梦麟渴望进入仕途、进入主流社会,憎恨政府的腐败,热盼国家的富强,但是对于直接的革命,始终不是积极的参与者,尽管他也热切地盼望。

在美国留学时,蒋梦麟与来自国内的同学议论时事,积极地关注国内的政治发展动向。

> 在卜技利的中国学生一致认为"老太婆"(这是大家私底下给慈禧太后的浑号)一死,中国必定有一场大乱。后来事实证明确是如此。溥仪登基以后,他的父亲载淳出任摄政王。皇帝是个小孩子,摄政王对政务也毫无经验,因此清廷的威信一落千丈,三年以后,辛亥革命成功,清室终于被推翻。①

蒋梦麟在1909年曾为孙中山在旧金山的革命机关报《大同日报》任主笔,但蒋的这一角色,更多的可能是从勤工俭学、从一种职业的角度来做这件事情,而非纯粹地投身于革命事业当中。"1912年毕业后,我终于放弃了这份工作,心里感到很轻松。从此以后我一直怕写文章,很像美国小学生怕用拉丁文作文一样。"②当时革命已经成功,蒋梦麟认为离开革命报社是一种解脱,感觉很轻松。

蒋梦麟也是一位坚定的爱国者,但为什么对于诸如孙中山先生这样的轰轰烈烈的革命事业,缺少一种如革命者般的热忱呢?

> 在孙先生的指导之下,我和刘麻哥(刘成禺)为《大同日报》连续写了三年的社论。开始时我们两人轮流隔日撰写。我们一方面在加大读书,一方面为报纸写社论,常常开夜车到深夜,赶写第二天早上见报的文章。大学的功课绝不轻松,我们,尤其是我,深感这种额外工作负担之重。成功以后,刘麻哥回国了,我只好独立承当每日社论的重任。我虽然深深关切祖国的前途,但是这种身不由己的经常写作,终于扼杀了我一切写作的兴趣。③

尽管蒋梦麟对孙中山的印象也是非常之好,但他的爱国态度和他对于这样革命的热情,却并不能画上一个等号,可能有以下几个原因:

---

① 蒋梦麟:《蒋梦麟回忆录:西潮与新潮》,北京:东方出版社,2006年,第99—100页。
② 蒋梦麟:《蒋梦麟回忆录:西潮与新潮》,北京:东方出版社,2006年,第103页。
③ 蒋梦麟:《蒋梦麟回忆录:西潮与新潮》,北京:东方出版社,2006年,第102—103页。

一、革命是少数人极为热衷地去做，大多数人是持观望的态度。因为立宪此前也在如火如荼地展开，很多人认为立宪更适合中国。这里面尤以中高级知识分子为多，他们比初具知识文化者及文盲更具有深邃的思考。

二、从个人命运去考虑，革命毕竟是件冒险的事情。远没有通过读书来博取功名来得稳当，这样的功名无论是来自旧学还是来自新学，都是可以进入精英社会的途径。无论是现存秩序，还是革命后形成的新秩序，都需要有知识分子的参与，所以从个人动机来考虑，知识分子在哪个时代都是需要的，他们犯不着为了革命去冒杀头的危险。

三，从出身来说，大多数的书香门第还是比较信守传统。即使不是书香门第的大户人家，一般也乐于守成。尽管他们对社会与政府不满意，但是他们对自己的社会地位与财富还是满意的。革命的中坚力量，是没有太多功名与地位的人，这其中，清末时期读书人的参与也起了重要的作用。

所以对于蒋梦麟来说，读书与革命来说，读书自然显得更为重要。这既是传统社会学而优则仕的信念支撑，同时也是个人社会承受能力的考量。而且蒋梦麟一生笃信西化，在他看来，西化是中国富强的必由之路，而无论革命亦或立宪，都不能阻挡这样的趋势。革命与立宪都是使国家摆脱现状的一种方式，成功后还是搞西化。所以在他的心里，西化是实现中国富强的最终手段，实施西化的重要性更高于革命。

4.余论：革命的结果与革命的现象

今天论及清末革命，可能受革命结果的影响，会导致一部分人以为清末天下滔滔皆革命。但是根据其时一些人的回忆，可能真正具有"革命本心"的人也不是很多，大多数人有的是对政府与社会的不满。"当时大家都认为革命是大势所趋，因为外患的兴起、不平等条约的签订，无非是满清官僚腐败无能，昧于外事所致，要国家富强，非先革命不可。学生这样想，朝廷练的新军也都这样想。新军军官的来源与留学生关系密切，高级军官多为留学生出身，低级军官则来自陆军小学、陆军中学或者速成军官学堂等学生，都是留学生训练的。"[①]这里面是人们的一种认识趋势，而不尽是人们普遍的参与。

①　蒋复璁等口述，黄克武编撰：《蒋复璁口述回忆录》，台北：中研院近代史研究所，2000年，第22页。

蒋梦麟早期的经历,可能会使我们对于清末的革命现象形成更清晰的认识。其中也许人心的力量更大,就如张鸣说:

> 革命党人的军事力量未必强于清军,其指挥也不见得高明,清朝的垮台很大程度上是因为其自身的统治信心已经瓦解,这种瓦解近乎某种普遍的崩溃,几颗炸弹就能让满朝文武作鸟兽散,有的地方,革命党人还没有露面,仅仅十几个根本没有来头的乌合之众,就能让拥有兵马的清朝地方官交印投降。这种统治信心的瓦解,无疑与"民心尽失"的普遍认同有着关联。当社会上布满了敌意,反叛行为得到普遍的同情,社会秩序陷入紊乱的时候,不仅绅士阶层对王朝的信心会受到影响,连带着各级官吏也会心存另谋出路的贰心,老百姓的态度实际上是在日常生活中一点一滴地刺激着官吏和乡绅,日积月累地销蚀和瓦解着上流社会对王朝的信心和忠诚。①

三、蒋介石的教育背景与其传统文化积淀

蒋介石是近代中国极为重要而又特别的一个人物。他统治 20 世纪中国近 1/4 时间,在形式上恢复了中国的大国地位,是一个民族主义者。

蒋介石是如何成长为一代领袖的? 他从小究竟受到了怎样的教育? 这些都是吸引眼球的看点。近几年以来,《蒋介石日记》的公开,又使得人们对于现有的蒋介石的认识向前推进了一步。本书拟考察蒋的幼年教育及其所受熏陶的思维方式。

1.蒋介石的童年教育及其影响

蒋中正,字介石,学名志清,奉化人,1887 年生。父亲蒋肇聪继承祖业经营盐铺,1895 年病殁。蒋介石由母亲王采玉抚养成人,幼年入塾,诵读经史。

关于蒋介石的童年教育,回忆的文章很多。宓熙在《我在蒋介石身边的时候》一文,在谈到蒋介石的学历,回忆道:

> 蒋家在溪口经营盐业,在当地经济地位相当优越,所以蒋母王氏有条件自请塾师培养自己的儿子。先后请几个老秀才之类的塾师,教

---

① 张鸣:《民意与天意》,见中国史学会编:《辛亥革命与 20 世纪的中国》,北京:中央文献出版社,2002 年,第 1659 页。

四书五经,有周骏彦、张家瑞、王徵莹等。以后蒋介石飞黄腾达,这几位冬烘先生,也都沾光,一个个都做起官来了:周骏彦当过南京军政部军需署长,张家瑞当过两淮盐运使,王徵莹当过贵州省和浙江省的财政厅长。①

从这段材料中,可以看出蒋母对于儿子教育的重视。同时蒋介石在发达之后,并没有忘记对老师的提携,多少体现了传统中国伦理的特点。

1903 年入奉化凤麓学堂,1905 年在宁波箭金学堂读书,1906 年初肄业于龙津中学堂,4 月东渡日本,入东京清华学校,结识陈其美等革命党人。1906 年底回国,1907 年考入保定全国陆军速成学堂,学习炮兵。1908 年春再度赴日,入东京振武学校。期间由陈其美介绍加入同盟会。1910 年冬毕业后,进入日本陆军第十三师团第十九联队为士官候补生。

唐瑞福、汪日章在《蒋介石的故乡》一文中,对蒋介石童年的教育,描述则又有些差异:"蒋六岁上学,启蒙老师是一个老秀才周能有。到十三岁时才离家至奉化凤麓学堂,二年后入杭州武备学堂,一年后入保定军校,十八岁东渡日本入士官学校。"②这里所说的日本士官学校,应该是指日本士官学校的预备学校振武学校。

　　1908 年春,蒋介石入日本士官学校的预备校振武学校,成为振武学校的第十一期学生,学习炮兵专业。在振武学校学习期间,蒋介石与陈其美结识,加上同期入校的黄郛,三人志趣相投,结为兄弟。同年冬天,蒋介石在陈其美的介绍下加入同盟会,并受陈的指派,在浙江籍同盟会会员中积极开展活动。1910 年冬,蒋介石从振武学校毕业后,被分配到炮兵第十九连队实习。虽说是实习,蒋介石实际上是做一些枯燥的杂务,诸如喂马、为老兵服务等。尽管如此,为了能在实习完成后进士官学校学习,他对这些都一一忍受了下来。1911 年,武昌起义爆发,蒋介石受陈其美的召唤,放弃了进入士官学校学习的机会,回国参加起义。回国前,在他的积极鼓动下,在十三连队实习的百余名留

　　①　宓熙:《我在蒋介石身边的时候》,见中国人民政治协商会议浙江省委员会文史资料研究委员会编:《浙江文史资料选辑》(第 23 辑),杭州:浙江人民出版社,1982 年,第 1—2 页。
　　②　唐瑞福、汪日章:《蒋介石的故乡》,见中国人民政治协商会议浙江省委员会文史资料研究委员会编:《浙江文史资料选辑》(第 23 辑),杭州:浙江人民出版社,1982 年,第 45 页。

学生，竟也都愿意跟随他回国参加革命。①

1911 年辛亥革命爆发后，蒋介石即回上海，受陈其美指派，于 11 月初率先锋队百余人至杭州，参加光复杭州之役。后在沪军都督陈其美部任沪军第二师第五团团长。

清末阶段是蒋介石人生及事业的起点，蒋后来一路飞黄腾达，做到黄埔军校校长、国民革命军总司令，直至中华民国党政军集大权于一身的领袖，皆与其所受的教育密不可分。

从时间上看，蒋介石受正规教育主要是在 1905—1911 年之间，也就是他的 18—24 岁期间。从层次上看，蒋介石就学的学校主要是中学及军校，军校包括保定军校及日本振武军校。同时，蒋介石具有严格的留学经历和科班出身的军校经历。蒋介石的教育经历是丰富的，而且转换很快，是宁波——杭州——保定——日本东京这样一个逐渐扩展视野的顺序。

2.传统文化与地域文化对幼年蒋介石的影响

在研究蒋介石的一生时，很多学者都会注意到一个问题，就是传统文化对于蒋介石的影响。蒋介石在取得成就之后，所表现出来的对母亲的爱以及对儿孙的舐犊之情，更是他幼时所受传统文化教育的一种集中体现。

从很多记载来看，蒋介石似乎对父亲的感情不是太好，在历来的很多回忆中很少提到父亲，包括其母亲王氏生前，也多次对蒋介石要求，"临终时又嘱咐要为她另行择地安葬，不得与乃父同穴，蒋遵母嘱，择葬于白岩山鱼鳞岙中垄"②。

蒋介石的母亲王氏为了能够培育好自己的儿子，肯于投资，请塾师来家教育孩子蒙学。在传统的四书五经里，给幼小的蒋介石所灌输的，更多的是传统的儒家文化，包括孝道及和谐的理念。所以蒋介石晚年家庭生活还是惬意的，儿孙绕膝，体现了中国传统文化中的家庭文化的内涵。

蒋介石在《先妣王太夫人事略》中说：

> 中正幼多疾病，且常危笃，及愈则又嬉戏跳跃，凡水火刀枪之伤，
> 遭害非一，以此倍增慈母之劳。及六岁就学，顽劣益甚，而先妣训迪不

---

① 吕顺长：《清末浙江与日本》，上海：上海古籍出版社，2001 年，第 95 页。

② 唐瑞福、汪日章：《蒋介石的故乡》，见中国人民政治协商会议浙江省委员会文史资料研究委员会编：《浙江文史资料选辑》（第 23 辑），杭州：浙江人民出版社，1982 年，第 46 页。

倦,或夏楚频施,不稍姑息。①

无论如何,蒋介石对母亲的孝道,体现了传统知识分子的美德。

3.蒋介石为何能脱颖而出?

蒋介石从浙江的乡村中走出,何以能够登上中国政治舞台的中心? 这个问题颇值得玩味。蒋介石本是浙江奉化的一个富户家的孩子,在当地所受的教育,是比较不错的,但是若放在全省、全国的背景下,也只是一般而已。蒋家在当地称上是富户,但是溪口是个小地方,而且在蒋介石记事之后,其父亲已经去世,所以家庭不可能有太大的财富积累。从蒋介石的家庭背景可以看出,他家不是一个官宦之家,更并没有显赫一时的权势与财势,只是地方的大户而已。对他起影响作用的教育是军校生涯,但是保定军校生及留日军校生在当时的中国成千上万,又何止蒋一人? 蒋介石为什么能够迅速崛起于乱世中的中国呢?

首先和他的求学经历有关。蒋介石的求学路线,也决定了他将不断接触社会新的人物。这里面就有后来被人们视为他革命指路人角色的重要人物。陈其美与蒋介石在东京学校相识,他是孙中山的左膀右臂,而蒋介石借着陈其美的关系,得以结识孙中山,这为以后蒋地位的蹿升提供了必要的基础。蒋介石受教育的经历,更多的可能是给他提供了一个广阔的交际平台。陈其美、张静江、孙中山这些对他的一生发展起到关键作用的人,对他的赏识是他上升的一个基础。乡谊的作用,在这里面的作用也是很大的。陈其美、张静江都是其浙江老乡,在海外遇到故乡人,那种亲切感自然要胜过外省人。

其次,是蒋介石的个人努力。蒋介石的求学经历是一种个人努力,他的革命参与也是一种必不可少的个人努力。蒋介石在东京结识了一生中对其影响至深的陈其美,并在其介绍下参加了同盟会。蒋介石武昌起义爆发后回到国内,投身军界参加革命。"武昌起义,公微服回国,至沪,陈其美令主持攻浙事,任攻浙先锋队指挥官,公率敢死队炸浙抚署,虏浙抚增韫。别军攻将军署,旗营亦降,浙遂下。"②并与他的上级黄郛以及黄郛的上级、

---

① 　转引自唐瑞福、汪日章:《蒋介石的故乡》,见中国人民政治协商会议浙江省委员会文史资料研究委员会编:《浙江文史资料选辑》(第 23 辑),杭州:浙江人民出版社,1982 年,第 45 页。

② 　陈布雷等编:《蒋介石先生年表》,台北:传记文学出版社,1978 年,第 5 页。

他的上上级陈其美结为"盟兄弟"。这三人本是上中下的隶属关系,在讲求等级的军队系统,能够结拜为兄弟,这本身不能不说是一种特色。在建立与陈其美的关系之后,蒋介石又与孙中山接上了关系,并且一直效忠于孙,直至孙去世。他主导的北伐战争,势如破竹般地打破了北洋军阀以 200 多万军队为基础的全国统治,并结束了自民国开创以来的全国形似统一、实则分裂的局面,通过武力基本统一了全国。

第三,与蒋介石的个人冒险有关。特别是他奉陈其美之命,率人由上海赶赴杭州,以敢死队的形式光复杭州,说明蒋在年轻的时候敢于冒险,敢于献身。1912 年 1 月,他奉陈其美之命,在上海广慈医院暗杀了辛亥元勋、光复会领袖陶成章,这也是其敢于政治冒险的集中体现。1943 年 7 月 26 日蒋介石日记云:"总理最后信我与重我者,亦未始非由此事而起,但余与总理始终未提及此事也。"①说明蒋介石也自认为因刺陶事件开始获得孙中山信任。其后,又有孙中山被困永丰舰、中山舰事件等等,蒋介石通过一个又一个的政治、军事冒险,以非常规手段铲除异己,登上了他的权力巅峰。

第二节　清末绍兴名流学生:秋瑾、周树人、徐锡麟

绍兴是浙江人才之源,许多名震一时的人物,都来自绍兴。绍兴的人才与它的社会经济发展有一定的关系。蒋鼎文曾说:"这一带人民的生活大都小康。一般人家的子弟受到中等教育,无力升学的大部分到政府机关去充当小吏,或者当讼师,所谓'绍兴师爷'大致是这样来的。"②经济的小康加上为人的精明,造就了绍兴人能干敢闯的处事风格。

近代的绍兴,群星璀璨,在整个浙江同级区域,人才最盛而多。"即使从留日这个小的视角来看,在日后知名的绍兴人就有蒋智由、何燏时、陶成章、陈仪、俞大纯、许寿裳、周树人、经亨淦、蒋尊簋、经亨颐等人。"③本节从秋瑾、周树人、徐锡麟等人的浙江教育,来探讨清末年代里绍兴人特有的历

---

① 杨天石:《蒋介石为何刺杀陶成章》(附记),见《国民党人与前期中华民国》,北京:中国人民大学出版社,2007 年,第 99 页。

② 李毓澍访问,周道瞻纪录:《蒋鼎文先生访问纪录》,台北:内部发行,1964 年,第 1 页。

③ 薛绥之主编:《鲁迅生平史料汇编》(第一辑),天津:天津人民出版社,1981 年,第 212 页。

史影响。

一、秋瑾:女权学生与女革命党人

在近代中国历史上,还没有哪一个女性的声名有秋瑾之后世影响。秋瑾的女革命家声名是家喻户晓的。秋瑾之所以有这样大的声名,不仅是因为她的革命功绩,也由于她的女性身份——一位在女权严重受压制时代的女性解放先驱。在旧中国,女子接受教育是很少的,但秋瑾不仅接受了教育,而且还去海外留学,还参与了革命党行动,这样的经历,在当时确实是了不起的一件事情。

还有,就是秋瑾的死,在当时被视为冤案。而由于媒体的作用,秋瑾之死甚或超越了这起案件的本身。

1.秋瑾的游学经历与革命业绩

秋瑾,号竞雄,自称鉴湖女侠,山阴人,1875 年生于福建①。1894 年随父亲秋寿南同赴湖南,后在父母主持下与湖南富绅之子王廷钧结婚。1900 年王廷钧因捐官授户部主事,秋瑾随夫同去北京。1900 年八国联军入侵前,王、秋回到湖南。1903 年再去北京。此间秋瑾目睹政府腐败。1904 年 5 月秋瑾不顾家人反对,自筹经费由日本女友服部繁子陪同赴日留学,先入东京中国留学生会馆所设的日语讲习所补习日文。此间与陈撷芬重兴"共爱会"。1904 年秋创办《白话报》,提倡妇女解放、男女平权。1905 年 3 月回国,在上海结识了蔡元培,在绍兴结识了徐锡麟,同时经陶、徐介绍加入光复会。1905 年 7 月再次赴日,8 月入东京青山实践女校学习,9 月拜会孙中山,并加入同盟会,被推为评议部评议员和同盟会浙江主盟人。

1906 年初,因为反对日本文部省颁布《清国留学生取缔规则》与同学回国。3 月到湖州南浔镇浔溪女校任教,两月后辞职去上海,与陈伯平、潘剑锋、姚勇忱、敖嘉熊、吕逢樵、张恭、姜乐山、尹锐志等秘密组织江浙会党,预备发动起义。1906 年 9 月在上海试制炸弹时不慎爆炸手臂受伤,险遭逮捕。同年冬在上海创办《中国女报》,第一期于 1907 年 1 月出版,在国内号召妇女解放运动。

---

①　关于秋瑾出生的确切地址,有争议。按照《秋瑾年谱》一说认为不确切,参见郭延礼:《秋瑾年谱》,济南:齐鲁书社,1983 年。有指福建厦门,抑或福建闽侯,如《浙江人物简谱》。

　　根据同盟会发动萍浏醴起义的需要,曾于 1906 年 12 月回浙江运动会党。萍浏醴起义失败后,与徐锡麟欲谋发动皖浙起义,徐锡麟通过花钱捐官及人事关系赴安徽活动,秋瑾则在浙江主持工作。1907 年初接任大通学堂督办,并以大通学堂为据点,积极运动浙江各府县会党。1907 年夏,秋瑾将浙江光复会员与会党分子合组成光复军,以"光复汉族,大振国权"八字为序,编为八军,推徐锡麟为统领,自任协领,约定安徽、浙江同时起义。

　　徐锡麟在安徽由于行动的泄露,遂决定在 7 月 6 日提前举义,枪杀安徽巡抚恩铭,清朝官场大地震。浙江政府积极排查,秋瑾于 7 月 13 日被捕,15 日凌晨被杀害于绍兴城区古轩亭口。

　　1906 年 9 月,秋瑾因制炸药受伤:

> 会稽陈伯平,本为大通学校学生,尝偕徐锡麟游日本,因得识秋瑾。伯平志愿暗杀清吏,瑾乃荐为上海中国公学教员,居中联络。秋瑾以取缔留学生案归国后,一度至浔溪女学校任教,因与该校女生感情不睦,辞职。屡至上海,与陈伯平等在虹口祥庆里赁屋,作为革命运动机关。本月,因制炸药失慎爆炸,伯平伤目,瑾伤手。①

朱赞卿回忆秋瑾在大通学堂的情形:

> (我)乃于二月初五日前往应试。录取后,初九日进大通学堂,初十日上午举行开学典礼,所行的是军礼,所奏的是军乐,来宾为绍兴府知府贵福、山阳县知县李钟岳和府教育会长王佐。十三日起上课,课程分国文……等十四门。校长为黄怡(字介卿),教员有姚勇忱等……秋瑾是每天来校的,朝来晚归。她坐一只中号花浪船,两名船夫把她接来送去。她一上岸,一直踱进校长室。脚虽缠过,但有一双黑色皮鞋,所以有人说她是男装到底的,但是头是不剃的。②

　　历史常常在众多的机缘中,将不同时代的人牵扯到了一起。著名马克思主义历史学家范文澜在清末还是个孩童,由于他的家离大通学堂很近,所以他对秋瑾有着很深的印象:

---

① 陶成章:《秋瑾传》,见《秋瑾集》,上海:上海古籍出版社,1960 年,第 179—183 页。
② 朱赞卿:《大通师范学堂》,见郭长海、秋经武主编:《秋瑾研究资料·文献集》(上),银川:宁夏人民出版社,2007 年,第 85 页。

　　她主持的大通学堂，离我家不到半里路。大通学堂实际是一个军事学校，操场就在我家对面，中间仅隔丈把宽的小河，我和一群小孩很喜欢看她们背着洋枪上操，听到军号响，就不约而同地跑到河岸上去看。有几次看到一位矮小的戴眼镜的人在操场里看操，有些人指点说，这就是徐锡麟。我所看到的秋瑾，总是男子装束，穿长衫、皮鞋，常常骑着马在街上走。她骑着马来了，我们跑到马左马右瞪着眼看她，她也看我们。①

　　总体说来，秋瑾一心革命，无论是试制炸药，还是大通学堂培训革命党，都是为进行暴力革命做积极的准备。

2.秋瑾女革命家形象的建构

　　革命在清末从理论走向实践，是由一批批接受了教育的知识分子在有步骤无步骤地实施。革命是需要实践的，而实践革命思想是要冒杀头的危险，秋瑾就是这些革命实践者中有着重要影响的一员。

　　李细珠在《秋瑾女革命家形象的建构》一文中，对秋瑾女革命家形象的建构，进行了详细的解构，之后重新进行了建构。秋瑾也由一个关键时刻柔弱、哭啼的女子变成了一个坚定的女革命家形象。其实，对于秋瑾评价的关键，是秋瑾之死。不同时期，不同立场，得出的结论是截然不一的。

　　对于秋瑾被杀，社会舆论为之大哗。由于媒体的扩张效应，对于秋瑾之死的争论，众说纷纭。

　　《申报》1907 年 7 月 23 日第 4 版报道，对于秋瑾之死的推测，说法不一。

　　　　杭州来函云：秋女士之被惨杀也，卖之者为女士曩日在东密友袁某，袁现方任绍郡中学监督，惧祸及己，故卖之以自保。而张抚幕友之力主株连者为宁人某姓，某平日颇能笼络学界以博时誉，当安庆警电至浙，张抚大暴躁，谓学生无不可杀。某恐以此失张抚欢，力劝从严惩办，乃有此次冤狱云。②

　　《神州女报》为秋瑾之死鸣不平：

---

　　① 范文澜：《女革命家秋瑾》，见郭长海、秋经武主编：《秋瑾研究资料·文献集》（上），银川：宁夏人民出版社 2007 年，第 86 页。

　　② 载《申报》1907 年 7 月 23 日。

以本国法律言之，杀人必据口供；以文明各国法律言之，刑人必求证据。二者必有一具焉，而后可以刑人、杀人……今浙吏之罪秋瑾也，实为不轨，为叛逆。试问其所谓口供者，何若？所谓证据者，何若？则不过一自卫手枪也，一抒写性情之文字也。果然，则仅得一违警罪而已，嫌其失人矣，乌得而杀之。①

而在《神州女报》关于秋瑾之死的持续追踪报道中，有些当事人认为其言论不实，大肆喊冤，比如她的密友袁翼。袁翼被指称是告密者，所以在《袁翼上浙抚书》云："今《神州女报》为秋瑾死事，不察实情，听访员之言，遽污翼告密……"②

在各大报纸的追踪报道中，言论普遍反映出对政府杀害秋瑾的不满。舆论失控的前提是这些媒体多位于政府势力所不能触及的上海租界等地，享有较为充分的新闻自由。一边倒的舆论导致了民众对于秋瑾之死的普遍同情，民众对于社会现实的不满也以此事进行发泄。

在媒体的强大压力下，浙抚不得不托病请假，但舆论却紧追不舍：

浙江巡抚张曾敭因此次查抄绍郡各学堂暨严惩秋瑾女士颇遭物议，渐自引咎。故于日前托病，奏请乞假二十天，所有公务悉委藩、学、臬、运四司分办。员绅往谒概不接见，并闻张抚假满后，尚拟续请展假。……绍兴秋瑾女士正法后，某四女士以其并无供词实证，深痛女界之摧残，特函致张抚询问秋瑾女士究竟因何定罪，持何证据？现张抚尚未答复云。③

关于抓捕秋瑾的动机，还牵扯到一代名绅汤寿潜：

彼时绍兴知府为满人贵福，其幕僚中有一人为秋瑾的表兄，秋瑾由他介绍，得与贵福相识，过从甚密，秋瑾借此掩护革命工作，并窥探绍兴军政情况。贵福本无决意捕秋瑾，乃商于绍兴巨绅汤寿潜。汤寿潜恨秋瑾主张男女平等，是破坏伦常，反提出秋瑾所作的诗词里的"男

① 《秋瑾有死法乎》，载《神州女报》1907 年 12 月第 1 卷第 1 号，见《绍兴县馆藏清代档案集萃》，香港：天马图书有限公司，2002 年，第 104－105 页。
② 《袁翼上浙抚书》，见郭长海、秋经武主编：《秋瑾研究资料·文献集》（上），银川：宁夏人民出版社，2007 年，第 172 页。
③ 载《申报》1907 年 7 月 27 日。

女平权一杯酒,责任上肩头""大好头颅求善价,不知谁是沽屠人""山河破碎我无家"几句,作为她从事革命的证据。贵福乃捕秋,询问口供,秋瑾洋洋千余言,痛骂清政府祸国殃民,并骂汤寿潜吞没沪杭路款,欺骗国人。汤见供词大訾,对贵福说:"这种供词如发表,不仅不能镇压革命,反要促成革命。可照曾文正改李秀成供词的办法,伪造口供。"竟以"秋风秋雨秋煞人"为她造反的罪状,促使贵福杀害了她!①

汤寿潜在辛亥后出任浙江的首任都督,遭到了以王金发为代表的光复会成员的强烈反对,最主要的原因,也是汤寿潜在秋瑾案上的态度及其在案中所起的重要作用。

秋瑾本是革命党,而舆论皆以其非革命党而为其鸣冤。在历朝历代,造反大抵都是杀头的罪名。但舆论的天下滔滔竟使得秋瑾成为一时的冤屈之人物。秋瑾之死使更多的人认识到什么是革命,革命的思想也因秋瑾之死而进一步深入人心。有一点可以肯定,政府在处决秋瑾这件事上得到了明显的适得其反的效果。秋瑾直到今天,仍然是家喻户晓的革命英烈,而对这样历史定位起最大作用的,是清末那些不受政府控制的媒体。

二、清末时期的周树人:做学生的与做老师的

怎么看待周树人幼年所接受的教育,以及与其之后成就之间的联系?这是一个仁者见仁、智者见智的问题。

1.周树人的教育背景

周树人在成名后,性格冷峻、严厉而不宽容,这可能与他在幼年的经历有关。幼年时期,父亲重病,家道中落,而世人白眼、世态炎凉又使幼小的周树人心中少了童年的欢娱,更多的是一种对社会的不满。周树人1881年出生在浙江绍兴城的一个官僚地主家庭,13岁那年,其祖父因科考舞弊案入狱,此案惊动了朝廷。此后他的父亲又长期患病,家境败落下来。

周树人是家庭的长子,上有孤弱的母亲,下有幼弱的弟妹,他比别的人更多了一种家庭的责任与由责任而来的对社会与人生的思考。

在当时绍兴,一般的读书人有三条道路:一是读书做官的道路。二是

---

① 王璧华:《秋瑾成仁经过》,《近代史资料》1970年第2期。载郭长海、秋经武主编:《秋瑾研究资料·文献集》(上),银川:宁夏人民出版社,2007年,第148页。

去当某一个官僚的"幕友",即明清以来颇引人争议的师爷;三是去经商。周树人则另辟别径,进"洋学堂"。周树人后来回忆说,这在当时的中国,是被一般人视为"把灵魂卖给洋鬼子"的下贱勾当。但他所说的中国人恐怕指的是一般的没有知识与远见的民众吧,那些有远见的先进人士,绝不会这么想。

1898 年,周树人离开家乡进了南京水师学堂,后来又转入南京陆师学堂附设的南京路矿学堂。两所新式学校开设了数学、物理、化学等传授自然科学知识的课程,使得周树人的眼界大开。在南京路矿学堂期间因成绩优异,毕业后获得了公费留学的机会。1902 年,他赴日留学,开始在东京弘文学院补习日语,后来进入仙台医学专门学校。他之选择学医,一方面是因为父亲受庸医所害之影响,另一方面则是想改变当时被歧视为"东亚病夫"的中国人的体质。

2.弃医从文的原因

周树人想通过医学来强壮国人的想法,很快因在仙台读书的种种遭遇而被击得粉碎。在相当长的时间里,鲁迅弃医从文的原因被解释为受刺激。

> 所授有物理、化学、解剖、组织、独乙种种学,皆奔逸至迅,莫暇应接。组织、解剖二科,名词皆兼用腊丁、独乙,日必暗记,脑力顿疲。幸教师语言尚能领会,自问苟侥幸卒业,或不至为杀人之医。解剖人体已略视之。树人自信性颇酷忍,然目睹之后,胸中亦殊作恶,行状历久犹灼然陈于目前。然观已,即归寓大啮,健饭如恒,差足自喜。[①]

在该信中,鲁迅给同乡蒋抑卮讲述了学医的辛苦,特别是在适应性方面,是颇需要一番功夫的。

> 有一回,我竟在画片上忽然会见我久违的许多中国人了,一个绑在中间,许多站在左右,一样是强壮的体格,而显出麻木的神情。……从那一回以后,我便觉得医学并非一件紧要事,凡是愚弱的国民,即使体格如何健全,如何茁壮,也只能做毫无疑义的示众的材料和看客,病死多少是不必以为不幸的。所以我们的第一要著,是在改变他们的精

---

① 《041008 致蒋抑卮》,见《鲁迅全集》第 11 卷,北京:人民文学出版社,2005 年,第 330 页。

神,而善于改变精神的是,我那时以为当然要推文艺,于是想提倡文艺运动了。①

这段论述被认为反映了鲁迅弃医从文的主要动机。周树人喜欢给人起绰号,冷眼看世界,有着强烈的表达欲望,从这点来说,文艺无疑比从医要更适合得多。

从中国近代社会的发展来看,能够起到唤醒民众作用的,还是教育。教育可以改变人的命运,而且适当而优良的教育,可以促使人对历史对社会的思考,所起的是基础作用。教育即使改变不了国家的命运,但也可以对个体的人进行改造。

周树人的成长成才,也是新式教育的结果。从在故乡接受启蒙教育,到南京的江南水师学堂,无论当时多不愿意,至少是个公费生。后来周树人去了江南陆师学堂附设的矿路学堂,后来还被保送到日本留学,也是中央要求各地方选派学生出洋游学。周树人即是那时由两江总督刘坤一出面保送的②。

周树人弃医从文,离开仙台医学专门学校回到东京,开始翻译外国文学作品,筹办文学杂志,发表文章,从事文学活动。但是,周树人的想法并没有在现实中取得多少积极的效果。他翻译的外国小说只能卖出几十册,筹办的文学杂志也因缺乏资金而未能出版。家计艰难,特别是还在日本读书的二弟周作人已经娶妻,这就使得作为老大的周树人不得不回国谋职养家糊口。1909年,他从日本归国。

3.作为老师的周树人

周树人在清末的教师生涯,主要有绍兴与杭州两个阶段。在日本学医中断后,1906年从仙台回到东京,他把学籍放在独逸学协会学校。他在其中学了一些德语,但主要是为了有个学籍,可以得到公费的名额。他订购了一些德文新旧书刊,还和人翻译了一些作品,但是大多并没有达到理想中的效果。1909年8月,因为他的好友浙江两级师范学堂教务长许寿裳向监督沈钧儒的推荐,鲁迅回到国内,开始他的教师生涯。

---

① 《自序》,见《鲁迅全集》第1卷,北京:人民文学出版社,2005年,第438—439页。
② 相关内容见蒙树宏:《鲁迅是哪个单位保送去日本留学的?》,载《上海师范大学学报》1980年第2期。

许寿裳回忆周树人"教书是循循善诱的,所编的讲义是简明扼要,为学生们所信服。他灯下看书,每至深夜,有时还替我译讲义,绘插图……"①。周树人在杭州教书,遇到了监督更换,道学先生夏震武接替被选为谘议局副议长的沈钧儒。由于夏震武要求祭孔及对待教师傲慢,引起了大家的不满,所以集体请辞。

"本月(农历十一月)十四日,杭州师范学堂教员因与新任监督夏震武发生争执,全体请辞。至本日,浙江提学使袁嘉谷照会夏监督:师范学堂由袁氏暂行监理,夏遂去职;十日风潮,乃获平息。"②1910 年 1 月 4 日杭州师范学堂这场风潮解决。在这次被称为"木瓜之役"的斗争中,教员们取得了胜利。

之后,周树人出任绍兴府中学堂监学,积极从事文学及科研活动。《会稽郡故书杂集》就是在绍兴府中学堂教书及 1911 年下半年离职在家时整理完成的。1911 年夏,周树人在办理了第二届毕业生的毕业手续后,辞去了绍兴府中学堂的职务,"原想去沪当书店的编译员,但是因为没有熟人竟被拒绝了"③。看来人际关系在清末求职也是一样起着重要的作用。

1911 年 11 月 4 日,杭州光复。之后王金发带领部队从杭州赶到绍兴:

> 王金发的军队很快地上了岸,立刻向城内进发。兵士都穿蓝色的军服,戴蓝色的布帽,打裹腿,穿草鞋,拿淡黄色的枪,都是崭新的。带队的人骑马,服装不一律,有的穿暗色的军服,戴着帽子,有的穿淡黄色军服,光着头皮。④

这是周树人之后很多小说里面所用的革命军进城的原型。周树人其时以山会师范学堂监督的身份,迎接王金发部队的到来。

三、徐锡麟:文人造反的极端典型

有关对徐锡麟的评价,向以革命烈士的称誉为多。而徐锡麟在刺杀安

---

① 薛绥之主编:《鲁迅生平史料汇编》(第一辑),天津:天津人民出版社,1981 年,第 404 页。
② 《杭州师范学堂解散日记》,载《东方杂志》1909 年第 13 期。
③ 谢德铣:《鲁迅在绍兴府中学堂》,见薛绥之主编:《鲁迅生平史料汇编》(第一辑),天津:天津人民出版社,1981 年,第 199 页。
④ 乔峰:《略讲关于鲁迅的事情》,见薛绥之主编:《鲁迅生平史料汇编》(第一辑),天津:天津人民出版社,1981 年,第 244 页。

徽巡抚恩铭后悲壮的就义,则更增添了人们对他的烈士形象的加固。

1.徐锡麟的教育经历与文人形象

徐锡麟出生在绍兴的东浦,是徐家的长孙,因此从小就格外受到宠爱。父亲徐凤鸣是个地方士绅,在其六岁时,"就将'桐映书屋'辟为家塾,课子读经"[①]。

1893 年徐锡麟参加绍兴科举院试,考中了秀才。1903 年中了举人。接着赴日结识陶成章、龚宝铨,1904 年参加光复会。1905 年在绍兴创立体育会,后创立大通师范学堂,规定入校学生均为光复会会员。同年冬赴日学陆军,未能如愿,1906 年回国赴安徽任武备学校副总办、警察处会办。1907 年任巡警学堂堂长、陆军小学监督。7 月 6 日,因刺杀安徽巡抚恩铭而举国震惊。

曾在绍兴中西学堂徐锡麟工作的学校做学生的蒋梦麟回忆说:

> 考试以后,我们要等上十天、八天,才能知道考试结果。因为放榜以前我们可以大大地玩一阵。试院附近到处是书铺,我常碰到全省闻名的举人徐锡麟,在书铺里抽出书来看。我认识他,因为他曾在绍兴中西学堂教算学。想不到不出数年,他的心脏被挖出来,在安徽巡抚恩铭灵前致祭,因他为革命刺杀了恩铭。[②]

那一次,蒋梦麟差点追随徐锡麟的门生马子夷而去:

> 马子夷是我在浙江高等学堂的同学,他和陈伯平从日本赴安庆时,曾在上海逗留一个时期。两个人几乎每天都来看我,大谈革命运动。他们认为革命是救中国的惟一途径,还约我同他们一道去安庆。但是一位当钱庄经理的堂兄劝我先到日本去一趟。[③]

历史常常在不经意间与人们擦肩而过。无独有偶的是后来成为著名将领的蒋鼎文,也差点与此事件相连:

> 光绪三十三年(1907 年),我十四岁那年,五月廿六日(公历 7 月 6 日),徐锡麟在安庆刺杀巡抚恩铭。在先,我几乎因为马宗汉先生的关

---

① 徐和雍:《徐锡麟》,合肥:安徽教育出版社,1983 年,第 3 页。
② 蒋梦麟:《蒋梦麟回忆录:西潮与新潮》,北京:东方出版社,2006 年,第 73 页。
③ 蒋梦麟:《蒋梦麟回忆录:西潮与新潮》,北京:东方出版社,2006 年,第 82 页。

系,而去安庆进徐锡麟的陆军小学。如果那一次去了,一定会参加那一次的举义,不知生死如何了,现在已无法想起是为了什么一件小原因没有去安庆,也就失去了一次参加实际行动的机会了。①

徐锡麟生性刚烈,但对同盟会始终心存芥蒂。

2.如何看书生的暗杀活动

清末时期,革命党人为了达到驱除鞑虏的革命目的,手段无所不用之极。陶成章曾在日本学习催眠术,并编有催眠方面的书籍。在当时,暗杀成为革命者一种颇为流行的革命方式。

革命党人曾在 1904 年组织成立暗杀团,这似乎是光复会的前身。激进人士(如龚宝铨)是其中的活跃分子,文人形象的蔡元培,还是暗杀团的负责人,可见当时革命党人对于暗杀的热衷,认为暗杀可以毕其功于一役,如果将清朝满族大员全部一网打尽,那就可以少奋斗很多年。在这其中,革命党人并未太搞清楚推翻的政权与执政的个人之间的关系。

革命党搞暗杀,是清末的一大时髦。遍看清末民初,暗杀事件屡屡皆是。徐锡麟刺杀了恩铭,在社会上引起了强烈的震动。有说陶成章与秋瑾关系不协调,其中有一个事情可作佐证,秋瑾曾嘲笑过陶成章,说其"秀才造反,三十年不成"。秋瑾不认同陶成章运动会党、动员基层社会的方式。在对于革命形式的看法上,秋瑾与徐锡麟的想法是一致的,即通过武装暴动达到胜利的目的,而缺乏动员基层社会的耐心。

徐锡麟在刺杀恩铭这件事情上,将执政者个人与革命的整个对象直接画了等号。而徐锡麟之所以能坐上督办这个位置,还得益于恩铭的提拔,按照传统的观点,也算是有"知遇之恩"。徐锡麟在刺杀恩铭后曾说:

> 恩铭厚我,系属个人私恩;我杀恩铭,乃是排满公理……署中私室,学堂乃公地,大丈夫作事,须令众目昭彰。②

徐锡麟在《绝命书》中说:

> 为排满事,蓄志十几年,多方筹划为我汉人复仇,故杀死满人恩铭,后欲杀端方、铁良、良弼等满贼,别无他故,灭尽满人为宗旨。③

①　李毓澍访问,周道瞻纪录:《蒋鼎文先生访问纪录》,台北:内部发行,1964 年,第 2 页。
②　徐和雍:《徐锡麟》,合肥:安徽教育出版社,1983 年,第 96 页。
③　中国史学会主编:《辛亥革命》(三),上海:上海书店出版社,2000 年,扉页。

典型体现了他在从事革命时的义无反顾及其极端性,革命对象本无分种族。徐锡麟这种狭隘的民族观念,是导致其仓促暴动旋即失败的内在根由之一。

徐锡麟供词:

> 我本革命党首领,以道员就官安徽,专为排满而来,投身政界,使人无可防觉。满人虏我汉族将近三百年矣,观其表面立宪,不过牢笼天下人心,实主中央集权,可以膨胀权势,然实满人之妄想,以为一立宪即不能革命。殊不知中国人程度不够立宪,以我理想,立宪是万万做不到,若以中央集权为立宪,越立宪,我汉人越死得快,我只拿定革命宗旨,一旦乘时而起,杀尽满人,自然汉人强盛,再图立宪不迟,我蓄志排满已十余年矣,今日始达目的,本拟杀恩铭,再杀端方、铁良、良弼,为汉人复仇。乃竟于杀恩铭后,即被拿获,实难满意,我今日之意,仅欲杀恩铭与毓钟山(名秀)耳,恩铭已击死,可惜便宜毓钟山,此外各员均系误伤。……尔言抚台是好官,待我甚厚,诚然,但我既以排满为宗旨,即不能问满人做官之好坏。至于抚台厚我,系属个人私惠,我杀抚台乃是排满公理,此举本拟缓图,因抚台近日稽查革命党甚严,又当面嘱我拿革命党首领,恐遭其害,故先发以制之,且欲当众将他杀死,此外文武官吏不能不服从我,直下南京,可以势如破竹,我从此可享大名,此实我最得意之事。①

在徐的供词中,狭隘的民族主义观念可见一斑,但是字里行间却表达了一个激进知识分子对于国家前途的忧思。同时,从当时的语境看,高昂的民族主义旗帜,比起革命的皇皇大论,对于推翻清政府的作用更大,号召力更强。

第三节　近代浙江政治、知识精英的养成

民国时期的社会精英舞台,浙江人无疑是其中最为璀璨的一支。他们的炫目来自于众多浙江籍政界、军界、文化教育界精英人物的精彩表现,但

---

① 冯自由:《光复军大元帅徐锡麟》,见《革命逸史》(下),北京:新星出版社,2009年,第867—868页。

这些人几乎无例外的,都是在清末时期接受教育主要是新式教育的学生。

中国社会,向以精英治国。在民国的主流社会中,流动于此区域中的浙江籍人士很多。近代中国是一个乱象横生的时期,民国社会的精英,以今天的看法来说,可以分为政治精英、知识精英与经济精英三大类。在乱世中,枪杆子是第一位的,所以近代中国军人的地位得到空前提升。

一、政治军事精英的成长

清末时期成长起来的政治军事人才,除了上文介绍的之外,仅全国范围内知名的就有樊光、陈仪、褚辅成、沈钧儒、陈叔通、陈其美、蒋尊簋、吕公望、黄郛、王正廷、邵力子、陈布雷、陈立夫、陈果夫、朱家骅、戴笠、俞大维、陈诚、毛人凤、汤恩伯、胡宗南等,而且都是民国的精英人物。蒋介石在内战时期主要依靠的三大将领陈诚、胡宗南、汤恩伯都是浙江籍出身。

下面以陈仪、蒋鼎文为例,试说民国政治军事精英的养成。

1.陈仪:浙籍的军事统帅

陈仪,字公侠,1883 年 5 月生于浙江绍兴东浦镇。陈仪出生于大户人家,父亲这辈,一个经商、一个做官,在乡野均有很好的声望。

> 父亲陈炳镛,以经销绸缎起家,后更为日资银行买办,与京城达官显贵交谊甚厚。叔父陈炳熙,曾出任山东、河南的知县及开封府知府等职。[1]

1888 年陈仪与其兄入东浦私塾学习,后在叔父主持的杭州家塾中学习,叔父教他们为人为学。家庭对陈仪的本来打算是继承父业经商,陈仪在少年时有一阶段,确实学习了做生意所必备的一些义务素质。但是后来,陈仪目睹"清王朝政治腐败,萌发了救国救民宏志,坚决要求进学堂读书"[2]。1898 年陈仪考取了求是书院,在求是书院期间,受进步教师、同学的维新影响,思想发生了深刻的转变。

1902 年,陈仪与胞兄陈威及同乡邵铭之考取了留日官费名额,陈仪进入了成城学校,后入日本士官学校第 5 期炮兵科。1903 年正月,陈仪以及

---

① 浙江省政协文史资料委员会编:《陈仪军政生涯》,杭州:浙江人民出版社,2005 年,第 1—2 页。

② 浙江省政协文史资料委员会编:《陈仪军政生涯》,杭州:浙江人民出版社,2005 年,第 3 页。

在日本留学的绍兴籍留日同学周树人、陶成章、许寿裳、经亨颐等 27 位聚会东京清风亭,会后发出《绍兴同乡会公函》,介绍日本明治维新之后的快速发展情况,吁请乡民进行改革,选送优秀人才出国留学,使家乡得到进一步发展。后来,陈仪在日本加入了光复会。

1907 年,陈仪从日本学成回国,被派往陆军部任二等课员。浙江在辛亥后成立都督府,第二任都督为蒋尊簋,为陈仪之校友,邀请陈仪担任都督府军政司司长,负责后勤后备等事宜,陈仪果然不负众望。

1914 年陈仪曾奉袁世凯之名,追寻赴滇起兵讨袁的蔡锷,陈仪鄙视袁世凯意图称帝之行径,后以"追不到"交差。1917 年陈仪再度赴日,入日本陆军大学,为中国留学日本陆大第一期学生。1920 年以优异成绩毕业,日本陆军大学的经历,奠定了他在中国军界的深厚基础。之后,陈仪的仕途飞速发展,1922 年任浙军师长,1926 年任浙江省长,1933 年 11 月在福建事变后出任福建省主席,1941 年 12 月调任行政院秘书长,1945 年 8 月台湾光复后出任首任行政长官,1948 年 6 月任浙江省政府主席。1950 年 6 月以通共罪名被蒋介石处死于台北。

综观陈仪一生,无论在政界抑或军界,都曾辉煌于一时。少时出国留学,后步入军政两界,实现了作为一名军事生所有的理想与追求。尽管后来身死,但那是历史的一种悲剧。就其整个阶段来看,他的人生得志是占主要的。

2.五虎上将蒋鼎文的家庭出身与教育背景

蒋鼎文是近代史上一个较为特殊的人物。他是蒋介石的五虎上将之一,同时又玩世不恭,军人从商,他要算是一个。他的身上沾染了很多不好的习气,吃喝嫖赌样样精通。他受过正规的学堂教育,与传统的旧式军人还有不一样的地方。他的种种传奇经历,可能还要从他的家庭与教育背景说起。

蒋鼎文在自己的回忆中,也说:

> 我是光绪十九年(1893 年)出生的,九岁启蒙,一念就念到十八岁,一共念了九年小学,那时小学没有严格的学年限制,与私塾的区别不大,本来早就该到绍兴府去念中学,可是到绍兴念中学每年需要拿出一百二十元现大洋做学费和生活费,以当时我的家境来说,是无法

负担的,所以我在小学一直念下去,念了九年。[①]

蒋鼎文出身于绍兴诸暨,有个穷困好赌的父亲。"蒋鼎文字铭三,浙江诸暨磨石山人,父名子朗,务农为业,但嗜赌如命。"[②]

读了九年小学的蒋鼎文,在学堂里饱受革命思想熏陶,逐渐接触了一些革命要人,对于蒋以后的发展,起到了重要的启蒙作用。

> 我念的小学叫做翊忠学堂,诸暨很多的名人大半出身于翊忠学堂。校长是乡哲吴仲怀先生,他是前清的举人,是一位硕学之士,他受了革命思潮的熏染,很早便参加同盟会。从他对同学们谈话的口中,我第一次听到"革命""孙逸仙""檀香山"等一连串以前未曾听过的新名词。当时他与革命党人时相往还,革命党人中徐锡麟更是他的好友,就是因为此等渊源,蔡孑民、马叙伦诸人,都曾被延聘到翊忠学堂来担任过教习,所以新思想的种子很早便已传布到翊忠来了。[③]

蒋鼎文所就读学堂的校长是个坚定的革命主义者,这些对蒋鼎文都产生了重要的影响:

> 讨袁护国之役,吴仲怀老先生竟不顾北军在苏浙一带势力,毅然在诸暨号召举义,可以想见此老风范。就在这种教育的环境里,我从小就接受到革命思想的濡染,立定了从军报国的志愿。[④]

童年的求学经历是有趣的、丰富多彩的。"离学校不远的地方,有俞曲园藏书处、大庵寺、石塔等名胜,是我小时游踪常到的地方。"[⑤]

同时,蒋在读书期间还有一批好友,并且他们对他确实起到了一定的帮助作用。

> 蒋鼎文在学堂念书时,曾与七个年龄相等的同学黄懿范、张静远等拜过盟;他们都是浬浦近村人,其中黄懿范和蒋最友善,次则张静远。黄父兄在乡开设商店,颇有资财,蒋家庭贫困,无论在外就学及在

---

① 李毓澍访问,周道瞻纪录:《蒋鼎文先生访问纪录》,台北:内部发行,1964年,第1页。

② 《蒋鼎文其人其事》,见中国人民政治协商会议浙江省委员会文史资料研究委员会编:《浙江文史资料选辑》(第12辑),杭州:内部发行,1979年,第62页。

③ 李毓澍访问,周道瞻纪录:《蒋鼎文先生访问纪录》,台北:内部发行,1964年,第1—2页。

④ 李毓澍访问,周道瞻纪录:《蒋鼎文先生访问纪录》,台北:内部发行,1964年,第2页。

⑤ 李毓澍访问,周道瞻纪录:《蒋鼎文先生访问纪录》,台北:内部发行,1964年,第2页。

家穷愁无聊，生活所需，由黄借债资助，数达二千多元。①

学堂的课程，基本体现了当时普通小学堂的一般特点，即中西合璧式的教学内容。

> 当时浙东的小学除四书五经外，还要念地理、格致、英文、德文。由于我小学念九年，所以根基打得很好，对于以后的立身处世、修养志节，有了很大的帮助。②

1912年，蒋鼎文到杭州考进了学生军，后来并到绍兴大通陆军学堂学习，开始其半个多世纪的军人生涯。

> 清末，浙江杭州设有都督府，都督府办有一所陆军中学，绍兴设有分都督府，分都督府也办一所陆军中学。民元以后，绍兴分都督府撤销，绍兴的陆军中学也就与杭州的陆军中学合并为一，改称大通陆军学堂。学堂的学员分为两种，一是学员队，学员队的构成分子是民元时参加起义攻打南京天保城的浙军干部。清末军队中的下级军官素质很低，有的识字很少，因此，把他们调到大通陆军中学来受训，带职支八成薪。普通支队长哨官等原来支四十元的，调训时便支三十二元，待遇算是很优厚的了。另外一队为学生队，便是从学生军考选的学员，我是考进去的，我们考进去的人素质比较好，也比较整齐，可是一个月只支七块半钱。交去三块钱的伙食费，剩下四块半钱，由于当时的物价低，四块半钱已经够零用了，我一生所崇拜的李筱和师，就在队里教授军事学。③

可以看出，蒋鼎文出身寒门，能够从社会底层奋斗到上层，既说明其时社会自下而上的上升渠道是通畅的，又可以说是时势造英雄的原因。

二、知识精英的成长

近代浙江的文化是灿烂夺目的，这得益于它孕育了一大批知识精英。

---

① 《蒋鼎文其人其事》，见中国人民政治协商会议浙江省委员会文史资料研究委员会编：《浙江文史资料选辑》（第12辑），杭州：内部发行，1979年，第62页。

② 李毓澍访问，周道瞻纪录：《蒋鼎文先生访问纪录》，台北：内部发行，1964年，第2页。

③ 李毓澍访问，周道瞻纪录：《蒋鼎文先生访问纪录》，台北：内部发行，1964年，第2页。

全国知名的有朱起凤、张尔田、柯璜、王国维、何燮侯、经亨颐、张宗祥、马一浮、许寿裳、沈尹默、马叙伦、邵裴子、邵飘萍、夏丏尊、钱玄同、陈大齐、陈望道、竺可桢、陈建功、范文澜、周信芳、郁达夫、徐志摩、章乃器、罗家伦、丰子恺、郑振铎、朱自清、许绍棣、鲁彦、柔石、童第周、冯雪峰、钱崇澍、梁希等人。

本节以曹聚仁、马叙伦为例，论述清末浙江未来文化精英的成长。

1.曹聚仁:乱世中的复杂文人

曹聚仁,1900 年 6 月 26 日出生于浙江省浦江县蒋畈村。1904 至 1911年在父亲曹梦歧先生创办的育才学堂学习毕业。关于他的家世,他的妻子王春翠回忆说:

> 曹聚仁父亲曹梦歧是清末秀才,他赴杭州应考举人未中,却带了康、梁维新思想回乡,主张办学校,兴实业,放小脚,于光绪二十八年(1902 年)在蒋畈捐屋创办了浦江县第一所完全小学。①

可以看出,曹聚仁的父亲,也是清末磅礴的兴学大军里的一员。浙江的教育思想可以薪火相传。1915 年曹考进浙江省第一师范学习毕业。1922 至 1937 年在上海各中学大学任教,期间奋发投稿并创办积极报刊《涛声》,踊跃活动于上海文学界,与李公朴、史良等为救国会领导人之一。1927 年与鲁迅相识后成为文友。1937 至 1945 年为战地记者,1938 年 4 月7 日"台儿庄大捷"消息由其首发。1938 年受中央通讯社聘任为战地特派员。1939 年在皖南相识叶挺、陈毅将军。1941 年受蒋经国委托,创办《正气日报》等。

曹聚仁对于历史的作用,不仅在于文化方面,可能更与其在 1949 年后担当大陆与台湾的中间人有关。曹聚仁曾经是毛泽东、周恩来与蒋介石、蒋经国的座上宾,对于谋求两岸的和平统一起到了重要作用。

曹聚仁具备这样的条件缘于他与两岸良好的个人关系。曹聚仁与蒋经国的关系不错,曾经为蒋经国办过些事情。曹聚仁与周恩来的关系也很好,而这又使大陆对他比较信任。曹频频来往于北京和台湾之间,与国共两党领袖密商两岸和平统一问题。曹聚仁每一次在为两地牵线搭桥,都是

---

① 王春翠:《我的丈夫曹聚仁》,杭州:浙江人民出版社,1985 年,第 86 页。

以和毛泽东、周恩来或蒋介石、蒋经国的密商方式进行。

历史有时很难用一种尺度来衡量一位历史人物,曹聚仁多重的文化经历、特殊的社会关系都给予他独特的历史光芒。

2.马叙伦:横跨几个时代的学者

马叙伦 1885 年生,祖籍绍兴,生于杭州。1902 年肄业于杭州养正书塾,后因替同学出头而被校方除名。马叙伦一生经历了清末、民国及中华人民共和国三个时期,而且还做了两个时期的教育部长。辛亥革命前曾加入"南社"。1911 年赴日本并由章太炎介绍加入同盟会。蔡元培执掌北大后,曾聘请他任北大哲学系教授。后相继担任浙江省教育厅厅长、北洋政府、国民政府教育部部长。1945 年底在上海发起成立中国民主促进会,1946 年 6 月,在下关惨案中受伤。中华人民共和国成立后,担任首任教育部部长、高等教育部部长。

马叙伦一生努力治学,致力于六法训诂、经史、韵文兼治新学,曾任商务印书馆《东方杂志》编辑、《新世界学报》主编、《政光通报》主笔,后又执教于广州方言学堂、浙江第一师范、北京大学等,为近代著名的学者。

(1)马叙伦的学习经历

马叙伦的家庭算是小知识分子出身,家庭对他的希望很大。从小就给他延聘乡村名师,尽可能给予良好的教育。父亲、祖父都具有一定的功名,有功名的家庭对子女的教育,会比一般没有功名的,更懂得重视,更能够知道如何去做。

> 给我破蒙的老师是头年(前清光绪十四年)浙江乡试第一名举人、俗叫解元的山阴王会澧先生,这就可以晓得父亲对我的期望了。①

在经过了短期的启蒙教育之后,马叙伦的个人求学想法有所提升,他进入了杭州的养正书塾。养正书塾是当时杭州最好的中等新式学校。

> 这年夏天,才听说杭州办了一个"养正书塾",是外国学堂的样子。还晓得我父亲的一位盟友宋澄之先生(也是俞曲园先生的学生)在这里面教书,我就向母亲说明了,要进这个书塾,母亲自然没有不答应的……其时这种书院、书塾都是不中不外不今不古,不过不得不叫他

---

①　马叙伦:《我在六十岁以前》,北京:生活·读书·新知三联书店,1983 年,第 1—2 页。

们做新式教育机关。养正书塾的程度,可以说是现在的初小三四年到高中的混合体。①

马叙伦在养正书塾遇到了很好的老师,其中对他影响最大的要算是当时著名的历史学者陈黻宸(陈介石)先生了。其与陈虬、宋恕并称清末"东瓯三杰",陈介石学问博通古今,对马叙伦予以了很好的思想启蒙与学习引导。"他老不但'循循善诱',还真懂得'不愤不启,不悱不发'的教法。我们经他老几次的启发,没有不五体投地的皈依他老了。我在三班里半年终了,又升到二班,便和原在二班的各位同学并驾齐驱了。"②

马叙伦在养正书塾,也由于成绩优异,由最初的四班跳级到三班,再由三班跳级到二班,再由二班跳级到头班。由于特殊的机缘,他们干起了小老师的职务来。

> 我在头班半年不到,和汤杜两位同学的成绩又超过了其他同学,忽然把我们三个加了一个特班生的头衔,却仍在头班里读书,这是在前清光绪二十七年上半年。下半年书塾里又出新花样了,加设师范生六名。备班学生一班,备班取来的学生都是现在的初小一二年级,师范生呢,并非另开一班,也不增加教育科目,就是给我和汤杜两位同学,和还有周继善、叶诚然、龚康寿三位同学(都是头班生)加了一个职务,叫我们去教备班学生,不过不算正式教员,所以特立这个名目。③

本来,马叙伦和他的同学,根据规定是有机会去日本进行留学,但是由于帮助同学、打抱不平,被学校给开除了,原本比较美好的前程,其轨迹就发生了变化。连同他们一起离开学校的,还包括他的老师陈黻宸先生。后来陈先生在1903年中了进士,曾在京师大学堂任教,并任两广方言学堂监督等职。1909年当选为浙江省谘议局首任议长,民国后曾当选众议院议员,并任北京大学教授等职。

马叙伦这段时期,也发生了变化。"这时,我的十七岁光阴过完了,养正书塾也改为杭州府中学堂,我们六个师范生都要在明年(光绪二十八年)暑假毕业。校方预定派我和汤杜到日本去留学,我们约定去学陆军,学了

---

① 马叙伦:《我在六十岁以前》,北京:生活·读书·新知三联书店,1983年,第8—9页。
② 马叙伦:《我在六十岁以前》,北京:生活·读书·新知三联书店,1983年,第10页。
③ 马叙伦:《我在六十岁以前》,北京:生活·读书·新知三联书店,1983年,第12页。

回来就好革命。(后来汤尔和曾去日本,一度进成城学校。)可是将要毕业的前两个月,却给我们一个留学计划的根本打击。"①马叙伦的同学中,汤尔和是个很特别的人物。此人早年投身革命,态度积极。但在后来,就做了大汉奸,个中感觉,颇令人玩味。

(2)马叙伦的清末际遇

马叙伦在养正书墅中,不仅增加了学识,而且思想也发生了变化。在被学校开除后,失去了去日本留学的机会,不得不为自己的家庭着想,谋取些福利。

> 我的家贫,我们兄弟姊妹五个,依赖母亲十个指头维持生活的,这样一来,不但不能再进学校,也不能不解决一家的生活问题了,才跑到上海来帮助蒋观云先生(他的原名记不起来了,那时他又自号智由;他是蒋尊簋的父亲)编辑《选报》。那时(前清光绪二十八年),上海是维新派集中的地方,维新派是和平改革派,戊戌党人里"硕果仅存"的张元济先生就在这里,隐然是个龙头。革命党呢,露面的只有章炳麟先生。蒋观云先生是维新派,《选报》不过选取各报里国内外的重要消息,加一篇论说批评批评政治,形式还是线装书。我帮助蒋先生编辑《选报》不久,资方的赵祖德先生想再办一个刊物,和我商量,就出了一份《新世界学报》,编辑写文的是我的老师(陈敞宸先生)和同学(汤、杜),不免要带点革命思想给读者了,但是真也"微乎其微",因为刊物虽办在上海的外国租界,但却要公开行销到内地去,自然不能"畅所欲言"了。但是,知识分子对政治改革的要求,日见加强,革命思想,灌输到知识青年,也像油在水面扩充不止,因为革命党在日本出版的鼓吹革命的刊物,在上海固然容易看到,内地也秘密输入的了。②

马叙伦在被学校开除后,不得不到上海进行谋生。而上海是近代革命的策源地,马叙伦所耳闻目染的,也是些革命的人和事:

> 我这时年纪不到二十岁,遇到法国对龙州、俄国对奉天这些事发生,张家花园(现在的泰兴路南段就是张家花园遗址)开会总去参加的。张园开会照例有章炳麟、吴敬恒、蔡元培的演说,年青的只有马君

---

① 马叙伦:《我在六十岁以前》,北京:生活·读书·新知三联书店,1983年,第14页。
② 马叙伦:《我在六十岁以前》,北京:生活·读书·新知三联书店,1983年,第18—19页。

武、沈步洲也夹在里面说说。遇到章炳麟先生的演说,总是大声疾呼的革命革命;除了听见对他的鼓掌声音以外,一到散会时候,就有许多人像蚂蚁附出盐鱼一样,向他致敬致亲,象征了当时对革命的欢迎,正像现在对民主一样。[①]

1911年辛亥革命的爆发,具有很大的偶然因素。马叙伦认为:

> 这年,正是清朝的运气不好,盛宣怀做邮传部尚书,要把商办铁路收归国有。沪杭甬铁路原是从外国资本家手里争取回来,由浙江人自己筹款办的,办的也相当不错。[②]

社会已动荡不安,朝廷要把商办铁路收归国有,搞得天下沸腾、人心尽失。因为民间股份里面,本有许多民众的血汗钱,清政府这样一来,就把自己孤立起来,站在了千万民众的对立面。

第四节　浙江学生与浙江籍学生
——论近代浙江教育与近代浙江史上的人才

浙江学生与浙江籍学生,反映了近代浙江所存在的一个现象,就是浙江人才与浙江学校的培养问题。

近代浙江人才辈出,政治、文化、经济精英都足以影响全国。近代浙江人才鼎盛的情况,在其他省区是难以比拟的。但是,让今人遗憾的是,在近代浙江有名望的学生中,大部分只是在浙江接受了小学或者中学程度的教育,他们真正在思想上与学术上的成长、成熟,多在省外或者国外,但他们却又是毫无疑问的浙江籍学生。换句话说,浙江的中小学尤其是小学的教育事业是发达的,一个明显的例证,就是它为国家培养了大批人才。

我们如何看待浙江学生与浙江籍学生?如何看待清末浙江教育人才培养的问题?

首先有一组概念要厘清,浙江学生与浙江籍学生,从严格意义上说不是同一个概念。浙江学生是指在浙江境内学习的学生,这里面的绝大多数是浙江籍的,但也有省外在浙江求学的例子,比如安徽的陈独秀,曾在求是

---

① 马叙伦:《我在六十岁以前》,北京:生活·读书·新知三联书店,1983年,第20页。
② 马叙伦:《我在六十岁以前》,北京:生活·读书·新知三联书店,1983年,第27页。

书院就读。浙江籍学生则是出生及成长地在浙江、籍贯在浙江的学生,他们基本都有在浙江境内求学的经历,同时多在更高教育阶段时进入了省外或国外,如上海、北京或者是日本、美国、英国等。

图 6-1　清末浙江学生教育背景分析图①

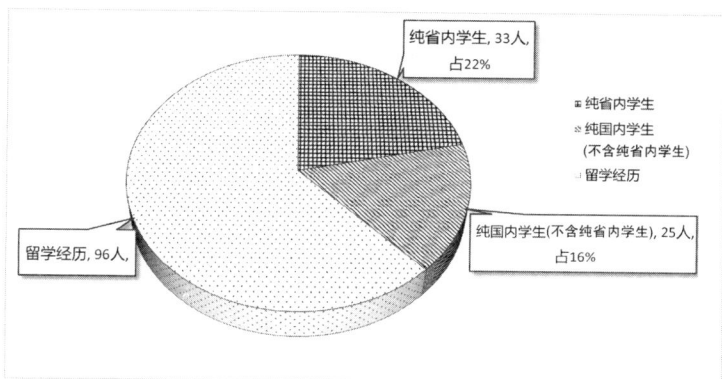

据不完全统计,近代浙江的名人,大多数都有省外或国外求学的经历。在笔者所做的浙江籍学生取样调查中,根据《浙江人物简志》(下)、《浙江省人物志》以及百度百科、维基、在线浙江通志等 154 人样本统计:有外省求学经历的 64 人,占到 42%;有留学经历的 96 人,占总数的 62%。而完全由浙江省自己培养的人才有 33 人,仅占总数的 22%。并且有这样的共性,

图 6-2　清末浙江学生教育省内外国外分布比例图

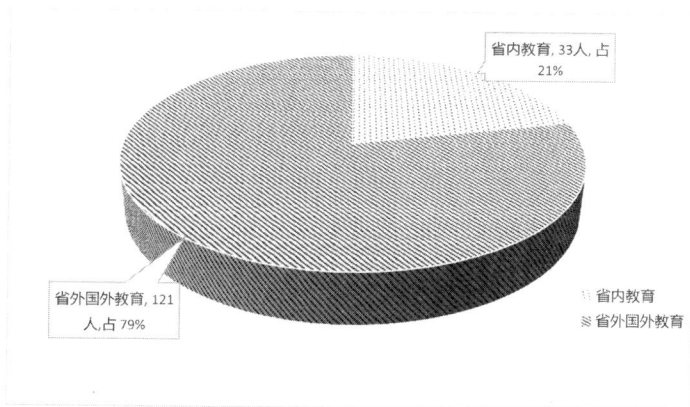

---

①　凡关于清末浙江学生分析图,无出处者资料来源均取自文后附表:《1901—1911 年期间接受新式教育的浙江学生 154 人样本库》,不作一一说明。

所有的这些人几乎都有在省内教育的经历,层次大多是小学程度或者中学程度,或许可以说清末浙江的中小学教育是出色的。

从上图可以更清晰地看出,浙江人才纯粹由自己培养的仅占 1/5 强,省外和国外培养的却占到了 4/5。与近代浙江人才辈出的情况相印证的是,浙江充其量乃是人才大省而非教育大省。

这样的一个事实,也说明了浙江是孕育人才的摇篮,人文资源丰厚,但同时,既不是教育强省,也不是教育大省,人才的培养多有境外教育。下面,就近代浙江史上的人才现象与教育问题,结合相关的材料,谈几点认识:

一、人才鼎盛的原因:传统韧性文化积淀与浙人渴望突破的冒险精神

浙江乃古越之地,越人的胆剑精神及好冒险的勇气自勾践始,一直为浙人所继承与发扬。浙人的内在韧性是惊人的,即便国亡而精神却顽强存在。

还在春秋时期,以浙江绍兴为中心的越国自勾践成为霸主之后,北上争霸。强盛的巅峰就是衰败的开始,到了越王无疆时期,越国被楚国所灭。但越地的反抗并没有因国灭而停息,反抗是长期的而又富有韧性的。战国末期,楚国又为秦所灭,秦为了更好地统治越地,打击越人的反抗,在浙江设立了会稽郡,但将郡治放在了吴地,并将会稽命名为山阴,以此弱化它的行政地位,并从各地迁徙人口到绍兴,而将绍兴一部分人迁徙到外地,混合浙江人的韧性性格。

浙人有很强的内在毅力,即使是书生,其身上的气节也是令人折服的。以明末清初为例,清朝大军在全国各地遭遇的抵抗不一,但大多数地区即使抵抗,也是有武装力量的军人所为。唯有浙江,文人以死来阐释刚强不屈的民族气节。清顺治二年(1645)六月,多铎率清兵入杭州,同时,明朝官绅张国维等迎接鲁王于绍兴,建立鲁王政府,史称"鲁王监国"。1646 年,清朝诱了鲁王政府里拥有重兵的方国安,清兵渡钱塘江,两浙失守。在多铎入浙江、清兵进绍兴期间,绍兴有许多仁人志士以身殉节。与当时诸多纷纷降清的情景相比,尤显壮烈。

刘宗周(1578—1645),一代大儒,曾任礼部主事、吏部左侍郎,官至南京左都御史。南明政权覆亡,绝食而卒。王思任(1574—1646),鲁王政府的礼部侍郎,南明王朝奸相马士英欲奔绍兴,他不齿其为人行事,致书曰:"吾越乃报仇雪耻之邦,非藏污纳垢之地也。"后绝食死。祁彪佳(1602—1645),生于

明万历年间,家世仕宦,明天启二年进士,四次出仕,颇有政绩。南明弘光元年(1645),清兵进入杭州,明朝大势已去,他自沉池水,以身殉国。

王毓蓍,师事刘宗周。听说清兵攻破杭州,书生中有无赖者群议犒问清兵,毓蓍很愤怒,在门上贴一纸云:"不降者会稽王毓蓍也。"众惧祸,阴去其榜。当闻刘宗周要举兵抗清,喜甚。过几天因事情未能如初,致书告之:"门市毓蓍已得其所,愿先生早自决,毋为王炎午所吊。"作《愤时致命篇》投其子,又贴于孔庙。将赴池,池水浅,于是投柳桥河死。会稽人布衣潘集,嗜好喝酒,家里穷,常在友人那里讨酒喝。听说清朝使者将至,自言必殉死节。家人很是诧异:"江南甚大无死者,一布衣死何为?"潘集说:"蓟州之役,吾父母俱死,于是吾三奔丧,不得一骸骨归。今腼颜为彼民,苟偷视息,死何以见先人地下!"听说毓蓍死,作文哭悼。王毓蓍死后的第四天,潘集出东门半里许,袖中藏两块石头,沉渡东桥死。清兵入杭后,绍兴人自杀选择渡东桥者甚众。周卜年家贫力学,年三十犹为布衣,滨海而居。听说王毓蓍、潘集死讯,说:"二子死不先,年死不后也。"及传闻城中开始剃发,逻骑四出,乃仰天大呼:"天乎! 天乎! 余尚何以生乎!"于是整衣冠,从矶上跃入海中死。原任大学士高弘图流寓绍兴,不食死。兵部主事叶苏与妻子同溺死。兵部主事高岱绝食死,子诸生高郎赴水死。通政使吴从鲁不剃发死。原任山西金事郑之尹沉水死。诸暨诸生方炯、山阴诸生朱炜赴水死。萧山诸生杨云门自缢死。医生倪舜正襟危坐于瓷缸内,命人掩覆,朗声诵经死。

浙江自古是国家重要赋税地。浙江文人众多,不乏坚贞不屈之辈。古代越人就曾泛舟海上,而经过不同历史时期的积累,他们由于依山临海而富有的冒险精神,不断地积累而向前发展。

有学者研究表明,浙江传统文化的特征在于:

　　一是水文化、智者文化,具有以柔克刚、刚柔相济,处事善于发挥所长,善于把握行动时机的特长;

　　二是眼界开阔,思维敏捷,创新进取,富有活力;

　　三是士农工商同道,义利相互兼顾,经济与文化同步发展;

　　四是多元性、交融性、互补性。①

---

① 佘德余:《浙江文化简史》,北京:人民出版社,2006年,第11—43页。

其时,浙江传统文化简洁一些,可以归纳为刚柔相济、创新进取、义利兼顾、多元互补四个方面。浙江传统文化的内涵,是从浙江 7000 余年的文化史发展过程中总结而出,对于浙江传统文化的概述,具有一定的典型性意义。

相较其他省份,如东北人的粗犷、广东福建人的精细,浙江人更显得灵活多元。相较江苏传统发达的经济、文化、教育,浙江尽管力有不逮,但却不失自己的一份小巧。近代浙江是在西方列强的炮火之下对外开埠。浙江人传统的士子心理较为注重于子女的培养。

二、人才成长的阶梯:借助了省外及国外优质的教育资源

从地理位置上来分析,浙江籍学生成长成才的机会与渠道比较多。浙江是近代中国发展引擎——上海的腹地,又是沿海地区,比内陆更能够感受欧风美雨的熏陶。所以浙江的学生在教育资源上具有重要的地缘优势。

1840 年鸦片战争以来,由于西方列强的入侵,上海是中国最早也是最见成效的被西化城市。上海的快速发展,既是经济、文化方面的大发展,同时教育、思想也得到了迅速的提升。

上海的南洋公学是盛宣怀于 1896 年创建于上海的大学,与北洋大学堂同为中国近代历史上中国人自己最早创办的大学。在清末民初时对北洋与南洋的称呼,以江苏为界。"南洋"泛指江苏、浙江、福建、广东等沿海各省为"南洋",江苏以北沿海各省为"北洋"。以浙江为视角,南洋公学从办学的实际效果来讲,确实为浙江培育了大批的人才。

相当多数学有所成的浙江籍人士,都有在省外及国外留学的经历。国内主要以北京、上海为主,而海外主要有日本、美国等国家。

1908 年浙江进行的第一次留学欧美的选拔考试中,所正式录取的20 名浙江籍学生,无一例外都是在省外求学而后考中的。那一次有 500多人报名参加考试,但最后实际参加考试的有 200 多。这些报考者中,包括没有被录取的蒋梦麟。"第二年暑假,跑到杭州参加浙江省官费留美考试,结果未被录取。于是向父亲拿到几千块钱,预备到加利福尼亚州深造。"①

---

① 蒋梦麟:《蒋梦麟回忆录:西潮与新潮》,北京:东方出版社,2006 年,第 84 页。

表 6-1　1908 年浙江第一次考取留学欧美学生名录

姓名	籍贯	所在学校	留学地
王　烈	山阴人	京师大学堂	德国
丁紫芳	会稽人	南洋公学	美国
徐名材	鄞县人	南洋公学	美国
葛燮生	钱塘人	南洋公学	美国
沈慕曾	山阴人	南洋公学	美国
胡祖同	鄞县人	南洋公学	英国
包光镛	慈溪人	南洋公学	美国
韦以□	归安人	南洋公学	美国
胡文耀	鄞县人	震旦大学	比利时
翁文灏	鄞县人	震旦大学	比利时
孙文耀	嘉善人	震旦大学	比利时
徐新陆	仁和人	唐山路矿学堂	英国
钱宝琮	秀水人	江苏铁路学堂	英国
胡衡青	秀水人	江苏铁路学堂	英国
张善扬	乌程人	同济大学	未详
严鹤龄	余姚人	圣约翰大学	美国
蔡光勋	石门人	圣约翰大学	美国
孙显惠	杭县人	圣约翰大学	未详
叶树梁	未详	圣约翰大学	美国
谢永森	已在英国留学,作为"特补"。		

　　资料来源:沈厩民:《记浙江第一次考选欧美留学生》,见中国人民政治协商会议浙江省委员会文史资料研究委员会编:《浙江文史资料选辑》(第 11 辑),杭州:内部发行,1979 年,第 22-23 页。

　　通过上表可知,在录取的 20 人中,在上海就读而被录取的就有 15 人,占 75%,北京 1 人,唐山 1 人,江苏 2 人,已在英国留学 1 人。由此可知,上海的教育资源为浙江培育了众多精英人才。这其中,仅南洋公学就 7 人,占整体的 35%。

　　南洋公学是按照美国的办学模式进行创办的,因此在科学性方面,具有很多的合理性因素。曾经在南洋公学就学的蒋梦麟回忆道:

　　　　南洋公学开办时,采纳了美国传教士福开森博士的许多意见。南洋公学是交通大学的前身,交通大学附近的福开森路,就是为纪念这位美国传教士而命名的。南洋公学的预科,一切按照美国的中学学制办理,因此南洋公学可说是升入美国大学的最好阶梯。学校里有好几位讲授现代学科的美国人。在校两年,在英文阅读方面已经没有多大的困难,不过讲却始终讲不好。学校教的英文并不根据语言学原理,我的舌头又太硬,始终跟不上。课程方面分为两类,一类是中国旧学,一类是西洋学科。我在两方面的成绩都还过得去,有一次还同时侥幸获得两类考试的荣誉奖。因此蒙校长召见,谬承夸奖。校舍是根据西洋设计而建筑的,主要建筑的中心有一座钟楼,数里之外就可以望见。有一排房子的前面是一个足球场,常年绿草如茵,而且打扫得很整齐。学校当局鼓励学生玩足球和棒球,学生们对一般的运动也都很感兴趣。我生来体弱,进了南洋公学以后,开始体会到要有高深的学问,必须先有强健的体魄。除了每日的体操和轻度的运动之外,还给自己定了一套锻炼身体的办法。每天六点钟光景,练习半小时的哑铃,晚间就寝前再练一刻钟。继续不断地练了三年,此后身体一直很好,而且心情也总是很愉快。[①]

　　并且,南洋公学由于受到美国教育模式的影响,学术氛围尤其是思想氛围,少了内地学校的官样化和教条化,更多地体现了作为一所开放性学校那种较少受到政府干预的活泼的言论自由。那些激进的、昂扬的和不那么活跃的思想,都可以在这样的一种平台上交流、探讨,这无形中也增加了许多学生的思想与情感的共鸣。而浙江籍人士则在这种共鸣中所占的位置是重要的。

　　　　在南洋公学读书的时候,清廷终于在 1905 年采取了教育改革的重要步骤,毅然宣布废止科举。年轻一代迷恋过去的大门从此关闭。

―――――――――――

① 蒋梦麟:《蒋梦麟回忆录:西潮与新潮》,北京:东方出版社,2006年,第 77-78 页。

废科举的诏书是日本战胜帝俄所促成的。代替科举的是抄袭自日本的一套新教育制度。日本的教育制度是模仿西方的。追本溯源,中国的新教育制度仍旧来自西方。中国现在总算不折不扣地踏上西化的途程了。在这以前,上海曾经是我国革命分子运动的中心。中国的知识分子和革命领袖,躲在上海公共租界和法租地,可以享受言论自由和出版自由。政治犯和激烈分子在租界里讨论,发表他们的见解,思想自由而且蓬勃一时,情形足与希腊的城邦媲美。我自己除了在南洋公学接受课本知识之外,也参加了各式各样的活动,但是学习的性质居多,谈不到积极工作。到礼拜六和礼拜天时,常常到福州路的奇芳茶馆去坐坐。那时候,上海所有的学生都喜欢到"奇芳"去吃茶,同时参加热烈的讨论。茶馆里有一位叫"野鸡大王"的,每日在那里兜售新书,他那副样子,去过"奇芳"的人没有一个会忘记的。他穿着一身破烂的西装,头上戴着一顶灰色的满是油垢的鸭舌头帽。他专门贩卖革命书刊给学生,他的货色当中还包括一本叫《性学新论》的小册子,据他解释,那只是用来吸引读者的。谁也不知道他的名字。吴稚晖先生说,他知道他是谁,并告诉了我他的名字,我却忘记了。我们也不晓得他住在什么地方。任何革命书刊都可以从他那里买得到。这些书,因租界当局应中国政府之请,名义上是禁止贩卖的。[①]

上海从近代开埠以来,一直移民不断,本属于移民的城市,而地域的优势又使很多浙江人在上海进行发展。

浙江人去海外留学,也有很多便利之处。在 1903 年 10 月至 1904 年 4 月之间,被统计的留日学校学生有 1202 人,其中浙江为 130 人,人数仅次于湖北 289 人、湖南 210 人。浙江留日人数列全国第三位,占 10.82%。1904 年 5 月至 12 月,全国留学生 2406 人,浙江为 191 人,据湖南 363 人、湖北 341 人、江苏 280 人之后。浙江列第四位,占 7.94%[②]。

---

① 蒋梦麟:《蒋梦麟回忆录:西潮与新潮》,北京:东方出版社,2006 年,第 80—81 页。

② 数据分别来源于清国留学生会馆编:《清国留学生会馆第四次报告》(光绪三十年四月)、清国留学生会馆编:《清国留学生会馆第五次报告》(光绪三十年十一月)。

图 6—3　清末浙江学生教育国内外分布比例图

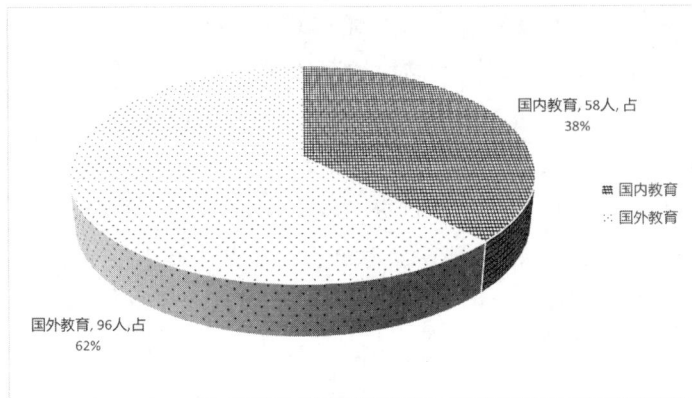

以上图为例,说明了浙江清末时期成长起来的人才,完全由国内培养的仅占到 38％,而有留学经历的则占到 62％。这样的类别充分说明了远在 100 多年前的中国,具有留学背景的人才占到了极为重要的地位,留学作为教育的顶层设计,是非常重要的。究其原因,国力的孱弱与科学文化的不发达,迫使优秀人才的培养借助于国外较为先进的教育内容、教育思想、教育理念与教育设施。

图 6—4　清末浙江学生教育背景分析图

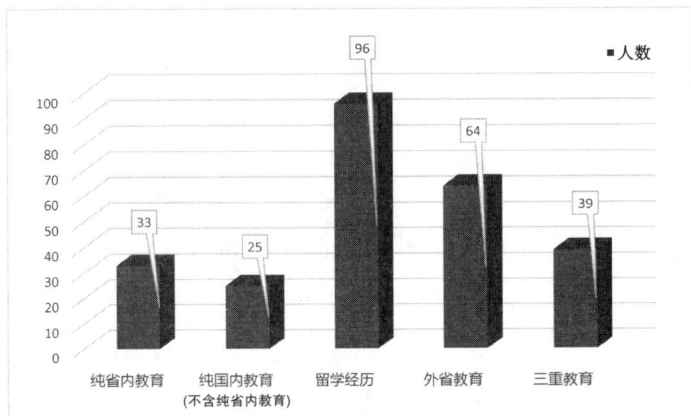

(样本总数为 154,上图前三项构成了总数,后两项分别从不同角度说明)

清末浙江学生完全接受省内教育的有 33 人,占 21％;而有省外背景但没有留学经历的有 25 人,占到 16％;有留学经历的 96 人,占到 63％。这一组数据构成了 154 人样本的总和,并充分说明了省外教育及留学教育所占比重之重。而历经省内、省外、国外三重教育背景的有 39 人，占到 25%，这样的人才占到了总数的 1/4，具有较高的比例，体现了人才的交流性与多重教育背景。

图 6—5　清末浙江学生留学地人数比例图

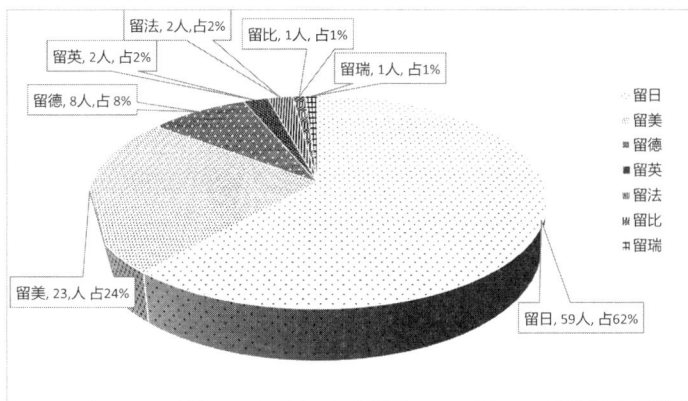

样本分析表明，清末浙江学生留学地主要在日本、美国及欧洲各国，其中日本一枝独秀，美国紧随其后，德国排列第三。而传统强国英国、法国则较少吸引中国留学生。形成这样一种格局，既由于日本路近、省费、同文，而美国成为吸纳浙江留学生的第二大国，这既得益于美国政府的庚子赔款的留美政策及其引发的积极效应，也与美国的日益强盛、科技、教育的迅速上升密切相关。

数据表明，有 27 人在上海接受过教育，占外省教育总数的 41%。北京紧随其后为 16 人，占 24%。在外省的教育影响上，上海对于浙江教育事业

图 6—6　清末浙江学生省外求学地人数分布比例图

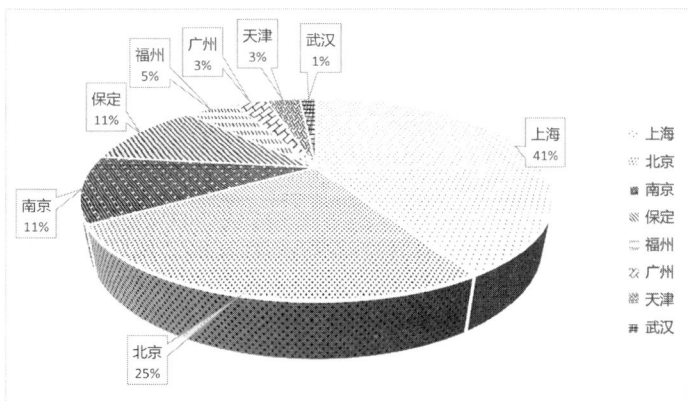

图6—7　清末浙江学生省外求学人数分布分析图

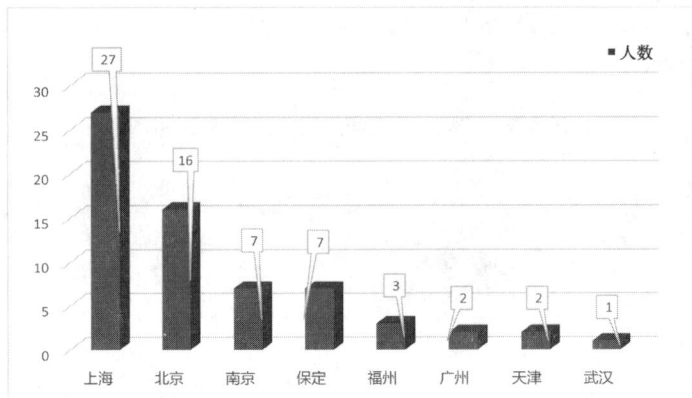

的促进与人才的培养作用最大,这固然由于上海是近代中国经济、文化发展的排头兵,在对外交流中具有重要地位,也有与浙江接壤的地理因素。北京是国家的心脏,也有众多浙江学生在那里接受教育。南京是近代中国军事、文化重镇,有7人有南京教育的背景,不难理解浙江与南京的地缘、人缘等等因素。保定也占有与南京一样分量的比重,主要是保定军校的缘故。根据统计数据表明,保定的7人都源于保定军校系统。接着就是福州,无疑地缘因素占有重要的优势。至于广州、青岛、天津,多少是偶然因素,但这3处在近代也是对外交流的窗口,所以浙江人跑到此处接受教育也就不足为其了。

三、乡谊是浙江人才鼎盛的又一个重要的因素

地域文化是中国传统文化的一个重要内容。以地域为中心的人与人之间的交往,更体现出中国特有的关系社会特点。

传统中国对于由各种关系所形成的人脉非常重视。中国有句俗语:"在家靠父母,出门靠朋友",而出门之后,朋友的地位就显得很特殊。近代浙江那些能够留名史册的人物,至少有一个共同点,那就是他们的发迹,大多数是在浙江省外的经历或者干脆成年之后主要在省外发展。而在以国家为背景的交际圈内,同省乃至同府同县都成为重要的社会资源。

以周树人为例,他之所以能够在日本留学后回到省内到浙江两级师范学堂工作,这其中其留日同学、绍兴同乡许寿裳的推荐起到了主要的作用。辛亥之际,周树人本是在绍兴地区的师范学校里做监督,而后由一个省内

的地方学校校长,直接进入教育部工作。尽管在教育部只是一个部员,但毕竟是在中央这个平台上。周树人去教育部发展,主要是由于同乡蔡元培的推荐。而这种乡谊某种意义上又像一种人身依附关系一样,使初任教育部长的蔡元培具有了非常值得信任的因素。同为蔡元培召去教育部工作的还有许寿裳。乡谊,在这一过程中起到了重要的作用。无论发展如何,教育部的工作毕竟为两者的人生提供了一份重要的平台,阅历和交际圈的拓展,又进一步促进了文章写作题材的丰富。

1911 年夏,周树人辞去了绍兴府中学堂的职务,"原想去沪当书店的编译员,但是因为没有熟人竟被拒绝了"①。没有熟人引荐,想去上海的书店当编译员都不行,有同乡的引荐,可以直接到教育部工作。

在近代的革命性政党中,乡谊的作用起到了非常重要的作用。光复会的前后会长蔡元培、章太炎,及主要负责人陶成章、龚宝铨等均为浙江人。

绍兴师爷是浙江一个重要的文化现象,清代官场有谚语云:"无绍不成衙。"说的是清代衙门中多绍兴籍的幕友和书吏。绍兴籍(指绍兴府,下辖山阴、会稽、萧山、诸暨、余姚、上虞、嵊、新昌八县)的幕友即著名的"绍兴师爷"。"无绍不成衙"不仅表现为绍兴师爷遍布各地衙门,也表现为很多地方的衙门中书吏多为绍兴人,绍兴籍大名士李慈铭在日记中写到这种情况:"吏皆四方游民无籍者充之,而吾越人更多。"此"越人"即绍兴府人。在京师许多衙门中,书吏之职几乎被绍兴人垄断。幕友和书吏所以多绍兴人,与绍兴人文化素养高、苛细精干、善治案牍等特点有关,这些特点皆适宜作幕为胥。"绍兴多出师爷"有其特定的地域人文背景:一是绍兴素为文化之邦,人文荟萃而仕进有限,在乡地狭人稠,谋生农艰商轻,故于读书无成者,学幕为其一大出路;二是绍兴人处世精明,治事审慎,工于心计,善于辞令,尤适于做师爷;三是做师爷的"专业知识"近于家传手艺,绍兴人家族观念重,同乡情谊浓,外出做官为幕者,出于亲情乡谊尔引我荐,遂使绍兴师爷群体蔚为大观。"一壶酒,万卷书,宦海沉浮任漂流。官印在你身,学问偏我有",电视剧《绍兴师爷》主题曲多少表现出师爷的角色特点。

近代浙江纷繁复杂的人际关系、凝重深厚的乡谊之情,对于浙人在近

---

① 谢德铣:《鲁迅在绍兴府中学堂》,见薛绥之主编:《鲁迅生平史料汇编》(第一辑),天津:天津人民出版社,1981 年,第 199 页。

代历史舞台的相互提携，起到了极为重要的作用。绍兴师爷文化的整体氛围，正是浙江人乡土观念重、重视乡土情谊的重要表征。

四、区域中的不平衡：浙江分区域人才比较

清末浙江 11 府，教育发展体现了区域的不平衡。从横向来看，表现为教育的规模与层次的不平衡；从纵向来看，表现为人才数量的不平衡。

今天的区划发生了变化，11 府衍化为今天的 10 个地级市。其中严州府并入了杭州。严州古为浙江的一府，也称睦州，现在是杭州的属地。浙江人才的区域表现，以今天的 10 个地级市为例，说明清末浙江人才成长的地域性特点。

图 6—8　清末浙江学生人才按地区分布数量图 1

（注：萧山 6 人，余姚 8 人归绍兴）

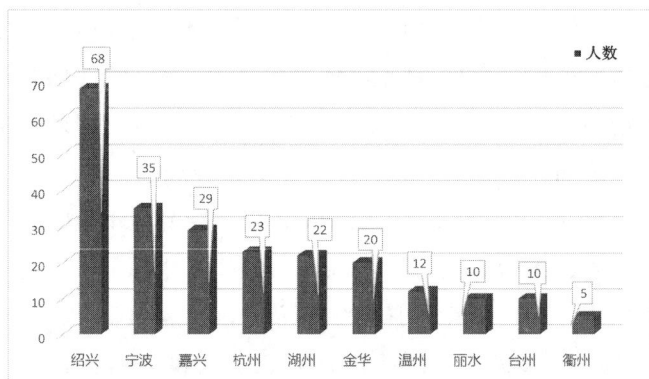

图 6—9　清末浙江学生人才按地区分布比例图 1

（注：萧山 6 人，余姚 8 人归绍兴）

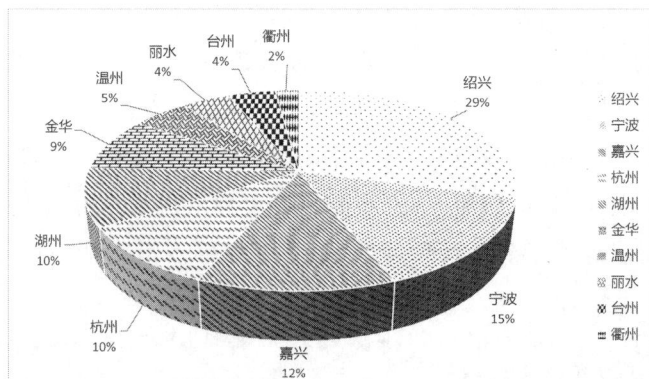

根据上图所示，以清末的区划为例。萧山与余姚仍旧属于绍兴范畴（为了便于与清末的教育统计资料相印证）。可以看出绍兴有 68 人，占总量的 29%；其次是宁波 35 人，占总量的 15%；第三位是嘉兴 29 人，占12%；杭州 23 人占 10% 排在第四位。如果将余姚人才归入宁波，萧山人才归入杭州，则分布就有所不同：

图 6—10　　清末浙江学生人才按地区分布数量图 2

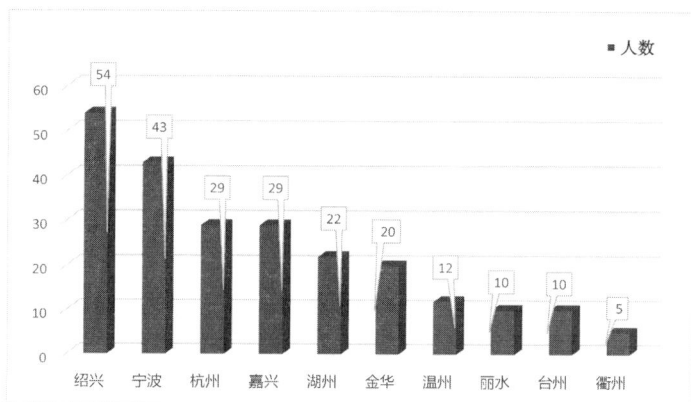

图 6—11　　清末浙江学生人才按地区分布比例图 2

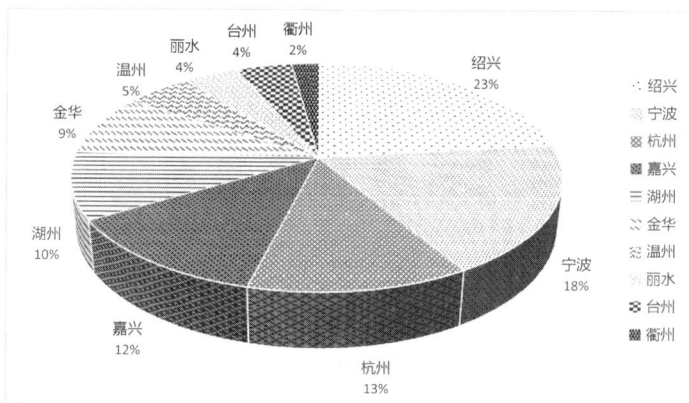

从上表可以看出，将余姚与萧山按今天的行政区划进行划分后，绍兴与宁波的位置没有发生变化，只是量上有所调整。绍兴仍然有 54 人，占23% 位列榜首，比上次少了 14 人，但没有影响到榜首的相对优势。其次是宁波 43 人，比上个排行多了余姚的 8 人，位列第二占 18%。杭州由于萧山的增加而与嘉兴并列第三位，萧山加入了 6 人。

　　而处于人才劣势的有衢州、台州、丽水、温州 4 个地区。概括来看,可能和它们多山区以及处于省内的边远地区有关。

　　上述四图,是以人才出现的结果来对比各地区人才的不平衡性,下面再来考量一下清末时期各地区的教育状况。此数据根据 1907 年清末统计数据整理,由于统计的原因,可能不尽完美,比如有些地方没有报足够的数据,好像它的数据就比较低。但应该承认的是,这些数据虽然不能反映全部的问题,但却可以反映大部分问题。受篇幅限制,本书仅作 1907 年浙江各府普通中小学堂的学堂数与学生数的比较,有关实业学堂、师范学堂、高等学堂数据不在其中。

　　1907 年浙江普通中西学堂的量化比较,内中不含定海直隶厅,因为尽管定海是直隶厅,但其规模仅是各府的一个县而已。以一个县的规模同各府相比,没有可比性,因此比较时予以省略。

图 6—12　清末浙江分区域普通中小学堂数(1907)分析图

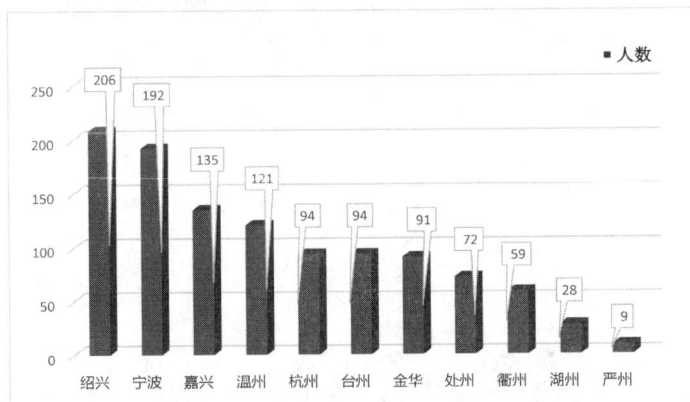

　　根据普通中小学堂数的比较,可以看出,排在前列的是绍兴、宁波、嘉兴、温州。前三位与他们人才的出产是成正比的,人才的前三位也恰好是绍兴、宁波、嘉兴。比较有意思的是,杭州的中小学堂数有所不足,但也基本能够和它的人才培养相映衬,省府比其他各府更为关注发展高等教育、实业教育等。排列比较蹊跷的是温州,温州人才在近代的涌现呈劣势,但它的投入却是比较多,相关材料也表明温州人在兴学方面的积极作为,比如说陈虬等人。但为什么投入与产出不成正比,个中情由值得思考。

　　比较差些的是湖州、严州。在原始数据中,湖州的武康、安吉、孝丰的初等小学堂数、学生数均没有数据,整个严州的初等小学堂数与初等小学堂学生数没有数据。因为统计的原因,可能造成湖州与严州的落差太大。但即使缺一项,数据也不应差距过大,并且其他地方也都有漏报的情况。看来,统计的工作,由于条件的原因,在清末也有一定的难度。

图6-13　清末浙江分区域普通中小学堂学生数(1907)分析图

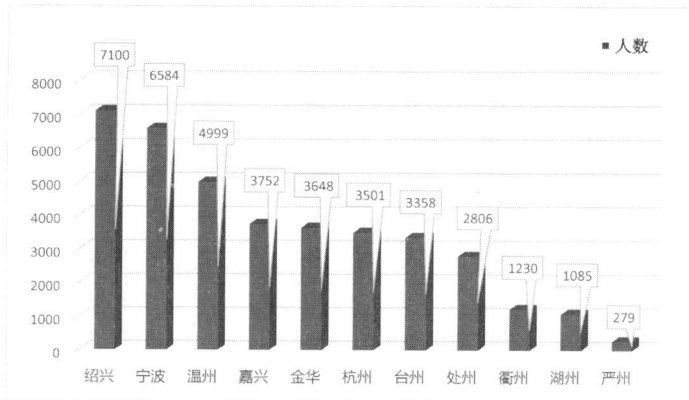

普通中小学堂的学生数,和学堂数的关系基本保持对应。比较有优势的是排列前三的绍兴、宁波、温州,嘉兴、金华、杭州、台州、处州位于一个层次,垫底的是衢州、湖州、严州。

在1907年的材料统计中,绍兴与宁波以绝对的优势稳占前两位。而它们在同时期的人才培养也是最为出色的。所以从这一点上来说,教育促进人才的涌现,从计量的统计上来说,是十分正确的。在一定意义上,教育的规模能够决定人才培养的比例。

五、辩证地看待浙江学生与浙江籍学生

辩证地看待近代浙江学生与浙江籍学生现象,对于正确看待近代浙江史上的人才鼎盛现象,具有重要的意义。近代浙江的人才鼎盛,不全是浙江教育发展的功劳,发达地区的教育资源对浙江人才兴盛的影响是巨大的。

金开英是著名的石油业专家,他的回忆或许给我们一些启发。

我的教育就是这么来的,一直到具备了初中程度,差不多是十七岁那年,我忽然吵着要进学校,正好清华招生,而且没有要缴中学毕业

文凭的规定,我就去报考清华。清华是利用美国退还的庚子赔款设立的学校,因为庚子赔款是由各省分摊的,而各省负担的款额不一,故各省入学的名额也不同,新疆负担的金额最少,学生只有一个名额,我们浙江省则有五个名额。考试的时候也是各省分别招考,浙江省在杭州招考,我就去杭州应考。我进清华的经过相当有趣:本来我是备取第二名,正取的五名到北平之后,有一位姓蒋的,因为身体不好被刷下来,要备取的人去递补。备取第一名的人姓王,因为清华毕业之后有出国留学的义务,有些学历很好的人为了留学也会去考,这位王先生的学历就很高,因为他在清华是备取,所以他又去考其他的学校,结果考上南洋公学,他去南洋公学可以插班念三年级,去清华则必须从一年级开始,所以他就放弃递补清华的机会,这样才轮到我这个备取第二的。奇怪的是那一年我就是想进学校,所以也考取了南洋公学、圣约翰和南洋路矿,收到清华的通知以后,就决定要进清华。我到校的时候已经开学了,学校要我再考一次,看我的程度适合插一年级或二年级。我去教务处考试的时候,教务长拿出两份考卷,一份是一年级的,一份是二年级的,因为我没有进过学校,不明内容,随便拿一份就考,我拿的那份恰好是二年级的,考试通过后就插班念二年级。所以别人在清华,中等科和高等科总共要念八年,我只念七年,这点相当幸运。[①]

浙江学生与浙江籍学生,本是一个交叉的概念。浙江为省外培养的人物不多,比较知名的有曾在求是书院求学后被校方开除的陈独秀。

综观浙江人才的培养与产出现象,可以得出以下一些认识:

一、浙江教育的特色在于它的中小学教育事业,而其中小学教育事业的发达部分来源于它的传统文化与其坚忍不拔的韧性品质。地区的经济发展是人才产出保障的重要因素,即使从今天的统计资料来看,杭州、宁波、温州、绍兴仍然稳居浙江经济发展的前四位。

二、客观地说,近代浙江人才的培养,其主要力量不在于浙江省内,而在省外乃至于国外。这说明浙江的中高等、高等教育与它的人才迭出的名

---

① 陆宝千访问,黄铭明纪录:《金开英先生访问纪录》,台北:中研院近代史研究所,1996 年,第 24—25 页。

望相比,是极不相称的。省外的浙江人才培养地主要是上海与北京。浙江学生留学地主要集中在日本与美国。

三、应当承认,自中国迈入近代社会以来,留学教育是中国人所接受教育当中的最顶层教育。以样本 154 人为例,有 86 人占到总数的 54% 都有留学教育的经历。如果再将这 86 人进行细分的话,还会发现:这 86 人,基本可以总结出 154 人最精华的部分。近代中国各个领域的精英,相当部分来自于留学生这一优势群体。

四、由第三点又可以推出一个结论:如果从培养精英型人才的角度出发,就会发现留学教育的极端重要性。今天中国越来越走向民主与现代化,尽管海归们良莠不齐,但优势领域的海归人士,仍然是中国社会统治精英。

五、根据浙江学生的培养与人才产出的计量分析来看,种瓜得瓜、种豆得豆。对于教育界来说:人才涌现的概率大体相当,种多少颗人才的种子预示着成长多少相应比例的人才。绍兴与宁波的量化分析就是很好的证明。

六、如果以历史为鉴,反观现实。就会发现,今天的浙江人,之所以在各个领域还是如此优秀,内质里来源于浙江的韧性文化与浙江人的冒险精神。浙江人杰出的表现与浙江自身的教育关联度不大,倒是浙江的传统与乡谊带动了这样的人才传递。

七、任何的区域文化与民众意识,总有走向衰落之际。对于浙江的长远而言,进一步扩大视野,发展与人才涌现相适应的教育环境与教育条件,是大势所趋。

八、浙江的人才现象同时也具有一定的普遍性,它说明一个道理:社会精英的养成,一定要经过不同教育背景的历练。无数的历史经验表明,"省内+省外+国外"三重教育背景,是社会精英养成的一个重要范式。其他范式还有"省内+省外"教育范式、"省内+国外"教育范式。"好男儿志在四方""海阔凭鱼跃,天高任鸟飞"这些俗语对于社会精英的培养,是非常之切合非常之重要。

九、优秀的教育资源不是成为社会精英的唯一条件,但它是一个重要条件。它带给受教育者的不仅是知识的先进、信息的增强,更多是对优秀人际交流圈的融入、眼界的开拓与机遇的垂青。

第七章　大转局时代的学生前程与命运

走进社会是学生进一步发展的必经之路,学生对于社会地位、社会价值的追求是其社会属性的必然反映。清末学生在社会变革、国家动荡时期,选择哪些职业？他们的前途与方向如何？他们的价值取向如何？这些都是值得探究的问题。

寻求社会出路是学生选择职业必须要考虑的因素。清末学生的社会前途,亦是国家和民族的发展方向,其转变过程值得总结。学生有千差万别,这不仅表现在学习、生活方面,还包括家庭背景、社会阅历等内容。清末学生在民国建立前后走向社会,此后,他们在社会各部门中,以各自的能力在潜移默化中影响社会,进而影响了近代中国的发展进程。

第一节　浙江学生与光复会:书生的革命性书写

光复会是重要的反清革命团体,主要活动区域在浙江,以浙江籍人士为骨干。从 1904 年成立到 1912 年的终结,虽然只有短暂的 8 年,但为国家及区域的革命都作出了重要贡献。光复会的创立、发展,始终有学生参与,其主要领袖,或是学生,或是教导学生的老师。光复会是一种书生式的会党革命,尽管有许多后人看来颇多慨叹的地方,但有一点是可以确认的,那就是承接了千余年来秀才造反的传统。浙江学生教育背景集中体现了光复会的理论基石与思想武器,浙江学生在光复会的建立与发展中占据了重要的地位。

一、光复会的起源:留日学生参与革命的方式与目标

光复会的起源,要从学生说起。其实,近代中国的历史叙事,脱离不了学生的影子。尽管学生及学生组织只是某一个群体发展的初级形式,但其骨子里的内涵是不容改变的。张玉法认为光复会的起源“可追溯到 1902

年 4 月的'中夏亡国二百四十二年纪念会'和 1903 年 5 月的'军国民教育会'"①。

"中夏亡国二百四十二年纪念会"由章炳麟、秦鼎彝等人在东京发起，目的在于唤醒民族意识，鼓吹民族革命。署名任发起者有十人，详情见表7—1：

表 7—1　"中夏亡国二百四十二年纪念会"发起人

姓名	字号、别号	籍贯	出身及活动
章炳麟	太炎、枚叔	浙江余杭	国学家，因撰《訄书》，鼓吹排满，被通缉，亡命日本。
秦鼎彝	力山、遁	湖南长沙	湖南时务学堂及东京高等大同学校肄业，自立军将领，脱险至日。
冯自由	建华	广东南海	东京高等大同学校肄业，兴中会、广东独立协会、青年会会员。
朱茂芸	菱溪	湖南	湖南时务学堂学生，自立军将领，脱险至日。
马　和	同、君武	广西临桂	章炳麟弟子，留学日本，曾代梁启超编《新民丛报》。
王家驹		江苏丹徒	日本法政大学法科肄业。
陈犹龙	桃痴	湖南	自立军将领，脱险至日。
周宏业	伯勋	湖南湘乡	湖南时务学堂及东京高等大同学校肄业，入青年会。
李　群	彬四、谷	湖南长沙	东京高等大同学校肄业。
王思诚		湖南浏阳	日本东亚商业学校肄业。

资料来源：张玉法：《清季的革命团体》，台北：中研院近代史研究所，1982 年。

冯自由在《革命逸史》中认为，光复会源自 1903 年留日学生所创办的国民教育会②。

> 章炳麟、秦力山、冯自由等所发起之支那亡国纪念会，既遭日本政府解散，留日学生董鸿祎、叶澜、周宏业、秦毓鎏、王嘉榘、谢晓石、胡景伊、萨端、冯自由、苏子谷诸人乃创设青年会，以为之继、留学团体之揭

---

① 张玉法：《清季的革命团体》，台北：中研院近代史研究所，1975 年，第 288 页。
② 另一种说法：陶成章回来后，最初在浙江联络会党，后与龚宝铨在上海设立秘密机关，名曰"复古会"，陈伯平、马宗汉等皆为会员。时蔡元培方组"对俄同志会"，成章说之，使与复古会合，遂共组光复会。这里的叙述和冯自由的不一样。

檠民族主义为宗旨者,青年会实为滥觞。及癸卯春,俄人迫清廷缔结满洲条约,留学界大愤,有志者遂倡议组织义勇军,自行赴满拒敌,学生多签名赞成之。青年会为谋扩张其党势,咸入义勇队为干事。后以日政府不许别国人在其国有军事行动,乃改义勇队名目为军国民教育会。①

学生在东京创设军国民教育会后,传闻政府意欲逮捕学生。于是以学生为骨干组织暗杀团,秘密从事革命活动:

> 以满虏甘心卖国,非从事根本改革,决难自保,于是纷纷归国,企图军事进行。其中有一部组织暗杀团,欲先狙击二三重要满大臣,以为军事进行之声援。所订规章,极为严密。浙江留学生之为团员者数人,龚宝铨其一也。②

这里所说的浙江留学生就是指留居东京的"浙会"成员,浙会受军国民教育会的影响,在1903年11月开会,决定组织一新的革命团体,12月开会决定派陶成章、魏兰去浙江及安徽进行活动,龚宝铨去上海活动,张雄夫、沈祖绵去长沙联络。

魏兰回国后与陶成章在浙江各地联络会党,收获颇丰,并与两湖地区的华兴会也有联络。浙江秀水人龚宝铨回国后在上海召集人马,蔡元培适逢从青岛回上海,也决定加入其中。于是他们将规章详加修订,定名曰"光复会",又曰"复古会"。龚宝铨回国后则在上海建立暗杀团支部,以配合上述活动。因规模过小,龚宝铨与陶成章谋划扩大组织。本打算推章炳麟为首,但其时人在狱中,于是众人推蔡元培为首领,光复会正式建立起来。光复会以"光复汉族,还我河山,以身许国,功成身退"为誓词。光复会机关暂设在爱国女校。1905年1月,陶成章在东京成立了东京分部,以王嘉榘为负责人,入会的浙江留日学生有蒋尊簋、孙翼中、董鸿祎、许寿裳、周树人③等人。关于光复会成立的细节,蔡的学生俞子夷回忆说:

> 阴历过年时,两桌人吃年夜饭,喝酒猜拳,兴高采烈。蔡师善劝酒,我被灌醉,即回房大吐。他们散席后,还有些人结伴去逛马路。所谓1904(甲辰)冬上海成立光复会,殆即指此。没有正式开成立会,决

---

① 冯自由:《光复会》,见《革命逸史》(下),北京:新星出版社,2009年,第853页。
② 冯自由:《光复会》,见《革命逸史》(下),北京:新星出版社,2009年,第853页。
③ 关于鲁迅是否加入光复会,学术界曾存有异议,现在一般倾向于鲁迅是光复会成员。

议会章,推选会长等事,时太炎师在狱中。从往来者与蔡师分别接谈的情况看,不难推知会是在极度秘密的方式中成立的。或者另有正式成立会,当时未招我参加,亦很难说。然后来见到名册则我名及店号确在内。①

文弱书生搞暗杀,是特殊年代的无奈之事。学生们都想干大事,又不怕牺牲,为了理想的目标,可以将生死置之度外。但澎湃的激情又使得他们难以定下心来做些发动群众类的具体事务。很多人幻想通过暗杀清朝大员的方法,以较小的运作模式来换取政治上的成功。而且清末热心此道的人不在少数,光复会的徐锡麟、同盟会的汪精卫皆是如此。他们以为清朝大员一死,万事皆具备,是将问题看得太简单了。

光复会是留日学生精心运作的成果。陶成章最初在日本成城学校学习陆军,其时驻日公使汪大燮(浙人)知其为浙省革命党首领,诱之归,并削去其官费学籍。汪大燮此处的做法,颇有祸水他引之嫌:只顾自己范围内一亩三分地的稳定,而放任陶成章回国从事革命活动。

二、浙江学生在光复会中的运作

冯自由说:

> 光复会既成立,与会者独浙、皖两省志士,而他省不与焉。会长蔡元培闻望素隆,而短于策略;又好学,不耐人事烦扰,故经营数月,会务无大进展。②

> 加以敖嘉熊所创设温台处会馆成立未久,浙东各府志士咸荟萃于是,隐然奉嘉熊为领袖。嘉熊既不允入光复会,则温台处会馆一日存在,光复会即不能大有施为,势使然也。乙巳(民前七年)四月后嘉熊迭遭家难,所营商业亦复亏折,其创设温台处会馆之原定计划,悉成泡影,而维持经费亦无以为继,因之此会馆遂成无形的解散。陶成章、龚宝铨乃入绍兴,佐徐锡麟办大通学校。吕熊祥、赵卓等亦随之行。锡麟素有大志,且勇敢沉毅为同志所钦仰。其组织大通学校也,即欲利

---

① 俞子夷:《蔡元培与光复会草创时期》,见中国人民政治协商会议全国委员会文史资料研究委员会编:《辛亥革命回忆录》(第7集),北京:文史资料出版社,1982年,第517页。
② 冯自由:《光复会》,见《革命逸史》(下),北京:新星出版社,2009年,第854页。

用为起事机关。及既成立,而浙江革命之大本营遂由温台处会馆而移于大通学校,即光复会本部之事权,亦已由上海而移于绍兴焉。①

从冯自由的这些话中,隐约可见光复会前期的会务运作,冯充分肯定了徐锡麟对于光复会的作用,不知这其中是否受历史环境影响而有抑陶之意?

张玉法认为:

> 光复会初为苏、浙、皖一带的革命团体,其历史可分为前、后两期,约以 1905 年秋同盟会成立为界限。同盟会成立前,革命运动是"志士争起"的状态,同盟会成立之初,各革命团体有联合的趋势,然不久又有分途发展的情形。②

张在此的论述,明显是以同盟会作为历史叙事的主体,其他以此为参照,这是片面的。实际上,光复会的划分比较简单,以 1907 年皖浙起义为界,分为前后两阶段。前阶段主要是运动会党起义,后阶段则是在海外筹款。

光复会主要成就在浙江,也以浙人为最多。

> 光复会之所以易在浙江有所成就,主要因为是领袖人物多为浙江人,而浙江学界的维新和秘密社会的广布,亦使他们的运动易于为功。浙江学界的维新,得力于以下两种助力:其一,浙省学者章炳麟、蔡元培等在上海鼓吹:章炳麟于戊戌时代迭主《时务》《昌言》《亚东》各报笔政,浙人颇受其启迪。1902—1903 年间,章假"爱国学社"及苏报宣传革命,其言论轰动一时。蔡元培以翰林倡导新学,主持"中国教育会"及爱国学社,复发起"对俄同志会",隐然为沪上革命领袖。另一方面,上海浙人颇多,亦增加了章、蔡等人的影响力。其二,浙省志士在本省提倡:1900 年,杭州有"浙会"的出现,以研究时事为主,会员如王嘉榘、蒋方震、蒋尊簋、孙翼中、陈梦熊、敖嘉熊、张恭等,皆激进之士。③

光复会在浙江能够成功,除了学生力量的推动,教育界的支持也是起到很重要的作用,另外还有会党这一雄厚社会基础原因。光复会在浙江的

---

① 冯自由:《光复会》,见《革命逸史》(下),北京:新星出版社,2009 年,第 854 页。
② 张玉法:《清季的革命团体》,台北:中研院近代史研究所,1975 年,第 292 页。
③ 张玉法:《清季的革命团体》,台北:中研院近代史研究所,1975 年,第 292 页。

发展,与陶成章等人积极运动会党相关。浙江的秘密社会多属哥老会,间亦有隶于青帮者,约有以下诸派别:

表7-2　与光复会相关的会党

名称	负责人	成员	来源及势力范围	主要事迹
终南会	会主何步鸿、副会主朱武	本湘勇营官,以罢职寄寓金华,永康沈荣卿、金华张恭、缙云周华昌皆入其会。	由湖南经江西传入,浙江衢州和福建建宁等地势力最盛。	庚子衢州起事之刘家福,亦该会中人,凡万云、龙华、伏虎、玉泉、关帝、九龙诸会,皆其流派。
双龙会（原名"万云会"）	会主王金宝,于1904年11月死难,其师弟吴应龙代统其众		本部在处州。	
白布会	温州瑞安绅士孙衣言		成立于太平天国时代。	太平天国败,衣言解散其会,其徒转入严、处二州发展,后濮振声改订白布会会章,自为统帅,1902年曾起而闹教。
伏虎会（1904年冬,并入龙华会）	宁海县附生王锡彤			总部设于台州。原以反教为主要活动,1903年以后受革命党人运动,转为排满。
龙华会	本部设于金华,由陶成章联络沈荣卿、张恭、周华昌等脱离终南会而建立。沈为正会主,张及周为副会主	东阳诸县事宜,由陈魁鳌、赵永景任之;武义诸县事宜,由周华昌等任之;党徒三万余人。台州应师杰、陆显元,处州吕嘉益等皆其别部。	金华八县皆有分部。	龙华会檄文用白话写成,鼓吹革命排满,但不仇洋。为日后光复军的主要武力。

续表

名称	负责人	成员	来源及势力范围	主要事迹
平阳党 (本名"平 洋党")	竺绍康		本部在嵊县,徒属 号称万人,王金发 为其别支。	
私贩党		属于盐枭,即青帮, 与前述各会党之属 于哥老会者异。	势力分布在苏、浙 一带。	
此外,浦江杜勇的"千人会",嵊县裘文高的"乌带党""金钱党"、以及"祖宗教""百子 会""白旗会""红旗会""黑棋会""八旗会"等,名目不一而足,皆哥老会的一支				

资料来源:张玉法:《清季的革命团体》,台北:中研院近代史研究所,1982年。

在光复会的革命运作中,学生运作会党主要得力者是陶成章与魏兰。1904年1月从日本回来的魏兰与陶成章一起拜访了杭州白话报馆的孙翼中。孙翼中与监禁在仁和县署的白布会首领濮振声交情深厚,于是介绍陶、魏去见濮振声,濮为两人写出介绍函及名片数十纸。此后两人以此为凭,走遍富阳、桐庐、分水、建德、寿昌、汤溪、龙游、遂昌、松阳等地,遍谒白布会首,详细了解各种秘密社会情状。这为陶成章后来组建龙华会,联系会党首领奠定了很好的基础。

三、大通学堂:学生、会党与革命党人的融合

建立大通学堂,创议于1905年4月,以学校作为革命的阵地。

> 大通学校发议于1905年4月,时蔡元培族弟元康自上海至绍兴,告同志以劫钱庄助军需之法,锡麟韪之,乃向许仲卿借银五千元,至上海购枪五十杆,子弹二万颗,并请嵊县竺绍康派二十人至绍兴候命。锡麟欲立一学校为此二十人藏身之所,并为贮藏械弹之地,遂由许仲卿出资,创办大通学校。[①]

大通学堂作为中国近代第一所培养革命人才的学校,在近代史上具有特殊的重要地位。大通学堂是革命骨干的培训学校,也是近代最早的干部培训学校。它巧妙地利用政府鼓励兴办教育的需求,而邀大量会党进校受

---

① 张玉法:《清季的革命团体》,台北:中研院近代史研究所,1975年,第288—299页。

训,是军事人才培训基地。

锡麟开办大通学校,原欲作为劫钱庄助军需之匿伏藏获处所,嗣以同志中无通驾驶术者,遂罢劫钱庄之事。锡麟又欲于开学之日集绍兴城大小清吏尽杀之,请成章告各府党人同时相应。成章以浙江非冲要地,欲在浙江起事,非先上通安徽,并以暗杀扰乱南京不可。因建议锡麟改大通学校为师范学校,设体操专修科,不论其为何府县人,皆可入学,六月毕业,然后各归本县倡办团练。事为浙江学务处允准,陶成章、龚宝铨、吕熊祥等遂遍游诸暨、永康、缙云、金华、富阳各县,邀诸会党头目至大通学校习兵操。大通学校于1905年9月23日开校,金、处、绍各府之会党来学者络绎不绝。成章厘定规约数条,凡大通学校卒业者,即受该校办事人之节制,大通学校之学生即为光复会之会员,凡党人来者仅习兵式体操专修科,六月毕业,文凭由绍兴府发给,上盖绍兴府及山阴、会稽两县印,又盖大通学校图章,并于背面记以秘密暗号。其开学及卒业时,悉请本城官吏及有名绅士到校行开学及卒业式,设燕飨之礼,官绅学生同照一相,送府县及各学校留念。凡所以挟制官绅学界之法,无不详细周到。[1]

光复会员周亚卫关于在大通学堂的工作,有过一段回忆:

在大通学堂工作了约一个星期,朱瑞打电报给秋瑾,叫我回弁目学堂参加毕业考试。我回杭州考完之后,学堂发表第一营正副目名单,准备出发到金华、衢州、严州三府征兵,我是正目之一。正在准备中,中队长叶颂清(光复会干部)同我说:浙江陆军小学堂现在正开办,预定调我去担任职务。因此,我未去征兵,又回到绍兴大通学堂,与我同去的有程毅。六月二日下午,我们在江干趁义渡船过了钱塘江,步行到萧山县西兴镇,晚间乘船,六月三日上午到绍兴大通学堂,一同见了秋瑾。程毅就在大通学堂当教员。我在当天下午被派到嵊县去叫竺绍康发动同志,组织队伍,携带武器,赴安庆参加起义。关于队伍的秘密行动和武器的秘密携运方法以及我帮助竺绍康率领队伍的任务

---

① 张玉法:《清季的革命团体》,台北:中研院近代史研究所,1975年,第288—299页。

等等,秋瑾都给了指示。①

这次决定了光复会命运的行动,后来由于安庆方面细节出了问题,很快被消灭在萌芽状态。实际上如追究起来,该行动的整个规划都有问题。而受此事件的牵连,大通学堂的革命暴动还未开始就已经被打压下去。

对于教育与革命的结合,大通学堂做得最为充分,形象地体现了以教育形式掩护武装暴动的本质。大通学堂也俨然成为浙江的革命中心,大批的浙江革命党人以之为据点,进行革命活动。

　　　大通学校成立后,绍兴成为光复会的活动中心。光复会前期的成员,除少数寓居上海的知识分子外,大部为浙江的会党。浙江的会党,在光复会创立前,一度谋与湖南的华兴会人合作,与兴中会人则甚少接触。1905 年 8 月,同盟会在东京成立,光复会人似乎没有参加创始。同盟会成立后,蔡元培被推为上海主盟人,国内光复会员不少加入同盟会。光复会的主要负责人徐锡麟始终独树一帜;锡麟死后,章炳麟与陶成章等人,亦与同盟会分途发展。②

四、学生光复会运作方式:联络会党与运动新军③

对于学生在光复会中的作用,何扬鸣曾有评价说:

---

① 周亚卫:《光复会见闻杂忆》,见中国人民政治协商会议全国委员会文史资料研究委员会编:《辛亥革命回忆录》(第 1 集),北京:文史资料出版社,1961 年,第 627－628 页。

② 张玉法:《清季的革命团体》,台北:中研院近代史研究所,1975 年,第 288－299 页。

③ 笔者 2008 年 6 月 4 日拜访了光复会问题研究专家、绍兴文理学院钱茂竹先生,钱先生详细解读了光复会的发展历史、运作及陶成章在其中所起的巨大作用。钱先生认为,光复会的前身是浙学会、军国民教育会。1903 年的浙学会、《浙江潮》,及其后来的军国民教育会,都为光复会的建立作了思想与组织准备。光复会谋求国家独立、人民富裕。"日俄战争"之际日本报纸的舆论,大大激发了中国学生的民族情感。陶成章对于会党的作用也有一定的了解,陶成章的《教会源流考》、平周三的《中国秘密会党》都深刻阐述了会党产生的历史、背景与内幕。陶成章等人深刻懂得会党对于革命活动的重要意义,从纵向历史来看,运用会党进行活动,清季以太平天国的拜上帝教为最,洪秀全等人把会党运动推向了一个极致。1903 年底,军国民教育会的黄兴、龚宝铨、陶成章等人陆续回国,进行革命活动。1904 年初黄兴在湖南成立了"华兴会",联络在湖南的革命同志。龚宝铨在上海接近蔡元培,后与陶成章回到杭州。在光复会成立之前,陶成章作了充分的组织群众工作。1904 年正月初一之前,陶成章已经撰写好了光复会的灵魂性"党纲"——《龙华会章程》,并手持在浙江会党有影响的重要人物、尚在狱中的濮振声的介绍信,四处联络会党。(转下页注)

尽管人们的说法有异,但光复会与浙江留日学生有着不可分离的关系。浙江留日学生是光复会的主要发起人和骨干。[①]

(接上页注)1904年正月初二出发,撑船过钱塘江,并步行富阳等地,历时两个多月,常常日行上百里,几次差点饿毙途中,陶成章联络会党的工作异常艰辛。在联络的同时,调查所到之地的人口、经济、社会、河流等基本情况。沿途陶还背有大量革命书籍,一路散发。他以《龙华会章程》联络浙江各地会党,章程的主要创新之处在于以各会党的联合为基础,在不损害各会党利益的前提下,形成一个统一的集体。同时各有山门,会党之间互相帮忙合作。该章程是各个会党的约法,体现了革命思想,但由于其组织的松散性,因此也具有一定的无政府主义色彩。1904年3月陶到浙南、浙西、温州等地活动,此时已经联络了浙江大部分的会党。1904年5月龚宝铨等在上海成立"暗杀团",同时联络了温台处会党头目敖嘉熊但没有成功。1904年10月陶成章回到上海,1904年11月19日光复会成立,光复会的基础是会党成员和知识分子(学生)。陶成章一贯主张在大城市发展革命,进军事学校学习军事,所以陶成章去东京发展光复会。而徐锡麟则准备去抢钱庄以为革命准备。后光复会以响应清政府兴学堂的号召为由,在绍兴创办师范学堂,暗中办团练,半年为一期,以毕业证书号码为编号,这就是绍兴大通学堂。大通学堂是中国第一所培训革命干部学校,设有体育、女子体育,这在当时都是具有开创性的。清政府在1904年后兴办学堂、新式军队,大通学堂正是将两者结合。1906年底由湖南同盟会领导了萍浏起义,陶成章参加同盟会并积极响应。1907年陶成章自任"五省大都督",并发动浙江会党参加,可惜这次起义很快失败了。后来光复会员徐锡麟等在安庆发动了暴动,枪杀安徽巡抚恩铭。但由于徐锡麟在起义过程中方言太重,新兵听不懂,并且由于是仓促起事,起义人员的思想和组织都还不够成熟,在起义时和城外联络不洽,所以很快就被打压下去。但此事产生的影响却是非同小可,端方一天发18封电报,捕捉陶成章、徐锡麟兄弟、秋瑾等。陶成章离开安徽后去上海,他的父亲也逃走,徐锡麟父亲与子脱离父子关系。秋瑾则在大通学堂被捕遇难。皖浙起义的失败,致使大通学堂彻底被毁,大部分骨干都没有了。皖浙起义后,据《中国革命纪》载:"公(陶成章)适渡皖,闻信三日不爽,继而大呼曰:吾当为友人报仇。"这里又有一个问题,在皖浙起义中,陶成章在做什么? 在这些过程中,"陶徐矛盾"是研究光复会不能回避的问题,据说徐有二三十封信札,是给谁的? 按此口气,像是给陶成章的,此批信件存于浙江省档案馆。1908年冬,光复会员熊成基在运动新军武装起义,影响很大。失败后熊成基逃到哈尔滨刺杀清朝大臣,抓后被杀。1907年陶成章修改《龙华会章程》,加上了反对立宪内容。陶还演讲保路问题。浙江保路运动比四川早,四川保路运动促发了辛亥革命。陶成章在演讲中揭露了立宪派人士在保路中保宪的主张。1910年陶成章在南洋成立了光复会总部,会长为章太炎。钱茂竹先生认为,过去及现有的研究,对辛亥革命史的认识不足,这里面也包括对光复会的认识还不够全面、充分,光复会研究中还存在诸多的疑点问题。笔者按:光复会领导人之间的关系,是光复会研究中一个既敏感但同时对于认识光复会史实非常重要的领域,比如似乎比较明朗化的陶秋关系、上文所提的陶徐关系,还有更为复杂的秋瑾与徐锡麟的关系等。

① 何扬鸣:《浙江留日学生与辛亥革命》,载《杭州大学学报》1993年第2期。

　　而"蒋尊簋、许寿裳、周树人、孙翼中、董鸿祎"①等浙江留日学生精英大都入会，该名单除蒋外，几乎也都是《浙江潮》的编辑或撰稿人员。同时据浙江嘉兴革命党人名单统计，"参加同盟组织的十个人员中，除一人留学欧美外，其余九人均是留日学生，参加光复会的八人中有五人是留日学生"②。

　　光复会参与革命活动的主要方式是联络会党和运动新军。在光复会的前期，陶成章在联络会党方面做了大量的工作，并且取得了很大的成功。

　　1907年徐锡麟刺杀恩铭事件后，大通学堂被查抄，光复会在浙江的根基受到重创，于是学生光复会把眼光投向了新军。清末实行军事改革，朝廷急需军事人才，在日本士官学校毕业的学生回国后，各省督抚都争相聘请，委以重任，比如蒋方震曾在东三省担任二品的军职。由于这样一种特殊的情况，新军中的协统、标统、管带等级别军官大多是留日学生或者学堂学生。1906年毕业回国的蒋尊簋被委以浙江新军第二标标统的重任，他在任上开办弁目学堂，协助建立陆军小学堂和炮工学堂，培养不少军事人才，但其实质办学思想无疑是为革命做组织准备。

　　秋瑾积极注重在新军中发展光复会的组织工作，从下面的名单上可以发现，这些被发展的军官，是辛亥后浙江军界主要的掌控者。

> 　　1906年冬天，秋瑾来到杭州，在新军界中发展光复会会员。她所吸收的会员，主要有以下一些人：督练公所有许耀，南京陆师学堂毕业；夏超，浙江武备学堂毕业；虞霆，举人，浙江武备学堂速成科毕业。武备学堂有黄凤之、张敢忱、吕公望（吕是禀生，在武备学堂小队里当兵）。第二标有朱瑞；叶颂清，队官，南京陆师学堂毕业；周凤岐，禀生，浙江武备学堂毕业；俞炜，浙江武备学堂毕业。上列这些人中，朱瑞起的领导作用较大；夏超政治活动较强；俞炜最年长，在同志中和在社会上联系面较广。③

　　秋瑾也曾经在弁目学堂发展成员，但在组织发展过程中，有一定的

---

　　①　何扬鸣：《浙江留日学生与辛亥革命》，载《杭州大学学报》1993年第2期。
　　②　何扬鸣：《浙江留日学生与辛亥革命》，载《杭州大学学报》1993年第2期。
　　③　周亚卫：《光复会见闻杂忆》，见中国人民政治协商会议全国委员会文史资料研究委员会编：《辛亥革命回忆录》（第1集），北京：文史资料出版社，1961年，第626页。

反复:

> 秋瑾在弁目学堂的学生中,起初吸收的人数较多。后来有些人发生了动摇,到最后巩固下来的有徐光国、吴斌、吕和音、徐雄、柯制明、潘知来、裘绍、周亚卫、邢复等。①

秋瑾在杭州发展会员的地点是秘密的:

> 秋瑾这次在杭州,住在抚台衙门前过军桥南首路西一家小客栈荣庆堂里。走进客栈门,过一个约两公尺宽的狭小天井,踏上台阶,有一条小弄,左首的房间就是秋瑾的住室,窗户临天井,室内明亮,来人晤谈,就在这里。斜对过,小弄的右首,比较隐蔽的一间,是新会员填写志愿书、秋瑾和新会员谈话的地方。②

秋瑾当年在杭州秘密发展会员的装扮,在当时也是独具特色:

> 秋瑾当时身穿一件玄青色湖绸长袍(和男人一样的长袍),头梳辫子,加上玄青辫穗,放脚,穿黑缎靴。那年她三十二岁。光复会的青年会员们都称呼她为"秋先生"。③

1908 年江苏籍光复会成员熊成基,曾发动安徽新军起义,尽管失败,但也预示了新军革命化的影响程度。

皖浙起义失败后,光复会的发展,主要限于成员个人方面,鉴于之前的经验教训,更加注重运动新军:

> 浙江革命运动遂注全力在军队方面,尤注重在新军下级干部及军士基层方面打下基础。同年冬,清廷派旗人增韫为浙江巡抚,派北洋旧军官杨善德,充浙江混成协二统,严密监视我等行动。次年,步兵八十二标标统蒋尊簋调走,部将周承菼充任,第八十一标统派丁慕韩充任,其他重要军官,亦派他的亲信来充当。因此,浙江军队革命运动受了一个很大的打击。我同志等因杨善德在浙,妨碍我们革命运动,不

---

① 周亚卫:《光复会见闻杂忆》,见中国人民政治协商会议全国委员会文史资料研究委员会编:《辛亥革命回忆录》(第 1 集),北京:文史资料出版社,1961 年,第 626－627 页。

② 周亚卫:《光复会见闻杂忆》,见中国人民政治协商会议全国委员会文史资料研究委员会编:《辛亥革命回忆录》(第 1 集),北京:文史资料出版社,1961 年,第 627 页。

③ 周亚卫:《光复会见闻杂忆》,见中国人民政治协商会议全国委员会文史资料研究委员会编:《辛亥革命回忆录》(第 1 集),北京:文史资料出版社,1961 年,第 627 页。

断设法秘密倒杨。至1909年清廷预备浙军扩充成镇时（以后改师），我同志等密派同志赴京，联系同乡京官孙宝琦等，积极进行，终将杨善德调走。部将萧星垣为浙江第二十一镇统制（他是浙江武备毕业，派赴日本留学的，前曾充浙江第八十二标统带），此时浙江中下级军官，我们同志中参加了不少，如朱瑞、顾乃斌、韩绍基、许耀、叶颂清、叶焕华、吴思豫等，均做了中级官，其他下级军官更多，军士方面更打下了基础。抚署卫队、防营及铁路交通运输方面，亦相应有了联系。[①]

由此可以看出，光复会员在运动新军方面，取得的成绩是巨大的。难怪顾乃斌说，在杭州光复前夕，驻杭新军八十一标、八十二标已基本为革命党人掌握，巡防营官兵对起义也大都表示赞成[②]。而周亚卫也有类似的表述，"在起义的全部过程中，只有管带陈国杰在报国寺受伤（由于误会），没有发生其他流血事件"[③]。辛亥时期革命党人之所以能够顺利光复杭州，与光复会员运动新军的极大成效是分不开的。

第二节　清末学生革命：从文本精英到实践精英

清末浙江学生适逢乱世，思想变革剧烈。有的投身同盟会，有的效力光复会，也有的或兼而有之；有的抱有激烈的革命思想，有的则仅停留在书本中，孰是孰非，当有历史记录如斯。

本节就浙江学生与同盟会、文本精英与实践精英以及龚宝铨的个例进行探讨，尽管三者之间存有一定的差别，但它们都体现了学生革命的或文本性或实践性的色彩。

一、浙江学生与同盟会

相较光复会来说，同盟会虽有浙江学生参与，但是力度等方面均有所

---

①　傅孟：《杭州光复回忆》，见中国人民政治协商会议全国委员会文史资料研究委员会编：《辛亥革命回忆录》（第8集），北京：文史资料出版社，1982年，第1—2页。

②　相关表述参见顾子才：《浙军杭州光复记》，载邱权政、杜春和选编：《辛亥革命史料选辑》（下），长沙：湖南人民出版社，1981年，第91—105页。

③　周亚卫：《光复会见闻杂忆》，见中国人民政治协商会议全国委员会文史资料研究委员会编：《辛亥革命回忆录》（第1集），北京：文史资料出版社，1961年，第632页。

不及。徐锡麟、秋瑾、陶成章等人的革命行动,尽管后来因政治习惯之使然,将之归结为同盟会范畴,但更主要是以光复会的名义,在光复会的领导下从事革命活动。光复会与同盟会关系微妙,从成员的组织认知上可以反映出来。

> 是时留日十七省革命志士在东京发起中国同盟会已历数月,浙江人入会者有蒋尊簋、秋瑾数人。成章于丙午东渡,旋即加入,且见推为《民报》之发行人。元培于同盟会成立之初,已由本部指定为上海分部创办员。因是光复会员泰半入同盟会籍。独锡麟志大心雄,不欲依人成事,且因捐官办学二事与成章意见不洽,故卒未入会。秋瑾于乙巳七月由冯自由介绍入同盟会,且被推为浙省主盟员,为浙人入同盟会之第二人。是年冬由日返国,复由锡麟介绍入光复会,因与锡麟订约合作,故一切进行规画,咸以光复会名义行之。然于丙午冬萍浏一役前后,同盟会本部派遣归国运动湘、鄂、苏各省起事之刘道一、杨卓林、孙毓筠、胡瑛诸人,瑾皆与之约期同举,亦概用同盟会章制,则可知是时革命党员对于光复同盟之名义,固无畛域之见也。及萍浏革军失败,徐、秋二人遂协议决用光复军名义在浙、皖二省企图大举,不及半载而有安庆、绍兴之二役。[①]

如果细究起来,就会发现,浙江学生与同盟会的关系,是非常微妙的。相当部分的浙江籍同盟会员,已经加入了光复会。在革命行动旗帜的选择上,浙江人更愿意举起光复会的大旗。秋瑾也是以光复会的旗帜号召左右。在浙江,同盟会更多的只是一种革命的符号罢了。革命理想再崇高,切切实实地干革命,革命地缘性还是显得非常重要。

二、从文本精英到革命精英的转向

浙江学生的倾向革命,有从理论到实践的两个层次。武力暴动的属于实践革命,而主要通过笔杆子发表文章反对清政府进行革命运动,则属于文本革命。

> 1907 年,安徽省城安庆发生了一次昙花一现的革命。革命领袖

---

① 冯自由:《光复会》,见《革命逸史》(下),北京:新星出版社,2009 年,第 854 页。

是徐锡麟，我们在前面曾提起他过。他是安徽省警务督办，曾在绍兴中西学堂教过书。我们在前面也曾经提及。他中过举人，在中西学堂教过几年书以后，又到日本留学。他回国后向朋友借了五万块钱，捐了道台的缺，后来被派到安庆。他控制了警察以后，亲手枪杀安徽巡抚，并在安庆发动革命。他同两名亲信带了警校学生及警察部队占领军械库，在库门口架起大炮据守。但是他们因缺乏军事训练，无法使用大炮，结果被官兵冲入，徐锡麟当场被捕。他的两位亲信，一名叫陈伯平的阵亡了，一位叫马子夷的事后被捕。马子夷是我在浙江高等学堂的同学，他和陈伯平从日本赴安庆时，曾在上海逗留一个时期。两个人几乎每天都来看我，大谈革命运动。他们认为革命是救中国的惟一途径，还约我同他们一道去安庆。但是一位当钱庄经理的堂兄劝我先到日本去一趟。那年暑假，就和一位朋友去东京，顺便参观一个展览会。我们离沪赴日的前夕，马子夷、陈伯平和我三个人在一枝香酒楼聚餐话别。第二天我去日本，他们也搭长江轮船赴安庆。想不到一枝香酒楼一别竟成永诀。①

后人可以通过前人的追溯，遥想当年革命者积极准备革命的情形。周亚卫回忆说：

光复会丁未年（1907 年）起义，原定的计划是：以安庆为重点，以绍兴为中枢，金华、处州等各地同时发动，分路攻取南京，占领江苏、安徽和浙江各省要地；安庆方面由徐锡麟主持，绍兴方面由秋瑾主持。这年五月，秋瑾在绍兴光复会总机关——大通学堂积极准备起义，全校学生加紧进行军事训练。就在这个月，我从杭州到绍兴去，参加大通学堂工作，住仓桥诸暨册局，担任油印讲义事务。每日三餐，全体师生都到豫仓饭厅会餐，秋先生每餐都在。②

陶成章、徐锡麟、秋瑾等属于浙江学生革命精英的代表，他们不畏生死，敢于公然反抗强大的国家机器。与这些革命的实践者不一样的是，还有大量的文本革命者。文本革命者也以革命的思想、革命的文字反对政

---

① 蒋梦麟：《蒋梦麟回忆录：西潮与新潮》，北京：东方出版社，2006 年，第 82 页。
② 周亚卫：《光复会见闻杂忆》，见中国人民政治协商会议全国委员会文史资料研究委员会编：《辛亥革命回忆录》（第 1 集），北京：文史资料出版社，1961 年，第 627 页。

府。他们尽管革命思想的程度不一，但同属革命者的范畴，蒋梦麟就是其中之一。

在谈到与伟大领袖的交往及对于革命的认识，蒋梦麟的回忆或许可以给人提供不同的价值思考：

> 1911年10月8日，大概晚上八点钟左右，孙先生穿着一件深色的大衣头戴一顶常礼帽，到了《大同日报》的编辑部。他似乎很快乐，但是很镇静。他平静地告诉我们，据他从某方面得到的消息，一切似乎很顺利，计划在武汉起义的一群人已经完成布署，随时可以采取行动。两天以后，消息传至旧金山，武昌已经爆发革命了。这是辛亥年十月十日的武汉革命，接着满清政府被推翻，这一天也成为中华民国的国庆日。①

而1911年的武昌起义，给在学堂里读书的学生行为革命的实践提供了一次特别的机会。武昌起义后，清政府统治秩序陷入混乱中，学生在这特殊时期，有许多人则借机参加革命。田颂尧回忆说：

> 是年秋间，清军荫昌率军两镇由京汉路陆续南下，经过保定，风声甚紧。学校当局为了防止意外，听课数日。这时，学生都乘机分头酝酿。最后，学校当局以陆军部堂一纸命令下达，宣布提前结束，发给路资，分遣学生各回原籍候命……田颂尧、鄢淮洲、罗鹍、陈朝俊、龙渊等则参加了以沈剑侯为首就地筹组的苏浙学生军团。不旬日间，自愿参加者千余人，多系江苏、浙江两省中学以上学生。军团本部设上海斜桥永锡堂，暂假江苏教育会、潮州会馆等处作筹集训练地点。后为训练便利计，迁到浙江杭州城，暂假高等审判厅房舍和庙会空地作营舍，积极从事训练，为江浙联军进攻南京做准备。②

这一学生军团，是以苏浙籍为主的学生跨省域联合，"苏浙学生军团共有一千三百多人，多数自愿出资制备军服。武器方面，初经军团部请求沪军都督陈其美、浙江都督汤寿潜借到步枪数百支，作轮番操练之用，一面筹

---

① 蒋梦麟：《蒋梦麟回忆录：西潮与新潮》，北京：东方出版社，2006年，第102页。
② 田颂尧：《辛亥革命时期的苏浙学生军团》，见中国人民政治协商会议全国委员会文史资料研究委员会编：《辛亥革命回忆录》（第4集），北京：文史资料出版社，1963年，第56—57页。

资购备充实"①。尽管学生军在辛亥后被整编,但他们的组成则体现了部分学生对于国家革命来临时的直接参与心理。

文本革命与行为革命,在不同的学生身上,表现力也是不一样的。有些人实现了文本到革命的转向,有些人则始终停留在文本层面的思想革命,内心里则是把革命作为国家变革途径之一。即使是文本革命,那也可能只是简单化的一种职业或者更可称为谋生的手段罢了。

三、龚宝铨:从留日学生到革命党人

龚宝铨是浙江留日学生中颇为特殊的一个学生,少有壮志,一生波折。

　　未冠,值义和团之变,既有光复志。游学日本,以争俄约与黄克强、钮惕生、杨笃生、陶焕卿、汤尔和相集为军国民教育会,与上海言光复者相应和。顷之,与焕卿偕归,得交山阴徐伯荪,谋光复事。伯荪谓在野无措手地,必稍得政权乃可,由是集资援例各得一官。其后伯荪果诛恩铭,而未生与焕卿终不仕。相从行浙东诸县,日蹑草履行八九十里,所至交其豪俊,数濒危难,亦有天幸,得免于祸。时同县敖梦姜亦善结客,相与支柱为光复会,其后渐并为同盟会。清光绪三十二年,未生教于芜湖中学,会江西萍乡事起,诸称革命党者皆被嫌。明年杨作霖谋诛端方,被逮,事亦急,乃与焕卿复走日本。时南洋群岛诸侨人谋置小学,请于同盟会,于是李柱中、沈复生、陈陶怡先往,而焕卿继之,荷兰属地侨人甚信焕卿,焕卿亦以同志不能如前日精纯,乃纠合光复会旧人与侨人有志者推余主会,以焕卿为副,外事以属李柱中。焕卿时往来南洋日本间,性急,颇与同盟会人不和,未生常调护之②。

　　明年,东京民报馆被封,日本颇伺察中国党人,清政府所遣侦探东来者甚众,未生惧事泄,乃悉取浙江一部党籍焚之,故浙人无被祸者。自是悠游讲诵,与世相远矣。宣统三年春,喻培伦、林广尘等聚击张鸣岐于广州,不胜,清吏始疑视南洋。柱中等争内渡,笃生在欧洲闻变,发愤赴水死。其秋,武昌倡义,焕卿自南洋还,赴浙江,浙江已独立,任

---

① 田颂尧:《辛亥革命时期的苏浙学生军团》,见中国人民政治协商会议全国委员会文史资料研究委员会编:《辛亥革命回忆录》(第4集),北京:文史资料出版社,1963年,第57页。
② 关于光复会的领导骨干问题,有一定的争论,笔者认为陶成章尽管为副会长,但在会中起到核心的作用。

焕卿为参议,郁郁不得志,未生归,病甚。焕卿屡与王逸辈牴牾,欲自练兵上海,为忌者所刺。时同盟、光复二会嫌隙滋甚,而趋势者多归同盟会,一日署名者至二三千人,同盟会旧人,亦为其所陵轹,未生益无意世事,以浙江图书馆副理自给。自民国以来,常充图书馆长,遂终其身。民国五年夏,浙江拒袁氏帝制,逐将军朱瑞,未生与谋焉,事定,充都督府外交顾问,复被选为参议会议员,又选为副议长。十年春,应浙江省长聘为自治筹备处评议员,其夏省议会又选为省宪法会议议员,未生以为不急,故未尝有所建议云。未生少年慷慨,顾不甚循礼法,晚既失意,听同县范古农谈内典,始深自悔,与友人言,至于泣下,由是茹蔬奉佛,持杀戒甚严。图书馆旧有翻印日本弘教书院藏经,未生复遣人诣日本购置续藏及佗佛典甚众,读经纶,能解大义,时就同县沈子培、会稽马亦浮请益,二子颇许之,故晚岁颇修谨,所谓德慧术智存乎疢疾者欤。十一年某月,以时疾殁,年四十。①

龚宝铨的个人经历,也折射出一种悲剧。龚的一生,从早年开始一心投身革命,矢志不渝地为推翻清政府四处奔走。但真到革命成功之后,早年用性命博来的,却并非自己所乐于见到的。于是失意、心死,转而信佛,对佛经颇有造诣。革命对于革命者本身来说,也许过程更值得追忆。龚宝铨的革命奋斗历程和革命后的经历,是当年一批革命者的缩影。

捧读近代人物,有时就像在读一本厚重的书。满怀壮志江山改,几多失意几多愁!龚宝铨的身上充分体现了历史对于革命者的无情与无奈。

四、另一个蔡元培

革命是疯狂的,他有时会让一个文弱文人变得坚强,并以与文人并不相符的想法和行为,去撞击着理想的梦。蔡元培就是其中之一。

蔡元培是近代中国历史上最伟大的教育家,他的教育思想与他的名声一样长久永存。在清末,蔡元培曾经热衷于试制毒药、炸药、催眠术等一系列暗杀行为,这使我们得以从另一个视角来考察这位历史人物。

蔡的学生俞子夷回忆说:

---

① 章炳麟:《龚未生事略》,见沈延国:《记章太炎先生》,《太炎文录续编》卷4,台北:文海出版社,1975年,第23—24页。

爱国女学发起比爱国学社早些,开学比较迟些,学生很少,我去时暂教低班国文。蔡师知道我对化学有兴趣,嘱我研制毒药,所需器材由科学仪器馆供应。这是当时上海唯一的国人自办的理化器材供应机构,当然绝大多数是日本进口货,但已有工场开始仿制及修配。钟观光先生,宁波柴桥人,热爱科学,设此机构,对学习研究理化者帮助极大。更译印过两种化学书,一为《定性分析》,一为《伊洪论》,概述当时新兴的电离学说。我课余读书、实验,试制氰酸,一试即成。蔡师嘱工友弄来一壮猫,强令其服,只几滴,猫即中毒死,蔡师认为满意。但他指示我:液性毒药,使用不便,易被人发觉,必须改制固体粉末,最好性烈而事后不易被查出者。于是,向日本邮购了一批药物学、生药学、法医学等书籍,从事研究,但无大进展与成就,而研究的对象不久即转向炸药。照蔡师计划,革命的实际行动不外两途:一是暴动(武装起义),宜由男子担任;一是暗杀,女子较宜。所以,过去爱国学社里他亲自参加兵操为学员表率,此时在女学,乃转而着力于毒药和炸药的试制。①

而且蔡还有好劝人酒的习惯:

蔡师本不住校,假中仍来,反比开学时到校的时间多些。阴历过年时,两桌人吃年夜饭,喝酒猜拳,兴高采烈。蔡师善劝酒,我被灌醉,即回房大吐。②

当一个文弱书生,都热衷于以极其秘密的方式和手段参与颠覆政权的行为,那也说明,这个政府离覆亡不远了。因为其他不同层次的人,更有合理的解释来阐发参与革命的原因。而且,从革命的角度考察这些读书人,往往会颇有趣味:

从此时起,开学后,直到暑假,往来的客人难得有间断的日子。回忆中印象较深的如:黄兴常穿响皮底鞋,赵声、徐锡麟,每来辄谈捐官、做官等事,而赵的一套武官行头(皮衣包、帽笼及一双靴)时常寄存我所住的厢房内(男子住校者只我一人)。秋瑾的服装举止,完全像日本

---

① 俞子夷:《蔡元培与光复会草创时期》,见中国人民政治协商会议全国委员会文史资料研究委员会编:《辛亥革命回忆录》(第7集),北京:文史资料出版社,1982年,第514页。

② 俞子夷:《蔡元培与光复会草创时期》,见中国人民政治协商会议全国委员会文史资料研究委员会编:《辛亥革命回忆录》(第7集),北京:文史资料出版社,1982年,第517页。

女学生,鞠躬礼十分到家,别的中国留日女学生在这一点上每易露马脚。陶成章、龚未生住在校内译催眠术,蔡师对催眠术颇感兴趣,据说此术亦可用作暗杀工具。陶读书有惊人的高速度,能一目看一页,尽管考问,内容可对答无误。[①]

蔡元培热衷于催眠术,是热衷于一项与自己专长极为不符的项目。这些革命人物所表现出来的特别行为,值得后人去探寻。

第三节　清末学生的考试生活与历史镜像[②]

近代学校制度建立后,中国考试逐步完成了由选官为核心向以学业为中心的模式转变。在历史嬗变中,科举制的一些特点被继承下来。清末考试在学业化、客观性、常态化等方面有所强化。在实际的效果影响上,特别是在诸多影响人生轨迹的考试中,考试生活已经成为个人奋斗的进步之梯,考试过程及结果受到各方的重视。清末学生考试生活的历史镜像,既有其生动的时代特点,又有教育转型期学生的人生感悟。

一、清末考试选官功能的丧失与学生的接受

在中国传统的科举制度向学校制度嬗变的过程中,考试的形式、内容和效果都发生了极大的变化。刘海峰等人关于科举制的论述在这方面有很好的说明,同时学界也关注到考试制度的变革给普通学生带来的生活和人生轨迹的改变,特别是对于《退想斋日记》的解读,它表现了旧式文人因为考试方式变革而产生的时代失落感,给人们留下极为深刻的印象[③]。

从社会学角度而言,清末教育所带来的教育界变化,不仅影响到学校

---

① 俞子夷:《蔡元培与光复会草创时期》,见中国人民政治协商会议全国委员会文史资料研究委员会编:《辛亥革命回忆录》(第7集),北京:文史资料出版社,1982年,第517页。

② 该节内容以《近代学生的考试生活与历史镜像》,刊载于《山东高等教育》2016年第1期,选入本书有删减。

③ 刘海峰:《为科举平反》,载《书屋》2005年第1期。该文为对科举价值判断的重要转折点,并逐渐形成科举学研究。刘云杉:《帝国权力实践下的教师生命形态:一个私塾教师的生活史研究》,见《从启蒙者到专业人——中国现代化历程中教师角色演变》,北京:北京师范大学出版社,2006年,通过对清末转型之际山西塾师刘大鹏的个体研究,着力表现新旧时代一位普通塾师的生活状态与心路历程,以一个读书人的生命实践来表达一个时代读书人的落魄人生。

办学、教师施教、学生求学,乃至影响到社会流动与社会分层;从历史学意义来说,考试生活是清末学生生活的重要方面,具有重要的理论价值和现实意义。本书以清末学生对考试生活的回忆为中心,着重考察考试生活的演变、特点与历史回忆。

考试选官制度的剥离,对部分知识分子来说,有一个痛苦的转化过程。在科举制度主宰的时代,学而优则仕,它在一定程度上保证了官员队伍的文化素质。即使在清末废除科举的过程中,这种官学一体的模式依然存在了一段时间。1903 年 10 月 6 日清政府公布的《约束鼓励游学生章程》规定:"普通中学堂五年毕业,得有文凭者,给予'拔贡'出身,分别录用;文部省直辖高等各学堂暨程度相当之各项实业学堂,得有优等,给予'举人'出身,分别录用;在大学堂专学某一科或数科毕业后,得有选科及普通科文凭者,给予'进士'出身,分别录用;中学堂毕业,经入大学堂学习选科,未经高等学堂毕业者,其奖励比照高等学堂毕业办理;日本国家大学堂暨程度相当之官设学堂三年毕业得有学士文凭者,给予'翰林'出身;日本国家大学院五年毕业,得有博士文凭者,除给予'翰林'出身外,并予以'翰林'升阶;除以上所列者外,在文部大臣所指准私立学堂毕业者,视其所学程度,一体酌给'举人'出身,或'拔贡'出身;同时规定留学生原有翰林、进士、举人、拔贡出身者,各视所学程度,给予相当官职。"[1]清政府在新学初期,根据具体情况仍然给予新式学生一定的政治地位。但是,随着新学的日兴,新式教育呈现出越来越多的与以往教育不一样的地方,因此,最后考试的选官功能被逐渐剥夺。

科举的优点在于将官吏选拔权归于中央,有利于中央集权;平民有机会通过努力成为官员,缓解知识分子的政治参与诉求,有利于政权稳定;通过考试将有才能的人选入国家干部队伍,有利于提高官员队伍素质;将读书与做官直接联系,既敦促知识分子积极向学,接受政府的价值形态,同时也引导他们追求名利,形成"学而优则仕"的价值取向,对知识分子独立人格和自由精神起到极大抑制作用[2]。

废科举给予传统学子很大的打击,这是既转折又迷茫的时期。"科举

---

①　瞿立鹤:《清末教育西潮:中国教育现代化之萌芽》,台北:"国立编译馆",2002 年,第 823 页。

②　王奇生:《中国考试通史》(民国卷),北京:首都师范大学出版社,2004 年,第 4 页。

的废止,学校的兴行,服装的改革,辫发的剪除等事,在坐守家庭而不看书报的母亲看来,犹如不测的风云。我的父亲是考乡试而中举人的。父亲的书籍、考篮、知卷、报单以及衣冠等,母亲都郑重地包藏着,将来科举或许再兴,可给我参考或应用。这不是我母亲一人的希望,其时乡里的人都嫌学校不好,而希望皇帝再坐龙庭而科举再兴。"①

　　然而科举时代官学一体的荣光,仍然刺激着新式读书人的敏感神经,蒋梦麟接受新学的同时,仍然对旧学的荣耀羡慕不已,"我遥望着学台等一行换了船,学台踏上最华丽的一只,随后这只载着官吏和陋规礼金的小型舰队就扬帆顺着退潮驶往宁波去了。那种气派使我顿生'大丈夫当如是也'的感触。"②考试是作为筛选人才最公正的方法,它最大程度地避免了出身、人情等因素。考试的这种优势在工作人员的选拔中也被选用,国民政府开始通过考试来挑选行政人员,"文官考试制度重新恢复,但是见过清朝科举制度的人也许会失望,因为考试录取的人已经不再有从前那种煊赫排场和荣耀"③。就传统中国的"官吏"而言,考试出来的一般都是"吏"的人选,要想达到古代"官"的排场和显赫,则是需要在"吏"的岗位进行磨砺,而远不是科举时代考试这么简单。

　　人们不必再为科举而欢呼,在新的学制所设置的学业面前,层级制的教育制度逐渐取代了同样层级制的科举制度,社会也很快适应了新式教育升学考试的模式。科举制度的深刻影响体现在内涵上,外交家顾维钧回忆就读英华书院时1899年的期末大考,"(考试)总分是确定红榜名次的决定性依据,而红榜是在结业典礼上要向全体学生公布的。名次按得分高低顺序排列,谁得分最高就名列第一。这在一定程度上是在模拟几百年来从全国各地选拔政府官员的科举做法,因而为学生所普遍接受与欢迎"④。

二、清末学生考试生活的日常状态

　　学生考试有平常考、期中考、期末考、毕业考等阶段,最重要的还是升

---

① 丰子恺:《丰子恺自传》,南京:江苏文艺出版社,1996年,第48页。
② 蒋梦麟:《蒋梦麟回忆录:西潮与新潮》,北京:东方出版社,2006年,第192页。
③ 蒋梦麟:《蒋梦麟回忆录:西潮与新潮》,北京:东方出版社,2006年,第186页。
④ 中国社会科学院近代史研究所译:《顾维钧回忆录》(第一分册),北京:中华书局,2013年,第14页。

学考。同时各种职位的招聘，适合考试用的，也可以考试的方式进行。以考试作为检测学生学习优劣的手段，古已有之。学生考试是一个自上而下并自成体系的生活，考试机器在清末得到进一步增强。

在重大的人生前途选择面前，没有人能够无动于衷。作为甄别功能的考试，在升学中发挥了巨大的作用。以教育家陈鹤琴考取清华为例：清华首次招生，通过各省初试和北京复试的方式。当时报考的年龄为 15 至 18 岁，而 19 岁的陈鹤琴在家人和同学的怂恿下瞒报了一岁，得以有资格参加考试。"浙江一共只有 23 人参加考试，监考是浙江巡抚增韫，主考是浙江提学使袁某。23 人取 10 名，我很幸运的以第 9 名的名次被清华学堂录取。到了北京参加复试，每人还发了 20 元的旅费。参加考试的人很多，有各地保送来京的，有在北京直接报名的，大概有 1000 多人，场面蔚为壮观。考试共分为两场，第一场考国文、英文、算学，第二场考史地、科学，如果头场不及格，第二场就不能参加了。考试花了一个星期的时间，每天天还没有亮，考生就出发进入考场……第一场取了 160 名，我列 82 位；第二场取 100 名，我列第 42 名。考取之后，由同乡官作保，进入清华学校学习。"[①]这场考试改变了陈鹤琴的人生轨迹。

三、清末学生考试生活的特点

清末学生考试生活的特点，主要体现在学业化、客观性与机遇感并存等方面，并且由于其处在考试改革的转型期，各种考录的政策、制度也在不断的完善中。

就学业化而言，考试已经成为学生生活中的常态现象。周考、月考、期中考、期末考、毕业考、升学考等等，按照重要性成正态分布。考试是学校检测教与学的重要手段，而定例的检测是常有的事。1906 年 4 月 17 日，胡适所在班级开始考试，下午考英文 Dictation（默书）、Spelling（拼字）；第二天下午考 Conversation（会话）、绘图；第三天上午考算术，下午考 Reading（阅读）及 Grammar（语法）；第四天上午考物理，下午考 Geography（地理）、Composition（作文）；第五天上午考历史、伦理、地理，下午考 History（历史）。上述科目凡是以英文标识的，都是考英语。经过五天的考试，连好学

---

① 陈鹤琴：《我的半生》，台北：台湾珠海出版有限公司，1990 年，第 72 页。

的胡适都发出"连日考试,惫甚"之语。胡适平时最爱看小说,考完看了《战血余腥记》一册,看完后,因考试带来的郁闷心情才稍有缓解①。平时的考试,主要是检测学生近期所学情况。

在试题的组织上,从科举时代的主观性逐渐向客观性转变,这也符合科学的一维标准。清末考试由于自然科学的进入,而常常显示出客观性的一面。吴宓在1911年2月13日的日记中写道:"张献初抄来十四日学部考试游美学生题目一纸。历史、地理各出九题,以六问为完卷题,尚简易。国文则二题必得兼作,题皆朴实说理,以试小童殊难见长,吾辈则又如何者。"②清华选拔留美学生,需要以各科综合成绩见长才行。之后随着新学的普及,更多的客观题目不断涌现。

四、考试生活中社会流动的历史镜像

考试生活呈现形形色色的历史镜像,在升学考试中达到最高峰。为了达到目的,各种方法也轮番登场。1911年2月14日吴宓日记记道:"午,偕张君至宣武门内学部前游览,见小学生颇多手持笔墨,盖即赴游美考试而出场者也。其中十一二岁者极多,以余等假冒年龄、老大自惭者对之,能无愧死耶!"③为了通过考试,吴宓修改年龄,与十一二岁小孩竞争,自觉老大不是滋味。

在升学考试中,往往要图个好兆头。画家丰子恺回忆面临小学升学考试时的彩头,"我还记得炎热的夏天的早晨,母亲一早起来给我端整了行装,吃了糕和粽子……暗示'高中'的意思。听说从前父亲去考乡试的时候,祖母总是给他吃这两种点心的"④。

在张治中的回忆中,他的考试"第一次考体格,检查身体,那时我拖着一条小辫子进考场。我的体格算是通过了。第二场考国文,题目我还记得,是《战阵无勇非孝也》。这一篇文章,我到现在还记得清楚。出场时,我把这篇文章的底稿给大家看,都说:'一定取!'而结果榜上无名。我们巢县的这一个名额,给了同巡抚衙门有关系的人了。这人姓贾,年纪也轻,很漂

---

① 曹伯言整理:《胡适日记全集》(第一册),台北:联经出版事业股份有限公司,第18—20页。
② 《吴宓日记》(1910—1915),北京:生活・读书・新知三联书店,1998年,第21页。
③ 《吴宓日记》(1910—1915),北京:生活・读书・新知三联书店,1998年,第22页。
④ 丰子恺:《丰子恺自传》,南京:江苏文艺出版社,1996年,第48—49页。

亮,又进过学堂,我当然争不过他"①。在这里面,考试依然为强权所渗透。
"记得我一到安庆,紧忙先去瞻仰'陆小'。我看到它的堂皇的屋宇,穿着整
齐的制服的学生,我是何等地羡慕。假如考取了,进了这一个好学堂,应该
如何快乐。正因希望迫切,讵料榜上无名,自然更加懊丧。"②对于与心仪
的学校失之交臂,张治中的内心深处,倍感失落。

纵观清末学生考试生活,就一个学校而言,基本按照分数来进行录取,
打破了省域、城乡等界限,在考试的起点上促进了教育的公平。在教育资
源的配置上,整体教育资源匮乏,优质资源主要向大城市集中,乡村开始零
落,这是废除科举之中留下的历史弊病。考试制度完善方面,科举刚刚废
除,一切还处在复杂矛盾之中。人际关系的因素等等也显得比较重要,但
这限于基础教育,在高等教育领域,传统知识分子的骨气,使得教育公平成
为并不难以实现的一件事情。

对于一般学生而言,要想进入主流社会,只有通过考试一途不断进步。
拼爹拼妈不如拼自己,这是时代给予学生的机会,因此家庭往往投入巨大
的人力、财力,像古代的科举考试那样,为学生考入一个理想的学校,为能
够跻身于社会的主流努力。这样的一种努力,不仅是学生的、家长的,有时
甚至关乎一个家族。它是整个社会合理流动的基石,在造就成千上万的社
会栋梁之后,不断形成新的社会秩序。

第四节　清末浙江毕业生在近代中国的社会出路

清末时期,由于社会转型的加剧,各种新的职业不断出现。传统的士农
工商模式被打破,城镇与乡村差距逐步扩大,社会的就业渠道也变得丰富。

科举制的废除与社会形势的发展,使得越来越多的学生涌入社会。新
式学堂学生的就业问题,关系着国家的稳定,朝廷也非常上心。

> 政务处奏请免裁各省员缺,以为毕业生升途,业经奉旨依议矣。
> 然裁汰官缺,为近今我国一大政,举国皆属耳目。不料忽有此反汗之
> 举也,夫为经济问题而裁官,其宗旨谬误。本属不成政体,今复以此再

---

① 《张治中回忆录》,北京:中国文史出版社,1993年,第19页。
② 《张治中回忆录》,北京:中国文史出版社,1993年,第19页。

失信用,我政府其何辞以谢天下,而尤谬者则欲以留此员缺为位置毕业生之地。夫国家近者亟亟于派游学、兴学堂,岂不知学生为国家将来之所倚赖者,则宜如何予以出身?高其位置重用之,以收成效。而乃仅择一在可淘汰之员缺以位置之,虽此所谓毕业生不知其究指何种,但果有真正毕业生之资格者,吾恐其断不受此羁縻也。①

由此看来,对于学生就业问题,自清末学生出现政府就开始关注了。

一、清末浙江毕业生概况

根据《表3—4　1902—1907年浙江在读生与毕业生人数比较表》整理,得出以下曲线图:

图7—1　1902—1907年浙江在读生与毕业生数量曲线图

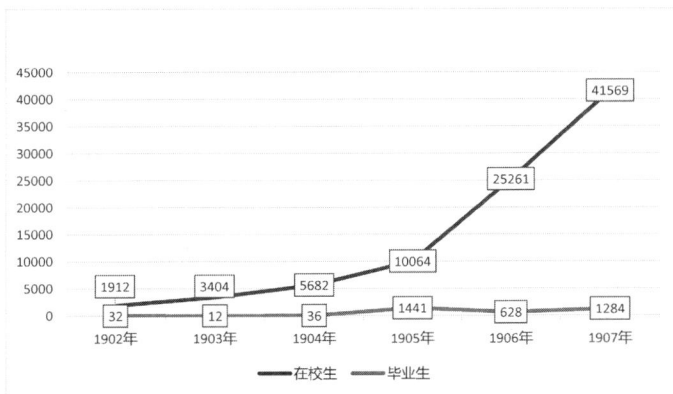

图7—2　1902—1907年浙江毕业生数量曲线图

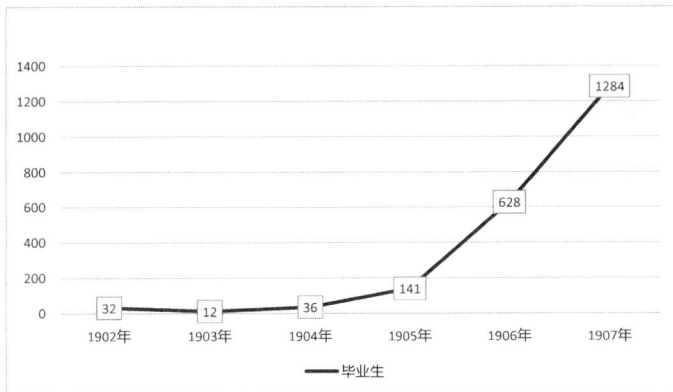

---

① 《未免轻视学生》,载《东方杂志》1904年第12期。

图7－3　1902—1907年浙江在校生数量曲线图

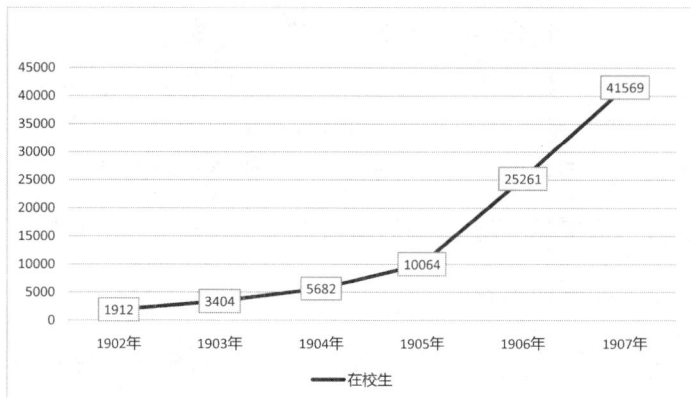

根据表3－4可知,浙江省1902至1907年的毕业生分别为32、12、36、141、628、1284人,随着新学的增加,毕业生人数逐年递增。而在读的学生数分别为1912、3404、5682、10064、25261、41569。毕业生逐年递增比例为－62.5％、200％、345％、104％。1907年比1902年直接递增了3913％。在校生逐年递增的比例分别为78.03％、66.9％、77.12％、151％、64.56％。1907年比1902年直接递增了2074％。

同时,根据图7－1、图7－2、图7－3可以形象地看出,在校生与毕业生的大规模增幅体现在1905—1907年。

这样的增幅在比例上不是太为显著,但是从量的曲线来看,确实是惊人的,这契合了1905年全国废科举后兴学堂的历史环境。同时也说明,科举废除后,适龄儿童或者士子童生大规模地涌向各式学堂,废科举而学堂大兴的初步效果开始显现。

二、清末浙江学生精英的社会职业选择

由于缺乏具体的就业统计资料,清末学生群体的社会进入,缺乏有效的数据分析。依据现有资料,可以分析出清末浙江精英学生的社会选择。他们当时是学生中的一员,成为精英是进入社会之后的事情。所以,以点带面地看,他们的职业取向对于清末浙江学生群体的整体取向,具有重要的比照与参考价值。

图 7—4　清末浙江精英学生的社会出路分析图

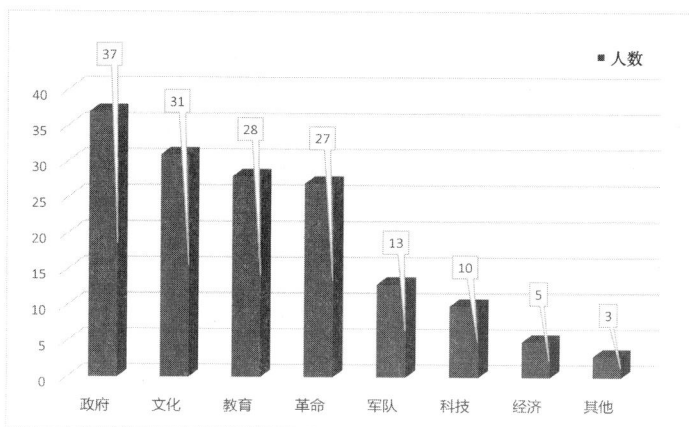

图 7—5　清末浙江精英学生的社会出路比例图

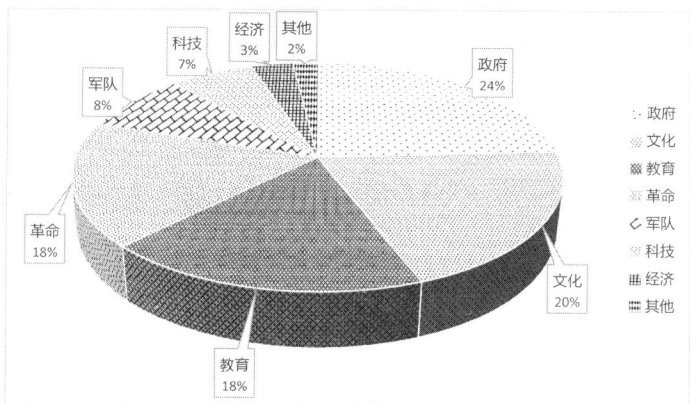

以 154 人清末浙江学生人才样本分析：如上图所示，学生首选的前四个领域是政府部门、文化领域、教育、军队。其中选择从政者达到 37 人，占到总数的 25％；文化界 31 人，占到 20％；教育界 28 人，占到 18％；职业革命者 27 人，占到 18％；其后是军界的有 13 人，占 8％；科学界 10 人，占 6％；经济界 5 人，占 3％；其他 3 人，占 2％。

单一地说，进入政府部门，是学生的就业首选，因为政府是公共行政部门，从业人员的资源与利益在所有社会群体中，能够得到最优化的保障。而文化教育领域能够体现学生的知识优势。革命职业者排列第四，既和近代中国社会特殊的国情有关，也与相关政治意识形态相联系。无论是国民党时期还是共产党时期，都会将意识形态领域的革命者作为杰出人物来呈现,这些被列为职业革命者的人,有许多没有能够等到革命胜利就牺牲了,倘若幸存的话都会有一定的职位和待遇。

近代中国的军政是难以分开的,而文化又常与教育相依存。就某一个体来说,可能既是政府高官,又是军界高级将领,比如陈仪、陈诚。而文化界人士也常常是大学的教授,比如说周树人。有些人如大学校长,可以划入教育,也可划入政府官员。遇到这样的情况,每个人的职业归并只能是一项,本书常把这个人最鼎盛时期的职业作为他的职业归属。

如果将相近职业进行合并的话,分为军政界、科教文界、革命者、经济界、其他,得出的观点就又有所不同。如图:

图7—6　清末浙江精英学生职业界别分析图

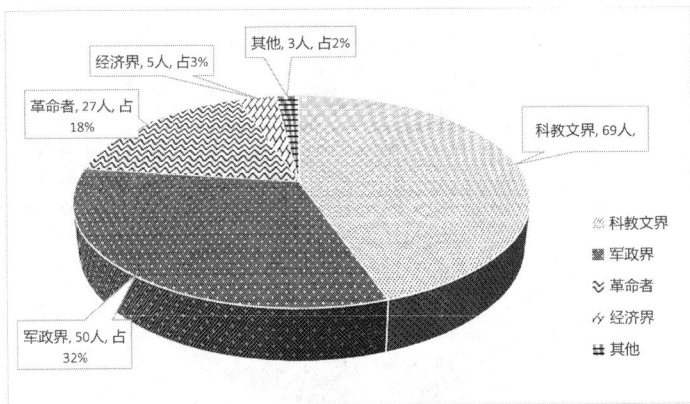

从上表可以看出,清末学生,特别是有所建树的群体,他们进入社会的社会出路主要是两个方面:科教文界、军政界。而科教文界排到首位,占45%,说明学生在这一方面所具有的独特的知识优势。

而留学生归国后,从事文化教育的人比较多。"1909年中国中等以上的学校有1000多所,教师除了356人之外都是中国人。依据当时的教育章程,大学教师成了留学生垄断的职业了。"[①]

而军政界是学生第二大热点领域。学生对于仕途的热衷,也是空前的。

受近代中国特殊国情的影响,职业革命者的比例也是比较大的。这说

---

① Y.C.Wang, *Chinese Intellectuals and the West*, 1872—1949. The University of North Carolina Press,1966.86.

明,在近代中国,学生对于推动国家变革起到了重要的作用。

三、清末浙江学生社会出路总结分析

近代中国学生的社会出路,从一定程度上反映了中国特殊而又复杂的社会形势,绝对丰富的历史造就了清末学生在择业方面的丰富多彩。

随着近代社会的历史进步,许多新兴的就业渠道以前所未有的丰富呈现在清末学生面前。

根据 154 人的职业生涯的定量分析,可以发现,有以下一些社会出路取向:

一是职业革命者的出现。近代的乱世与知识分子的理想,使相当数量的知识分子开始通过思想革命与行为革命的形式,不断地追求民族的强盛与国家的富强。在清末,以推翻清朝统治"驱除鞑虏,恢复中华"为号召的民族革命,成为吸引与团结大部分中国人的最得力的口号;

二是近代的乱世、清末民初、国民党政权的建立过程中,都有许多军事人才崛起;

三是文化教育空前繁荣。由于积贫积弱的国情,使越来越多的浙江人投身于力图改变国人思想与灵魂的文化教育队伍;

四是自然科学人才的涌现。清末西学对于中国的影响,其中一个重要表现是相当数量的中国学生去西方留学,学习西方的自然科学;

五是清末浙江众多的留日学生,他们大量涌入政界、军界、文化教育界,相当部分成为社会精英,对近代中国的社会变革,起到了重要的作用。"中国学生正式赴日留学,系从 1896 年(光绪二十二年)开始。在此以前,虽有学生赴日,但仅由驻日使馆延聘教师学习日语,以培养东文翻译能力为主,并未正式进入各级学校就读。"[①]

四、精英学生中的特殊现象——汉奸

对于 154 人的样本分析,也发现了一个特别的现象,就是清末浙江精英学生中,有一部分在抗战期间沦落为汉奸,并且相当部分是高知识分子。

---

① 黄福庆:《清末留日学生》,台北:中研院近代史研究所,1983 年,第 12 页。

表7—3 清末浙江学生出身的汉奸一览表

姓名	教育背景	旧学	毕业学校	主要任职（含伪职）
章宗祥	留日	赐进士	日本明治大学学士学位	北洋政府驻日公使等。伪华北政务委员会咨询委员，兼任电力公司董事长。
周凤岐	学堂	秀才	保定军校	国民政府浙江省主席。抗日战争爆发后，组织维持会，勾结日伪，谋任浙江伪省长。
汤尔和	留日		德国柏林大学博士 日本帝国大学博士	大学校长，北洋政府教育总长、内务总长、财政总长等。伪议政委员会委员长、华北政务委员会常委兼教育总署督办
周作人	留日			大学教授、作家。伪国立北京大学图书馆馆长、文学院院长，伪华北政务委员会常务委员兼教育总署督办（日本妻子）
殷汝耕	留日		日本早稻田大学	国民政府驻日代表。伪冀东防共自治政府主席（日本妻子）
陆宗舆	留日		日本早稻田大学肄业	北洋政府驻日公使。汪伪政府行政院顾问
袁履登	教会学校		上海圣约翰大学	中学教员。伪上海市商会理事长、日伪米粮统制委员会主任委员
傅筱庵	学堂	私塾	上海夜校	北洋政府高级顾问、上海总商会会长。汪伪上海市长
张啸林	学堂		武备学堂	流氓大亨。公开投敌，拟出任浙江伪省长。

资料来源：根据154人样本整理。

整个抗战期间,浙江汉奸并不止上述 9 人,这 9 人主要是经历过清末学堂教育的学生。这 9 人中 5 人有留日经历,并且都是日本名牌大学,其中周作人、殷汝耕更娶日本人为妻。3 人有旧学功名。这其中还不包括抗战时期最大汉奸汪精卫,他的祖籍是绍兴平水。

日本当初不断吸纳中国留学生,尽管大多数留日者反日,但日久生情,培养了一批亲日人士。倘若日本没有在吸纳中国人留学教育上的苦心经营,没有众多国人以日本作为国内革命的避难所,一个岛国,能够全面侵华,难度还是比较大的。所以清末时期日本国大力提倡中国学生东渡留学,也是为了扶植一定数量的日本价值形态认同者。用结果来验证过程,日本人在清末吸纳中国留学生的做法无疑是成功的。

五、清末浙江学生的新式教育与旧学背景

清末浙江学生的成长,介于新旧交替之间,因此不可避免带有旧学的味道。传统的诗书传家、教读相伴的生涯,又因为西学东渐的大潮而戛然转向。

> 在绍兴时曾经收到一份捷报,不久,试差又用一份同样以红纸写的捷报,敲着铜锣分向我家乡的亲戚家属报喜。开筵庆祝的那一天,穿起蓝绸衫,戴了一顶银雀顶的红缨帽。好几百亲戚朋友,包括妇孺老少,齐来道贺,一连吃了两天喜酒。大厅中张灯结彩,并有吹班奏乐助兴。最高兴的自然是父亲,他希望他的儿子有一天能在朝中做到宰相,因为俗语说:"秀才为宰相之根苗。"至于我自己,简直有点迷惘。两个互相矛盾的势力正在拉着,一个把我往旧世界拖,一个把我往新世界拖。我不知道怎么办。[1]

下面,就以 154 人样本为例,分析清末浙江学生的旧式功名及其影响情况。

---

[1]　蒋梦麟:《蒋梦麟回忆录:西潮与新潮》,北京:东方出版社,2006 年,第 75 页。

图7—7　　清末浙江精英学生旧学背景分析图

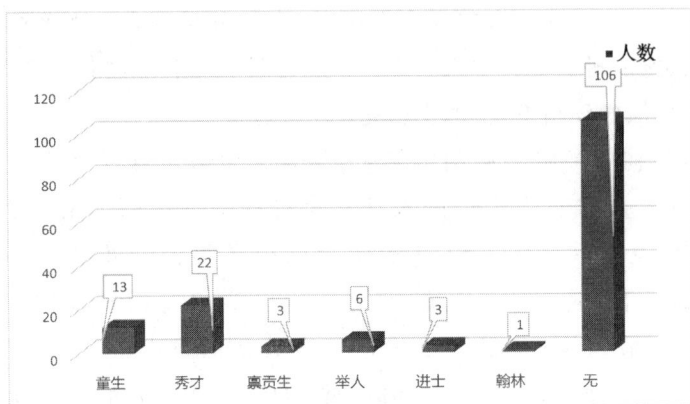

图7—8　　清末浙江精英学生功名比例图

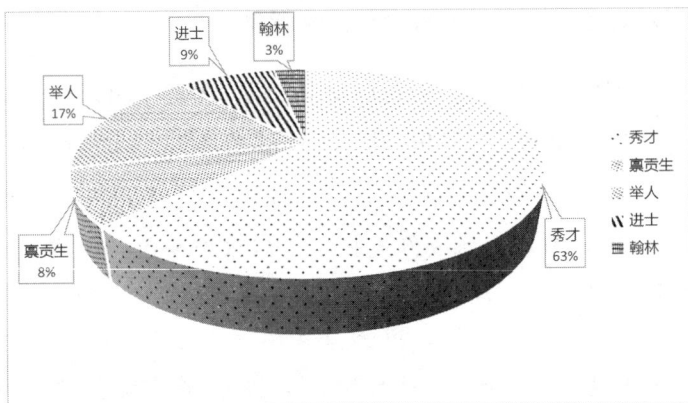

　　从图上显示可以看出,在所有154人样本中,有旧学背景的学生有48人,占到总数的31％。在旧式功名中,有秀才以上功名的35人,占总数的23％。在功名中,以秀才的人数为最多,有22人,占到所有功名的62％;其次是举人,有6人,占到17％;进士3人,占到8％;还有1名翰林。

　　从上图分析,可以认为清末浙江学生有相当部分是具有旧学背景或者功名入学的,这也正印证了清末新旧交替的教育特点。另外,值得注意的是,具有进士以上功名的人也不惜挤入新学堂或者留学接受西学,说明了新学本身对于旧学人士的一种诱惑力。

　　新旧交替是那个时代典型的特征,很多人常常是读了新学又去应付旧学的考试,蒋梦麟就是其中典型的代表。

郡试以后,又再度回到浙江高等学堂,接受新式教育。我离开绍兴时,房东告诉我,一位同住在他店里的考生愤愤不平地对他说,学台简直瞎了眼,居然取了像我这样目不识丁的人,其意若曰像他那样满腹经纶的人反而落第,真是岂有此理。我笑笑没说什么,考试中本来不免有幸与不幸的![①]

新学学生参与科举考试,其经历也是独特的。

放榜的那一天,一大群人挤在试院大门前一座高墙前面守候。放榜时鸣炮奏乐,仪式非常隆重。榜上写的是录取考生的号码,而非姓名。号码排成一圆圈,以免有先后次序的分别。我发现自己的号码也排入圆图,列在墙上那张其大无比的长方形榜上,真是喜出望外。号码是黑墨大字写的,但是我还是不肯相信自己的眼睛,连揉了几次眼,发现自己的号码的的确确在榜上的大圈圈内,这才放了心。连忙挤出人群,回到寄宿的地方。在我往外挤的时候,看到另一位考生也正在往外跑。他打着一把伞,这把伞忽然被一根栅栏钩住,他一拖,伞就向上翻成荷叶形。可是这位兴奋过度的考生,似乎根本没有注意他的伞翻向天了,还是匆匆忙忙往前跑。几天之后,举行复试。复试要淘汰一部分人,所以初试录取的还得捏一把汗。复试时运气还算不错。放榜时,发现自己的名字列在居中的某一行上。第三次考试只是虚应故事而已。除了写一篇文章以外,名义上我们还得默写一段《圣谕广训》(皇帝训谕士子的上谕);但是我们每人都可以带一册进考场,而且老实不客气地照抄一遍。这次考试由学政(俗称学台)亲自莅场监考。试卷大门口的两旁竖着两根旗竿,旗竿上飘着长达十五尺的长幡,幡上写的就是这位学台的官衔。记得他的官衔是:"礼部侍郎提督浙江全省学政……。"[②]

当年蒋梦麟是旧新学兼收并蓄。与此同时,并不是所有的旧学人士都挤往新学,但也能通过自学等方式实现新旧的转换。这其中,刘大白就是一个典型的例子。遍查他的经历,却没有接受新学的学校教育经历,而之后却成为新文化运动中比较有名的新式诗人,他的新学功底,应该与他的

---

① 蒋梦麟:《蒋梦麟回忆录:西潮与新潮》,北京:东方出版社,2006 年,第 75 页。
② 蒋梦麟:《蒋梦麟回忆录:西潮与新潮》,北京:东方出版社,2006 年,第 73-74 页。

自学有关。

　　刘大白的教书生活开始很早，最先是在绍兴府山阳县学堂任教员。山阳县学堂的地址，是过去的蕺山书院。书院制度起源很早，唐朝就有了的。院内多聚书，可供读书人阅览，所以有书院之名。清朝的制度，书院里设有老师一人，由绍兴知府聘请翰林、进士或有名文人充任。书院老师，又叫山长。因过去的书院多设于名山，像绍兴的两座书院：一名龙山书院，一名蕺山书院，都以山为名。山长只负批阅文字的责任，另设监院二人，负责书院内一切杂务。书院置有学田，收取田租，以为作文优秀者的奖金。奖金的名称为"膏火"，意思是补助读书者晚上用功时所需的灯油费用。每年从农历二月到十一月是书院里考期，每月考二次：初一日叫"朔课"，十六日叫"望课"。由山长命题，二篇文，一首诗，限一日一夜交卷。考试成绩最高的称超等，其次称特等，再次称一等。超等所得的膏火较多，前十名更多，特等比较少一些。考入一等的那就没有膏火了。这里把书院制度简单地介绍一下，因为大白在当年是山阴、会稽两邑书院考试的出色能手，他出笔快，尽一昼夜工夫可完成三四份试卷，而且诗文精辟，名次甚高。以此每年所得的膏火奖金不在少数。[①]

旧式科场考试，有它一系列的形式与内容。

　　考试的题目不出四书五经的范围，所以每个考生必须把四书五经背得烂熟。我在家塾里以及后来在绍兴中西学堂里，已经在这方面下过苦功。题目写在方形的灯笼罩子上，白单子上写黑字，灯笼里面点着蜡烛，因此从远近的地方就可以看得很清楚。提灯笼的人把灯笼擎得高高的，在考生座位之间的甬道上来回走好几次，所以大家都不会看漏题目。将近中午时，办事人员开始核对考生的进度，每一份试卷的最末一行都盖上印子。下午四点钟左右，炮声响了，那是收卷的第一次讯号。大门打开，吹鼓手也呜呜啦啦开始吹奏起来。考生缴了卷，在乐声中慢慢走出大门，大门外亲戚朋友正在焦急地等着。缴了卷的人完全出来以后，大门又重新关上。第二次缴卷的讯号大约在一

　　① 陈觉民：《刘大白先生之生平》，载浙江省政协文史资料委员会：《浙江近代学术名人》（《浙江文史资料选辑》第 43 辑），杭州：浙江人民出版社，1990 年，第 44—63 页。

小时以后发出,同样鸣炮奏乐。第三次下令收卷则在六点钟左右,这一次可不再鸣炮奏乐。[①]

旧学向新学的转换,是个自然而又渐进的过程。刘大白没有接受过正统的新式教育,从而不能归入学生的范畴,但他却是新式学生的老师。所以从这个意义上来说,新式学堂的大量涌现,只能算作传播新学的一个主要途径,但不是全部。大量受家庭条件、社会因素影响的旧学之人,甚至那些没有接受过旧学之人,都可以通过自己的自学及其他非学堂渠道,比如说师友的指引等来学习新学,并以实际成效来印证新学掌握的程度。

第五节　清末浙江学生在近代中国的社会分层与社会流动

社会分层,是一个社会学的概念,但这与历史密切相关。在西方社会学中,最早关于社会层次的划分,是德国社会学家韦伯。韦伯提出划分社会层次的三重标准,财富、威望及权利。其中财富代表经济标准,威望代表社会标准,权利代表政治标准。中国传统社会的士农工商大多以职业标准作为社会分层的依据。

科举取士制度以学而优则仕的模式形成了中国传统社会的社会流动。近代这一观念则被有限度地打破。孟子认为:"有大人之事,有小人之事。且一人之身,而百工之所为备,如必自为而后用之,是率天下而路也。故曰:或劳心,或劳力;劳心者治人,劳力者治于人;治于人者食人,知人者食于人,天下之通义也。"[②]人是有等级的,有高低之分。汉代之后,儒家处于独尊地位,中国的取士制度主要依据德才,而德是软条件,才是硬条件,所以科举考试的才能选拔方式,被历史选中而沿用到清末。

清末浙江学生群体的统计学概念,受相关数据、资料的限制,难于给予精准的统计。但是根据相关材料,还是能够给予一定的推导。

浙江近代教育的重要性,不仅在于它建立了近代教育体系,培养了第一代学生群体,更主要的是看到了成果,在民国、共和国时期出现了数以千

---

① 蒋梦麟:《蒋梦麟回忆录:西潮与新潮》,北京:东方出版社,2006年,第73页。
② 杨伯峻译注:《孟子译注》,北京:中华书局,2010年,第113页。

计的具有影响的人才群体。

　　以下将根据《浙江人物简史》等资料,分析留在史书上有名有姓的人的教育经历、职业及社会发展情况。

一、清末社会流动的加剧

　　传统时代社会流动的通畅性如何?以何炳棣《中华帝国上升的阶梯》为例,他通过地方志等材料统计分析了明清两代共12226名进士的家庭背景,以此来判定社会流动的通畅性。这些进士的家庭出身分为三类:A.上三代没有获得任何功名和官职;B.上三代至少出过一个生员,但没有更高的功名,也没有做官的;C.上三代至少有一个获得了生员以上的功名(即监生和贡生及以上),或做过小官。在C类中又分出一个小类D,上三代至少出过一个高官(三品及以上)。据何的统计,明清两代总计:A类3696人,占30.2%;B类1471人,占12.1%。A类和B类可以代表平民家庭,二者加在一起为42.3%。C类7059人,占57.7%;D类691人,占5.7%。C类可以代表中上层家庭,D类是上层家庭。

表7—4　明清进士社会成分的变化(%)

时期	A类	B类	A+B类	C类
1371—1496	58.2	—	58.2	41.8
1505—1580	46.9	0.9	47.8	52.2
1586—1610	28.5	16.0	44.5	55.5
明代平均	47.5	2.5	50.0	50.0
1652—1661	29.2	13.6	42.8	57.2
1673—1703	15.8	16.4	32.2	67.8
1822—1904	15.5	20.0	35.5	64.5
清朝平均	19.1	18.1	37.2	62.8

　　Ping-ti Ho."Table 10 Change Social Composition of Chin-shi in Various Subperiods",*The Ladder of Success in Imperial China:Aspects of Social Mobility*,*1368—1911*,New York:Columbia University Press,1962,p.114.

　　资料来源:叶赋桂:《中国近代高等教育与社会流动:1840—1922》,见张斌贤、王晨主编:《大学:社会分层与社会流动》,北京:北京师范大学出版社,2007年,第3—4页。

通过上表,可以看出,明朝平民出身的学子进入上流社会的渠道要高于清代。明朝为 50.0%,清朝为 37.2%,可见明代社会流动的畅通性要高于清代的平均水平。这是朝代间的比较。再以清朝为例,在 1673—1703 年间的平民阶层流动率为 32.3%,而 1822—1904 年间则为 37.2%,似乎清的晚期要高于清的中期(作大致比方),这也可以说明清朝中叶社会流动较为停滞,而在晚清由于社会的变革,社会阶层上下流动开始加速。

清末是千年变革的转型期,叶赋桂在何炳棣的基础上,把晚清也分为若干时期,对晚清及清末进士出身情况进行分析,考察具体的社会流动状况。叶赋桂对《中华帝国上升的阶梯》中的《明清进士社会成分表》重新分期,得出下表:

表 7-5　晚清进士社会成分的变化(%)

时期	A 类	B 类	A+B 类	C 类	D 类
1822—1844	14.2	24.5	38.7	61.3	5.6
1859—1895	14.2	19.5	33.7	66.3	4.4
1898—1904	31.4	12.2	43.6	56.4	2.7

Ping-ti Ho. "Table 9 Social Composition of Ming-Ch'ing Chin-shih", *The Ladder of Success in Imperial China : Aspects of Social Mobility*, *1368 — 1911*, pp.112—113.
资料来源:叶赋桂:《中国近代高等教育与社会流动:1840—1922》,见张斌贤、王晨主编:《大学:社会分层与社会流动》,北京:北京师范大学出版社,2007 年,第 5 页。

从上表可以看出,1898—1904 年间由草根进入为主流社会的为 43.6%,高于 1822—1844 年间的 38.7%,高出了 1859—1895 年间的 33.7% 近 10 个百分点。清末时期社会流动的加速,说明传统的社会上升渠道开始活跃,下层向上层社会流动的机会增加。

何炳棣对清末举人和贡生的社会成分进行分析:

表 7-6　晚清举人和贡生社会成分的变化(%)

时期	A 类	B 类	A+B 类	C 类	D 类
1885	17.8	17.0	34.8	65.2	1.4
1897	19.7	13.7	33.4	66.6	1.8
1906	33.6	11.0	44.6	55.4	1.1

续表

时期	A 类	B 类	A＋B 类	C 类	D 类
1910	41.7	10.9	52.6	47.4	1.6
1804—1910	20.1	25.0	45.1	54.9	2.6
1804—1897	19.6	25.4	45.0	55.0	2.7

Ping-ti Ho."Table 11 Social Composition of Late-Ch'ing Chü-jen and Kung-sheng", *The Ladder of Success in Imperial China:Aspects of Social Mobility,1368 — 1911*, p.116.

资料来源:叶赋桂:《中国近代高等教育与社会流动:1840—1922》,见张斌贤、王晨主编:《大学:社会分层与社会流动》,北京:北京师范大学出版社,2007 年,第 11 页。

　　叶赋桂认为中国近代社会结构和流动的变化,主要体现在这样几个方面:一是商人地位的上升。近代商人在通过传统科举途径上升的同时,又获得了新的机遇。首先,商人的构成发生了重大变化,传统的富商多是盐商,而近代,产生了买办阶层。其次,近代社会还采取了郑观应、王韬等人商战的观点,实业救国论渐成时尚。二是军人地位的上升,曾国藩、李鸿章、袁世凯、张之洞、刘坤一等为清末社会典型的代表[①]。

　　清末是明清时期的终结,而社会的有序升降以及社会流动的畅通性,是世人关注的焦点。一个正常社会的自下而上的有序流动,是社会健康发展的基本保证。研究清末社会时期学生的家庭出身及他们的出路情况,对于了解清末社会的社会流动,具有重要的意义。

二、清末浙江学生的家庭出身

　　前面引述了明清两代较为宏观的功名人士的家庭出身问题。传统的功名随着科举的废除而不复存在,学生成为替代传统读书人的新贵。

　　清末是个大变革的社会,社会的流动性如何? 根据各方面的材料来看,从绝对数字来看,能够在清末上学堂的,在适龄人中毕竟是很少数。哪些人可以在清末上学堂? 这是研究清末社会流动的一个重要内容。根据《浙江人物简志》《浙江在台人物志》《浙江省人物志》《浙江通志》以及百度、维基等网络媒介,选取 154 人作为研究样本,并得出

　　[①]　参见叶赋桂:《中国近代高等教育与社会流动:1840—1922》,见张斌贤、王晨主编:《大学:社会分层与社会流动》,北京:北京师范大学出版社,2007 年,第 11 页。

结论。

　　本书根据《浙江人物简志》（下）（杭州：浙江人民出版社，1984 年 4 月）、《浙江在台人物》（俞佐萍、陆京安、王志邦编，浙江省地方志编纂室，1986 年，内部资料）、《浙江通志》以及百度百科、维基在线网络讯息，以清末 1901—1911 年间接受新式学堂教育与留学教育的学生 154 人为例，分析他们的家庭出身及社会背景，以此考察清末教育的上下流动性状况。

　　在做这项统计之时，本拟以家庭出身的生活标准与地位标准分作 A、B、C、D 四个层次，分别对应四个不同类型的家庭出身：A. 生活难以为继，贫寒阶层；B.温饱基本可以解决，一般的公务员，平民阶层；C.家有盈余的地主、小型资本家、具有领导职务的官员，富裕阶层；D.大地主、大资本家、大官僚，权贵阶层。但在实际研究中发现，由于资料的缺乏，以及清末传统功名系统的破坏，实际上将这四个层级明显分清很难。为了研究的严谨，只能将 D 之情况，笼统地归于第三类。

图 7—9　清末浙江学生家庭出身比例图

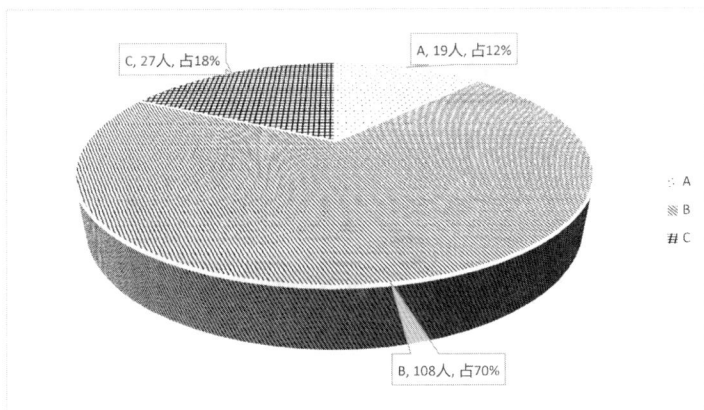

　　正如上图所示，在 154 人样本中，来自于社会贫寒阶层的 19 人，占到总体的 12％。来自生活宽裕、社会地位较高家庭的有 27 人，占其中的 18％。其余则为中间阶层 108 人，占整体的 70％。

　　中间阶层占有 70％，从常理分析上来看，是属于常态社会。能够进入学堂学习的，有序分布于社会的各阶层，并且这种分布趋于合理化。

图 7-10　清末浙江学堂学生家庭出身比例图

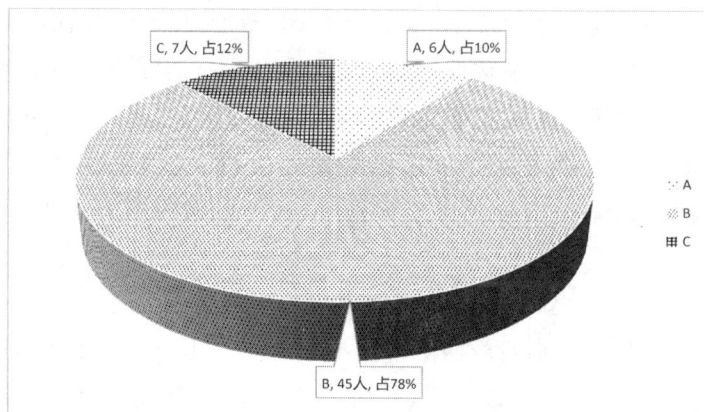

在只接受过学堂教育的 58 人当中，A、B、C 的比例则分别为 10%、78%、12%，这个比例表明，纯粹接受过学堂教育的贫寒学子、社会上层的比例大体相当，而中间状态的比例则高于平均数。

图 7-11　清末浙江留日学生家庭出身比例图

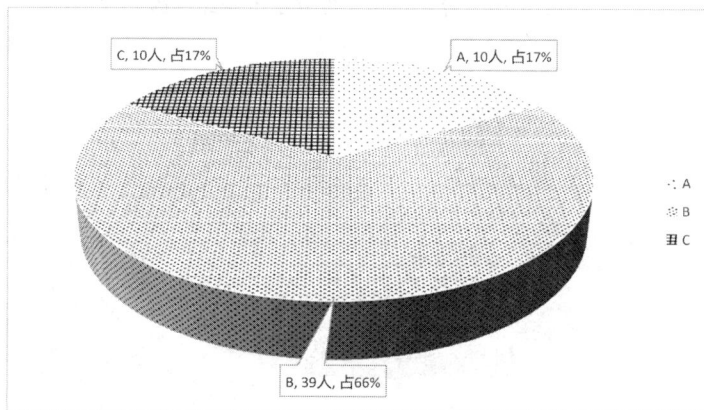

而留学人数最多的留日群体中，共有 59 人。这其中，低层的 A 类占到 17%，高于平均数以及纯粹学堂学生。这说明在当时社会，穷人可以通过努力进入留学渠道。同时说明，留学日本并不是精英教育的顶端，它相对于贫苦家的孩子，还是敞开了欢迎的大门。

图 7—12　清末浙江留欧美学生家庭出身比例图

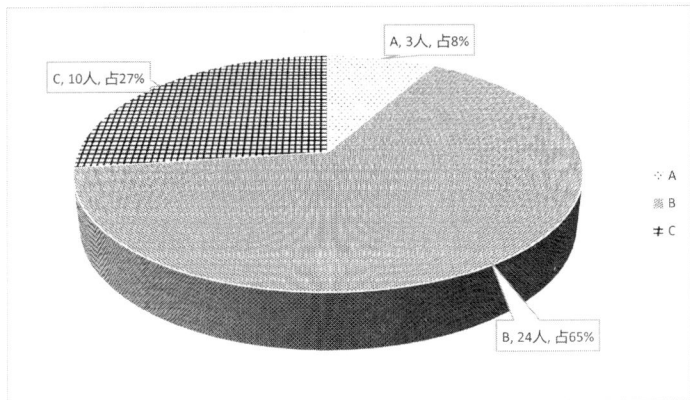

而学生向社会上层流动,不尽在于家庭出身,所在区域也占有一定的比例。以浙江各府为例,绍兴、宁波等地涌现的人才较多。之所以有这种现象,即与所在地区兴学的力度与规模有关,同时也与当地的风土人情有着一定的联系。

同时,数据显示,留学欧美的浙江学生 37 人当中,A 类 3 人,B 类 24 人,C 类 10 人,穷人只占到 8％,中等占到 65％,富裕阶层则有 27％。明显而论,去欧美留学的以富人较多。并且由于相当多数学的专业是科技类,留学成本增大。同时外语方面的基础、对西方的认知等等,低、中、高层在实践上的程度也是不一的。

西方有学者考察了新式教育昂贵的学费与近代中国人与家庭的财富状况。莫伊斯(Moise)在讨论近代中国的社会流动,关注普通民众与财富水平的变化,认为虽然整体经济增长,人均财富可能比上一代增加,但由于近代中国财富的集中化与分家的缘故,人均财富比他们的父辈减少。因此,认为近代中国社会流动是向下流动占主导,从而使得革命成为可能[1]。而近代中国民众生存恶化,学校费用高,收入下降,普通民众无法借助新式高等教育实现向上的社会流动[2],精英轮替遇到了阻力,从而引发了革命,这也可以解释近代的一系列革命问题。

---

[1]　Edwin E. Moise. *Downward Social Mobility in Pre-Revolutionary China*. Modern China, Vol.3, No1.(Jan.,1977).pp.3—31.

[2]　相关论述参见叶赋桂:《中国近代高等教育与社会流动:1840—1922》,北京:北京师范大学出版社,2007 年。

　　无论是清末还是整个近代中国阶段,都是精英重构的时期,新式教育是成为精英的最重要的方式之一。到底在多大的广度和深度可以实现中国人从底层向上层的奋斗,这很值得进一步去研究和挖掘,它与社会机能、社会活力和社会免疫力密切相关。从以学生为中心的社会流动与社会分层,可以进一步走近近代中国错综复杂的社会现象。

第六节　清末浙江学生 154 人样本库

备注:

1.**入选标准:**浙江籍贯,并且出生或者成长在浙江,在 1901—1911 年期间接受过新式教育。

2.**家庭出身的生活标准与地位标准:**(本打算归纳 D 项,但由于进行区分的难度太大,就笼统地将 D 归进 C 类)

A.生活难以为继,贫寒阶层;

B.温饱基本可以解决,普通的公务员,平民阶层;

C.家有盈余的地主、小型资本家、具有领导职务的官员,富裕阶层(含 D 类:大地主、大资本家、大官僚,权贵阶层)。

3.**资料来源:**

《浙江省人物志》,杭州:浙江人民出版社,2005 年;《浙江人物简志》(下),杭州:浙江人民出版社 1984 年;俞佐萍、陆京安、王志邦编《浙江在台人物》,浙江省地方志编纂室,1986 年,内部资料;《浙江通志》以及百度百科、维基在线等校正。

4.**说明:**

力求真实、全面,但由于信息量庞大,通过多种书籍、网络媒体搜罗,信息收集与校对均有很大难度。此表收录的是 1901—1911 年期间浙江籍人士在浙江等地接受教育的情况。受资料统计限制,"进入社会领域"一栏未尽列,数据不全者以空格显示,可能会挂一漏万,有这样那样的缺憾,不能反映全部问题,但相信可以反映一定的问题。

表 7－7 清末浙江学生 154 人样本表

姓名	生卒年	籍贯	出身①	旧学	主要学习经历②	进入社会领域③	外省学校
蒋智由	1866－1929	诸暨	留日A	举人	留日速成	文化界	
魏 兰	1866－1928	云和	留日B	秀才	留日速成	革命党	
杭辛斋	1869－1924	海宁	学堂B	生员	同文馆	报人、革命者	北京京师同文馆
莫觞清	1871－1932	吴兴	学堂B	私塾	学堂	企业家	
傅筱庵	1872－1940	镇海	学堂B	私塾	夜校	汉奸、汪伪市长	上海夜校
褚辅成	1873－1948	嘉兴	留日B	监生	日本东京警察学校	大学院长	
徐锡麟	1873－1907	绍兴	留日B	举人	留日速成	革命党	
叶景葵	1874－1949	仁和	学堂B	进士	中学堂肄业	银行董事长	
秋 瑾	1875－1907	山阴	留日B	私塾	自费留日	革命者	
沈钧儒	1875－1963	嘉兴	留日C	进士	日本法政大学毕业	中华人民共和国最高法院院长、全国人大副委员长	
陈叔通	1876－1966	杭州	留日B	翰林	日本法政大学毕业	全国人大副委员长、政协副主席	
柯 璜	1876－1963	黄岩	学堂B		京师大学堂毕业	山西省图书馆馆长	北京京师大学堂
陆宗舆	1876－1941	海宁	留日B		日本早稻田大学肄业	北洋政府驻日公使	
经亨颐	1877－1938	上虞	留日B		留日速成师范	教育家、校长	
王国维	1877－1927	海宁	留日A	秀才	日本物理学校	大学教授	

① 留学多国的一般只写对其最有影响力的留学地国家。

② 此栏类似最后学历,研究对象中有一部分只是有学习经历,但并没有获取正规文凭,所以概称为主要学习经历。

③ 此栏主要表现为研究对象进入的社会领域、职业、职务或社会身份,主要反映研究对象人生经历最为辉煌阶段的情况。受人物经历的复杂性及所掌握材料有限性的影响,反映的情况不一定全面,但也可以反映出大概情况。

姓名	生卒年	籍贯	出身	旧学	主要学习经历	进入社会领域	外省学校
张 恭	1877—1912	金华	学堂 C	举人		革命者	
张啸林	1877—1940	慈溪	学堂 B		武备学堂	流氓大亨	
章鸿钊	1877—1951	吴兴	留日 C	秀才	南洋公学、日本帝国大学学士	地质学家	南洋公学
陈其美	1878—1916	吴兴	留日 A		留日警监学校	革命巨擘	
何燏时	1878—1961	诸暨	留日 B		求是书院肄业、日本帝国大学学士	大学校长、浙江省政协副主席	
汤尔和	1878—1940		留日 B		养正书塾、日本成城学校、德国柏林大学博士、日本帝国大学博士	汉奸。大学校长、北洋政府教育总长等	
陶成章	1878—1912	会稽	留日 A		日本清华学校、日本成城学校	革命巨擘	
王 珏	1878—1913	萧山	学堂 B		震旦大学	革命者	上海震旦大学
竺绍康	1878—1910	嵊县	学堂 C			革命者	
吕公望	1879—1954	永康	学堂 B	禀生	保定军校	北洋政府浙江督军、省长	保定军校
阙麟书	1879—1916	吴兴	留日 B	秀才	日本弘文学院	革命者	
袁履登	1879—1954	宁波	学堂 A		上海圣约翰大学	汉奸,中学教师,汪伪商会理事长	上海圣约翰大学
章宗祥	1879—1962	吴兴	留日 B	赐进士	日本明治大学学士学位	汉奸、北洋政府驻日公使等	
周凤岐	1879—1938	德清	学堂 B	秀才	武备学堂、保定军校	汉奸、国民政府浙江省主席	保定军校

续表

姓名	生卒年	籍贯	出身	旧学	主要学习经历	进入社会领域	外省学校
朱希祖	1879－1944	海盐	留日 B	秀才	日本早稻田大学	大学教授	
陈其采	1880－1954	吴兴	留日 B	秀才	日本士官学校	北洋政府陆军少将、国民政府省财政厅长	
黄　郛	1880－1936	嘉兴	留日 B	县学	浙江武备学堂、日本东京振武军事学校	国民政府上海市长、国民政府外交部长	
徐一冰	1881－1922	吴兴	留日 B		日本大森体育学院	体育学校校长	
叶仲裕	1881－1909	杭州	学堂 B		复旦大学肄业	报纸主创	上海复旦大学
张伯岐	1881－1936	嵊县	学堂 A		大通学堂毕业	北洋政府镇海炮台统领	
周树人	1881－1936	绍兴	留日 B		日本仙台医学专门学校	文学家、大学教授	南京水师学堂、南京路矿学堂
陈伯平	1882(1885?)－1907	绍兴	留日 B		留日速成	革命者	福建武备学堂、湖南石门县学堂
蒋方震	1882－1938	海宁	留日 A	秀才	日本士官学校	军校校长	
蒋尊簋	1882－1931	诸暨	留日 C		日本士官学校	南京临时政府浙江省都督	
邵力子	1882－1967	绍兴	学堂 B	举人	复旦公学	国民政府甘肃省、陕西省主席，国民政府驻苏大使，全国人大常委、政协委员	复旦公学
王文庆	1882－1925	临海	留日 B		日本士官学校	北洋政府浙江省长	

姓名	生卒年	籍贯	出身	旧学	主要学习经历	进入社会领域	外省学校
王正廷	1882－1961	奉化	留美 B		北洋西学堂、美国耶鲁大学法律系	国民政府外交部长、国民政府驻美大使	北洋西学堂
夏　超	1882－1926	青田	学堂 B		武备学堂	北洋政府浙江省长	
包宗经	1883－1909	建德	留日 B	秀才	弘文学院	革命者	
陈　仪	1883－1950	绍兴	留日 C		日本陆军大学	国民政府台湾省行政长官、国民政府浙江省主席	
龚宝铨	1883－1922	嘉兴	留日 B		日本清华、日本东京振武军事学校	革命者	
梁　希	1883－1958	吴兴	留德 B		日本东京帝国大学农学部、德国塔朗脱高等林业学校	大学教授、中华人民共和国林业部长	
钱崇澍	1883－1965	海宁	留美 C	秀才	美国伊利诺大学理学士	大学教授、植物学家	唐山路矿学堂、清华学校
屈映光	1883－1973	临海	学堂 B		杭州赤诚公学	北洋政府浙江都督、北洋政府山东省省长等	
瞿缦云	1883－1962	萧山	学堂 B		杭州广济医学专科学校	医生	
沈定一	1883－1928	萧山	留日 C		留日	北洋政府浙江省议会议长	
沈尹默	1883－1971	吴兴	留日 B		日本京都大学	大学校长	
王金发	1883－1915	嵊县	留日 B	秀才	日本大森学校	革命者、南京临时政府绍兴军分府都督	

续表

姓名	生卒年	籍贯	出身	旧学	主要学习经历	进入社会领域	外省学校
许寿裳	1883－1948	绍兴	留日 B		弘文学院	北洋政府江西省教育厅长、大学校长	
杨哲商	1883－1911	临海	学堂 B	书院	上海起东学校	革命者	上海起东学校
余绍宋	1883－1949	龙游	留日 B	秀才	日本法政大学	北洋政府司法次长	
周承菼	1883－？	海宁	留日 B		陆军士官学校	辛亥时期浙军总司令，国民政府军委会高级顾问、国民党陆军中将	
朱　瑞	1883－1916	海盐	学堂 B	生员	南洋陆师学堂	北洋政府浙江省都督	南洋陆师学堂
包达三	1884－1957	镇海	留日 B		日本明治大学	浙江省副省长	
马叙伦	1884－1970	杭州	学堂 B		杭州府中学堂	中华人民共和国教育部长	
马宗汉	1884－1907	余姚	学堂 B	秀才	浙江高等学堂	革命者	
邵裴子	1884－1968	杭州	留美 B	举人	美国斯坦福大学	浙江大学校长	南洋公学
沈钧业	1884－1951	山阴	留日 B	秀才	日本早稻田大学	金华道尹、地方名流	
殷汝耕	1885－1947	平阳	留日 C		日本早稻田大学	汉奸	
俞飞鹏	1884－1966	奉化	学堂 B		宁波师范学校	国民党陆军上将、国民政府粮食部长	
郁　华	1884－1939	富阳	留日 A		日本法政大学	革命者	
张绚伯	1885－1969	宁波	留日 C		南洋公学	中学教员	南洋公学
周作人	1885－1967	绍兴	留日 B		留日	汉奸、大学教授、文学家	江南水师学堂

姓名	生卒年	籍贯	出身	旧学	主要学习经历	进入社会领域	外省学校
陈大齐	1886－1983	海盐	留日B	私塾	上海广方言馆、浙江求是大学堂、日本帝国大学文学士	大学教授、校长	上海广方言馆
樊光	1886－1962	缙云	留日B	秀才	日本中央大学	国民政府外交部次长	
蒋梦麟	1886－1964	余姚	留美C	秀才	美国加州大学	北大校长、国民政府教育部长	南洋公学
吕和音	1886－1969	缙云	学堂B		大通学堂		
邵飘萍	1886－1926	金华	学堂B	秀才	浙江高等学堂	革命者、报业先驱	
陶冶公	1886－1962	绍兴	留日B		日本长崎医学专门学校	国民政府公务员惩戒委员会主席，中华人民共和国成立后，任浙江省政协委员等	福州普通学堂
童保暄	1886－1919	宁海	学堂B		保定陆军学堂	北洋政府浙江临时都督	保定陆军学堂
夏丏尊	1886－1946	上虞	留日A	秀才	日本东京高等工业学校肄业	文学家、语文学家	上海中西书院
张东荪	1886－1973	杭县	留日B		日本帝国大学毕业	大学教授	
董显光	1887－1971	鄞县	留美B		上海中西书院、美国哥伦比亚大学	记者、国民党宣传部副部长	上海中西书院
蒋介石	1887－1975	奉化	留日C		箭金学堂、保定军校、日本东京振武军事学校	国民政府总统、国民党总裁	保定军校
钱玄同	1887－1939	湖州	留日B		日本早稻田大学	大学教授	

姓名	生卒年	籍贯	出身	旧学	主要学习经历	进入社会领域	外省学校
陈　嵘	1888－1971	安吉	留美 B		日本北海道帝国大学、美国哈佛大学硕士	大学校长、教授	
胡公冕	1888－1979	永嘉	学堂 A	私塾	杭州新军随营学校	社会名流、中华人民共和国国务院参事	
张辅忠	1888－1957	余杭	留德 A		安定中学、德国柏林大学药剂化学博士	大学教授、校长	
郑恻尘	1888－1927		学堂 B		温州中学堂	革命者、早期共产党员	
翁文灏	1889－1971	鄞县	留比 C	秀才	比利时鲁凡大学博士	教授、大学校长、国民政府行政院长	上海天主教会所办学校
严独鹤	1889－1968		学堂 B	秀才	上海广方言馆	报人、图书馆副馆长	上海广方言馆
姚　琮	1889－1977	瑞安	学堂 B		保定通国陆军速成学堂、陆军大学	国民党陆军中将	保定通国陆军速成学堂
陈布雷	1890－1948	慈溪	学堂 B		浙江高等学校	民国政界要人	
陈望道	1890－1977	义乌	留日 A		日本中央大学	大学教授	
郎静山	1890－1995	兰溪	学堂 B		南洋中学	摄影记者	
马公愚	1890－1969	永嘉	学堂 B		浙江高等学堂	大学教授	
邵元冲	1890－1936	山阴	留美 C	拔贡	浙江高等学堂、留日、美国哥伦比亚大学	国民党元老	
徐新六	1890－1938		留英 A		养正书塾、南洋公学、英国维多利亚大学学士	银行总经理、上海租界华董、社会名流	南洋公学

姓名	生卒年	籍贯	出身	旧学	主要学习经历	进入社会领域	外省学校
竺可桢	1890—1974	绍兴	留美B		美国哈佛大学博士	大学校长、中科院副院长	上海澄衷学堂、复旦公学、唐山路矿学堂、清华学校
尹锐志	1891—1948	嵊县	学堂B		爱华女学堂、明道女学堂	革命者	
张鋆	1891—1977	平阳	留美B		日本慈惠会医科大学、美国哈佛大学博士	大学教授、副校长等	
陈果夫	1892—1951	吴兴	学堂C		长沙明德学堂、浙江陆军小学堂、南京陆军中学	国民党组织部长、国民政府江苏省主席	长沙明德学堂、南京陆军第四中学
金问泗	1892—1968	嘉兴	留美B		复旦公学、北洋大学、美国哥伦比亚大学硕士	国民政府驻外大使	复旦公学、北洋大学
宋春舫	1892—1938	吴兴	留瑞士B		留学瑞士	大学教授	上海圣约翰大学
郑文礼	1892—1948		留法B		法国巴黎大学法学博士	大学教授、法院院长	
陈建功	1893—1971	绍兴	留日A	书院	绍兴府学堂、杭州两级师范学堂、日本东京高等工业学校	数学家、教育家、杭州大学副校长	
范文澜	1893—1969	绍兴	学堂C	家学	高等小学堂、浦东学堂、安定学堂、北京大学	历史学家、中科院副院长	北京大学
方液仙	1893—1940	镇海	学堂C		中西书院	实业家	
傅东华	1893—1971	金华	学堂B		南洋公学	大学教授	南洋公学

续表

姓名	生卒年	籍贯	出身	旧学	主要学习经历	进入社会领域	外省学校
郭忏	1893－1950	诸暨	学堂 B		浙江陆军小学、武昌陆军第二预备学校、保定陆军军官学校	国民党陆军中将	武昌陆军第二预备学校、保定陆军军官学校
毛子水	1893－1988	江山	留德 B	村塾	衢州中学、北京大学、德国柏林大学	大学教授	北京大学
钱天鹤	1893－1972	余杭	留美 B		美国康奈尔大学农学硕士	大学教授、农学家，国民政府农林部常务次长	
朱家骅	1893－1963	吴兴	留德 C		同济德文学堂、柏林矿科大学。	大学校长、国民政府中研院代理院长、国民政府教育部部长、国民政府浙江省政府主席	同济德文学堂
蔡声白	1894－1977	吴兴	留美 B	私塾	湖州府中学堂、清华学堂、美国理海大学	著名商人	清华学堂
洪式闾	1894－1955	乐清	学堂 B		温州中学、北京医学专门学校	大学教授、校长、浙江省卫生厅长	北京医学专门学校
陆志韦	1894－1970	吴兴	留美 B		东吴大学、美国芝加哥大学哲学博士	大学教授、校长、语言学家、心理学家	东吴大学
施北衡	1894－1961	缙云	学堂 B		浙江陆军小学、南京陆军第四中学、清河陆军第一预备学校、保定军官学校、陆军大学	国民党陆军中将	南京陆军第四中学、清河陆军第一预备学校、保定军官学校、陆军大学
叶良辅	1894－1949		留美 B		美国哥伦比亚大学理学硕士	地质学家、岩石学家	

姓名	生卒年	籍贯	出身	旧学	主要学习经历	进入社会领域	外省学校
陈之佛	1895－1962	余姚	留日 B		日本东京美术学校工艺图案科	画家、工艺美术家	
蒋鼎文	1895－1974	诸暨	学堂 B		陆军讲武堂、黄埔军校	黄埔系早期重要将领、国民党陆军上将	黄埔军校
沈云鼎	1895－?	绍兴	学堂 B				
沈宗瀚	1895－1980	余姚	留美 B		美国佐治亚大学硕士、美国康奈尔大学博士	农学家、作物遗传育种学家、农业行政管理专家	国立北京农业专门学校
徐培根	1895－1991	象山	留德 C		保定陆军军官学校、北京陆军大学、德国陆军参谋大学	台湾国民党"陆军上将"	保定陆军军官学校、北京陆军大学
许静芝	1895－1984	嘉兴	学堂 B		浙江第一师范		
郑兰华	1895－1971	嘉兴	留美 B		美国芝加哥大学化学硕士学位	教授	华童公学保送入上海圣约翰大学
周　岩	1895－1953	嵊县	学堂 B		保定军校	国民党陆军上将、第一绥靖区司令官、第 26 集团军总司令、浙江省政府主席	保定军校
谷镜汧	1896－1968	余姚	留德 A		青岛德语专科学校、同济医科	病理学家	青岛德语专科学校、同济医科
何思敬	1896－1968	杭县	留日 B		日本东京第一高等学校预科、日本仙台第二高等学校、日本东京帝国大学	哲学家、法学家	

姓名	生卒年	籍贯	出身	旧学	主要学习经历	进入社会领域	外省学校
钱壮飞	1896—1935	湖州	学堂 B		国立北京医科专门学校	革命者	国立北京医科专门学校
宋希尚	1896—1982	嵊县	留美 B		上海英华书馆、河海工程专门学校、美国麻省理工学院、美国布朗大学工学硕士学位	水利专家,首提"三峡"开发	上海英华书馆、河海工程专门学校。
吴钦烈	1896—1966	诸暨	留美 B		美国麻省理工学院化学工程科学士、美国芝加哥大学化学硕士	台湾兵工领域"中将署长"	
徐志摩	1896—1931	海宁	留英 C		留美、留英、上海沪江大学、天津北洋大学和北京大学。	现代诗人、散文家	上海沪江大学、天津北洋大学、北京大学
尹维峻	1896—1919	嵊县	学堂 B		绍兴明道女学堂	革命者	
俞大维	1896—1993	绍兴	留美 C		上海圣约翰大学、美国哈佛大学哲学博士学位、德国柏林大学深造	弹道学专家	上海圣约翰大学
郁达夫	1896—1945	富阳	留日 B	私塾	浙江大学预科、日本东京第一高等学校、日本东京帝国大学	中国现代著名小说家、散文家、诗人	
章乃器	1896—1977	青田	学堂 C		浙江省立甲种商业学校	救国会"七君子"之一	
竺鸣涛	1896—1969	嵊县	留日 C		黄埔军校、日本东京陆军野战炮兵学校	国民党中将、三十二集团军副总司令	黄埔军校

续表

姓名	生卒年	籍贯	出身	旧学	主要学习经历	进入社会领域	外省学校
罗家伦	1897—1969	绍兴	留美 C		上海复旦公学、北京大学、美国普林斯顿大学、美国哥伦比亚大学留学，后又去英国伦敦大学、德国柏林大学、法国巴黎大学学习	教育家、思想家	上海复旦公学、北京大学、
宋云彬	1897—1979	海宁	学堂 B		杭州中学	人民教育出版社副总编辑、浙江省政协副主席、文联主席	
陈　诚	1898—1965	青田	学堂 A		保定军校第八期炮科	国民党一级上将、国民党副总裁	保定军校
方光焘	1898—1964	衢县	留法 B		赴日留学、法国里昂大学攻读语言学	语言学家，大学教授	
黄云眉	1898—1977	余姚	学堂 A		余姚县立第一高等小学校	历史学家	
江一平	1898—1971	余杭	学堂 B		上海圣约翰大学、复旦大学、东吴大学	法学家	上海圣约翰大学、复旦大学、东吴大学
蒋复璁	1898—1990	海宁	留德 C		北京大学哲学系、德国柏林大学研习哲学	台北"中央图书馆"馆长、台北"故宫博物院"院长	北京大学哲学系
罗宗洛	1898—1978	黄岩	留日 B		上海南洋中学、日本东京第一高等学校预科、日本仙台第二高等学校理科、日本北海道帝国大学农学博士	植物生理学家	上海南洋中学

续表

姓名	生卒年	籍贯	出身	旧学	主要学习经历	进入社会领域	外省学校
周　桢	1898－1972	青田	留德 B		国立北京农业大学、德国萨克逊邦林学院攻研林学	台湾大学林学院院长、林学技术研究家	北京国立北京农业大学
冯泽芳	1899－1959	义乌	留美 B		东南大学、美国康奈尔大学博士学位	农学家	南京东南大学
王国桢	1899－1931	平阳	学堂 B		宜山学堂	革命者	
吴经熊	1899－1986	鄞县	留美 B		上海沪江大学、天津北洋大学法律科预科、上海东吴大学法科、美国密歇根大学法学院法学博士学位	法学家	上海沪江大学、天津北洋大学法律科预科、上海东吴大学法科
赵　琛	1899－1969	东阳	留日 B		日本明治大学学习法律	法学家	
曹聚仁	1900－1972	浦江	学堂 C		浙江第一师范学校	现代著名作家、学者、记者	
林汉达	1900－1972		留美 B		美国科罗拉多州立大学教育系硕士、博士学位	大学教授、中华人民共和国教育部副部长	
汤恩伯	1900－1959	武义	留日 B		闽浙军讲武堂、日本明治大学法科、日本陆军士官学校	国民党陆军上将	闽浙军讲武堂
卓兰芳	1900－1930	奉化	学堂 A	私塾	宁波省立第四中学	革命者	
崔晓立	1901－1941	鄞县	学堂 A		宁波师范讲习所、上海大学社会学系	革命者	上海大学社会学系
汪寿华	1901－1927	诸暨	学堂 B		浙江省立第一师范	革命者	

姓名	生卒年	籍贯	出身	旧学	主要学习经历	进入社会领域	外省学校
王任叔	1901—1972	连山	学堂 B		浙江省立第四师范	出版社社长、总编辑	
朱镜我	1901—1941	鄞县	留日 A		日本文学学士	革命者	
沈泽民	1902—1933	桐乡	留日 C		南京河海工程专门学校、日本东京帝国大学	革命者	南京河海工程专门学校

第八章　近代大转局中的学生价值

　　无论是今天还是清末,教育都是改造一个人社会地位至关重要的方式,一个人的层次与品位往往与青年时期的塑造有关,而这样一种塑造又离不开特定的教育背景与教育层次。清末时期接受中等学堂教育的学堂学生,其同等条件下的社会地位,一般会高过 21 世纪的只接受本科教育的学生,历史的特殊性就体现在这里。

　　第一代学生群体的作用在于,它是社会变革时期国家与民族未来的希望,对于社会结构与国家组成起到某种至关重要的作用,并且这样的重要性随着时代的变迁而不断地被认知。

　　近代浙江人才是杰出的,推而言之,他们的学生时代,他们受教育的背景,他们对社会改造的影响,在学术研究上也具有重要的研究价值。

　　历史苍茫,世事变迁! 以充满历史激情与敬意的笔调,研究"大转局中的清末浙江学生"这一论题,可以这样认为,清末浙江学生基于近代中国社会,宛如一轮初升的太阳,他们走向社会之时,正是近代中国大变革时期。学生——社会——国家是近代中国发展的一条内在逻辑,而清末学生则是近代中国变革的发动机。

第一节　艰难的对望:清末学生与政府关系论析①

　　清末学生群体由政府意志产生,而学生背离了政府兴学的意志宗旨,学生与政府的关系决定了清末走向覆亡的历史趋向。本书以清末浙江学生为例,分析了政府与学子之间传统的雇主与待雇者关系因废科举而发生了质的改变,学生事件中政府角色的缺位进一步加剧两者对立。两者在乱世中艰难对望的原因,主要在于价值观的差异、中央与地方步调不一、传统

---

　　① 该节内容以《艰难的对望:清末学生与政府关系论析——以浙江籍学生为例》为题,刊载于《浙江学刊》2010 年第 5 期,后为《中国社会科学文摘》2011 年第 1 期全文转载。

社会的上升渠道堵塞、学堂易于使革命传播。学生在历史上扮演了清末政府掘墓人的角色。

浙江近代教育体系的萌芽,肇始于鸦片战争后由西方传教士所创办的教会学校。而浙江近代教育的构建则自 1897 年始,由于时任浙江巡抚的廖寿丰、杭州知府林启的大力推动,以杭州为主体的、以求是书院、绍郡中西学堂、杭州蚕学馆的建立为导向,形成了初步的上层教育构造的设计。也从这时期起,浙江开始了由政府主导的近代教育发展时期。

由于近代教育制度迥异于中国传统的科举制度,其集中授课、集中学习、学业不以做官为唯一目的的方式,颠覆了传统的读书人对于政府的强烈依赖关系,而形成了一个新的利益格局。清末浙江学生,闹学潮、搞革命,上演了一出出与政府针锋相对的事件。学生与政府,本应该是共同利益体,为什么兴学堂短短几年时间,学子与政府的关系就发生了深刻的变化?

下面以清末浙江学生为例,通过对学生与政府关系转变的研究,释读这一矛盾共生体在清末这一特定历史时期的关系问题。

一、政府与学生关系之时代剧变

还在纯科举时代里,政府与学子的关系,就是很单纯的雇主与待雇者的关系。因为纯科举时代,学子们读书的终结目标大部分是能够挤上仕途,进入政府的主流渠道中,来实现个人的人生理想和抱负。"达则兼济天下,穷则独善其身",而那大部分未能进入仕途的学子,也是在循环往复的科考生涯中去等待跃龙门机会的来临。

近代以来,这样的局面由于西学的渗入及学堂的出现被打破。不仅大量的士子不得不走进学堂,从而中断了辛苦设想的科考之路。与此同时,政府也针对兴学的新情况,进行了一系列的革新。

根据形势需要,清政府 1901 年在朝廷上设置管学大臣,1903 年改称学务大臣,1906 年又成立了学部,而且由中央空降地方教育行政官员。1906 年 5 月 13 日清廷"简放各省提学使张鹤龄等二十三人。其中,侍讲学士支恒荣为浙江提学使"[①]。对于这些空降到各地的省提学使,1906 年 5

---

① 《清实录》(第 59 册),北京:中华书局,1987 年,第 397 页。

月 18 日清学部奏定,要求"各省提学使均须出洋考察学务三月,然后到任"①。由此可见中央政府是要以全新的理念塑造各省教育大员,迎合教育发展的大转型。

废科举后,中国学子的学习模式发生了颠覆性的调整。学子求学由原来科举时代自学或半自学的状态,转变为学堂里的集中授课形式。政府与学生的沟通渠道,也迅速开始转变,那种传统的雇主与受雇者的关系不复存在。学生与政府的关系在清末变得复杂而难以理清。清末学生来自于国内外新式学校,学生与政府的关系已经废止了传统的契约性模式。新式学堂里的学生,并不存有科举时代进入仕途的明确途径,传统学子与政府的纽带被割裂,两者之间的沟通显得既迫切而又困难重重。

清末是一个新旧转型的变革期,作为社会分子的学生,他们与政府的沟通,不同于他们之前的士子童生。以浙江余姚人蒋梦麟为例,蒋在进入浙江高等学堂求学后,还依旧参加了在绍兴的郡试,做到两种制度都不误。"考试开始时,清晨四点左右大家就齐集在试院门前,听候点名。那是一个初秋的早晨,天气相当冷。几千位考生挤在院子里,每人头上戴着一顶没有顶子的红缨帽,手里提着一个灯笼、一只考篮。大厅门口摆着一张长桌。监考官就是绍兴知府,昂然坐在长桌后面。他戴着蓝色晶顶的红缨帽,穿着深蓝色的长袍,外罩黑马褂,胸前垂着一串朝珠。那是他的全套官服。他提起朱笔顺着名单,开始点名。他每点一个名,站在他旁边的人就拖着长腔唱出考生的名字。"②

科举时代的书生,政府将其作为子民来对待。科举考试使得不同层级的士子们得以与相对应的官僚相见。行政长官视考生如学生,如能够参加殿试的,更可以称上天子门生了。但到了清末,这样的规矩就被破坏了。学子与政府的关联性被破坏,学子也不承担对政府恭敬的使命。"我已经考取了附生,也就是平常所说的秀才……所谓'县学'只有一所空无所有的孔庙,由一位'教谕'主持,事实上这位'教谕'并不设帐讲学,所谓'县学'是有名无实的。按我们家庭经济状况,我须呈缴一百元的赞敬,拜见老师,不过经过讨价还价,只缴了一半。也并没有和老师见过面。"③清末,科举考

---

① 丁致聘编:《中国近七十年来教育记事》,上海:国立编译馆,1935 年,第 18 页。
② 蒋梦麟:《蒋梦麟回忆录:西潮与新潮》,北京:东方出版社,2006 年,第 71－72 页。
③ 蒋梦麟:《蒋梦麟回忆录:西潮与新潮》,北京:东方出版社,2006 年,第 74 页。

试从内容衰竭到形式瓦解,旧有的秀才名目也就空剩个壳,老师与学生也并不相见。蒋梦麟所遭遇的,正是传统的沟通渠道逐渐发生变革后的情况。因为按照传统套路而言,学子一旦秀才得中之后,可以进一步考举人、考进士,就有进入社会上层的希望。

　　进入学堂之后,学业和仕途的关系被彻底割裂,学堂与官场隔得较远。在稍纵即逝的社会变革里,政府对学生的关系由雇主与受雇者的关系而逐渐转化为对立的关系。中国在兴学堂之后,各种类型的学潮事件开始增加,而这样的情况在传统社会里很少出现,就是因为学堂学生得不到进入仕途的途径,政府对于他们的主动约束力就会轻得多。所以这种情况下的学生,很容易走进政府的对立面。

　　1903 年 6 月 21 日清政府命沿江沿海各省督抚严拿倡言革命,谕称:"电寄沿海沿江各省督抚。据魏光焘电称:查有上海创立爱国会社,召集群不逞之徒,倡演革命诸邪说,已饬查禁密拿等语。朝廷锐意兴学,方期造就通才,储为国用;乃近来各省学生,潜心肆业者,固不乏人,而沾染习气,肆行无忌者,正复不免。似此猖狂悖谬,形同叛逆,实为风俗人心之害。着沿海沿江各省督抚,务将此等败类严密查拿,随时惩办。所有学堂条规,并着督饬认真整顿,力挽浇风,以期经正民兴,勿误歧趋,是为至要。"①此中可以看出,清政府对于怀有革命思想的学生恐惧及力图挽回教育的决心。1904 年 12 月 9 日清廷电令驻日公使杨枢密查留日学生设立同仇会事②。

　　不仅如此,清末的学生还积极参与国事讨论。学生以自己独特的模式来表达对国家利益的关心,尽管其作用可能微乎其微。政府与学生之间的信用,因时代的动荡性以及学生身份定位后与政府的对立情绪而遭到彻底破坏。

二、学生群体事件中政府职能的缺位

　　浙江学生在整个清末时期,是比较活跃的。求是书院、养正书墅都是全国较早的新式学校,他们在浙江的近代教育体系中,具有非常重要的地位。

---

① 《清实录》(第 58 册),北京:中华书局,1987 年,第 817 页。
② 朱寿朋、张静庐等:《光绪朝东华录》,北京:中华书局,1958 年,第 5236 页。

在清末的群体性事件中,学生群体与政府经常以一组对立关系出现。以浙江为例,浙江高等学堂在 1903 年 4 月 13 日发生学潮事件。事件的起因是总理劳乃宣用戴氏劼管理学堂,由于戴任用私人,引起学生不满。其时,因一学生禀告失窃事件,戴认为学生无端滋事,"请于总理曰:余不胜此职,请从此辞,总理固留之,戴因以斥退学生要总理。遂尽列向所不悦于己者,计二十余人。总理乃除六人名,六人者,乃素最不媚于戴氏者也。其罪辞曰:借端挟制,出言无礼。学士见之,均愤愤不平。向总理辩六人之冤,总理谓学生曰:戴氏办事甚善,吾素爱之,不忍其去,此事无论孰是孰否,斥退学生之权,固操于我,即我过,亦不收回成命,尔等合则留,不合则去,勿徒啧啧也。学生乃相率而退,聚议于讲堂,谓此种野蛮压制之地,吾辈安能郁郁久居,此众皆涔涔泪下,曰退学退学……其时除请假出堂学生外,告退者计有八十余人,其退学时自治制规则如左:不准毁坏公共器物。举动言论切戒嚣张。公举干事数人,如有与学堂交接事件,须由干事直接交涉。众人不得自行外出,有事,须向干事请假许可。退学时须先至总讲堂行谒圣礼,继向总理及各教习各执事人作别,鱼贯而出,不得喧哗"①。浙江大学堂的学潮,在留日学生界引起了很大的争议。在此事件中,政府缺位,由学校当局私自决定开除了大批学生。学生与政府相沟通的渠道因近代学校的出现而断绝,学校成为横在学生与政府之间的交流中介。

养正书塾是浙江较早建立的中学堂之一。清末学生的不平静,不仅体现在高等学堂中,中等学堂的学生也是一样。清末,马叙伦进入了养正书塾读书。养正书塾是具有近代性质的中学,"其时这种书院、书塾都是不中不外不今不古,不过不得不叫他们做新式教育机关。养正书塾的程度,可以说是现在的初小三四年到高中的混合体"②。近代教育在发展的同时,学生的目标却是与办学者的所表相反。"校方预定派我和汤朴到日本去留学,我们约定去学陆军,学了回来就好革命。"③这些品学兼优的学生也都预备着到日本学习陆军,这对学校乃至政府来说,是非常危险的时期。但是,意外的事件却打破了他们的计划,从根源上来说,"我们同学们合理的

① 《浙江大学堂学生退学始末记》,载《浙江潮》1903 年第 3 期。
② 马叙伦:《我在六十岁以前》,北京:生活・读书・新知三联书店,1983 年,第 8—9 页。
③ 马叙伦:《我在六十岁以前》,北京:生活・读书・新知三联书店,1983 年,第 14 页。

思想发展了,我们组织起来了,对于校方古典式的一切会表示不满"①。但实际上,马叙伦被学校开除,却是因为替学生打抱不平。学生平时就对学正先生看不顺眼。一次吃饭时,"学正先生同桌子吃饭的同学傅振绅、王孚、徐景清三位,吃饭时候谈天,被学正先生斥责了,所以争起来。我们晓得学正先生向监督那里一去,这三位同学定被严厉地处分了"②。于是学生驱请总教习陈介石先生来拯救他们。"他老一听要开除学生,便'怒气冲冠',一口气跑进监督办公室,正碰着监督手拿朱笔要写开除条子(那时开除学生要监督亲笔用银朱写条子的)。他老迫不及待地向监督说:'不能!不能!'监督只是不理会,他老更急得'先生,先生不能,不能!'监督才慢慢地说:'本监督自有权衡,该教习无得干预。'他老的'无名火'自然烧起来了。便说:'那末我辞职罢!'这句话方说出他老的口,这时我们也混在'君子堂'里,所以听得明白,便吓得往院子宣布,总教习辞职了。就有潮涌似的声音,'陈先生辞职,我们也走!'大家聚起来商量办法,一面凑出钱来租一所房子,预备暂时安顿身子,一面做了一篇呈文,直到巡抚、布政使、按察使(当时称为三大宪)那边去控告这位学正先生。第二天早晨大家向孔子牌位行礼而别。这样一来,校方就用分化我们的手段,用感情来抽回一小部分,我们六个师范生除了汤尔和在病外,也都被开除了。可是监督写条子,不用朱笔而用墨笔,'以示优异'。后来我们还听得监督写开除我们的条子,还流了泪说:'我手里只造就了这几个人,偏还在我手里开除他们。'"③

杭州府中学堂这起学潮事件中,由于监督的固执己见,而使学生退学或被开除。学生想到了向巡抚、布政使、按察使那边去控告这位学正先生。但事情的结果仍然是不了了之。可见群体事件中的学生与政府交流的渠道是断绝的。

而由于清末学生社会出路相较过去显得短促而迷惘,比如被开除了的马叙伦,"我的家贫,我们兄弟姊妹五个,依赖母亲十个指头维持生活的,这样一来,不但不能再进学校,也不能不解决一家的生活问题了,才跑到上海

---

① 马叙伦:《我在六十岁以前》,北京:生活·读书·新知三联书店,1983 年,第 14 页。

② 马叙伦:《我在六十岁以前》,北京:生活·读书·新知三联书店,1983 年,第 15—16 页。

③ 马叙伦:《我在六十岁以前》,北京:生活·读书·新知三联书店,1983 年,第 16—17 页。

来帮助蒋观云先生编辑《选报》"①。缺乏传统的进入渠道,过去士子随时可进的书塾或来年再考等路径都开始变得不现实,传统知识分子进入上层社会的渠道从而不再通畅,于是慢慢地都投入到反政府的革命洪流中。

清末浙江学生,尽管在地域上具有一定的特殊性,但对于个人前途的考虑是个重要因素。学生往往在政府和反政府两者间艰难地选择。蒋梦麟在浙江高等学堂读书时,就曾经非常地疑惑过这类问题:"为求万全,我仍旧准备参加科举考试。除了革命,科举似乎仍旧是参加政府工作的不二途径,并且我觉得革命似乎遥遥无期,而且困难重重。"②蒋梦麟与那个时代的许多学生一样,在寻求救国救民出路的同时,也有自己的人生规划,为进入主流社会而做两手准备。

在留日的学生界,浙江籍学生相比较而言具有一种较大的影响力。与马叙伦同学的汤尔和后来去日本学陆军,在20世纪初产生重要影响的拒俄运动中,汤尔和等浙江籍学生是积极的活跃分子。"汤尔和往日本学陆军去了,奉天事情紧急的时候,留学日本的学生'鼓噪'了,组织义勇队,要回国来,请愿和俄国开战,先派了汤尔和、钮永建回来,向北洋大臣直隶总督袁世凯申说意见,到了保定,见了袁世凯,袁只给他一个电报看,他们的任务就终止了。因为清朝已得了报告,说他们是革命党,有密令叫袁世凯逮捕。当时,我在杭州,得到消息,尔和已'被杀'了,急忙打电报给杜士珍,叫他来商量,我们怎样去处理他的后事。又给袁世凯幕府里一位魏少棠老先生去信问问情形,得他的复信,说没有这回事。原来,他们想通过魏老先生和袁世凯说话,魏老先生劝他们快离保定罢。"③

在拒俄运动中,学生与政府之间的隔阂进一步加深以致难以调和。清廷曾经密谕各督抚云:"前据御史参奏,东京留学生已尽化为革命党,不可不加防备。又日本蔡钧来奏,此间革命业已组成军队,将托拒俄一事分奔各地,前岁汉口唐才常一事,则托勤王以谋革命,此间则托拒俄以谋革命,其用意与唐才常相似。而党羽较密,编练尤严各语,不胜诧异。国家养士数百载,自祖宗以来,深仁厚泽,姑置勿论,即如近年各直省地方,遇有水旱偏灾,无不立沛恩施,普行赈济,顷者乱离虽构,而乡会试亦不忍遽停,况本

---

① 马叙伦:《我在六十岁以前》,北京:生活·读书·新知三联书店,1983年,第18页。
② 蒋梦麟:《蒋梦麟回忆录:西潮与新潮》,北京:东方出版社,2006年,第70页。
③ 马叙伦:《我在六十岁以前》,北京:生活·读书·新知三联书店,1983年,第20—21页。

年于复试以后,又创行经济特科,国家待士既优,予以进身,又欲广其登庸之路,凡在食毛践土,具有天良,而乃不思报称,以言革命,似此则国家果何所负于该革命党?……朕以为该学生等既反叛朝廷,朝廷亦不得妄为姑息,蔡钧、汪大燮与在日本东京留学生,即可时侦动静。地方督抚于各学生回国者,遇有行踪诡秘,访闻有革命本心者,即可随时获到,就地正法。然亦须分别首从,不得诬陷善良,此为朕万不得已,保全国本以固邦交至意云云。"①政府为了自身政权的安危,无论学生的出发点是否爱国,一律以反叛的罪名论定,这就进一步使学生走向政府的对立面而难以有转变之机。

再来看这起浙江籍学生与清廷大员沟通的事件,学生与政府的沟通渠道是由学生主动联系,但袁世凯明显是狡兔三窟,既没有真心实意地沟通交流,也没有进行一定的弹压,而只是宁事息人般地冷处理此事。尽管关于此事各种版本的说法不一②,有的说根本就没有见到,但是袁世凯对于朝廷与学生两不开罪的态度是明显的。中央与地方大员的心思不一致,从而也导致了学生活动的日益革命化。

政府在学潮中的缺位,使政府丧失了争取学生的机会,直接造成了学生与政府在情感上的割裂,并由此进一步加深了学生与政府之间的对立。至于学生后来从思想到行为上的革命,则是这种对立情绪的延续而已。

三、为何艰难对望?

浙江学生与政府的对立,只是清末学生与政府对立的一个缩影。学生本是由政府倡设学堂所培养出来的未来事业的接班人,为什么会与政府形成对立,以至于不能调和? 总结原因,有以下几个方面:

1.价值观不同。

政府以传统忠君尊孔价值观为准绳,一切以祖制与定律办事。而清末

---

① 冯自由:《革命逸史》(上),北京:新星出版社,2009年,第86页。

② 当钮永建、汤槱膺选特派员,返国请愿北洋大臣袁世凯协助时,袁已接获江督端方急电,乃命叶祖珪率舰巡洋,严加戒备。钮汤之请,不但不见纳于袁,反有加以杀害之说。钮汤此行,未达成目的,乃于七月初遍往东京。临行时,其致上海同志报告见袁情形称:"往见袁数次,阍人格不纳,官中文恬武嬉,若不知国之危急,所识之官人,皆劝从事学问,国事自有主张者,故遂从津门返东。"北京官场腐败如此,不能不令当时有血气的青年扼腕叹息。有识之士,多以学生此举,所冒风险太大,力劝留学生专心向学,日后报效不迟。参见黄福庆:《清末留日学生》,台北:中研院近代史研究所,1983年,第273页。

学生则是吸收了西学民主自由的内涵,要求独立发展。政府在学生中不能形成强大感召力的一个重要原因,在于政府对外不断地失败与妥协。在时代浪潮的熏陶下,学生的革命化思想越来越严重,无论是国内学堂还是国外留学生,这种情形比较普遍。1903 年 6 月张之洞在巡查京师大学堂时,"在座中所论,深以学界风潮为忧,谓庚子时此风尚不过汉沪一隅,乃不过三年,已遍大陆,可畏实甚!"[①]在国内体现的是学潮,到国外则演变成革命。1907 年 2 月 17 日,日本早稻田"早稻田大学遂斥退与革命党有关之中国学生十九日,中央大学斥退二十人,均徇清公使杨枢之请也"[②],这些可以看出政府对学生的镇压与不信任。

2.中央权威式微,地方大员各怀谋略,对待学生的步调不太一致,沟通渠道堵塞。

在日本东京中国留学生组织军国民教育会成立后的第三天,由总监督转来管学大臣张百熙电文称:"俄约,政府方坚拒,生宜一意科学,报国之日方长,断不可轻于一试。"[③]身为全国教育最高长官的张百熙,发此电文,生恐学生意气用事而横遭不测。其对学生的关爱之情,实重于干涉之意。

当留日学生组织义勇军时,驻日公使蔡钧接获密报,谓义勇军名为拒俄,实则革命,乃致电江督:"东京留学生结义勇队,计二百余人,名为拒俄,实则革命,现已奔赴内地,务饬各州县严密查拿。"[④]清廷获得蔡钧奏报,亦密谕各省督抚,于各学生回国者,遇有行踪诡秘,访闻有革命本心者,即可随时拿获,就地正法,并谕蔡钧、汪大燮随时侦察留日学生动态。由此亦可揣测,学生军之所以招致日本警察干涉解散,实出于蔡钧授意[⑤]。

3.废科举兴学堂堵塞了学生进入主流社会的途径,传统社会的正常流动被打破,这是清末学生敢于铤而走险的重要原因。

废科举兴学堂是近代中国的一件大事,其直接动摇了中国传统社会稳定发展的根基。由于废除科举之后,求学成本增加,并且学堂毕业出来并不能够像在传统社会仅以较为微薄的成本即可进入中国传统社会的主流

---

① 《筹论停科》,载《新民丛报》1903 年第 34 期。
② 《杂俎》,载《东方杂志》1907 年第 2 期。
③ 《军国民教育会之成立》,载《江苏》1903 年第 2 期。
④ 蒋维乔:《中国教育会之回忆》,载《东方杂志》1936 年第 1 期。
⑤ 冯自由:《革命逸史》(上),北京:新星出版社,2009 年,第 86 页。

领域——仕途。因而,不断有学生铤而走险,怀有革命本心地进行革命思想发酵、革命行为创造的重塑近代中国的过程。

对于学堂学生及留学生,清政府向以留学生为贵,并意图加以大力笼络。1906年5月15日清学部奏准每年八月(农历)考试留学东西洋毕业生,1906年10月27日,"清廷考试游学毕业生中式者,本日由学部带领引见,按照品级,各着官服,依次分别朗声报名而入,清廷对其等所着官服及进退容止,均极重视"①。

清政府并且按照不同的等级规划了学堂及留学生毕业后的相应功名,比如浙江乌镇的沈雁冰,在植材学堂里,既学习旧文,也学习新学,还进行了童生会试。"前清末年废科举办学校时,普遍流传,中学毕业算是秀才,高等学校毕业算是举人,京师大学堂毕业算是进士,还钦赐翰林。所以高等小学学生自然是童生了。"②民间对于功名的换算,自有其一套规律而言。由此可见,新学在人们心中,仍然被寄予着强烈的功名意识。

4.学堂使读书人易于集聚,思想发酵的速度和力度加大。艰难时局加之革命思潮的蔓延,学生所受的半西方教育与之应和,思想上难以同心。

清末学堂是革命的摇篮,革命的风潮风起云涌,一波接着一波。由于缺少了功名的追求与束缚,学生的思想和行为变得更为大胆和夸张。在学堂初办的几年里,各地普遍都爆发了学潮,被称之为"学界风潮"③。之后,学生的兴趣点开始转移。"那几年里,全国各校的学生倒是都能与学校当局相安无事,一方面是因为他们对校外活动的兴趣提高,另一方面是因为他们对于学校当局找些无谓的麻烦已经感到厌倦。不过,他们却把注意力转移到为他们做饭的厨子身上去了。"④

学生的兴趣和心思,因为人员的集聚而加重。而且在清末,新型知识分子的思想也不断地革命化,许多学堂为革命者把持,他们使学生由起初

① 颜惠庆:《颜惠庆自传——一位民国元老的历史记忆》,北京:商务印书馆,2003年,第38—39页。

② 茅盾:《我的学生时代》,天津:新蕾出版社,1982年,第37页。

③ 1902年11月,上海南洋公学学生率先全体退学,此后浙江吴兴浔溪公学、江宁江南陆师学堂、杭州浙江大学堂、上海广方言馆、杭州教会学校蕙兰书院都发生过退学风潮。《苏报》曾以"学界风潮"专栏予以报道,进一步推动学潮的蔓延。但不久,温度开始冷却,学生的注意力开始转移。

④ 蒋梦麟:《蒋梦麟回忆录:西潮与新潮》,北京:东方出版社,2006年,第82页。

的冲动式的学潮直接内化为武装革命的准备。辛亥革命前的湖州中学就是一例。"湖州中学的校长沈谱琴,是同盟会的秘密会员,大地主,在湖州颇有名望。……湖州中学的体育有'走天桥''翻铁杠'等。至于枪操,都是真枪。这是从外国买来的,同学们就称之为'洋九响'。真有子弹,而且很多,放在体操用具的储藏室。……每学期照例有一次'远足',我欣然参加了。我第一次是到道场山,路不远,顶多三十里。……现在想来,湖州中学的体操实在是正式的军事操练,'远足'也是'急行军'的别名罢了。后来事实证明,沈校长这样布置,是有深意的。"①新式的教育,为革命也或不革命立宪的酝酿与发展提供了很好的发展场地,无论他们的目标如何,都比政府现有的施政主张要进步得多、提前得多,他们的主张与思维都与政府相反。

四、余论:学生作为清政府掘墓人的历史定位

在经过了各地学堂风潮的洗礼后,清政府愈加不信任学生,决定自己培养高官子弟,作为大清事业的接班人之用,认为政权还是交给自家的孩子可靠。1905 年 1 月 28 日清廷设立贵胄学堂,为王公子弟肄武之所。谕曰:"出使美日秘国大臣梁诚奏,请设陆军大学、省学堂,并请选王公大员子弟入陆军学堂,下练兵处、兵部议。寻奏,陆军大学堂、省学堂,办法均有奏定新章可循,毋庸置议。至所称选王公宗室子弟入学肄习一节,拟设立贵胄学堂一所,专为王公大臣子弟肄武之区。"②但是历史的发展常常与设想者的愿望相去甚远,短短不过数年,暴力革命的洪流就掩盖了旧贵族所拥有的一切权位与财富。

在历史变革的宏大叙事中,浙江籍学生,尽管是一隅,但是他们对革命的影响还是重大的。1905 年 8 月 20 日中国同盟会在东京成立,这是清末学生反叛政府势力的大集结。同盟会与其说是革命党的力量组合,更可以说是学生力量的集合。在同盟会中担任过重要角色的秋瑾、陶成章、陈其美、蒋介石等人,都是浙江籍留日学生。

浙江是近代中国思想与革命最为活跃的区域之一,浙江籍学生对于我

---

① 茅盾:《我的学生时代》,天津:新蕾出版社,1982 年,第 39—41 页。
② 《清实录》(第 59 册),北京:中华书局,1987 年,第 180 页。

们的国家和民族都有重要的意义。浙江籍学生在近代中国的杰出表现,同时也与浙江区域的文化传统与历史发展密切相关。

尽管推翻晚清政权的辛亥革命,其力量组成是复杂的,不纯粹是革命党人的功劳,但清末学生之于政府掘墓人的角色定位却是不容置疑的。**"学生的集体意识左倾,首先是对国家政权的背离,清政府从理论层面上,即亡于此。"**①

第二节　清末浙江学生与浙江社会变革

清末浙江社会的极速变革,学生的作用是巨大的。清末浙江社会学生势力迅速崛起,学生在毕业、肄业后,纷纷涌入社会,在社会的躯体中起的作用越来越明显,他们努力在纷繁复杂的社会变革中实现理想,进行权力的试改造。

一、清末的政治格局与社会的乱象

清末中国政治局面的失控,始于慈禧与光绪的离世。慈禧是半个多世纪来最具实权性的人物,她的存在对统治集团内部各势力起到极大的威慑作用。而光绪则是海外保皇派重要的精神支柱,各派在围绕他的一系列思想、行动上的明争暗斗一直难以平息。随着两个人的突然离世,带给中国社会的是突如其来的权力真空。

　　然而,我们亦不能因为清国在事件发生的紧急关头能够自我控制,就认为上周所发生的事情不重要了。相反,大清国上周所发生的事情不只对清国本身,而且对整个世界都极为重要。我们并没有过分地估计这些事件和这个帝国未来之间的关系,虽然随后发生的事证明那些悲观的预言不正确。事实是,这个让人期待了许久的事件终于发生了,并且按不同常理的观点来看,人们当初预期的那些事"什么都没发生",这完全同发生了革命一样意义深远并耐人寻味。这两位君主的死确实为一个新时代的启动扣响了发令枪,它开创了大清帝国这条古老航船的另一条航线。人们如果想了解这条新航线会是怎样的一

---

①　刘训华:《科举的废除与清末学生群体的集体左倾》,载《社会科学论坛》2009 年第 11 期。

番景色,就必须研究影响和决定这个帝国命运的若干因素。①

大清帝国的沉没,有着内在的人的因素,统治者执政力的衰落是其中一个重要的因素。而地方上的乱象,则加重了这种因素的深厚性。1907年在安庆,发生了浙江人徐锡麟行刺安徽巡抚恩铭的惊天大案,《纽约时报》记者这样报道:

> 汉口,7月8日讯:清国安徽巡抚昨日在安庆被人刺杀,刺客竟是该省警察局副局长。当时,这位高级警官正执行公务,负责护送数位政府要员参加省巡警学堂的毕业典礼。当巡抚正要进入学堂大门时,这位警官拔出手枪向他连开数枪,三颗子弹击中,巡抚当场毙命。刺客被立即抓获,并就地处决。斩首前,他承认自己属于极端革命组织的成员。此后,无进一步骚乱发生。②

这则由外国记者撰写的新闻稿,如果抹去其中的时间、地点、人物,从口气上看,恍若今天世界某个角落发生的案件。

浙江地方上,变革的不仅是基层社会,还包括人们对于西方列强情绪的不满。由于浙江临近上海,很多浙江人在上海工作,也形成了较为强大的团体势力。

> (1904年12月15日)两个醉醺醺的俄国水手在江边雇了两辆人力车回船。下车后他们拒绝付钱,其中一车夫坚决索要车费,便发生了争执。争执中,名叫亚其夫的水手大怒,从附近一位正在修缮岸堤的木工手中夺过一把斧头,砍向人力车夫,斧头没有砍到车夫,却把一位行人砍倒在地,砍碎了行人的头颅。俄国水手回船途中被闻讯而来的巡捕逮捕,随后把他们交给俄国领事,行人名叫周生友,当场死去,他恰巧是宁波人。③

接着在第二天,大约3万多的宁波籍务工人员集会抗议,要求严惩肇

①　(美)托马斯·米拉尔德:《后慈禧时代的清国政局》,载《纽约时报》1908年11月22日,见郑曦原编,李方惠等译:《帝国的回忆》,北京:生活·读书·新知三联书店,2001年,第370页。

②　《安徽巡抚遭革命党刺杀身亡》,载《纽约时报》1907年7月9日,见郑曦原编,李方惠等译:《帝国的回忆》,北京:生活·读书·新知三联书店,2001年,第365—366页。

③　(美)顾德曼(BranaGoodman)著,宋钻友译,周育民校:《家乡、城市和国家——上海的地缘网络与认同,1853—1937》,上海:上海古籍出版社,2004年,第133页。

事者。整个事件还运用报纸等传媒力量,最后宁波籍会所领导人以他们的智慧,较好地为家乡人讨回些公道。这是浙江人在上海的事情,既交杂了浙江人区域之间的流动,同时也饱含民权不强情势下的维权之艰。

二、浙江乡村社会结构的变化

帝国新政逐渐混乱无序的状态所导致的,是地方社会结构的悄然变化。尽管清末浙江社会的街头,还保留着传统的中国文化特色,但是改变也在潜移默化中发生。

> 街头巷尾还有象棋摊子,棋盘两边都写着"观棋不语真君子,落子无悔大丈夫"两句俗语。街上有临时的酒楼饭馆,出售著名的绍兴酒和价廉物美的菜肴。一毛钱买一壶酒。醉蚶、糟酒、家乡肉,每盘也只要一毛。如肯费三四毛钱,保管你买得满面春风,齿颊留香。城里有流动的戏班子,高兴的时候,我们还可以看看戏。①

1904 年 11 月 28 日清廷谕曰:

> 商部奏,浙绅捐建农工小学堂,收教堕民,恳恩除籍一折,浙江堕民,雍正年间已准除籍自新。乾隆年间议准本身改业,下逮四世清白自守者,准其报捐应试等语。现在该绅议设农工小学堂,俾营实业,以广造就,着照所请行。至毕业后,应如何一体给予出身之处,着学务大臣查照成案办理。②

浙江堕民是一个沉重的历史遗留问题,其变化过程与清政府的一系列政策密切相关。清末政府准予除去堕民之身份,是一种社会进步,有利于社会不同群体的共享与共治,促进社会向自由平等的目标迈进。

1906 年 4 月 12 日,清朝电政大臣袁世凯议定,连接宁波到台州电线:

> 浙省台州地方民悍匪众,近年教堂渐多,而各县距府城率皆百里、数百里不等,一旦有事,即觉消息迟滞,非添设电线,不足联络。经浙抚张曾敭商洽电政大臣袁世凯展接。③

---

① 蒋梦麟:《蒋梦麟回忆录:西潮与新潮》,北京:东方出版社,2006 年,第 73 页。
② 朱寿朋、张静庐等:《光绪朝东华录》,北京:中华书局,1958 年,第 5234 页。
③ 《各省电政汇志》,载《东方杂志》1906 年第 7 期。

电线等一系列现代化因素的引入,已悄然改变浙江乡村社会的结构,随着社会外壳变化的是社会成员身份等深层次的变化。

清末之际,一系列的社会矛盾频发,除了新政引起的众多民变外,下层社会开始与洋人勾结:

> (1905 年 4 月 12 日),绍兴城内大善寺系阖郡公产,近有赌棍高百龄等,串同教士勒租寺地,致成民教交涉,经本地绅商电致同乡京官转告樊主教,当允电致浙江主教转劝勿租,一面仍请绍守维持,以保公产而免交涉。①

浙江绍兴府天主教士利用地方恶势力强占寺产,绍兴绅民则利用同乡京官,转致浙抚聂缉规以图力阻。社会的纷扰还有各种由改革名义而来的筹款、摊派,更搞得地方民不聊生。

> 近日我国,自上而下,均亟亟以筹款为要义。其筹款之法,政府之所以施于全国者,有三:曰抽提公款也,曰清查中饱也,曰勒捐杂税也。官绅之所以施于一隅者,有二:曰苛派铺户也,曰抄没寺院也。而其所以为口舌者,在政府则曰练兵,在官绅则曰兴学。而其用意,则皆以急务之名为中饱之实。②

清末浙江地方社会的承受力在种类繁多的新政措施中,被一步步地削弱。

三、《萃新报》与地方救亡运动的实践

《萃新报》(半月刊)于 1904 年 6 月(光绪甲辰年五月十四日)创刊,在浙江金华出版,由萃新报社编辑发行,主编为张恭、盛俊等人。

其第一期有《拟办八婺开通学社公启》,关于爱国救亡的热忱,跃然于纸上:

> 自瓜分之说喧腾于列强之口,而爱国志士呼号奔走皇皇焉!汲汲焉!莫不以开民智、作民气为今日救时之急务。③

---

① 《各省教务汇志》,载《东方杂志》1905 年第 5 期。
② 《论学堂之腐败》,载《东方杂志》1904 年第 9 期。
③ 《拟办八婺开通学社公启》,载《萃新报》1904 年第 1 期。

而对国际形势尤其是中国形势的分析,也是入木三分:

> 夫各国挟其帝国主义以拓地为宗旨、以殖民为政策,耽耽逐逐群注视于东亚一隅……今则大局益亟、民情益涣,翘首北望黄海战云顷刻万变,处此强权世界,非激士心以张国势,埃及、波兰之祸,其不远矣。呜呼! 国家者,由社会而成者也,有社会然后有国家。近来欧西文明输入中土,风潮之所鼓荡,全国为之应响。大江南北学会林立,今虽萌芽时代乎,而即播其种子,终有发荣滋长之一日也。[①]

金华是偏远之地,"吾婺僻处万山中,风气未开、见闻未广,老师宿儒目厌者见,欧亚澳美之图耳,骇闻约翰卢梭之说拘拘于一室中,不敢一出而议天下事。是虽囿于习俗欤毋亦提倡之无其人也"[②]。但地方士人也争先恐后,"今拟与二三同志组织一八婺开通学社,我婺不乏热心之士,有起而表同情者乎,其各努力,以肩个人之责任也! 希望通过组织社会组织,来达到'讲实学、迪后进,以切实为目的、以开化为主义,期稍尽国民义务'"[③]。

在金华设立的八婺开通学社,宗旨是"开辟风气、倡提学者,重名誉、励气节,养成国民之资格"。组织机构有"社长二人,社员四人,书记一人,合办社务均由社中公举"。社员的选拔有一定的标准,要求在品行志向方面,"苟志趣正大非龌龊势利者,皆可入社"。为了增强组织的纪律性,社规要求"每年四季开社会,四次公议社中应办诸事,社友不得无故不到"。对于主要领导干部,还有更新的要求,"社长、社员、书记诸人,必须川常住局,伙食由社中供给,惟不开支薪水"。同时也有退出机制,"社中有品行卑污、玷辱本社名誉者,当禀明社长按例除名"。

组织的经费来源,从款项一条"本社由同志自力所组织,毫无的款,凡入社者毋论贫富均宜量力钦助"。可以看出,他们基本上没有固定的经费收入,而是靠社员的资源捐款。

八婺开通学社的社务除了日常的活动之外,就是"有爱国忧时之作足资开化者,不论长篇短牍、诗歌小说均可汇寄本社,由本社择优刊刻"。同时还不忘"社中出入诸款,年终刊一清单,以备调查。社章有未协者,尤宜

---

① 《拟办八婺开通学社公启》,载《萃新报》1904年第1期。

② 《拟办八婺开通学社公启》,载《萃新报》1904年第1期。

③ 《拟办八婺开通学社公启》,载《萃新报》1904年第1期。

随时改良力求进步,以期尽善,方不失本社创办之本意"。

中国旧社会的民间组织向来短命的居多,原因既复杂又简单,没有固定的经费来源,几个人纯粹的理想很容易在现实中破灭,但是历史的激情却往往需要这些理想主义者。

张玉法对《萃新报》有着一定的认识:

> 举人张恭于金华创《萃新报》,讥刺时政。敖嘉熊于爱国学社解散后,自上海归嘉兴,倡演说、教育二会,鼓吹革命;复用白体话编著《新山歌》一书,以运动下级社会。浙江革命风潮,于此渐起。①

张的这种认识,可能与冯自由的《革命逸史》中的回忆有关。冯自由比较肯定《萃新报》的革命思想性,对张恭的作用也给予很高的肯定:

> 《苏报》案事起,章炳麟入狱,章之文章学问素为浙人所崇拜,故此案之风潮影响于青年思想,至巨且速,金华志士张恭、刘琨、盛俊等亦创办一旬报,以开通民智为务,名曰《新萃报》。严州知府锡纶,满洲人也,以该报讥刺时政,乃进禀浙抚,谓该报出语狂悖,请封禁以正士习,浙抚下令封禁该报。张恭等事前得杭城同志报告,预将该报门面改易,得免于难。恭字伯谦,别号同伯,曾应试中癸卯举人,少有志革命,恒以联络会党为职志,特投身终南会为会友,寻在会中渐得势力,乃与同志沈荣卿、周华昌等另创一山堂,定名曰龙华会,其后革命党人联络会党,成效日著,张恭之力为多焉。②

四、清末学生的离乡与社会改造的参与

学生由学校进入社会,可以通过不同的途径去实现。但清末浙江学生尤其是在近代中国社会做出重要贡献的学生,他们的一个共同的行为特点,就是离乡。

清末浙江学生的离乡无非两种:一是闹革命,二是参与政府建设。革命分为行为性与文本性两类。陶成章等为代表的浙江革命行为派学生,就是以暴力革命为宗旨,以会党运动的方式进行基层社会的民众动员。而乱

---

① 张玉法:《清季的革命团体》,台北:中研院近代史研究所,1975 年,第 292 页。
② 冯自由:《革命逸史》(下),北京:新星出版社,2009 年,第 843 页。

世中的诸多复杂性与不现实性又积极地推动了这样的一种步伐,革命组织之间的不信任,又加剧了革命伟业的纷扰:

> 东京总会名存实亡,号召不尽,全由一二小人诞妄无耻,每事失信,以至如此耳。弟初到之时,即与克强公商议,不料已先入精卫之言(先已有信云),而精卫亦即随之而至,以术饵克强,遂不由公议,而以《民报》授之。①

相当多数学生,则是受学校中的革命思想熏陶,而日渐主张强烈的社会变革。傅孟的革命心理的历练过程,代表了当时一大批比较激越的学生的心理范式。傅孟回忆说:

> 清末,我先后在杭州励志学社及两浙公学读书,章太炎、蔡子民到杭后,曾多次宣传革命意义,并介绍我等阅读报刊,如《苏报》《黄帝魂》《浙江潮》等刊物,我同学受了他们的启发,革命思想有了初步滋长。有的就想投考浙江武备学堂(我亦在内),联系武备同学,作为将来在军队方面的武装革命准备,有的在社会方面活动。②

另有一些趋向于改良的学生,参与政府建设,他们最响亮的口号是立宪救国。在清末,立宪救国是一个时尚而又可预见的政治主张,那些政治上的缓和派都主张走君主立宪的道路。清政府在形势所趋之下,也愿意做出立宪的主张。因此,清末立宪的时机应该是成熟的。在全国,以张謇、汤寿潜为代表的立宪派声势浩大,浙江是当时政治比较活跃的地区。

> 江浙两省的绅士同上海的学生和商人联合起来反对英国人投资建筑苏杭甬铁路。示威的方式包括群众大会、发通电、街头演说等等,同时开始招股准备用本国资金建筑这条铁路,路线要改为由上海经杭州到宁波。以上海代替苏州的理由很奇怪,说苏州是个内陆城市,铁路不经过苏州,可以使苏州免受外国的影响。英国人对路线让步了,铁路业在第二年动工兴建。③

---

① 陶成章:《致李燮和、王若愚书》(1909 年秋),见汤志钧编《陶成章集》,北京:中华书局,1986 年,第 158 页。
② 傅孟:《杭州光复回忆》,见中国人民政治协商会议全国委员会文史资料研究委员会编:《辛亥革命回忆录》(第 8 集),北京:文史资料出版社,1982 年,第 1 页。
③ 蒋梦麟:《蒋梦麟回忆录:西潮与新潮》,北京:东方出版社,2006 年,第 82 页。

五、余论:清末学生:近代中国变革的发动机

以清末时期革命为契机的近代中国社会变革,对于两千多年帝制来说,无疑是深刻和彻底的。从表面来说,近代中国变革的主力似乎是前赴后继的革命志士,但如果深层次考究的话,就会发现学生群体的形成与扩散,才是对近代中国社会结构进行渗透改造的原动力,清末学生才是近代中国变革的发动机。

历史的迷雾有时在于一定的逻辑定势,而大清帝国的瓦解是和民众心理紧密联系的。

> 革命党人的军事力量未必强于清军,其指挥也不见得高明,清朝的垮台很大程度上是因为其自身的统治信心已经瓦解……这种统治信心的瓦解,无疑与"民心尽失"的普遍认同有着关联。当社会上布满了敌意,反叛行为得到普遍的同情,社会秩序陷入紊乱的时候,不仅绅士阶层对王朝的信心会受到影响,连带着各级官吏也会心存另谋出路的贰心,老百姓的态度实际上是在日常生活中一点一滴地刺激着官吏和乡绅,日积月累地销蚀和瓦解着上流社会对王朝的信心和忠诚。①

近代社会结构的变革,才是近代中国最深层次的改变。在汹涌的时代暗流中,基层社会的变化才是最不可逆转的时代趋势。

第三节　学生是透视近代中国的一把钥匙

在欧风美雨的影响下,近代中国的政治、社会、文化、心理等格局发生变化,进入了大转局时期。

大转局时期的教育力呈现了很大的改观。在维新思想以及清末新政的强力推动下,普遍意义上以新学为特征的学堂诞生了,迥异于过去士子童生的新式学生群体由此出现。在书院革命的基础上,并受西学影响,新式学堂得到迅速发展。现有史料表明,清末浙江的教育体系,是以杭州为中心,以绍兴、宁波、温州为多翼的发展格局,地方开明士绅对此起到了极

---

① 张鸣:《民意与天意》,见中国史学会编:《辛亥革命与20世纪的中国》,北京:中央文献出版社,2002年,第1659页。

为重要的推动作用。

就全国来说，清末学生群体主要由省内学堂学生与留日学生组成，欧美学生人数虽少但有重要影响，在浙江也是一样。各类新式学生的出现、集聚及日常运作具有时代典型意义。清末学生群体以鲜明的知识性与日渐成熟的反政府思想，颠覆了科举时代读书人依附于政府的范式。以学堂风潮、拒俄运动为中心，学生群体经历了由爱国到反清的思想变迁。清末学潮对于学生群体价值提升具有重要意义。

一、清末中国与浙江新式教育

中国自 1901 年新政变法之后，国内外形势的发展变化脱离了统治者设想的轨道，社会变革的洪流不可阻挡。自下而上、自上而下的社会流动渠道也发生了深刻的改变。传统的士农工商结构不在，而新型的进入社会机制没有建立起来，所以近代中国社会结构形成了自下而上的无序流动，这既是近代中国动荡不安的一个重要原因，也是近代中国酝酿变革的历史土壤。

清末时代是具有普遍动荡性的时代，清末的整体结构是稳定的，国家机器仍然保持着它的强大。嬗变原因在于执政者执政信心的衰落，这一衰落的源头更在于国民意识的变化。国民意识起质变的"破窗者"首在具有变革思想的维新、革命人士，随后代之而起是新兴学生群体，学生的实质意义在于它是反官方意识最具有活力的庞大社会群体，并对未来之格局产生颠覆性影响。

从宏观上说，浙江教育的兴起是受维新思想的动力与地方图穷思变心理的压力所致。从微观上说，近代浙江教育是林启、廖寿丰等浙省官员以及汪康年、陈仲恕、蔡元培等开明士绅积极推动的结果。新学整体推进的过程是曲折的，他们为之付出了艰辛的努力。

近代中国所实施的新学，并不是完全意义上的西学，其实质是中国式的西学，而中国式的西学受到日化西学的直接影响。

二、新政与学生

清末新政是失败的，因为其改革加剧了社会资源分配的不公，导致各阶层人群都对政府不满。清末教育改革是失败的，政府没有培养出捍卫国家政权的建设者与接班人，所培养出来的只是具有知识的革命者，他们用半西化的新学推翻了一个旧式的政府。尽管他们开启了一个新的时代，但新的科技没有被系统引进，西方制度没有学成，而中国的传统已被破坏。

如果没有新政，没有培养出那么多拥有新知识的朝廷反对派，大清王朝可能还要苟延残喘一段时间。顽固与保守的头衔，常常会使历史真相淹没其中。以革命方式叙事去抹煞或降低不革命方式叙事，本身是一种偏见和不完整。中国传统文化中过分强调了一元化，而多元化的认知诉求，或许是长久所缺的。清末真相也随着历史在场的难以寻觅而成为清末印象，清末印象又在更大程度由于历史叙述者受意识形态影响的主观描述，而变得面目全非。

清末学生无论是革命还是不革命，都表现出对政府的不满。他们的目标是一致的，都希望外能主权独立，内能国强民富。他们不一致的，只是达到目的的手段不同。革命派希望以激进流血的彻底手段解决国家面临的困境，而不革命派则是希望通过以社会力量为主导的宪政改革来实现他们的诉求。不革命派离成功差了一点点，而革命派的成功，也是另一种意义上的失败。在民国时期，很多早期激进的学生也实现了回归，尽管当时许多人加以鞭挞，但是冷静下来沉思，回归难道就是保守吗？一个民族的发展不仅需要有激情，更需要有为社会理想而能够坚持不懈的毅力与忍耐力。

如果从新学的教育效果来看，第一代的学生对于西学的领悟，仅是一种启蒙性质。真正学到西方技术的，是那些去欧美留学的中国留学生，可惜这批人少之又少。所以到了清末的时候，在旧学推翻的基础上，新学学个一知半解还满以为能够救国强兵，这是清末一代学生群体之于国家的悲剧所在。在这个意义上，学生群体中的不革命派——改良派，应该有它更多的时代价值，而不是仅仅受到后世的鞭笞。

清末历史的波澜壮阔，以激情的心态能够岿然不动者，是这些不革命者们的成熟与冷静，他们以自己的思维，从降低社会成本、增大社会效益的角度，谋划中国的未来。辛亥之后，中国落后挨打的局面依然存在。没有了清政府，社会依旧在向前，权力中枢的卖国行为还是时有发生。只是付出所换回的，并不是之前所追求的那个理想中的社会。

三、清末浙江教育的特点

新式教育具有顶层设计的功能。中国传统社会中的科举层级制为新式教育中的教育分期制所取代,新式教育在无意识中起到了分层分级的作用。近代教育的顶层设计在于教育的精英化,具体地说,就是留学教育一般性地成为新式教育的最高教育形态。

国内新式教育一般分为小学堂、中学堂、大学堂这样的现代教育结构。留学教育在清末蓬勃发展,并起到一定的主流教育作用。

清末浙江教育的学制、课程、毕业等环节不尽相同,也显现出兴学初期新式教育缺乏统一规划性的特点。从统计学的角度来说,清末浙江教育的主要特征在于入学人数占适龄儿童人数比例极低,学校开设不足,班级数和班级学生数过少。同时,课程设置、教材选用各具特色,灵活性比较强。

清末浙江教育的特色在于它的中小学教育事业,而其中小学教育事业的发达部分来源于它的传统文化与其坚忍不拔的韧性品质,浙江的经济因素也是中小学教育发达重要的原因。客观地说,近代浙江人才的培养,其主要力量不在于浙江省内,而在于省外乃至国外。这说明浙江的中高、高等教育与它人才迭出的名望相比,是极不相称的。省外浙江人才培养地主要在上海与北京。浙江学生留学地集中于日本与美国,在留欧目的地中,德国成为浙江留学生的首选。

应当承认,自中国迈入近代社会以来,留学教育是中国人所接受教育当中最顶层的教育。以样本 154 人为例,96 人(占到总数的 62%)有留学教育的经历。如果再将这 96 人进行细分的话,还会发现:这 96 人,基本可以认为是 154 人中最为精华的部分。近代中国各个领域的精英,相当部分产生于留学生这一优势群体。从培养精英型人才的角度出发,就会发现留学教育的极端重要性。

根据浙江学生培养与人才产出的计量分析来看,种瓜得瓜,种豆得豆。对于教育界来说:人才涌现的概率大体相当,种多少颗人才的种子预示着收获相应比例的人才。绍兴与宁波的学堂、学校最多,它培养出来的人才也最多,量化分析是历史研究很好的工具。如果以历史为鉴,反观现实,就会发现,今天的浙江人,之所以在各个领域还是如此优秀,内质里源于浙江的韧性文化与浙江人的冒险精神。浙江人杰出的表现与浙江自身的教育关联度不大,倒是浙江的传统,特别是浙江人的乡谊带动了人才的传递。

四、浙江精英学生的成才模式

学生是在近代中国成为社会精英的重要身份之一,接受新式教育是融入主流社会的主要途径之一。近代中国是一个乱世,近代中国的发展体现了学生的发展以及学生新一代的成长变迁。近代中国的新式教育,造就了跨越新旧两个时代的人才之选。

学生流动是近代中国社会发展的主线之一,当新式教育造就了成千上万的新式学生时,他们对社会的宏观与根本性影响也开始加剧。

浙江的人才现象具有一定的普遍性,同时也说明一个道理:社会精英的养成,一定要经过不同教育背景的历练。无数的历史经验表明,"省内+省外+国外"三重教育背景,是社会精英养成的一个重要范式。其他范式还有"省内+省外"教育范式、"省内+国外"教育范式。"好男儿志在四方""海阔凭鱼跃,天高任鸟飞"这些俗语对于社会精英的培养,是非常之切合、非常之重要。

接受优秀的教育资源不是成为社会精英的唯一条件,但却是一个重要条件。它带给受教育者的不仅是知识的更新、眼界的开拓,更多是人际交流圈的融入、思想的先进与机遇的垂青。

五、样本中的浙江学生社会成分与社会进入分析

在本书设计的清末浙江学生 154 人样本中,从旧学功名角度分析,有旧学背景的学生有 48 人,占到总数的 31%。在旧式功名中,有秀才以上功名的 35 人占总数的 23%。在功名中,秀才 22 人占到所有功名的 62%,其次是举人 6 人占到 17%,进士 3 人占到 8%,还有 1 名翰林。清末浙江学生有相当部分是具有旧学背景或者功名的,这也正印证了清末新旧交替的教育特点。值得注意的是,具有进士以上功名的人也不惜余力地挤入新学堂或者留学接受西学,说明了新学本身对于旧学人士的一种诱惑力。

从家庭出身背景来分析,在 154 人样本中,来自贫寒家庭的 19 人,占到总体的 12%;来自生活宽裕、社会地位较高家庭的有 27 人,占其中的 18%;其余则为中间阶层 108 人,占整体的 70%。中间阶层占有 70%,从

常理分析上来看,是属于常态社会。能够进入学堂学习的,有序分布于社会的各阶层,并且这种分布趋于合理化。

具体地说,在只接受过学堂教育的 58 人当中,A、B、C 的比例分别为 10%、78%、12%,这个比例表明,纯粹接受过学堂教育的贫寒学子、社会上层的比例大体相当,而中间状态的比例则高于平均数。留学群体中人数最多的留日群体,共有 59 人,从社会流动性来看,留日学生家庭出身底层的占到 17%,高于平均数以及纯粹学堂学生。这说明在当时社会,穷人可以通过努力进入留学渠道。同时说明,留学日本并不是精英教育的顶端,它相对于贫苦家的孩子,还是敞开了欢迎的大门。留学欧美因其语言、专业知识等方面的要求明显高于留日,因此可以看作是清末浙江留学教育的最顶层设计。他们以理工科为特色,同时文科也占有重要比例,是欧风美雨的最主要熏陶者。留学欧美学生有 37 人,其中 A 类 3 人,B 类 24 人,C 类 10 人,穷人只占到 8%,中等占到 65%,富裕阶层则有 27%。明显而论,去欧美留学成本增大,以富人居多。

从 154 人进入社会后的职业选择看,学生首选的前四个领域是政府部门、文化领域、教育、军队。其中选择从政者 37 人,占到总数 25%,文化界 31 人占 20%,教育界 28 人占 18%,职业革命者 27 人占 18%,其后是军界 13 人占 8%,科学界 10 人占 6%,经济界 5 人占 3%,其他 3 人占 2%。

单一地说,进入政府部门,是学生的就业首选,因为政府是公共行政部门,从业人员的资源与利益在所有社会群体中,能够得到最优化保障。而文化、教育领域能够体现学生的知识优势,分列二、三位。革命职业者排列第四,既和近代中国社会特殊的国情有关,也与相关政治意识形态相联系。无论是国民党时期还是共产党时期,都会将意识形态领域的革命者作为杰出人物来呈现,这些被列为职业革命者的人,大多没有等到革命胜利就牺牲了,倘若幸存的话都会有一定的职位和待遇。

六、进入社会:学生社会价值的最终依归

以清末革命为契机的近代中国社会变革,对于两千多年皇帝制度来说,无疑是深刻和彻底性的。从表面来说,近代中国变革的主力似乎是前赴后继的革命志士,但如果深层次考究的话,就会发现学生群体的形成与扩散,构成了近代中国社会结构渗透改造的原动力,清末学生是近代中国

变革的发动机之一。近代社会结构的变革,是近代中国最深层次的改变。在汹涌的时代暗流中,基础面的变化才是最不可逆转的社会潮流。

文本革命与行为革命,在不同的学生身上,表现力是不一样的。有些人实现了从文本到革命的转向,有些人停留在文本革命的思想层面,内心里是把革命作为国家变革途径之一。即使是文本革命,也可能会简单化为一种职业或者更可称为谋生的手段。

近代中国的社会进入,呈现出以下一些特点:一是职业革命者的出现。近代乱世与文人内质中"位卑未敢忘忧国"的情怀,使相当数量的知识分子通过思想革命与行为革命的方式,不断地追求民族强盛与国家富强。在清末,以推翻清朝统治"驱除鞑虏,恢复中华"为号召的民族革命,成为吸引与团结大部分中国人最得力的口号;二是在近代的乱世,清末民初,国民党政权建立时期,都有众多军事人才崛起;三是文化教育空前繁荣,由于积贫积弱的国情,使越来越多的浙江人投身于力图改变国人思想与灵魂的文化教育队伍;四是自然科学人才的涌现,清末西学对于中国的影响,其中一个重要表现是相当数量的中国学生去西方留学,学习西方的自然科学方面;五是清末浙江众多的留日学生,他们大量地涌入政界、军界、文化教育界,相当部分成为社会精英,对近代中国的社会变革起到了重要的作用。

七、学生——社会——政府

学生的离乡,也是传统知识分子前程归属的颠覆性行为,过去耕读传家的行为被慢慢地颠覆而尽。学生的离乡造成知识的城乡分裂,城市越来越成为知识分子聚集的地方,而农村则变得越来越闭塞与贫瘠。

历史的迷雾有时在于一定的逻辑定势,而更多时候一个帝国的瓦解是与新知识阶层的背离紧密相关。

浙江学生与政府的对立,只是清末学生与政府对立的一个缩影。学生本是由政府倡设学堂所培养出来的未来事业的接班人,为什么会与政府形成对立,以至于不能调和? 总结原因,有以下几个方面:1.价值观不同。政府以传统忠君尊孔价值观为准绳,一切依祖制与定律办事。而清末学生则是吸收了西学民主自由的内涵,要求独立发展。2.中央权威式微,地方大员各怀谋略,对待学生的步调不太一致,沟通渠道堵塞。3.废科举兴学堂堵塞了学生进入主流社会的途径,传统社会的正常流动被打破,这是清末学生敢于铤而走险的重要原因。4.学堂使读书人易于集结,思想发酵的速度和力度加大。艰难时局加之革命思潮的蔓延,学生所受的半西方教育与之应和,思想上难以同心。

八、清末浙江籍学生与近代中国

在民国时期,有蒋家天下陈家党之说,此说本是为了证明陈立夫、陈果夫兄弟的势力,但换个角度,也可以传递出另一种信息,他们都是浙江人,而且都是在清末的环境中成长。蒋介石、陈果夫是清末时期接受新式教育学生中的佼佼者,这两个家族是民国时期最有权势的家族。此外民国政坛上清末浙江籍学生还有陈布雷、戴季陶、邵元冲、邵力子、翁文灏、黄郛等人,这是在政治领域的影响。军事方面则有中国近代国防学的奠基人蒋方震及朱瑞、蒋尊簋、蒋鼎文、陈仪、汤恩伯等显赫一时的高级将领。为辛亥革命做出重要贡献的革命元勋有徐锡麟、陶成章、陈其美、秋瑾及张恭、竺绍康、王金发、龚宝铨等人。民国时期清末浙江学生中军政人才辈出,浙江又是个极为重视乡谊文化的省份,循环往复,浙籍人士在民国政界军界的影响无疑是空前的。

科技领域更为突出,如果以清末为中轴线,抛除时代差,那么清末前后涌现出来的科学家,相当多数都是浙江人。仅以清末浙江学生为例,数学界有苏步青、陈建功等;生物学界有贝时璋、钱崇澍、童第周;梁希则是中国近代林学和林业杰出的开拓者。

人文领域,清末浙江学生几乎书写了半个近代中国史。文学方面,周树人、沈雁冰、周作人、蒋智由、徐志摩、郁达夫、夏衍、许寿裳遮掩了半个文坛;文化方面,王国维、罗家伦、钱玄同、范文澜、沈钧儒、陈望道、张东荪、沈尹默、褚辅成、章乃器等都是文声卓著;教育方面,近代中国的教育大师及知名校长相当部分也是浙江人,如陈鹤琴、蒋梦麟、经亨颐、马寅初、竺可桢、马叙伦、何燏时、朱家骅等。

通过上述一连串由清末浙江学生成长起来的对近代中国有着直接影响的杰出人物可以发现,从研究的角度来说,清末浙江学生可以作为透视近代中国的一把另类钥匙。通过对清末浙江学生群体的深入探究,便于后人从另一种视角接近近代中国那既斑驳不堪却又弥久长新的历史空间。

主要参考文献

一、史料类

陈津门手书:《绍兴县立同仁小学校廿周年纪念刊》,绍兴:内部发行,原件
　　藏于绍兴市图书馆地方文献室,1925 年。

丁致聘编:《中国近七十年来教育记事》,上海:国立编译馆,1935 年。

中国人民政治协商会议浙江省委员会文史资料研究委员会编:《浙江文史
　　资料选辑》(第 1 辑),杭州:内部发行,1962 年。

中国人民政治协商会议浙江省委员会文史资料研究委员会编:《浙江文史
　　资料选辑》(第 4 辑),杭州:内部发行,1962 年。

中国人民政治协商会议浙江省委员会文史资料研究委员会编:《浙江文史
　　资料选辑》(第 5 辑),杭州:内部发行,1963 年。

曹聚仁:《蒋百里评传》,香港:三育图书文具公司,1963 年。

陈布雷等编:《蒋介石先生年表》,台北:传记文学出版社,1978 年。

杨天石、王学庄编:《拒俄运动:1901－1905》,北京:中国社会科学出版社,
　　1979 年。

中国人民政治协商会议浙江省委员会文史资料研究委员会编:《浙江文史
　　资料选辑》(第 11 辑),杭州:内部发行,1979 年。

中国人民政治协商会议浙江省委员会文史资料研究委员会编:《浙江文史
　　资料选辑》(第 12 辑),杭州:内部发行,1979 年。

舒新城编:《中国近代教育史资料》,北京:人民教育出版社,1981 年。

薛绥之主编:《鲁迅生平史料汇编》(第一辑),天津:天津人民出版社,
　　1981 年。

浙江省辛亥革命史研究会、浙江省图书馆编:《辛亥革命浙江史料选辑》,杭
　　州:浙江人民出版社,1981 年。

丁守和主编:《辛亥革命时期期刊介绍》(第一集),北京:人民出版社
　　1982 年。

茅盾:《我的学生时代》,天津:新蕾出版社,1982 年。

薛绥之主编:《鲁迅生平史料汇编》(第二辑),天津:天津人民出版社,
　　1982 年。

中国人民政治协商会议浙江省委员会文史资料研究委员会编:《浙江文史
　　资料选辑》(第 21 辑),杭州:浙江人民出版社,1982 年,

中国人民政治协商会议浙江省委员会文史资料研究委员会编:《浙江文史
　　资料选辑》(第 23 辑),杭州:浙江人民出版社,1982 年。

马叙伦:《我在六十岁以前》,北京:生活·读书·新知三联书店,1983 年。

徐和雍:《徐锡麟》,合肥:安徽教育出版社,1983 年。

中国第一历史档案馆、北京师范大学历史系编选:《辛亥革命前十年间民变
　　档案史料》,北京:中华书局,1985 年。

《清实录》(第 58、59、60 册),北京:中华书局,1987 年。

张朋园、林泉、张俊宏访问,张俊宏纪录:《于达先生访问纪录》,台北:中研
　　院近代史研究所,1989 年。

浙江省政协文史资料委员会编:《新编浙江百年大事记(1840—1949)》(《浙
　　江文史资料选辑》第 42 辑),杭州:浙江人民出版社,1990 年。

浙江省政协文史资料委员会编:《浙江近代学术名人》(《浙江文史资料选
　　辑》第 43 辑),杭州:浙江人民出版社,1990 年。

刘凤翰、张力访问,毛金陵纪录:《丁治磐先生访问纪录》,台北:中研院近代
　　史研究所,1991 年。

浙江省政协文史资料委员会编:《浙江近代著名学校和教育家》(《浙江文史
　　资料》第 45 辑),杭州:浙江人民出版社,1991 年。

陆宝千访问,黄铭明纪录:《金开英先生访问纪录》,台北:中研院近代史研
　　究所,1996 年。

绍兴市政协文史资料委员会编:《绍兴文史资料》(第十二辑),绍兴:内部发
　　行,1998 年。

高平叔撰著:《蔡元培年谱长编》(第 1 卷),北京:人民教育出版社,
　　1999 年。

杭州高级中学编:《百年杭高 1899—1999》,杭州:内部发行,1999 年,

蒋复璁等口述,黄克武编撰:《蒋复璁口述回忆录》,台北:中研院近代史研
　　究所,2000 年。

郑曦原编，李方惠、郑曦原、胡书源译：《帝国的回忆：〈纽约时报〉晚清观察
　　记 1854—1911》，北京：生活·读书·新知三联书店，2001 年。

浙江金华第一中学《校友录》编委会编：《浙江金华第一中学（1902－2002）
　　校友录》，金华：内部发行，2002 年。

浙江省丽水中学校庆办公室编：《浙江省丽水中学百年校庆文史资料》，丽
　　水：内部发行，2002 年。

颜惠庆著，吴建雍、李宝臣、叶凤美译：《颜惠庆自传——一位民国元老的历
　　史记忆》，北京：商务印书馆，2003 年。

杭十四中百年校庆办公室编：《百年回首·桃李芬芳——浙江省杭十四中
　　百年校庆校友名录》，杭州：内部发行，2004 年。

蒋梦麟：《蒋梦麟自传：西潮与新潮》，北京：团结出版社，2004 年。

浙江省教育志编纂委员会编：《浙江省教育志》，杭州：浙江大学出版社，
　　2004 年。

汪林茂：《浙江通史》（清代卷下），杭州：浙江人民出版社，2005 年。

赵世培、郑云山：《浙江通史》（清代卷中），杭州：浙江人民出版社，2005 年。

浙江省政协文史资料委员会编：《陈仪军政生涯》，杭州：浙江人民出版社
　　2005 年。

夏海豹、林云江主编：《瑞安中学百十华诞文存》（中卷　岁月如歌），北京：新
　　星出版社，2006 年。

浙江省杭州第十中学编：《浙江省杭州第十（宗文）中学两百周年校庆（1806－
　　2006）》，杭州：内部发行，2006 年。

郭长海、秋经武主编：《秋瑾研究资料·文献集》（上、下），银川：宁夏人民出
　　版社，2007 年。

汪诒年纂辑：《汪穰卿先生传记》，北京：中华书局，2007 年。

冯自由：《革命逸史》（上、下），北京：新星出版社，2009 年。

王彦威、王亮编，李育民等点校整理：《清季外交史料》（6），长沙：湖南师范
　　大学出版社，2015 年。

二、著作类

张玉法：《清季的革命团体》，台北：中研院近代史研究所，1975 年。

黄福庆：《清末留日学生》，台北：中研院近代史研究所，1983 年。

（日）实藤惠秀著，谭汝谦、林启彦译：《中国人留学日本史》，北京：生活·读书·新知三联书店，1983年。

（美）费正清、刘广京编，中国社会科学院历史研究所编译室译：《剑桥中国晚清史（1800—1911年）》（下卷），北京：中国社会科学出版社，1985年。

陈旭麓：《近代中国社会的新陈代谢》，上海：上海人民出版社，1992年。

桑兵：《清末新知识界的社团与活动》，北京：生活·读书·新知三联书店，1995年。

詹文元：《浙江早期报业史访辑》，杭州：浙江省新闻出版局，内部印刷本，1995年。

张彬：《从浙江看中国教育近代化》，广州：广东教育出版社，1996年。

罗福惠：《辛亥时期的精英文化研究》，武汉：华中师范大学出版社，2001年。

吕顺长：《清末浙江与日本》，上海：上海古籍出版社，2001年。

严昌洪、许小青：《癸卯年万岁——1903年的革命思潮与革命运动》，武汉：华中师范大学出版社，2001年。

中国史学会编：《辛亥革命与20世纪的中国》，北京：中央文献出版社，2002年。

桑兵：《晚清学堂学生与社会变迁》，桂林：广西师范大学出版社，2007年。

张斌贤、王晨主编：《大学：社会分层与社会流动》，北京：北京师范大学出版社，2007年。

朱维铮：《走出中世纪》（增订本），上海：复旦大学出版社，2007年。

丁钢：《声音与经验：教育叙事探究》，北京：教育科学出版社，2008年。

萧功秦：《历史的眼睛》，上海：东方出版中心，2010年。

周洪宇：《学术新域与范式转换——教育活动史研究引论》，武汉：华中科技大学出版社，2011年。

后 记

从 2008 年确立博士论文题目开始，这本小书的成书过程前后经历了十个年头，在这期间本书从研究取向到学术理路上也发生了深刻的变化！总体而言，从博士生阶段的历史学理路，走向博士后阶段的教育学理路，实现了从历史学向教育学的跨越。

历史是已经发生的过去，求真和求实需要用史料，并透过史料在呈现的问题上进行延展，从而弄清"是什么"的问题。一个具有历史学学术规训的人，始终应保有对历史真实的敬畏和神圣。感谢博士生导师朱子彦教授的耳提面命，他对于学术的精致和朴实，始终让人感到学者对于学术研究应有的虔诚。

教育是文明传承的主要形式，本书从学生史研究出发，基于人类文明传递往续的需要，提出"大转局"的历史命题，并从教育活动和教育生活的独特视角，探讨近代社会中的教育变革。感谢博士后合作导师周洪宇教授的学术引领，使得对于教育问题的理解能充分置于恢弘的学术视野之中。

感谢国家社科基金对于本书出版的资助。感谢中华书局学术著作编辑室罗华彤主任对于本书出版的支持，感谢中华书局高天编辑在本书校订、出版过程中的辛勤工作。

还要感谢这些年来关心、支持我的师长、朋友、同学、学生及我的家人，正是你们的帮助，使我始终在想懈怠的时候而不敢懈怠，努力向前！

为者常成，行者常至！做学术应有登堂入室的神圣感，方成始终。这本书承载了个人成长过程中太多的努力、欣喜和希望，与之相伴随的还有这十年间孕育出的两个小生命，以及对于学术和人生的种种奋力！

刘训华

于美国纽约哥伦比亚大学

2018 年 4 月 10 日